阳泉市郊区年鉴

（2017）

阳泉市郊区地方志编纂委员会办公室 编

方志出版社
Publishing House of Local Records

《阳泉市郊区年鉴》编辑部

主　编　杨济才

副主编　侯晋元　王永清　云　霞

编　辑　翟栓富　王千来　王周成

工作人员　张建军　刘军堂　秦凯欣

编辑说明

一、《阳泉市郊区年鉴（2017）》以马克思列宁主义、毛泽东思想、邓小平理论、“三个代表”重要思想、科学发展观、习近平新时代中国特色社会主义思想为指导，坚持辩证唯物主义和历史唯物主义的立场、观点和方法，全面、系统、客观地反映2016年阳泉市郊区自然、经济、政治、文化和社会的发展情况变化，详实反映本区各个领域的新事物、新成就、新进展、新经验和新问题，为社会各界进一步了解、认识、研究、投资、建设阳泉郊区提供基础信息和线索。

二、本年鉴记事年限为2016年1月1日至2016年12月31日。

三、本年鉴内容记述综合运用多种形式，其主要形式沿用分类编辑的方法，设类目、分目、条目3个层次。依据行业设22个类目、137个分目，分目下设若干条目，条目标题统一用黑体字加【】表示。此外还沿用记、载、表、录等多种方法记述重大事件和重要人物。

四、本年鉴稿件均由入编单位确定专人撰写，由各单位主要领导把关审核，区地方志办公室负责汇总编辑、整理出版工作。入编数据因资料来源不同出现相互矛盾时均以区统计局提供的统计资料为准。

五、本年鉴人物收录标准为：在本区获得的省部级以上劳动模范；本区产生的省级以上党代表、人大代表、政协委员；享受政府特殊津贴的专业技术人员；本区正县级领导人；市级以上职务领导人或较有影响的本区籍人物；在全区某一行业或某一领域做出重要贡献或具有重要劳动（科研、创作）成果并在各界产生广泛影响者。

六、数字用法、标点符号、计量单位分别执行国家标准《出版物上数字用法》（GB/T15835-2011）、《标点符号用法》（GB/T15834-2011）、《国际单位制及其应用》（GB3100-1993）和《有关量、单位、符号的一般原则》（GB3101-1993）。考虑到社会使用习惯，全书中亩不统一换算，1公顷=15亩。

目　录

特　载

大事记

阳泉市郊区概况

城建 环保

交通 运输 信息 供电

农　业

工　业

商贸 旅游

财政 税务

金融 保险

管理 监督

中国共产党阳泉市郊区委员会

阳泉市郊区人民代表大会常务委员会

阳泉市郊区人民政府

中国人民政治协商会议阳泉市郊区委员会

民主党派

社会团体

法　治

军　事

教育 科技

文体 传媒

卫生 计划生育

社会生活

乡镇简况

人　物

荣誉榜

附　录

特　载

区委工作报告

——在2016年8月10日中共阳泉市郊区第九次代表大会上

区委书记　王明厚

中共阳泉市郊区第九次代表大会，是在全区上下认真学习贯彻习近平总书记“七一”重要讲话精神，改革发展进入关键时期，全面建成小康社会进入决胜阶段召开的一次十分重要的大会。大会的主题是：高举中国特色社会主义伟大旗帜，深入学习贯彻习近平总书记系列重要讲话精神，牢记使命勇担当，真抓实干谋发展，为实现富民强区、全面建成小康社会而努力奋斗！

一、过去五年工作回顾

区第八次党代会召开五年来，面对复杂严峻的发展环境，区委团结带领全区广大党员干部群众，全面贯彻落实党的十八大和十八届三中、四中、五中全会精神，认真学习贯彻习近平总书记系列重要讲话精神，迎难而上，砥砺前行，全区经济社会发展取得了显著成就。

综合实力稳步提升。始终坚持发展第一要务，主动适应新常态，全力以赴促发展。到2015年，全区地区生产总值达到80.73亿元，“十二五”期间，年均增长11.6%；固定资产投资完成90.48亿元，年均增长22.1%；规模以上工业增加值完成14.97亿元，年均增长14.4%；社会消费品零售总额完成14.9亿元，年均增长11.3%；公共财政预算收入达到4.45亿元，年均增长6.6%；城镇和农村常住居民人均可支配收入达到22195元、12124元，年均分别增长9.3%、12.1%。

转型发展扎实有效。始终坚持把调产作为第一抓手，不遗余力促转型。五年来，设施蔬菜、果品、核桃、规模养殖稳步发展。以河底现代农业综合园、西南舁万亩优质果品园、平坦·义井双百万蛋鸡养殖园为代表的城郊农业示范基地建设取得新进展。2015年，农产品加工收入达到2.3亿元，年均增长30%。保安、旧街、坡头、神堂煤业转为生产矿井，煤炭产量稳定在300万吨左右。坚决取缔“土小”矾石竖窑、石灰窑。阳泉郊区真金耐火材料交易平台正常运行；中嘉磨料、天隆特水发展良好；河坡电厂正式投产，青岛昌盛日电光伏农业项目稳步推进。大力推动乡村旅游，成功举办关公文化节、辛庄红色旅游节等十大旅游项目推介活动；辛庄村入选第三批“中国传统古村落”，桃林沟景区评为国家AAAA级景区。2015年，全区第三产业占比由34%提高到40.5%，产业结构得到进一步优化。

城乡面貌明显改善。始终坚持把新型城镇化建设作为工作重点，常抓不懈。新城大道、李家庄互通等路网建成通车；漾泉大道工程顺利推进，阳大铁路工程全面启动；三泉、魏家峪、大西庄棚户区改造全面开工。完成8平方公里“大荫营”建设规划，建成区人民医院外科大楼、国防建设指挥中心。环境治理初见成效，荫营城区“五网”入地、河坡电厂热力管网和自来水管网铺设完工；荫营东西大街、江正大街全面整治。完成街巷硬化1114公里、公交站点37个、饮水安全工程97处；完成刘备山、阳五和京昆高速公路沿线等绿化任务，全区森林覆盖率达25.8%。荫营城区空气优良率75%以上，荫营镇列入全国新型城镇化综合试点乡镇。

改革创新不断深化。始终坚持把改革创新作为加快发展的重要动力，助推转型发展。抢抓“双试点”政策机遇，积极承接6大类43项扩权项目，制定工业增长、科技创新、金融振兴、民营经济四个“十条”措施。金隅通达、西上庄2×66万千瓦发电项目等一批重大项目建成投产或顺利推进。申报各类科技项目271项，申请专利1620件，万新科技孵化器启动运营，我区步入“全国科普示范县”行列。大力开展土地收益保证贷款试点，设立“助保金贷款”，为39家企业办理贷款1.36亿元；55家中小企业纳入“重点企业池”。中嘉磨料磨具等4家企业在上股交Q板、深股交新四板挂牌。制定“八统一”土地管理办法，累计流转土地1.7万余亩，推进城乡建设用地增减挂钩试点工作。

社会事业蓬勃发展。始终坚持民生优先战略，75%以上的财政收入用于改善民生。新增城镇就业岗位1.6万余个，城镇居民登记失业率控制在4%以内。城乡居民社会养老保险制度实现全覆盖，“暖心煤”政策全面落实，保障房新开工建设12492套，农村危房改造完成1845户。公开招聘公办幼儿教师和中小学教师131名，我区荣获“全国义务教育发展基本均衡县”称号。区人民医院开通与北京301医院远程诊疗系统；签约服务、参合农民住院免交押金等措施普惠农民群众。我区被确定为“实施妇女儿童发展纲要国家级示范县区”；区档案馆成为国家一级档案馆；西南舁乡荣获“中国民间文化艺术之乡”称号，牵牛镇村被命名为“全国示范农家书屋”；小河村名列全国文明村镇；杨占利、田俊丽夫妇荣获2015年“感动山西”十大人物称号。“十二五”期间，区委、区政府每年承诺为民办的实事全部兑现。

民主法治建设持续推进。始终坚持支持人大及其常委会依法行使职权，充分发挥人民政协民主协商、民主监督的职能作用，认真做好统战工作，各民主党派、工商联、无党派人士参政议政渠道进一步拓宽。法治郊区建设和平安郊区创建稳步推进。“六五”普法成效明显。扎实开展“打黑除恶”专项斗争和“城中村”社会治安整治专项行动，我区连续三年获得“省级平安县区”称号；桃林沟村、上千亩坪村荣获“全国民主法治示范村”称号。认真贯彻落实新《中华人民共和国安全生产法》，深入开展安全生产大检查，打击私挖滥采始终保持了高压态势。制定《区级领导定期接访制度》，及时回应和解决群众合理诉求，信访秩序由乱到治，信访工作被动局面得到扭转，全区保持和谐稳定。我区荣获“2011—2015年全国法治宣传教育先进区”称号。

党的建设全面加强。始终坚持党要管党、从严治党，凝聚了富民强区的强大合力。通过区委理论中心组学习、山西干部在线教育等形式，坚持不懈开展理想信念教育，进一步增强了广大党员干部的政治意识、大局意识、核心意识和看齐意识。通过开展党的群众路线教育实践活动、“三严三实”专题教育、学习讨论落实活动等，构建起干部律己从严、干事务实的作风建设长效机制。认真落实“两个责任”，对乡镇、区直部门开展专题约谈，突出责任追究。积极支持纪委落实“三转”，聚焦主责主业，驰而不息纠正“四风”。为乡镇配备专职纪检干部，并在全市率先配齐村级纪检委员，构建起区乡村三级纪检监察工作网络。先后出台《落实党风廉政建设主体责任和监督责任的实施意见》《区级领导班子成员年度工作满意度测评办法》《科级领导班子及干部问责办法》《村干部管理办法二十条》和“六带”工作法等各类规定，进一步加强了对各级干部的日常管理。对36个后进村级组织进行集中整顿，转化率100%；在全市率先完成农村“两委”换届；探索创立“联村党委”和“六议两公开”村级治理模式，村民自治更加科学规范。我区荣获全省“创先争优先进县区”称号。

在充分肯定成绩的同时，我们也要清醒地看到：经济总量不大，产业结构不优，发展质量不高，经济的整体抗风险能力有待增强；大项目好项目不多，新兴产业滞后，发展后劲不足，转型发展任重道远；园区建设进展缓慢，服务意识有待加强，投资环境仍需改善；民生领域欠账较多，信访维稳不容乐观，安全生产形势依然严峻，人民群众的获得感和安全感还有待进一步增强；一些干部还不能适应新常态要求，思想解放不够、创新精神不足，作风不实、缺乏担当，依然存在为官不为、懒政怠政、被动应付等消极现象；对党风廉政建设和反腐败斗争的长期性、复杂性、艰巨性认识不足，“两个责任”落实不够到位，一些领域还程度不同地存在消极腐败现象；一些农村基层组织建设薄弱，还有待加强。对此，必须坚持问题导向，采取有效措施，认真加以解决。

五年的实践极为丰富，奋斗的历程极为艰辛，积累的经验弥足珍贵。我们深深体会到，加快郊区科学发展，一是必须坚持深入学习贯彻习近平总书记系列重要讲话精神，用系列讲话武装头脑、指导实践，进一步凝心聚力，开创各项事业新局面。二是必须坚持发展第一要务，调动一切积极因素，聚精会神搞建设，一心一意谋发展，用新的发展理念解决前进中的困难和问题，主动适应经济发展新常态，抢抓新的机遇，推进转型升级。三是必须坚持以人民为中心的发展思想，始终把群众所思所想所盼作为我们工作和服务的最终指向，下大力解决群众最关心、最直接、最现实的利益问题，努力提升人民群众的获得感。四是必须坚持走改革创新之路，抢抓“双试点”的政策红利，创造性地把上级指示精神转化为符合郊区实际的具体战略，不断增强发展的动力和活力。五是必须坚持全面从严治党，深入推进党风廉政建设和反腐败斗争，充分发挥各级党组织的战斗堡垒作用和广大党员的先锋模范作用，为郊区经济社会可持续发展提供坚强的组织保证。正是依靠这些宝贵经验，才使得我区在科学发展的轨道上不断前进！

五年的成绩和经验，得益于市委的坚强领导，得益于历届区委打下的坚实基础，得益于全区上下的团结奋斗。在此，我代表八届区委向奋战在全区各条战线上的共产党员和干部群众，以及长期以来关心和支持郊区发展的各界人士，表示衷心的感谢和崇高的敬意！

二、今后五年的奋斗目标和主要任务

今后五年，是我区爬坡过坎、转型发展的关键时期，也是全面建成小康社会的决胜阶段。纵观发展形势，我们仍处于可以大有作为的重要战略机遇期。一是发展方向更加明确。中央提出“五大发展”新理念，省委提出“两手硬”新要求，市委提出建设山西向东开放桥头堡、晋东区域中心城、转型发展先行市、城乡统筹示范区的发展定位，都为我区经济社会发展指明了方向。二是政策机遇多项叠加。国家京津冀协同发展、环渤海合作、“一带一路”建设，以及推进供给侧结构性改革等一批重大战略举措的实施，为我区经济发展注入新的活力；同时，我区作为省级“双试点区”，必将享受更多的政策红利。三是基础优势逐步显现。我区环抱阳泉市区，是阳泉生态新城的主战场，太旧、太阳、阳五、西外环等高速公路和正在建设的阳大铁路在我区均设站点，为招商引资、发展物流提供了更加便利的条件。特别是在历届区委和广大干部群众的共同努力下，一些大企业大项目已经投产或正在顺利推进，为今后发展打下了坚实基础。四是干事氛围日益浓厚。我区特有的地域空间和发展历程，形成了淳朴厚实、勤劳善良的乡风民情，造就了一支认真负责、踏实肯干的干部队伍。尤其是随着党的群众路线教育实践活动、学习讨论落实活动、“三严三实”专题教育、“两学一做”学习教育的扎实开展和正风反腐工作的深入推进，全区政治生态持续向好。这些都为实现富民强区赢得了先机。对此，我们要进一步增强发展的紧迫感和使命感，团结干事、开拓创新，把潜力变成实力，把优势和机遇转化为发展成果，着力开创新的发展局面！

今后五年，全区工作的指导思想是：高举中国特色社会主义伟大旗帜，坚持以马克思列宁主义、毛泽东思想、邓小平理论、“三个代表”重要思想、科学发展观为指导，全面贯彻党的十八大和十八届三中、四中、五中全会精神，深入学习贯彻习近平总书记系列重要讲话精神，坚持发展是第一要务和抓好党建是最大政绩，全面落实中央“五大发展”新理念和省委“两手硬”新要求，以及市委“四个定位”的战略部署，牢记使命勇担当，真抓实干谋发展，积极推进“五大战略”，为打造生态宜居新城、建设现代城郊强区，全面建成小康社会而努力奋斗！

根据这一指导思想，我们未来五年的奋斗目标是：

——经济保持中高速度增长。到 2020 年，地区生产总值与城乡居民收入比 2010 年翻一番以上，主要经济指标年均增速高于全省平均水平。

——转型升级取得重大进展。经济结构调整与发展方式转变取得新进展，资源经济占比逐步下降，支柱产业多元化和大中小微企业协调发展格局初步形成，科技支撑和创新驱动能力大幅提升，经济发展质量和效益明显提高。

——民生保障能力全面增强。基础服务设施更加完善，公共服务和社会保障体系更加健全。居民收入稳定增长，城乡收入差距逐渐缩小，农村贫困人口全面脱贫，人民群众生活质量与健康水平进一步提高。

——文化自信深入人心。将弘扬中华民族优秀传统文化与宣传社会主义核心价值观结合起来，为实现中华民族伟大复兴的“中国梦”凝聚强大合力。社会公德、职业道德、家庭美德、个人品德建设深入开展，全民科学和文化素养普遍提升。人民群众精神文化生活进一步丰富。

——统筹城乡发展成效明显。健全城乡发展一体化体制机制，统筹城乡要素合理配置，形成城乡互惠、协调发展的新型城乡关系，着力破解城乡二元结构，逐步缩小城乡收入差距。污染治理和生态修复取得重大进展，能源资源使用效率大幅提高。

——改革开放实现较大突破。积极参与京津冀、环渤海等更大范围的分工协作，招商引资取得实质性进展，转型综改试点等各项改革试点取得新突破，经济社会发展动力和活力进一步增强。

——依法治区呈现全新格局。司法体制改革基本到位，司法公信力明显提高，民主和法治意识进一步增强。服务型政府建设取得明显成效，社会治理体系和治理能力得到全面提升，社会更加和谐稳定。

围绕以上指导思想和奋斗目标，重点抓好七方面工作：

1. 破除旧有思维定式，不断完善发展思路

面对经济新常态，必须树立和

贯彻创新、协调、绿色、开放、共享“五大发展”新理念，真正用新思路谋划新发展，全面壮大区域经济实力。

更新发展理念。大力破除故步自封、自我封闭、滚动发展意识，努力实现厚植开放、包容增长。要跳出郊区看郊区，站在全局高度来谋划未来，努力提升区内外两个市场、两种资源的利用效率，推动经济持续健康发展。尤其要坚决摒弃怕人争利、怕人发财的心态，为资本、人才、项目流动提供有利条件，营造重商、亲商、安商、富商的良好氛围，使郊区成为要素洼地、发展高地。

创新发展方式。勇于破除靠山吃山、单纯依赖资源发展的惯性，努力实现创新驱动、创新引领。煤炭黄金十年，受市场价格拉动，全省上下经济高速增长。但随着经济下行、市场疲软，我区经济快速下滑，传统增长模式难以为继。对此，我们必须以壮士断腕的勇气和决心，坚决克服资源依赖，努力转换发展动力，创新发展方式，激发创造活力，真正以创新引领结构调整、推进转型升级，提高全要素生产率。

拓宽发展路径。积极突破工业为重、传统产业为主的模式，努力实现多元支撑、多业并举。作为传统的资源型县区，郊区工业情结根深蒂固。但随着资源赋存逐步枯竭，环保约束日渐趋紧，传统工业发展空间受限。对此，一定要从致富靠资源、发展唯工业的固化思维中解放出来，在突出抓好传统产业结构调整、工业企业转型升级的同时，更多关注高效农业、商贸流通、现代服务、乡村旅游、健康养老等新型城郊经济产业，进一步拓宽发展路径。

同志们，思想的深度决定发展的高度。我们只有勇于自我革命、自我革新、自我完善，才能在加快转型发展的征程上，不断创造新的辉煌！

2. 调整优化产业结构，努力实现转型升级

调整优化产业结构是推动经济发展的关键举措。要充分发挥我区比较优势，走出一条三次产业融合发展、多元支撑可持续协调发展的新路子。

打造现代城郊农业。种植“标准园”要运用工业化、信息化手段改造现有基地，到2020年，努力建设1万亩蔬菜、2万亩特色经济林、5万亩核桃。养殖“示范园”要按照“稳定蛋鸡，提升生猪，适度牛羊”的思路，加快示范基地建设，生猪存栏达到10万头，蛋鸡存栏稳定在300万只、牛羊饲养达到5万只。休闲“采摘园”要精心打造一批集休闲、观光、采摘为一体的农家乐场所，因地制宜引进农业项目。加工“产业园”要不断壮大裕盛园醋业、田园乳业和三来食品等龙头企业，加快建设青岛昌盛日电、融 园等项目，形成一批年收入超亿元的加工产业基地。

构建新型工业格局。按照市委“28字”调产方针，着力推动传统产业转型。稳定煤炭。牢固树立安全发展理念，加快技术改造与资源整合，推进现代化矿井建设。提升洗配煤比重、发展煤转电产业、推动瓦斯综合利用，抓好燕煤集团240万吨洗煤、国新能源煤层气液化调峰、力宇煤层气利用瓦斯发电等项目建设进度。重组耐火。以整合、集聚、入园与技术提升为目标，积极引入国内龙头企业参与整合本地企业，努力打造高品质耐火材料基地。到2020年，年产量达到150万吨，其中高中档耐火产品占到50%以上。抢抓电力。加快西上庄低热值煤发电、中船海装风力发电、三峡能源风力发电、兴边富民发电等项目建设，推进采煤沉陷区“光伏领跑者计划”示范基地建设，到2020年形成装机容量268万千瓦以上。强推装备制造。要以华骏年产5000台减速器项目建设为龙头，大力发展矿山设备、起重机械等系列产品，加快提升装备制造业竞争力。拓展建材。发挥我区优势，巩固水泥产量，支持新型墙体材料、民用陶瓷、氧化钙、镍铁合金、玻璃纤维、保温隔热材料等项目建设，形成集群效应。

发展现代服务产业。以服务阳泉市区为依托，逐步向“东六县”辐射，大力发展以仓储、物流、金融、文化、商贸等为内容的现代服务业。积极推进“医疗+保健+养老”产业模式，发展宜居健康养老产业。加快金亿通商贸物流园、通宝鑫能智能仓储物流园等项目建设，推进信息化水平，探索启动“智慧郊区”建设，鼓励发展“互联网+”、大数据应用、物联网等新型信息技术产业，提高服务业在经济结构中的比重。要围绕阳泉市民假日休闲，以翠枫山、关王庙、辛庄、咀子上等景区景点提质上档，小河、大阳泉等古村开发为重点，打造旅游品牌，建设都市人的“后花园”。

3. 以转型综改为统领，着力推进改革创新

改革是发展最大的红利。要坚持目标导向和问题导向，把握关键环节，注意点面结合，在改革创新上形成突破。

推进供给侧结构性改革。结合郊区实际，贯彻“三去一降一补”任务要求。去产能，煤炭要坚持减量增效的原则，逐步压缩产能，加大洗配煤比例和煤矸石、煤层气综合利用，推进瓦斯抽采全覆盖。耐火要抓好兼并重组，加快清理淘汰“僵尸企业”，提升产业整体素质。去库存，要加大政府购买保障性住房力度，提高旧村改造、重点工程搬迁货币化安置比例，确保房地产库存“只减不增”。降成本，大力开展企业精准帮扶，严肃查处隐性变相收费，降低企业负担。补短板，重点是针对农村基础设施

薄弱、人居环境较差的实际，加快基础配套、环境改善等公共事业发展，增强人民群众的获得感。

建立投融资多元化模式。基础设施建设，一次性投资，长期受益，要建立多层次的投融资体制。组建晋东城乡建设投资公司，承接国家开发银行、农业发展银行贷款以及其他社会资金，用于城市基础设施、产业园区配套设施、城中村改造等项目建设。要加快公益性事业建设，通过推广PPP模式，引进大企业、大集团，实现合作共赢。要充分利用国家、省、市各种扶持政策，鼓励我区职能部门主动争取上级政策资金支持，推动我区经济社会快速发展。

强化创新驱动。要鼓励科技创新，要支持现有龙头企业完善创新机制，加大研发投入，加快专利转化。要加快科技孵化器建设，搭建大众创业、万众创新平台。要促进金融振兴，全力支持农村信用联社改制，支持阳泉城商行在我区设立分行，利用好晋商银行阳泉分行落户我区的机会，促进金融服务业快速发展。鼓励企业融入多层次资本市场，重点抓好田园乳业、广鑫源耐火、金土耐火等企业培育，力争到2020年，有一批企业实现上市融资。要全面深化各领域改革，继续推进土地经营权有序流转，扩大土地规模经营，以土地流转促进产业结构调整，提高农民收益，力争到2020年全区累计流转土地达到2万亩以上。要加快户籍制度改革。协调抓好司法体制等各领域改革工作。

加快政府职能转变。要正确处理政府和企业的关系，营造“亲、清”政商关系。围绕服务型政府建设，全面深化行政管理体制改革、行政审批制度改革、事业单位分类改革，激发市场活力和社会创造力。要利用好省级“双试点”政策机遇，努力破解资源、土地、规划、环境等方面的职能制约。要全面推进政务公开，认真落实权力清单和责任清单制度。要严格执行“两集中，两到位”，推进行政流程再造，变串联审批为并联审批，缩短办事时间、提高服务质量，为企业发展营造良好投资环境。要大力培育各类新型社会组织，加大和拓展政府购买公共服务范围，在教育、文化、卫生等领域取得突破。

4. 集聚发展要素，夯实发展基础

抢抓国家京津冀协同发展、环渤海经济圈和推进“一带一路”建设等重大历史机遇，努力积蓄发展新动力，厚植发展新优势。

打造产业园区。要规划先行，高标准推进园区建设。重点抓好阳泉东区工业园、荫营万亩综合园、河底京昆商贸物流园、荫营现代服务产业园和西南异耐火产业集聚区等“四园一区”的开发建设，实现产业集聚发展、企业集中布局、资源集约利用，优化经济发展“硬环境”。要创新园区建设融资方式，主动突破瓶颈制约，以政府投资带动社会投资。力争未来五年形成1个省级产业示范园和2个市级示范园，园区经济规模占全区工业总产值的40%以上。

加大招商引资力度。抓住东部沿海地区加工贸易产业转移等政策机遇，进一步优化招商引资环境，精准化打造政策“洼地”，吸引更多优质项目落户我区。同时要精准定位园区功能，围绕我区主导产业，创新“以商招商”“以情招商”方式，着力引进技术含量高、发展潜力大、带动能力强的优势项目，形成产业集聚。

推动现有企业发展。要引导我区企业优化股权结构、组织结构和产业结构，鼓励企业提高核心竞争力和市场占有率。要大力培育和弘扬“工匠精神”，鼓励企业走“专、精、特、优”发展道路，做百年企业。要着力降低小微企业融资门槛，积极鼓励小微企业加快发展，努力在我区形成大企业顶天立地、小企业铺天盖地的企业发展格局。

坚持人才引领。牢固树立人才是第一资源理念，在全社会大力营造尊重劳动、尊重知识、尊重人才、尊重创造尤其是尊重企业家和实业家的良好氛围。要实施更加灵活务实的人才政策，制定全区《中长期人才发展规划纲要》，进一步完善人才使用、激励等机制，真正吸引人才、激励人才、留住人才。

5. 坚持统筹城乡，加快新型城镇化步伐

要抓住阳泉建设城乡统筹示范区的重大机遇，坚持以“新城、新区、新镇、新村”为抓手，着力推进以人为核心的新型城镇化，率先打造城乡统筹示范区。

加快生态新城建设。我们一定要认识到，生态新城最大的受益者是郊区人民，生态新城既是阳泉的新城，更是郊区的新城。生态新城建设不仅加快我区水电气暖等基础设施的完善，而且推进所涉及农村就地城镇化，对消除城乡二元结构，改善农民生活，具有重要的意义。因此，要把生态新城建设作为郊区的分内之责，积极推进3平方公里起步区建设，在继续配合做好阳大铁路及配套车站、中心医院、交通枢纽建设的同时，2016年年底前，实现漾泉大道二期、洪城北路贯通，2017年6月前，实现漾泉大道一期、平阳路一期贯通，2017年底前，实现平阳路二期、宁波北路贯通。同时，桃坡、余积粮沟城中村改造和三泉、魏家峪、大西庄棚户区改造等项目要加快推进。

全力打造荫营新区。积极推进荫营镇城市化步伐，在水电气暖基础设施全面对接市区的基础上，重点在加强城市管理、村改居等方面取得突破，发挥好示范作用。要充分利用好国家保障性安居工程政策，推进老虎沟、下荫营、南窑庄、坪上、街上村等“城中村”改造及桥上村等采煤沉陷区改造，扩大荫营城区范围；要多元筹措资金，推动道路、管网、景观绿化、大型车辆分流等基础设施建设，提升基础设施和公共服务水平；要启动主城区企业搬迁工作，不断提升荫营城品位，丰富人民文化生活。

推进集镇建设。河底镇要抓住“百镇工程”建设政策机遇，全面完善基础设施，以招商引资为突破口，吸引产业入驻，增加人口集聚，打造北部重镇。平坦镇要利用好“城中之镇”优势，围绕服务阳煤及重点项目建设，抓好三产服务业，加快区域城市化进程。义井镇要重点抓好义东沟、义井“城中村”改造，推进“村改居”工作，实现从乡村、城镇到城市的自然过渡。李家庄乡要配合好生态新城建设，主动介入，加快融入发展，实现“城市李家庄”。杨家庄乡要加快阳泉东区工业平台打造，做好现有项目的服务和新项目的引进工作；同时围绕南杨家庄村和北杨家庄村采煤沉陷区搬迁安置，高标准建设小城镇。西南舁乡、旧街乡要在城市近郊旅游上做文章，在打造特色魅力乡镇上迈出新步伐。

建设宜居新村。要按照“四美两宜”要求，继续加强农村路、水、电等基础设施配套建设，鼓励有条件的村建设供热、供气管网。加快桥上、官沟、黄沙岩、大固庄等6村采煤沉陷区治理搬迁工作，抓好棚户区、城中村、农村危房改造以及偏远山村整体搬迁等工作，加快农村就地就近城镇化步伐。要提升乡村清洁水平，完善农村环境卫生投入、管理、运行等长效机制，完成2座垃圾中转站建设。要开展新一轮农村环境治理，重点实施生活垃圾处理、污水处理等环境整治工程，全力打造一批特色鲜明的美丽宜居示范村。

加强生态环保工作。扎实推进水、土壤污染防治行动计划，严控污染项目，降低污染物总量。要在重点领域积极推广清洁能源，实施循环发展引领计划。要健全环境保护三级网格化管理机制，加大环境污染案件查处力度，推动环保工作再上新台阶。要全面推进采煤沉陷区、采空区、矸石山生态恢复工程。要以创建国家森林城市为契机，重点推进刘备山森林公园、荫营城区、国省道路两侧等重点区域绿化工程，到2020年森林覆盖率力争达到29.3%。

6. 践行为民宗旨，着力推动民生改善

要牢记为人民服务的根本宗旨，坚持一切为了人民、一切依靠人民，不断提高人民福祉。

坚决打赢脱贫攻坚战役。按照“六个精准”扶贫要求，把脱贫攻坚作为头等大事和第一民生工程，以增强扶贫对象增收致富能力和改善贫困村生产生活条件为抓手，全面贯彻落实省委“5+3”脱贫工程的精神要求，发挥五支帮扶力量的作用，坚持“五个一”模式，通过为贫困村制定一个脱贫致富规划、发展一项增收产业、实施一批基础设施改善项目、建设一支坚强有力的“两委”班子、形成一套民主规范的乡村治理机制的脱贫措施，切实做好对所有贫困户创业、就业、就学、社会保障等方面的帮扶，确保到2018年年底全区27个贫困村、4675人全面脱贫。

千方百计扩大就业。要广泛开展农民工各类技能培训，提高就业能力；要发挥劳务中介机构作用，为农村剩余劳动力提供更多就业机会。继续实施“四个一批”就业帮扶工程，重点解决好零就业家庭、大中专毕业生、退伍复转军人等困难人群就业问题。要提高公共就业创业服务信息化水平，推进各类就业信息开放共享；要健全面向全体劳动者的职业培训制度，支持创业孵化基地建设，进一步完善和落实鼓励自主创业政策，建设大众创业支撑体系。

继续完善社会保障体系。进一步扩大养老、医疗、工伤、生育和失业等保险制度覆盖面，实现制度全覆盖向群体全覆盖过渡。要深入开展农民工工资清欠专项行动，在建筑领域全面执行农民工工资保证金制度。要完善社会救助制度体系，加大财政投入，统筹五保供养，健全以扶老、助残、爱幼、济困为重点的社会福利制度，确保困难群众老有所养、病有所医、住有所居。

全面发展各项社会事业。进一步优化财政支出结构，不断加大公共服务领域投入，确保今后用于民生的财政支出比例只增不减。要发展普惠学前教育、巩固义务教育均衡化成果、创新发展职业教育，全面提高教育质量。要深化医疗卫生体制改革，建立健全基本医疗卫生制度，全面落实“两孩”政策，实现人人享有基本医疗卫生服务。要加快数字档案馆（室）建设，在全市乃至全省档案系统走在前列。要全面推进审计监察、商务供销、防震减灾等各项工作。

同志们，民之所望，施政所向。我们要始终把实现人民对未来美好生活的期盼作为神圣使命，努力发展经济，补齐民生短板，朝着全面建成小康社会的方向稳步前进！

7. 推进民主法治和精神文明建设，凝聚社会强大合力

民主法治是社会发展的重要基石，文化事业是人民群众的精神家园。我们要大力弘扬民主法治精神，加快精神文明建设，为全面建成小康社会提供坚强保障。

加快法治郊区建设。加快建设法治政府，深入推进依法行政，推动政府活动全面纳入法治化轨道。建立健全重大行政决策机制，提高决策科学性；要稳步推进司法体制改革，加强执法监督，确保司法公正；完善司法援助制度，加强和规范基层人民调解组织建设；加大法治宣传教育，深入开展“七五”普

法，努力形成“政府依法行政、群众依法办事”的良好氛围。

加强社会综合治理。要围绕推进县域治理体系现代化，在不断改进“六议两公开”工作法，切实提高村民自治水平的基础上，不断完善区、乡（镇）、村三级管理体制，促进社会和谐稳定。深入实施“六六创安”工程，深化“平安郊区”创建，加强重大决策社会稳定风险评估；要加强社会治安防控体系，始终保持“打黑除恶”高压态势，不断增强人民群众的安全感和满意度。要建立和畅通群众表达利益诉求的渠道，严格执行领导接访、约访、下访等各项制度，认真落实“六包一”教育稳控措施，引导群众依法有序反映诉求。在征地、拆迁、安置工作中，要全力维护群众合法权益，严厉打击借机生事、借机敛财行为。要大力实施村集体经济“破零”工程，提高村支“两委”化解矛盾能力，保证困难群众的基本生活。

抓好安全生产工作。以我市创建“全国遏制重特大事故试点城市”为契机，严格落实“党政同责、一岗双责、失职追责”要求，深入开展煤矿、道路交通等重点行业领域安全工作专项整治，坚决杜绝重特大事故，减少一般事故，防范意外事故。要保持高度警惕，不断巩固打击私挖滥采的高压态势，确保工作不松懈、无死角、全覆盖，有力维护全区正常生产生活秩序。

推进民主政治建设。要充分发挥党委总揽全局、协调各方的核心作用，支持人大依法履行职责、依法实施监督。要加强协商民主制度建设，构建程序合理、环节完整的协商民主体系。要积极为各民主党派、工商联、无党派人士发挥作用搭建平台，努力做好民族宗教、侨务外事等工作。要充分发挥群团组织的桥梁纽带作用，最大限度凝聚社会共识。要大力加强国防动员和后备力量建设，努力形成军民融合深度发展格局。

实施文化自信工程。要不断满足人民群众日益增长的精神文化需求，多元筹资建设“三馆一院”。要深入挖掘区内忠义文化、农耕文化、红色文化等传统文化，努力打造一批充满乡土气息、群众喜闻乐见的文艺作品，激发全区人民心系郊区、热爱郊区、发展郊区的热情。要按照新时期新闻舆论“48字”工作要求，围绕中心、服务大局，积极开展“道德模范”“最美人物”等评选活动，弘扬主旋律，传播好声音，凝聚正能量，展示新形象。

三、坚持全面从严治党

全区各级党组织和广大党员干部，肩负着团结带领全区人民实现富民强区、全面建成小康社会的历史重任。形势的发展、事业的需要、群众的期待，都要求我们必须坚持党要管党、从严治党，全面加强党的建设。

1. 加强思想政治建设，筑牢信念之魂。紧紧扭住思想政治建设这个管根本、管方向、管长远建设的生命线，坚持不懈抓好领导班子和党员干部队伍的思想政治建设。要坚定理想信念。坚持用中国特色社会主义理论体系武装头脑，用习近平总书记系列重要讲话精神提振精气神，进一步坚定道路自信、理论自信、制度自信、文化自信。要完善区委理论中心组、干部教育大讲堂等干部学习制度，加强理想信念教育，牢固树立共产主义远大理想和中国特色社会主义坚定信念，不断拧紧思想和行动的“总开关”。要突出对党忠诚。进一步强化党性原则，严守党的政治纪律和政治规矩，始终在思想上、政治上、行动上同以习近平同志为总书记的党中央保持高度一致，任何时候都要政治清醒、立场坚定，做到政治信仰不变、政治立场不移、政治方向不偏，真正做到对党忠诚。要重视意识形态工作。认真落实各级党组织意识形态工作责任制，用党中央治国理政的新理念新思想新战略鼓舞人心、凝聚力量，不断巩固马克思主义在意识形态领域的指导地位。

2. 加强基层组织建设，夯实发展基础。基础不牢，地动山摇。基层组织是全面建成小康社会的战斗堡垒。要重视基层。扎实推进基层党建“五大提升工程”，坚持基层导向，聚焦基层基础，统筹抓好各领域基层党建工作，夯实党的执政根基。要压实责任。聚焦党建主业，全面落实基层党建工作责任制，发挥“联述联评联考”机制的督促考评作用，形成一级带着一级干、一级述给一级看，层层传导压力、层层落实责任的党建工作。要严格制度。严肃党内生活，落实好“三会一课”、组织生活会、民主生活会等党内制度，经常打扫政治灰尘，始终保持党内政治生活的严肃性。要严格党员底线红线、党员承诺等制度，始终保持党员队伍的先进性和纯洁性。要强化组织。坚持“一村一策”，通过区级领导联、乡镇干部包、工作队驻、第一书记挂等措施，推进后进村整顿常态化；创新组织设置，推广联村党委模式，加大财政对农村党建工作的支持力度，全面提升基层基础保障水平。

3. 加强干部队伍建设，打造先锋之旅。政治路线确定以后，干部就是决定因素。要坚持正确导向。用一贤人则群贤毕至，用一小人则小人齐趋。用人之要，重在导向。要严格按照新时期好干部“20字标准”，坚持“德才兼备、以德为先、以廉为基”的正确导向，把踏实干事、廉洁干事、激情干事、决断担当的干部选出来、用起来。要公道正派选人用人。坚决打破论资排辈、以票取人、年龄划线等陈规陋习，注重从经济发展主战场、改革创新最前沿、安全稳定第一线来识别干部，真正让能者上、庸者下成为常态。要进一步强化“为官必为”的意识，增强“为官会为”的能力，营造“为官愿为”的环境，追究“为官不为”的责任，充分调动全区干部干事创业的主动性和积极性。要严格管理监督。强化班子建设，完善党委会议事规则和决策程序，加强民主集中制建设，不断增强班子的凝聚力和战斗力。要进一步健全完善干部管理监督长效机制，让各级干部明白什么事能干、什么事不能干，时刻紧握制度规矩戒尺，知晓为官做事尺度，努力培养造就一支具有铁一般信仰、铁一般信念、铁一般纪律、铁一般担当的干部队伍。

一分部署，九分落实。作风建设只有进行时，没有完成时。要把党的群众路线教育实践活动、“三严三实”专题教育和“两学一做”学习教育取得的成效，转化为推动工作的动力。要严格落实中央“八项规定”，驰而不息纠正“四风”，不断以作风建设的新成效取信于民。要以上率下，始终怀着“一日无为、寝食难安”的责任感和夙夜在公的使命感，以“功成不必在我”的胸怀，大力弘扬“五加二”“白加黑”的创业精神，深入开展“四季行动”，完成各项目标任务。要坚持“三个区分开来”，进一步建立健全激励机制和容错纠错机制，为担当的干部担当，对负责的干部负责。要充分发挥督查的职能和作用，坚决问责那些不作为、慢作为、乱作为的人和事，真正让能干事者有机会、干成事者有舞台、投机钻营者受冷落。

4. 加强党风廉政建设，净化政治生态。坚持从严治党，做到真管真严、敢管敢严、长管长严。要落实两个责任。严格落实全面从严治党主体责任和监督责任，贯彻执行“一准则两条例”，坚持把纪律和规矩挺在前面，全面净化党内政治生态。要持续纠正“四风”。首先从区委常委会抓起、从领导干部抓起，对违反“八项规定”行为，监督节奏不变、问责力度不减，对顶风违纪的，发现一起、查处一起，真正让违规违纪现象无处藏身。要从严惩治腐败。立足早发现、早提醒、早下手，紧盯苗头性、倾向性、潜在性问题，努力构建惩治和预防腐败长效机制；要准确运用“四种形态”，坚持纪严于法、纪在法前、纪法分开，始终把“极少数”和“极极少数”抓在手上，重拳惩处发生在群众身边的腐败问题，让不敢腐的震慑作用得到强化、不能腐不想腐的效应日益显现。要深化纪委“三转”。支持纪委聚焦主责主业，不断延伸执纪问责的力度和深度；要充分发挥巡察的利剑作用，有效延伸监督触角，消除监督盲区。

同志们，今年是“十三五”开局之年，做好全年工作意义重大。面对复杂严峻的经济形势，在市委、市政府的坚强领导下，全区上下坚持稳中求进的工作总基调，主动适应发展新常态，经济实现了低位企稳、稳中有进、稳中向好的发展态势。今后，区委要进一步加强和改进对经济工作的领导，毫不动摇地贯彻党的基本路线，坚持以经济建设为中心，理直气壮地抓好发展第一要务，以严和实的作风推动全面深化改革，立足当前、着眼长远谋划重大经济问题，不断健全和完善党委领导经济工作的制度机制，坚决做到“两手硬”，最大限度地调动各级干部、企业家、创新人才干事创业的积极性和创造性，切实把全社会的注意力引导到发展上来。

同志们，蓝图已绘就，扬帆正当时。让我们按照党的十八大和十八届三中、四中、五中全会精神，紧密团结在以习近平同志为总书记的党中央周围，在市委的坚强领导下，牢记使命勇担当，真抓实干谋发展，为实现富民强区、全面建成小康社会而努力奋斗！

注：报告原标题为：牢记使命勇担当 真抓实干谋发展 为实现富民强区全面建成小康社会而努力奋斗

政府工作报告

——在2016年8月19日阳泉市郊区第十八届人民代表大会第一次会议上

代区长 武建功

一、“十二五”工作回顾

“十二五”时期是我区发展极不平凡的五年。五年来，面对复杂多变的经济形势和艰难繁重的工作任务，区政府团结带领全区人民，在省、市和区委的正确领导下，全面贯彻党的十八大和十八届三中、四中、五中全会精神特别是习近平总书记系列重要讲话精神，紧紧围绕“实施‘五大战略’，建设现代城郊强区”总体思路，锐意进取，攻坚克难，基本完成“十二五”确定的目标任务。五年来，我们：

一心一意抓发展，经济实力再上新台阶。全区生产总值由2010年的53.4亿元增长到了2015年的80.73亿元，年均增长11.6%；公共财政预算收入由3.23亿元增长到了4.45亿元，年均增长6.6%；社会消费品零售总额由8.7亿元增长到了14.9亿元，年均增长11.3%；城镇、农村居民人均可支配收入分别达到22195元和12124元，年均增长9.3%、12.1%。

持续发力上项目，结构调整迈出新步伐。五年共引进百万元以上经济技术合作项目256项，到位资金316.3亿元；实施投资项目336项，完成固定资产投资335.7亿元，是“十一五”时期的2.45倍。保安、旧街、鸿泰、坡头和神堂五大煤业公司全部转为生产矿井；金隅通达15万吨高档耐材、冀东200万吨水泥、河坡2×35万千瓦热电联产等重点项目建成投产；西上庄2×66万千瓦低热值煤发电项目启动实施，荣光能源发电、青岛昌盛光伏农业项目顺利推进。三次产业占比由“十一五”末的3.2:62.8:34优化为2.7:56.8:40.5。

多措并举惠三农，农民增收开辟新路径。连续三年每年拿出1000万元支持农业惠民工程，设施蔬菜、果品、核桃分别达到5700亩、2.2万亩和3.8万亩，树莓、玫瑰、钙果、杜仲等特色种植项目纷纷落地，蛋鸡、生猪存栏分别比“十一五”末增长67%和142%，省级“一村一品”专业村达55个，现代特色农业发展势头强劲。尤其是高度重视发展城郊旅游，桃林沟成功挂牌国家AAAA级景区，小河、官沟、辛庄和大阳泉入选“中国传统村落”，咀子上、南沟等一批示范景点悄然兴起，休闲农业和乡村旅游成为农民增收的新亮点。

不遗余力强基础，城乡建设展现新气象。一是积极配合生态新城建设，新城大道、李家庄互通、西外环、双营路等路网工程竣工通车，珍宝园小区、冯家庄新村完成建设，漾泉大道一期、二期和三泉、魏家峪、大西庄保障房建设及阳大铁路拆迁扫障顺利推进。二是全面提升荫营城品位，相继完成区医院病房大楼、雅馨园小区等重点工程，大力实施街路整治、“五网”入地，完善了供热管网、自来水质净化等公共基础设施，使荫营由“镇”到“城”的转变进一步加快。三是不断改善人居环境，先后完成农村街巷硬化1114公里、农村饮水安全工程97处、农网改造升级451公里。建设保障性住房7650套，改造农村危房1845户，8个村实施了易地搬迁，桃林沟、汉河沟成为省级美丽宜居示范村。四是环境质量明显提升，关闭取缔“土小”矾石竖窑、石灰窑243支，淘汰黄标车近1300辆。同时，继续加快生态修复，完成营造林16.5万亩，全区森林覆盖率达25.8%。2015年，环保“4+2”约束性指标圆满完成，全区二级以上优良天气达到285天。

先行先试促综改，转型发展增添新动力。作为全市唯一的省级转型综改和扩权强县“双试点”县区，几年来，我们制定“八统一”土地管理办法，开展土地收益保证贷款、土地增减挂钩、农村土地流转和土地承包经营权确权登记颁证等试点工作，完成卫生、计生、商务、粮食等机构改革任务，“联村党委”“民事代办”被省综改办列为2013年体制机制创新重点，改革活力明显增强。特别是全力推进金融振兴、科技创新和民营经济发展，累计投入风险补偿金2480万元，为39家企业办理助保金贷款1.36亿元；培育下千耐火材料入选国家知识产权优势企业，阳泉八方电气等5家企业入选省级高新技术企业，中嘉磨料磨具等4家企业挂牌上股交Q板、深股交新四板，金隅通达等26家企业进入“小巨人”培育库，天隆工程材料、华岭耐火等11家企业获省著名商标，裕盛源醋业、三来食品在淘宝网成功上线。

关注民生办实事，社会事业取得新进展。每年财政收入75%以上用于民生事业，五年来为民承诺的38件实事全部兑现。始终坚持优先发展教育，实现了财政助教“七个全覆盖”，2014年顺利通过“全国义务教育发展基本均衡县区”验收。大力实施“四个一批”就业帮扶工程，五年累计新增城镇就业岗位1.6万个，转移农村剩余劳动力1.3万人，城镇居民登记失业率始终控制在4%以内。医药卫生体制改革稳步推进，公共卫生服务体系更加完善，群众看病难、看病贵问题得到有效缓解。致力完善社会保障体系，“五大保险”不断提质扩面，参保率、保费征缴率连年走在全市前列。全面加快各项事业发展，实现了农村文化体育场所和农家书屋全覆盖，累计举办文化下乡惠民演出300余场，区档案馆成功创建全省首家国家一级档案馆。五年来，我区共获得了全国4项和全省6项先进示范县区荣誉称号。

从严治政履职责，依法治区开创新局面。认真贯彻执行区人大及其常委会决议，积极支持区政协履行职能，自觉接受人大法律监督和政协民主监督，五年办理人大代表意见、建议和议案460件，政协提案796件，满意率分别达93%和97%以上。大力推进简政放权，顺利承接6大类43项扩权事项，编制完成了涉及30个部门2297项事项的政府权责清单并向社会公开。坚持狠抓煤矿、非煤矿山、道路交通等重点行业和领域安全大检查，始终保持打击私挖滥采高压态势，深入开展“法治郊区”“平安郊区”创建和“六五普法”教育，安全生产和治安形势逐年好转。创造性开展以“六议两公开”为主的乡村治理，认真落实“村财乡理”等制度，农村社会更加和谐稳定。

各位代表！过去的五年，我们积极应对“三期叠加”、经济下行等一系列严峻挑战，深切地感受到，做好郊区工作：必须集中精力抓发展。切实把郊区放到国内省内的大背景下来审视定位，牢牢抓住发展这个执政兴区的第一要务，创新发展理念，拓宽发展思路，完善发展举措，提高发展质量，为全面建成小康社会奠定扎实基础。必须加快转型增后劲。充分利用国家“一带一路”建设和我省纳入京津冀、环渤海两个大圈子的有利契机，积极在更大范围、更广区域内寻求协作，坚定不移造平台、引项目、创环境、优服务，努力使发展效益更好、速度更快、结构更优，优势更加充分释放。必须创新驱动抓综改。用足用好转型综改和扩权强区“双试点”的政策优势，努力向改革要活力、向创新要动力，不断以创新推进转型升级，以创新引领结构调整，以创新抢占发展高点，推动经济发展由资源依赖向创新驱动转变。必须以人为本惠民生。牢固树立以人民为中心的发展思想，始终把人民的满意度和对美好生活的向往作为衡量一切工作得失的根本标准，以实实在在的惠民成效给百姓以更多获得感和幸福感。必须真抓实干讲担当。不断巩固党的群众路线教育实践、学习讨论落实活动和“三严三实”专题教育成果，深入开展“两学一做”，努力打造一支勤学善思、忠诚干净、务实担当、激情干事的干部队伍，切实履行好人民赋予的神圣职责。

各位代表，回顾过去艰难历程，成绩取得实属不易。这是市委、市政府正确领导、关心帮助的结果，是区委统揽全局、科学决策的结果，是区人大、政协大力支持、有效监督的结果，是全区广大干部群众团结拼搏、共同奋斗的结果，也是社会各界鼎力相助、密切合作的结果。在此，我谨代表区政府，向多年来为郊区发展付出辛勤劳动和汗水的广大干部群众致以亲切的问候和崇高的敬意！向所有关心、支持和帮助郊区发展的各位人大代表、政协委员、社会各界人士表示衷心的感谢！

在肯定成绩的同时，我们也应清醒地看到，全区经济社会发展还存在着不少困难和问题。主要表现在：产业结构不优，企业运行艰难，集聚园区建设缓慢，大项目好项目缺乏，新兴产业滞后，转型发展任重道远；改革创新力度不大，服务环境仍需改善， 瓶颈制约依然存在，新旧动能转换亟需加油调档；财政收支矛盾突出，民生领域欠账较多，安全稳定形势不容乐观，社会治理任务十分繁重；特别是一些干部还不适应新常态，思想解放不够，创新能力不足，工作作风不实，缺乏应有的干事激情和责任担当，为官不为、懒政怠政、被动应付等消极腐败现象仍不同程度有所存在。对此，我们必须高度重视，下大力予以解决。

二、“十三五”时期主要目标任务

“十三五”时期是全面建成小康社会的决胜阶段，也是我区爬坡过坎、转型发展的关键时期。当前，世界经济在深度转型调整中逐步复苏，国内经济长期向好的基本面没有变，省内转型发展的前进态势也没有变，全区经济仍处于可以大有作为的战略机遇期。面对新常态，中央提出了“五大发展”的新理念，省委提出了“两手硬”的新要求，市委提出了建设山西向东开放桥头堡、晋东区域中心城、转型发展先行市、城乡统筹示范区的新定位，为我们指明了前进方向。特别是随着国家京津冀协同发展、环渤海合作发展、“一带一路”建设等重大战略的实施，我区作为省级转型综改和扩权强区“双试点”的先发政策优势、生态新城建设的主战场优势、独特的城郊区位优势和便捷高效的交通优势进一步凸显，政策机遇多项叠加，为我们招商引资、加快发展提供了更加有利的条件。与此同时，通过深入开展党的群众路线教育实践活动、“三严三实”专题教育、“两学一做”学习教育，持续推进正风反腐工作，全区上下思进思上、求新求变的愿望十分强烈，各级干部认真负责、踏实肯干的氛围日益浓厚，再加上历届区委、区政府打下的坚实基础，这些都为我们实现富民强区赢得了主动。只要我们抢抓机遇、团结干事、奋力拼搏、乘势而上，就一定能跳出阵痛困局、实现浴火重生，就一定能开创“十三五”发展新局面、再铸郊区新辉煌！

“十三五”时期，全区工作的指导思想是：高举中国特色社会主义伟大旗帜，坚持以马克思列宁主义、毛泽东思想、邓小平理论、“三个代表”重要思想、科学发展观为指导，全面贯彻党的十八大和十八届三中、四中、五中全会精神，深入学习贯彻习近平总书记系列重要讲话精神，坚持发展是第一要务和抓好党建是最大政绩，全面落实中央“五大发展”新理念和省委“两手硬”新要求，以及市委“四个定位”的战略部署，牢记使命勇担当，真抓实干谋发展，积极推进“五大战略”，为打造生态宜居新城、建设现代城郊强区，全面建成小康社会而努力奋斗！

根据这一指导思想，我们未来五年的奋斗目标是：

——经济保持中高速度增长。到2020年，生产总值与城乡居民收入比2010年翻一番以上，主要经济指标年均增速高于全省平均水平。

——转型升级取得重大进展。经济结构调整与发展方式转变取得新进展，发展空间格局进一步优化。资源经济占比逐步下降，服务业比重稳步提高，传统产业竞争力有效增强，新兴接替产业形成规模，集聚发展、绿色发展和创新驱动能力大幅提升，区域经济质量和效益明显提高。

——城乡统筹步伐全面加快。逐步建立完善统筹城乡一体化机制体制，城乡要素合理配置、城乡互惠协调发展的新型城乡关系初步形成。城乡居民基本实现充分就业，收入水平稳步提高，收入差距明显缩小，农村贫困人口在全市率先脱贫，城乡二元结构壁垒基本消除。

——民生保障能力大幅增强。社会保障、教育卫生等公共服务设施更加完善，公共服务体系更加健全、供给更加优化，基本公共服务均等化水平显著提升。教育现代化取得重大进展，劳动人口受教育水平明显提高。人民群众健康保障能力有效增强。安全生产形势向稳定好转坚实迈进。

——文化自信更加深入人心。大力倡导社会主义核心价值观，向上向善、诚信互助的社会风尚更加浓厚，社会公德、职业道德、家庭美德、个人品德建设深入开展，人民群众思想道德、科学文化和健康素质全面提升。文化强区步伐加快，与经济社会发展相适应的文化发展格局基本形成。

——生态环境质量明显提升。环境保护和生态修复实现重大进展，能源、资源使用效率大幅提升，能耗和水资源消耗、建设用地、碳排放总量有效控制，大气、水和土壤污染治理取得明显成效。林草覆盖率进一步提高，绿色郊区、生态郊区形象更加凸显。

——改革开放实现较大突破。参与京津冀、环渤海等更大范围分工协作的深度与广度不断拓展延伸，跨区域产业协作取得实质性进展，重点领域与关键环节改革取得决定性成果。转型综改试点建设取得新突破。体制改革更加深入，开放带动作用明显，经济社会发展动力和活力不断增强。

——依法治区呈现全新格局。法治建设扎实推进，司法体制改革基本到位，司法公信力明显提升。覆盖城乡、惠及全民的公共法律服务体系基本成形，人民群众民主和法治意识进一步增强。服务型政府建设取得明显成效，社会治理体系和治理能力全面提升，社会更加和谐稳定。

各位代表，宏伟的目标、崭新的征程，承载着全区人民对美好生活的殷切向往，也是本届政府作出的庄严承诺。我们坚信，在区委的正确领导下，坚持解放思想不停步、争先进位不松劲、改革创新不懈怠、攻坚克难不退缩，牢记使命、勇于担当、勠力同心、苦干实干，一定能够夺取全面建成小康社会决胜阶段的伟大胜利！

三、2016年工作安排

2016年是全面建成小康社会决胜阶段的开局之年，也是推进供给侧结构性改革的攻坚之年。做好今年工作，要按照中央和省、市安排部署，以适应经济发展新常态、转变发展方式为主线，以稳中求进为工作总基调，以“稳增长、调结构、惠民生、防风险”为总目标，以供给侧结构性改革为总抓手，着力推进经济社会可持续发展，实现“十三五”良好开局。

综合各方面考虑，2016年，我区经济社会发展的主要预期指标为：

——全区生产总值增长7%；

——公共财政预算收入与上年持平；

——规模以上工业增加值增长2.5%；

——固定资产投资完成105亿元，增长16%；

——社会消费品零售总额增长6%；

——农村居民人均可支配收入增长6.5%；

——城镇居民人均可支配收入增长6.5%；

——环境保护、安全生产等约束性指标控制在市政府下达范围之内。

为圆满完成以上目标，要重点抓好八方面工作：

1. 优化供给结构，夯实产业支撑

大力推进供给侧结构性改革，按照“去产能、去库存、去杠杆、降成本、补短板”的总体要求，调整优化产业结构，走科技引领、绿色革命、循环集约、多元支撑的发展新路，努力提高供给质量和水平。

做强传统产业。按照市委“28字”调产方针，利用市场倒逼机制，扎实推动传统产业转型升级。一要稳定煤炭。认真落实省、市《煤炭供给侧结构性改革实施意见》，推进现代化矿井建设，严控区属五大煤业公司产能产量，使煤炭产量稳定在300万吨左右；推进投资5.1亿元的国新能源煤层气液化和投资1.4亿元的保安煤业瓦斯治理项目，推动煤炭伴生资源利用；加大煤炭洗选力度，抓好燕煤集团洗煤项目实施，力争原煤入洗率保持在75%以上、入选率稳定在90%以上。二要重组耐材。推进金隅通达联合重组，鼓励下千、华岭、贤亨等本土优势企业通过兼并、收购、联合、入股等方式扩大生产规模，积极引进有实力、有品牌、有市场的大型企业参与耐火行业整合；加快搭建耐火行业技术创新服务平台，开发新型耐材，推进“以质取胜”；大力发展耐材电子商务，以“耐耐网”为依托，探索“互联网+”发展模式；建立铝矾土资源管理利用新机制，为耐火行业整合奠定资源基础。三要抢抓电力。推进投资53亿元的西上庄2×66万千瓦低热值煤发电项目，支持河坡电厂2×35万千瓦热电联产项目尽快达产达效；完成投资2.2亿元的力宇瓦斯发电项目，推进投资4.8亿元的荣光能源2×1.5万千瓦发电机组和投资1.3亿元的扬德1.9万千瓦瓦斯发电项目；抓好投资10亿元的中船海装10万千瓦和投资7亿元的三峡能源8万千瓦风力发电项目；推进投资5亿元的昌盛日电2万千瓦光伏农业项目，抓好投资4亿元的汉和2万千瓦光伏发电和投资2.4亿元的兴边富民分布式发电等项目引进，认真实施采煤沉陷区“光伏领跑者计划”35万千瓦项目。四要拓展建材。鼓励冀东水泥扩大营销半径，支持天隆工程材料公司发展新型净水材料、高水充填材料及高强胶凝材料；推进总投资2.7亿元的星火金源60万吨氧化钙项目，大力引进环保墙体材料、民用陶瓷、防水密封材料、保温隔热材料等新型建材项目，形成集群效益。

做优装备制造。重点实施好华骏机械投资3亿元的5000台矿用减速器项目和华鑫机械投资5700万元的欧式起重机项目。同时，主动承接东部沿海地区加工贸易项目产业转移，推进上海世兆新能源总投资2.6亿元的LED照明灯及垃圾处理器项目，不断壮大实体经济，提升市场竞争力。

做精休闲旅游。一要围绕“采摘体验、生态观光、工业遗址、红色教育、明清民居、忠义文化”六大系列，编制完成全区旅游发展总体规划。二要提升翠枫山景区品牌形象，实施关王庙国家级重点文物保护修缮、“刘关张忠义文化”长廊、桃林山庄旅游开发、旧街百里健身步道等工程，进一步在设施完善上下功夫。三要深入开展乡村文化记忆工程，深挖评梅故居、银圆山庄等景区文化内涵。同时，继续巩固汉河沟、龙泉沟、咀子上等“双十”旅游基地，加大基础投入，开发旅游产品，提升服务质量。四要结合美丽宜居乡村建设，以“乡村旅游年”为主题，多层次举办旅游推介活动，推广“互联网+乡村旅游”发展模式，打响旅游品牌，推动经济增长。

做特城郊农业。要紧紧围绕阳泉市民的消费需求，调整种养结构，促进一、二、三产融合发展。一要推进设施农业、光伏农业、高效农业、创意农业发展，扩大蔬菜、食用菌、中药材、杂粮、花卉等种植面积比重，重点抓好华盛绿能400亩设施农业项目建设。二要抓好西南舁万亩果园提升，巩固3.8万亩核桃基地高接换优，立体发展林下经济。鼓励发展特色种植，实施好天通鑫地万亩欧李和融舁园千亩树莓种植项目。三要支持宝鑫双万头生猪养殖发展和金凤凰、瑞峰、龙飞等标准化养殖基地建设，完成好10个养殖项目新建任务。四要加快田园乳业乳制品和裕盛源保健品生产线项目建设，支持三来食品等龙头企业扩大规模、开发产品、拓展市场，抓好投资1.5亿元的桃林沟农产品交易市场建设。

做大现代服务。充分利用生态新城和荫营新区建设契机，大力发展餐饮住宿、休闲娱乐、养老健身、电子商务、金融理财、家政服务、仓储物流等产业，打造荫营现代服务产业园，抓好金亿通商贸物流园和通宝鑫能智能仓储物流园项目建设。结合阳大铁路建设，积极培育煤炭配送、装卸搬运、邮政快递、运输服务等相关产业，推动生产性服务业的集聚发展。探索启动“智慧郊区”建设，鼓励“互联网+”、大数据应用、物联网等新技术、新模式、新业态发展。

各位代表，产业结构畸重、供给结构失衡，是当前我区经济面临的最大问题。我们一定要狠抓供给侧结构性改革，精准对标，持续发力，不断推动产业转型升级，提高发展质量效益，真正走出一条多元支撑、循环高效、动能转换的新路子！

2. 狠抓项目载体，厚植转型优势

打造园区平台。按照“产业集聚、企业集中、资源集约”的原则，在认真编制阳泉东区工业园、荫营万亩综合园、河底京昆商贸物流园、荫营现代服务产业园和西南舁耐火产业集聚区等“四园一区”总体发展规划的基础上，今年重点打造“两园一区”，其中：阳泉东区工业园要加快园区“三通一平”，做好项目服务工作，确保入园项目顺利推进；荫营万亩综合园要加快编制总体规划和功能区详规，以园区主干道路建设为重点，同步搞好平台建设，确保入驻项目用地；西南舁耐火产业集聚区重点要抓好600亩发展平台的建设，同时充分利用资源优势，大力引进有规模、有品牌、有科技含量的新型耐材企业入驻，为耐火产业重组奠定扎实基础。

全力招商引资。实施“借力发展”战略，主动走出去招商引资，借助先进地区技术、管理、人才和资金优势，助推我区产业转型升级。一要抢抓东部沿海地区加工贸易产业转移等政策机遇，紧盯好企业、好项目，积极登门对接、宣传推介，力争在引进新兴项目、科技项目、高端项目转移落地上形成突破。二要改善投资环境，树立“心系郊区、热爱郊区、发展郊区”的理念，打好资源牌、环境牌、感情牌、诚信牌，为项目落地提供“保姆式”服务关怀和政策支撑“洼地”。三要把招商引资作为各级干部的第一责任，不仅要动员各级干部亲自动手抓招商，更要推动企业以企招商、以商招商、以情招商，切实在符合国家产业政策和城市发展总体规划的前提下，通过定点式、跟进式、持续式的精准化招商，使更多项目落户郊区。四要围绕重点加强项目储备，加大对外招商合作项目的策划、包装、推介力度，力争年内完成招商引资150亿元以上。

狠抓项目实施。今年，全区计划实施项目110项，总投资376亿元，当年计划投资108.6亿元。其中，基础设施类5项，产业投资类58项，城镇化、生态环保和循环经济类13项，民生和社会事业类34项。为确保项目顺利实施，要继续按照“六位一体”项目工作机制，加大推进力度。一要领导包保抓项目。按照责任、目标、节点、措施“四明确”的要求，挂图作战，挂牌督办，确保项目建设的顺利推进。二要创优服务抓项目。重点是发改、招商、国土、环保等部门和项目所涉乡镇，要主动作为，靠前服务，定期调度分析、研究解决项目建设中存在问题，全力保障西上庄电厂、阳大铁路等重点工程项目的顺利推进。三要严格责任抓项目。认真落实项目主管部门、属地乡镇“一把手”负责制，建立完善项目工作定期梳理、定期督查、定期公示制度，真正以责任落实力度促进项目建设速度。

3. 统筹城乡一体，加快协调发展

助推新城建设。要坚持把生态新城作为我们郊区自己的新城来建设，主动介入，超前服务，在继续配合搞好中心医院、高职学院、交通枢纽建设的同时，加快漾泉大道一期、平阳路、宁波北路等工程实施，贯通漾泉大道二期和洪城北路，完成甄家庄、冯家庄两村回迁，抓好三泉、魏家峪、大西庄等村棚改，推进余积粮沟、桃坡、石马沟、龙凤沟、甘河等5村新村建设。加强舆论引导，坚持和谐拆迁，既要保护农民利益，更要坚决打击恶意阻挠、借机敲诈等违法行为，保障新城建设项目的顺利推进。

打造荫营新城。一要做好荫营旧城区改造规划，加快主城区道路改造、管网铺设、景观绿化、大型车辆分流等基础设施建设，启动207国道改线工程，拉大城市框架。二要充分利用国家开发银行和农业发展银行政策性贷款，加快老虎沟、下荫营、南窑庄等旧村改造，抓好主城区企业搬迁，提升荫营城建设品位。三要继续加大荫营东西大街等主要街道沿街店面整饰和马路市场治理力度，推进数字城管建设，完善荫营城区环卫市场化管理，搞好“四街、一桥、三广场和七路一街”卫生清洁工作，真正使荫营城更加文明有序、宜业宜居。

共享城市文明。认真落实国家和省、市购房补贴政策，鼓励城镇居民改善住房条件，支持农村转移人口在城镇购房。借力推动河底、西南舁、旧街等重点乡镇和中心村进一步完善设施，打造功能齐全、各具特色的中心集镇。在此基础上，要大力提倡“健康居住、低碳出行、珍惜他人劳动、珍爱公共设施、维护宜居环境”的城市文明行为规范，着力培养人的文明素养、文明习惯，注重人的城市化和文化城市化、生活城市化，真正让人民群众享有高品质的城市文明生活。

狠抓环境保护。一要认真开展大气环境综合整治“百日行动”，加强建筑工地扬尘污染控制，加大矸山治理力度，严格“控煤”，巩固燃煤矾石竖窑、石灰窑等“土小”企业关闭取缔成果，完成重点行业企业烟粉尘在线监控设施安装和联网工作。二要实行河道“河长”负责制，加强水污染治理。同时，加快污水收集管网改造，抓好荫营污水处理厂达标改造验收工作。三要建立健全环境保护区、乡、村三级网格化管理机制，推行环境违法企业“黑名单”制度，搞好违法违规企业项目清理整顿。加强环境应急工作，妥善应对重污染天气。四要加快生态修复，抓好刘备山万亩绿化和西外环、阳五、太阳、307复线等公路沿线荒山绿化、生态修复工程，确保年内造林2万亩以上。

各位代表，城镇化是现代化的必由之路，也是城乡协调发展的有力支撑。我们一定要以人为本、因势利导，以“新城、新区、新镇、新村”为抓手，大力推进新型城镇化，率先在打造城乡统筹示范区上形成新突破！

4. 围绕富民安居，做好农村工作

改善人居环境。要以美丽宜居创建为抓手，以“四大工程”为重点，进一步加快农村环境质量提升。完善提质工程重点要完成县乡公路改造2条6公里、通村公路改造21条53.2公里及安全生命防护工程25.6公里，抓好207国道行车安全隐患的排查整治。农民安居工程重点要开工建设固庄、黄沙岩、北杨家庄和推进桥上、官沟、南杨家庄采煤沉陷区治理项目。同时，完成新开工保障房3264套、改造农村危房450户。环境整治工程重点要抓好义井南大东街、义平路沿线拆除、市容市貌整治和环境卫生治理；继续推进乡村清洁工程，完善农村环境卫生投入、管理、运行等长效机制，完成好荫营镇窑沟村、河底镇中佐村等2座垃圾中转站建设。宜居示范工程重点抓好和扶持1个省级、4个市级、20个区级美丽宜居示范村的创建。

加快精准脱贫。要认真落实全省脱贫攻坚推进大会精神，按照“六个精准”工作要求，进一步摸清底子，完善路线图、时间表和责任书，精准布局、精准施策、精准发力、精准推进。要严格落实乡镇党委、政府和区直部门帮扶责任制，建立“一户一策五干部”结对帮扶机制，力促帮扶措施不折不扣落到实处。要因地制宜实施产业发展、易地搬迁、生态补偿、教育帮扶、保障兜底以及基础设施建设、公共服务提升、社会力量帮扶等“5+3”工程，确保年内圆满完成12村2045人的整体脱贫任务。

夯实农业基础。落实最严格的耕地保护制度，扎实做好土地矿产卫片执法监督检查，最大限度杜绝非法违法占地。积极探索土地“增减挂钩、城乡互动”创新模式，清理长期占地、不投不建的圈地项目，盘活农村闲置用地，保证耕地占补平衡，确保耕地和基本农田面积不减少。继续推进饮水安全工程，年内再解决5000人的饮水安全问题。加快农业新技术推广应用，实施好西南舁、旧街等乡镇5700亩膜下滴灌和河底、平坦1200亩农田灌溉项目。完成农村土地承包经营权确权登记颁证工作，建好农村产权流转交易市场和仲裁庭。

各位代表，“小康不小康，关键看老乡”。我们一定要以“村不强、心不甘，民不富、心不安”的责任感和使命感，牢牢把“三农”抓在手上、把脱贫放在心上，决不让一个村、一个人在小康路上掉队落伍！

5. 深化改革创新，增强发展动力

加快科技创新。一要进一步拓宽与高等院校合作的覆盖面，加大科技成果转化和专利技术应用力度，力争年内申请专利300件以上，发明专利拥有量达到19件。二要充分发挥财政科技资金撬动作用，引导企业加大科研投入、推进科技革命和自主创新。今年，要力争申报市级以上科技项目不少于30个。三要完善万新科技孵化基地服务功能，并力争再建一个规模更大、功能更完善的新型产业孵化基地，确保年内新认定1家国家级高新技术企业、2家省级民营科技企业。

推动金融振兴。一要组建晋东城乡建设投资公司，加强与国开行、农发行的合作，积极承接“城中村”改造、采煤沉陷区治理政策性基金和改造贷款。二要加快投融资体制改革，完善特许经营制度，应用PPP模式大力推动基础设施、环境保护、民计民生、公益事业等项目建设。三要实施企业上市培育工程，建立“新三板”挂牌后备企业库，重点抓好广鑫源耐火、金土耐火、田园乳业等企业的扶持培育，力争尽快实现“新三板”挂牌企业零的突破。四要推进区信用联社改制，支持阳泉城商行在我区设立分行，利用好晋商银行阳泉分行落户我区的机遇，促进金融业多元化发展。五要支持泽丰融资担保公司扩股增资，壮大担保实力。同时，做好金融风险防范工作。

发展民营经济。一要继续实施中小微企业成长工程，加大政策扶持力度，支持中小微企业和高新技术产业发展。要高度重视企业家队伍建设，大力培育和弘扬“工匠精神”，鼓励企业走“专、精、特、优”发展道路。二要积极推进“大众创业、万众创新”，支持“创客”等创新主体发展，推动新产业、新业态的培育成长。三要用足用活中央和省、市扶持民营经济发展政策，放胆、放手、放心支持民营经济发展，激活市场活力和社会创造力。四要大力开展降成本行动，帮助企业提高经济效益，提升盈利能力。

推进各项改革。利用好省级“双试点”政策机遇，紧紧围绕服务型政府建设，全面深化行政管理体制改革、行政审批制度改革、事业单位分类改革，大力营造创业最宽松、服务最高效、办事最便捷的发展环境。要深化财政体制改革，抓好营改增结构性减税政策落实，建立现代预算制度，推广“财政资金使用券”，确保财政资金使用高效、配置精准。深化农村集体产权制度改革，推进土地经营权有序流转。加快户籍制度改革，加强农村社区管理。完善公务用车制度改革，协调抓好商事制度、司法体制等各领域改革工作。

6. 注重改善民生，发展社会事业

推进教育均衡发展。一要加快改善薄弱学校办学条件，抓好普通高中标准化建设和省级幼儿园改建工程，推进区职业中学迁址建设。二要加强教师队伍建设，加大师德教育和专业培训力度，做好校长和教师交流工作。三要大力实施“健康校园、数字校园、美丽校园、文化校园、创新校园”创建工程，开展好中小学生养成教育。四要加快教学改革，推进素质教育，努力提高教书育人的水平和质量。

提升人民健康水平。一要深化医药卫生体制改革，进一步理顺药品价格，同步建立健全覆盖城乡的基本医疗卫生制度和现代医院管理制度。二要深化公立医院和基层医疗卫生机构改革，完善分级诊疗体系，推进医养结合试点工作。三要全面落实二孩政策，下大力解决好妇幼医疗资源严重不足的问题。四要继续实施农村60岁和贫困线以下55岁以上老年人免费体检、为城乡居民购买大病商业保险、参合农民免缴押金住院等惠民政策，提倡参合农民自愿参加意外伤害保险，真正让群众少花钱看好病。

抓好就业社保工作。一要继续开展“四个一批”就业帮扶工程，使更多的农村闲散劳力获得就业机会。二要认真落实 “七补一贷”创业鼓励政策，推动高校毕业生、就业困难人员、零就业家庭、退伍复转军人等重点人群就业，确保年内新增城镇就业岗位2200个以上。三要加大劳动保障监察力度，落实农民工工资保证金和应急周转金制度，严厉打击非法欠薪行为，维护农民工合法权益。四要完善社会保障体系，扩大社保覆盖面，完成全民参保登记工作，将区营困难关闭破产企业退休职工医疗保险纳入市级统筹。五要加大困难职工、特困家庭、残疾人救助，积极为高龄老人提供智慧养老服务，抓好福利养老中心、残疾人康复中心及50所农村日间照料中心建设。

推动社会全面进步。要大力实施文化自信工程，积极培育和践行社会主义核心价值观，弘扬主旋律，传播好声音，凝聚正能量，展示新形象，为实现富民强区凝聚强大合力。继续开展“文化惠民，欢乐基层”慰问演出、农村公益电影放映及全民健身等系列活动，积极谋划区文化中心建设工作。加强国防教育和后备力量建设，推动军民融合发展。加快数字档案馆建设。全面推进审计监察、商务供销、防震减灾、民族宗教、老龄妇幼、史志档案、外事侨务、新闻宣传等各项工作发展。

各位代表，天下之势，常系民心，民心顺，则一顺百顺，一顺百兴。我们一定要多倾听群众心声、常顺应群众期盼，尽最大努力保障民生投入、抓好民生项目、解决民生问题，真正让群众生活每年都有新变化，一年更比一年好！

7. 坚持以人为本，促进安全发展

坚持人民利益至上，牢记“三个决不能过高估计”和“三个敬畏”，始终把安全放在政府工作的首要位置抓紧抓好。

狠抓安全生产。认真贯彻新《中华人民共和国安全生产法》，按照全市创建全国遏制重特大事故试点市的总体要求，重点抓好四个方面：一要落实“党政同责、一岗双责、失职追责”要求，加大问责力度，确保企业主体责任、部门监管责任和乡镇属地责任不折不扣落到实处。二要加大安全投入，完善风险防控和隐患排查双重预防机制，夯实安全基础。三要坚持分工负责制，落实“678”工作法和“四不两直”督查法，持续深入开展好煤炭、道路交通等重点行业和领域安全大检查，切实做到超前排查、靠前治理、提前应对，坚决遏制重特大事故、减少一般事故、防止意外事故。四要始终保持打非治违高压态势，坚决关停取缔违法非法生产企业，切实推动安全生产形势的根本好转。

严打非法采矿。一要严格监管。坚持“国土行业主管、乡镇属地监管”，进一步完善包片包点、突查暗访、有奖举报等制度，确保对私挖滥采多发区域特别是非法井工开采的有效监控。二要严谨处置。对工程项目建设遇到的资源，要严格按照省、市管理办法依法进行处置。对未经批准擅自处理的，一律按非法采矿对待。三要严厉打击。坚持重拳出击、露头就打，决不姑息迁就。同时，对失职、渎职的部门人员和乡、村干部，要严肃追究相关责任。

创新社会治理。一要继续完善定期接访、联合接访、带案下访、信访联席会议制度，落实“三会一书”工作法和“六包一”教育稳控措施，及时解决群众的合理诉求。二要加强基层民事调解工作，确保各类纠纷“小事不出村，大事不出乡，矛盾不上交”。三要继续引深“平安郊区”“法治郊区”建设，深入开展打黑除恶斗争，搞好“七五”普法教育，加强社会防控体系建设，努力预防和治理违法犯罪。创新城乡基层群众自治和社区治理，做好社区矫正工作。四要加强基层民主政治建设，继续推行“村财乡理”、“六议两公开”制度，抓好农村“三资”管理。五要认真总结河底镇“分区建设、分片管理、整体联动、责任共担”的新经验，提高基层协调发展和化解矛盾能力。

8. 加强自身建设，打造人民满意政府

面对繁重任务，政府各级干部都要牢记使命、勇担重任，以深入开展“两学一做”学习教育为契机，按照“严”字当头、“实”字为先、“干”字为重的要求，努力推进“放管服”改革，提升“绩效能”水平，推动经济社会发展再上新台阶！

提升服务质量，做到守土尽职。要始终牢记执政为民理念，自觉树立政治意识、大局意识、核心意识、看齐意识，真正放下架子、卷起袖子、扑下身子，走进田间地头、巷尾街头、农家炕头，倾听基层真声音，了解群众真诉求，尽职尽责解决好群众关注多、反映大的热点难点问题。要加大绩效考核和行政问责力度，下大力整治机关人员“慢作为、不作为、乱作为”以及“吃拿卡要”等行为，推进干部作风转变和工作效能提升，增强政府执行力和公信力，努力营造重心向下、优质高效、方便快捷的政务环境。

强抓工作落实，做到尽心奉职。要建立“马上就办、真抓实干”工作机制，深入开展“四季行动”，使广大干部始终保持昂扬向上和勇于拼搏的精神状态，用100%的激情和100%的努力，推动各项工作取得100%的成效。尤其各乡镇、各部门一定要紧紧围绕既定的重点工程、重点项目和重点目标任务，大力发扬“积极进取、事在人为”的精神，努力压实责任、扛起担当、传导压力，按照“事事有时间表，人人有任务书，步步有路线图”的要求，夙夜在公，勤奋敬业，勇争一流，确保各项工作定一件、干一件，干一件、成一件。

加强法治建设，做到依法履职。自觉接受区人大及其常委会的监督，支持区政协履行职能。加强与各民主党派、工商联、无党派人士联系，支持工会、共青团、妇联等群团组织工作，落实党的知识分子、民族、宗教、侨务等政策。抓好权力清单和责任清单的动态管理，让权力在阳光下运行。完善重大行政决策机制，推广法律顾问制度，落实行政执法责任制，做好行政复议工作。加强政务公开，打通“信息孤岛”，让群众和企业更好地了解、监督和评价政府工作。

压实“两个责任”，做到干净任职。认真贯彻落实“一准则两条例”，牢固树立底线思维和红线意识，坚决把纪律和规矩挺在前面，不断严明中央“八项规定”，严防“四风”反弹，用好“四种形态”，努力按照“四讲四有”要求，锻造一支“铁一般信仰、铁一般信念、铁一般纪律、铁一般担当”的干部队伍。要厉行勤俭节约，反对铺张浪费，大力增收节支，压减“三公”经费。要深入开展党风廉政建设和反腐败斗争，建立健全建筑工程、土地交易、政府采购、财政资金等重点领域长效监管机制，筑牢制度堤坝，确保真管真严、敢管敢严、长管长严。

各位代表，风正时济，自当破浪扬帆；任重道远，更需策马加鞭。让我们紧密团结在以习近平同志为总书记的党中央周围，在省、市以及区委的正确领导下，带领全区人民只争朝夕、奋勇前行，崇尚实干、狠抓落实，为实现富民强区、全面建成小康社会而努力奋斗！

人大常委会工作报告

——在2016年8月20日阳泉市郊区第十八届人民代表大会第一次会议上

区人大常委会主任　王梦贺

一、过去五年的主要工作

过去的五年，是我区主动适应经济发展新常态，经济建设和社会事业稳中有进、稳中有为的五年，也是不断加强社会主义民主法制建设，促进社会公平正义，全面构建和谐社会取得新进展的五年。五年来，区人大常委会在区委的正确领导下，认真贯彻党的十八大和十八届三中、四中、五中全会精神，深入学习贯彻习近平总书记系列重要讲话精神，坚持党的领导、人民当家作主和依法治国的有机统一，围绕区委决策部署，依法履行职责，致力服务大局，届期内共召开常委会会议47次，听取审议“一府两院”专项工作报告65个，通过决议、决定40项，补选市人大代表7名，任免国家机关工作人员、人民陪审员160人次，对9部法律法规的执行情况进行检查，顺利完成了区十七届人代会确定的各项任务。

1. 坚持第一要务，紧扣转型发展脉搏，着力推动经济持续健康发展

面对复杂严峻的经济形势，常委会主动适应经济发展新常态，积极推动结构性改革，围绕经济运行质量提高、产业结构优化升级、要素资源合理配置等重大课题，依法行权履职，有效发挥了监督、服务和保障作用。

围绕加强宏观调控开展工作。常委会高度关注全区经济社会发展推进质量，坚持听取和审议区政府关于经济和社会发展计划执行情况的报告、财政预算执行情况的报告、财政预算执行及其他财政收支情况的审计工作报告；听取和审议预算调整的报告，相应作出预算调整的决议。针对我区经济总量小、规模企业少、产业结构不合理，项目开工不足、推进不快等问题，建议区政府加大扶持传统产业升级换代的力度，激发企业内在的创新动力；继续实施项目带动战略，千方百计抓签约、抓开工、抓进度、抓投产；帮助企业化解市场不旺、成本上升、价格下行等困难。按照区委、区政府重点工程项目任务分解，切实强化跟踪监督，常委会扎实开展实地调研、督查点评、满意度测评等助推工作，督促政府加大协调力度，扎实做好项目审批、规划、招标等服务保障工作。常委会适时听取和审议税收征管工作情况的报告，要求政府着力培育和发掘新的经济增长点，积极落实上级政府及财税部门各项税收优惠政策；优化财政支出结构，严格控制“三公经费”；加大资金整合力度，集中财力办大事，重点向发展民生事业、建设民心工程、解决“三农”问题倾斜；规范一般公共预算、政府性基金预算与部门预算、财政专项资金预算、政府投资预算等配套预算的关系。常委会听取和审议关于增加政府成品粮油应急储备规模的报告并作出决议。听取和审议统计工作报告，推动统计工作充分发挥信息服务职能，切实提高数据分析质量，全面准确、客观实际反映经济社会发展。

围绕优化产业结构开展工作。常委会大力支持区政府加快产业结构调整步伐，推动产业优化升级和拓展融合。着眼稳定煤炭，深入开展煤炭法执行情况的检查，建议政府统筹解决好煤矿资产重组、整合提升与涉煤产业发展的关系，推广高新技术、延长产业链条，走资源开发、环境协调、持续利用的发展道路。着眼提升耐火，听取和审议提升耐火传统产业及扶持小微企业发展工作情况的报告，要求政府制定系统的顶层设计规划，推动资源优势向产业优势和产品优势转变，鼓励和引导本土企业与大集团合作，向集团化、规模化方向迈进。同时，进一步加大对小微企业的扶持力度，落实好相关政策措施。着眼做大旅游，听取和审议全区旅游发展工作的报告，建议政府拓宽旅游基础设施建设的融资渠道，鼓励各类主体通过合资、合作、承包经营等多种方式盘活景区经营权，引导社会各界积极参与旅游事业，推动乡村旅游健康发展。常委会高度关注现代城郊农业发展，听取和审议实施特色农业、现代农业示范区建设、农业技术推广工作情况的报告，督促政府及农业系统各部门加强协调配合，强化服务指导，致力推动农业生产向规模化、园区化、集约化和特色化迈进。

围绕激活资源要素开展工作。经济发展既要靠自然资源，更要依

赖科技、人才、管理等要素资源。常委会听取和审议了加强土地管理工作的报告，开展了土地管理实施办法的执法检查，要求政府加快区级土地利用规划，对拟落地项目分类排队，严把项目用地预审关；重视土地发证工作，打好产权统一登记基础；解决好重点项目工程的土地手续办理，妥善处置项目工程建设与保护群众利益的关系。听取和审议科技创新工作的报告，支持政府积极实施科技项目引领工程、科技企业培育工程和科技人才带动工程。听取审议行政效能建设工作情况的报告，督促政府积极推进行政审批制度改革，按照“两集中、两到位”的要求，积极实施“一站式”“一条龙”集中服务，行政效能监察常态化跟进，全区转型发展服务环境得到明显改善。

2. 坚持以人为本，强化民生服务导向，着力推进发展成果普惠于民

常委会始终坚持把保障和改善民生，作为一切工作的出发点和落脚点，聚焦人民群众最关心、最直接、最现实的问题，让发展成果更多、更公平地惠及人民群众。

关注环境治理工作。常委会听取和审议了全区环境保护工作的报告、农村环境连片治理工作的报告、水利发展工作的报告、林业生态建设工作的报告，重点督办改善人居环境、保证饮用水质、加快生态修复等代表建议，支持和督促政府严格执法监督，加强宣传教育，推进绿色转型，形成全社会共同关注环保事业，共同维护良好社会和自然环境的氛围；积极推进农村环境连片治理工作，大力实施乡村清洁工程，让农村环境面貌明显改观；加强重点流域水污染防治，加大供水工程建设投入；继续加快生态环境建设，创新社会化生态绿化体制机制，扶持和引导发展绿色经济，使全区生态建设再上新台阶。

关注文化教育发展工作。文化教育事关千家万户。常委会听取和审议加快全区文化事业发展的报告，支持和督促政府全面实施公共文化服务体系、体制机制改革、舞台艺术繁荣、文化产业发展、文化遗产保护、文化队伍壮大“六项工程”。常委会高度关注学校及校车安全、教育资源配置、办学条件改善等工作，听取和审议学校及校车安全工作情况的报告，要求政府明确教育、公安、卫生、文化、食品监督等部门在学校及校车安全管理中各自的职责，建立一个部门主管，多个部门协同配合的长效机制；对我区的学前教育事业发展及幼儿教师工资待遇状况问题，常委会专门成立调研组，由一名副主任带队深入开展调研，形成专题调研报告，引起区委高度重视，当年即被列入政府办好优化配置幼教资源的实事并得以落实兑现；重点督办中小学冬季取暖用炭费用列入财政预算的议案，有效解决了中小学校冬季取暖用炭费用。

关注卫生服务、食品安全及人口工作。常委会深入开展了《农村卫生服务体系建设与发展规划》执法检查，支持区政府完善区、乡、村医疗卫生机构一体化管理运行机制，推进新农合规范化、制度化运行，不断提升我区卫生服务水平。听取和审议食品药品安全监管工作的报告、畜牧防疫防控工作的报告，对食品卫生法开展执法检查，督促政府切实加强食药安全宣传，加大卫生防疫监管力度。听取和审议人口与计划生育工作情况的报告，要求政府顺利推进机构整合、工作融合，积极探索人口计生工作的新思路新途径，不断提高出生人口素质，促进全区人口长期均衡发展。

关注社会救助和劳动就业工作。常委会听取和审议社会救助工作的报告，要求政府建立健全管理机制，加大社会救助工作的投入，坚持公平、公正、公开，好事办好的原则，阳光操作，专户管理，封闭运作，强化监督，真正把救命钱、救急钱用到困难群众身上。常委会对就业促进法、劳动合同法的执行情况开展检查，支持和督促政府认真落实就业创业扶持政策，多渠道开发就业岗位，多元化开展就业培训，规范劳动用工行为，保障劳动者合法权益。根据区委安排，常委会主要领导对在全区大力实施就业创业帮扶工程进行了重点包保，“四个一批”措施得以积极落实，取得良好工作效果，受到区委的充分肯定和人民群众的一致好评。

关注住房保障和交通运输工作。常委会听取和审议保障性住房工作的报告、建筑工程管理工作情况的报告，检查防震减灾法的执行情况，建议政府合理调整保障性住房供需结构，使尽可能多的城镇职工享受到住房保障政策的阳光，最大限度地解决区域内住房矛盾；组建工程监管综合执法领导组，构筑综合执法系统，增强监管执法力度，共促建筑市场秩序好转；抓好地震监测预报、震灾预防演练、地震紧急救援三大群测群防体系建设。常委会听取和审议了交通运输工作情况的报告，支持和督促政府加快城乡客运一体化发展，建设区公交枢纽站及配套工程，完善公交基础设施，合理加开小型公交服务专线，优化城镇公交线网、镇村公交线网布局，提高公交线网覆盖率。

3. 坚持依法治区，维护社会公平正义，着力创优经济社会发展环境

常委会从保障全区经济社会健康发展的需要出发，认真落实民主法治领域改革任务，切实加强普法、执法、司法及基层民主政治建设工作监督，促进依法行政、公正司法和全民守法，维护社会政治稳定。

推进民主法治领域改革。把权

力关进制度的笼子，是推进“六权治本”、建设法治郊区的关键举措。常委会出台加强和改进人大监督工作的意见，就扩大监督领域、深化监督层面、完善监督程序、压实监督责任，作出了12项具体规定，同时，出台规范性文件备案审查的办法，支持和督促政府依法确定权利，制定政府部门权力清单。始终坚持党管干部和人大依法任免的有机结合，对提请任命人员严格履行任前法律考试、供职发言、酝酿讨论、任免表决等程序；今年以来，对新任命人员进行宪法宣誓，增强了新任命人员“由谁产生、对谁负责、受谁监督”的宪法意识和人大意识。五年来，常委会在补选市人大代表、任免国家机关工作人员和人民陪审员过程中，实现了党委意图，体现了人民意愿。同时，加强任后跟踪监督，了解和掌握被任命干部的履职情况，督促广大干部恪尽职守、勤政为民。

加强司法工作监督。常委会坚持强化司法监督，着力维护司法公正，五年来每年都要听取和审议区法院、区检察院的专项工作报告，听取和审议区法院加强民事执行工作、刑事审判工作、民事审判工作、规范司法行为工作的报告，要求严格落实铁规禁令，积极推进司法改革，解决影响司法公正、制约司法能力的深层次问题；听取和审议区检察院加强反贪污贿赂工作、民事行政检察工作、反渎职侵权工作、“阳光检察”工作、查办职务犯罪工作的报告，要求保持惩治腐败高压态势，坚决查处职务犯罪行为，强化内部监督机制，深化检务公开工作，不断提高服务群众的能力和水平。

促进社会管理水平提升。常委会开展村民委员会组织法执行情况的检查，建议政府以推行“六议两公开”为抓手，进一步推动村民自治制度建设，使民主公开、依法办事成为村级事务管理的自觉遵循；支持村委会带领村民发展经济，加强对经济薄弱村的帮扶力度，增强基层组织的凝聚力和号召力。听取和审议“六五”普法工作、公安工作、宗教工作的报告，检查治安管理处罚法的执行情况，配合省人大开展《山西省社会治安综合治理条例》贯彻实施情况的执法检查，促进“平安郊区”建设，加强社会治理，确保人民安居乐业、社会安定有序。常委会把信访问题作为送上门来的调查研究，领导班子成员亲自接待、亲自协调、亲自督办，督促有关职能部门积极解决群众合理诉求，保障群众合法权益，维护社会和谐稳定，五年来共接待群众来信来访390件（次），办结率100%，息诉罢访率94%。

4. 坚持依靠代表，充分发挥代表作用，着力保障代表主体地位

常委会始终把代表工作放在重要位置，完善机制，搞好服务，尊重代表主体地位，丰富联系代表的方式和载体，为代表依法履职提供支持和保障。

认真落实联系代表制度。常委会围绕年度工作计划，五年来邀请代表337人次参加调研、视察和检查活动，并列席常委会会议。同时，积极组织代表参加区委和“一府两院”的座谈会、测评会、听证会等，增强了代表依法履职的责任感和使命感。每年在市、区人代会召开之前，都要组织代表进行视察调研，掌握第一手材料，并通过召开汇报座谈会，使大家充分了解我区经济社会发展状况，以便在人代会上提出有针对性、可操作的议案和建议意见。

支持代表小组开展活动。常委会着力推进以乡镇为平台的三级（市、区、乡镇）人大代表小组活动，8个乡镇坚持组织代表开展学习培训，围绕事关经济社会发展的重大事项、重点工作、人民群众普遍关心的热点、难点问题，积极开展视察、调研、座谈交流活动。视察乡村发展规划、新农村建设、乡村清洁工程、红色文化旅游等工作，对发展观光采摘农业、乡镇人大工作和建设、村委会组织法实施情况等进行调研，充分发挥了代表了解民情、反映民意、集中民智的独特优势。常委会加强对乡镇人大工作的指导和服务，坚持为区人大代表订阅《人民代表报》、寄送常委会编印的《公报》，及时下发了有关学习培训资料。

督促办理好代表意见建议。常委会切实加强代表议案和意见建议的督办工作，对历次人代会上代表提出的467件议案和意见建议，包括大会确定的1件重点议案、42件重点意见建议，认真进行分类梳理，及时交由政府部门和有关单位办理，每年都要对区政府办理代表议案和意见建议的工作情况进行认真审议。特别是，从2013年开始，积极创新督办方式，进一步强化全程跟踪监督，深入乡镇举办有人大代表和政府承办部门参加的满意度测评会，会上承办部门负责人向代表汇报意见建议办理过程及结果，领衔提案人就办理情况进行质询和评议，最后全体参会代表进行满意度测评。通过面对面交流、背靠背测评，激发了代表履职的积极性，政府相关部门和工作人员也接受了一次见实亮底的工作检阅。我区的这一做法，得到省、市人大相关领导高度评价，省人大常委会调研室曾两次专程前来调研，并在全省予以表扬。五年来，代表对议案和意见建议办理的满意率达93%。

5. 坚持依法履职，切实转变工作作风，着力提升自身能力和水平

常委会以深入开展党的群众路线教育实践活动、学习讨论落实活动、“三严三实”专题教育为契机，着力建设“为民、务实、清廉”机关，依法履职能力和服务保障水平进一步提高。

始终坚持党的领导。常委会把

深入学习贯彻党的十八大、十八届三中、四中、五中全会精神和习近平总书记系列重要讲话精神作为重要政治任务。领导班子成员以身作则带头学，机关上下学习氛围浓厚，大家原原本本学，联系实际学，带着问题学，增强了道路自信、理论自信、制度自信和文化自信，坚定了对党忠诚、为民服务的信念与意志。坚决维护区委统揽全区、协调各方的领导核心地位，自觉做到重要工作、重大事项向区委请示报告，不折不扣贯彻落实区委决策部署，确保区委的主张通过法定程序转化为人民群众的共同意志，实现了党委意图与人民群众意志的高度统一。

持续推进作风转变。作风建设永远在路上。常委会深入开展党的群众路线教育实践活动、学习讨论落实活动、“三严三实”专题教育，聚焦“四风”突出问题，把纪律和规矩挺在前面，从严从实推进作风转变，常委会工作规则、议事制度、组成人员守则、组成人员联系代表制度等的执行力进一步加强；领导班子成员和机关干部坚持问题导向，即知即改，立行立改，工作的责任心和使命感进一步增强，深入开展调查研究，突出刚性审议监督，注重整改落实效果，保证了各项工作的扎实有效开展。

营造和谐工作氛围。本着“参与不干预，监督不越权，支持不失职”的工作原则，常委会在依法履行监督、任免、决定职权的过程中，注重与区“一府两院”保持正常的联系与沟通，注意把握与“一府两院”及其职能部门之间的工作关系，做到了在沟通中促进，在促进中支持，在支持中监督，在监督中凝心聚力，营造了团结一致履行好为民服务宗旨的和谐工作氛围。

各位代表，常委会五年来工作取得的成绩，是区委正确领导的结果，是全区人大代表共同努力的结果，是“一府两院”和乡镇人大大力支持的结果，也是全区人民和社会各界积极参与的结果。在此，我谨代表区人大常委会向大家表示衷心的感谢！

在肯定成绩的同时，我们也清醒地看到，常委会的工作与党和人民的要求还有一定距离，主要是：工作创新能力需要提高，监督工作实效有待继续加强，充分发挥人大工作职能方面需要进一步探索；对乡镇人大的指导力度需要加大，联系代表、组织代表活动的内容与方式需要拓宽；常委会及机关自身建设需要进一步加强。对这些问题和不足，我们将在今后工作中不断加以改进和解决。

二、五年来工作的主要体会

五年来的工作实践，使我们对进一步坚持和完善人民代表大会制度、做好人大工作，有了更加深刻的认识和体会。

坚持党的领导是做好人大工作的根本保证。人大工作是党的工作的重要组成部分，只有自觉接受党的领导，主动依靠党的领导，积极争取党委支持，人大常委会才有地位、有权威，才能充分发挥职能作用。

服务发展大局是做好人大工作的永恒主题。发展是党执政兴国的第一要务，只有紧紧围绕中心，服务发展大局，才能实现好、维护好、发展好最广大人民群众的根本利益，才能不负组织重托，不负人民期望。

依法履行职责是做好人大工作的基本原则。人大的职权是宪法和法律赋予的，人大及其常委会只有严格按照宪法、法律的规定和法定程序履行职责，才能充分发挥国家权力机关的作用，才能有效推动工作。

发挥代表作用是做好人大工作的坚实基础。人大代表是人大工作的主体，只有充分发挥代表作用，才能真正代表人民当家作主，才能真正体现人民代表大会制度的优越性。

勇于改革创新是做好人大工作的不竭动力。社会实践是不断发展的，只有弘扬改革创新精神，才能认识新常态、适应新常态、引领新常态，推进人民代表大会制度与时俱进。

三、对今后工作的建议

今后五年，是我区爬坡过坎、转型发展的关键时期，也是全面建成小康社会的决胜阶段。区人大常委会要在区委的正确领导下，高举中国特色社会主义伟大旗帜，坚持以马克思列宁主义、毛泽东思想、邓小平理论、“三个代表”重要思想、科学发展观为指导，全面贯彻党的十八大和十八届三中、四中、五中全会精神，深入学习贯彻习近平总书记系列重要讲话精神，认真贯彻区第九次党代会和本次大会精神，坚持党的领导、人民当家作主、依法治国有机统一，按照中央“五大发展”新理念和省委“两手硬”新要求，以及市委“四个定位”的战略部署，牢记使命勇担当，真抓实干谋发展，统筹推进监督、重大事项决定、人事任免和代表工作，为推动“五大战略”，实现富民强区、全面建成小康社会目标，广泛凝聚各方力量，营造良好法治环境。

1. 把握工作大局，服务经济社会发展要有新作为

常委会要增强服务大局的主动性，紧紧围绕区委的决策部署和全区工作大局谋划人大工作，把促进发展作为依法履职的第一要务，正确把握行权履职的切入点和着力点，关注调整优化产业结构，从急需推进的重大事项切入；关注推进改革创新，从急需改进的薄弱环节抓起；关注推动民生改善，从急需解决的社会热点突破，强化对经济社会工作的监督。要加强对计划和预算执行情况的监督，强化对审计查出问题整改落实情况的跟踪监督。要以推动经济结构优化、转变

发展方式、增强可持续发展为重点，扎实开展专题调研、集中视察、议题审议，在提出建设性意见建议上下功夫，大力推动整改落实。要加强对扶贫攻坚、就业帮扶、社会保障等民生改善事项实施情况的监督，积极推进行政行为的透明、公开，让发展成果更多、更公平地惠及人民群众。

2. 贯彻区委决策，推进法治郊区建设要有新突破

常委会要加强和改进人大监督工作，认真行使重大事项决定权，围绕经济社会发展中带有根本性、全局性、长远性的重大问题，及时作出决议、决定，推进重大决策的科学化、民主化，实现党委意图与人民群众意志的高度统一，保障全区各项工作获得最广泛、最坚实的群众基础。要认真行使人事任免权，坚持党管干部和人大依法行使任免权的有机统一，强化人大及其常委会选举任命人员的监督，增强被选举任命人员的责任感、使命感和公仆意识，保证人民赋予的权力始终用来为人民服务。要着力推进“七五”普法教育，提高法治宣传的实效，形成“政府依法行政、群众依法办事”的良好氛围。切实把“六权治本”作为依法治区的重大实践，支持和督促政府部门严格对照权力责任清单，依法规范行政行为，自觉运用法治思维和法治方式推动工作， 法定职责必须为、法无授权不可为，提高依法行政的能力和水平。要坚持听取和审议法检两院专项工作报告，强化审判权、检察权运行的监督，促进司法公正，维护社会公平正义。

3. 强化服务保障，发挥代表主体作用要有新举措

常委会要始终尊重代表主体地位，支持代表执行职务，充分发挥代表作用。开展履职培训，重点加强政治理论、法律知识培训，提高代表的履职能力和水平。完善联系代表机制，邀请代表列席常委会会议，组织开展代表视察调研和联系走访代表活动，密切组成人员同代表、代表同群众的联系，更好地接地气、聚民心、汇民智。加强代表小组建设，继续以乡镇中心组为平台，制定代表活动计划，积极组织市、区、乡镇代表开展小组活动。加大议案建议督办力度，深化办理结果公开和满意度测评，解决重答复、轻落实的问题。坚持以制度建设规范代表工作，完善代表履职监督机制，做好代表履职登记工作，探索代表履职激励、约束和退出机制。

4. 加强自身建设，提高依法履职能力要有新成效

常委会要以“两学一做”学习教育为契机，打造优质过硬的班子和队伍，切实增强政治意识、大局意识、核心意识、看齐意识。始终坚持党的领导，严守党的政治纪律和政治规矩，重点问题和重要事项及时向区委请示报告，真正与区委在思想上同心、目标上同向、行动上同步，确保人大工作正确的政治方向。不断强化常委会组成人员的政治素质和业务素质，深入学习党的十八大、十八届三中、四中、五中全会精神和习近平总书记系列重要讲话精神，学习宪法和法律，加强人大制度理论研究，夯实依法行权履职的思想和能力基础。坚持把作风建设作为重要抓手，自觉践行“三严三实”的要求，密切与人大代表和人民群众的联系，深入生产生活的一线开展调查研究，了解民情，反映民意，集中民智。继续把建设“为民、务实、清廉”的人大机关作为重要目标，严格落实“一岗双责”制度，严格执行八项规定，严防“四风”问题反复，努力打造信念坚定、为民服务、勤政务实、敢于担当、清正廉洁的人大干部队伍。

长风破浪会有时，直挂云帆济沧海。各位代表，我们正处于一个攻坚克难、奋力前行的历史关头，改革发展任务艰巨、前景光明。让我们紧密团结在以习近平同志为总书记的党中央周围，在区委的坚强领导下，牢记使命勇担当，真抓实干谋发展，努力开创人大工作新局面，为实现富民强区、全面建成小康社会而努力奋斗！

政协常委会工作报告

——在2016年8月18日政协阳泉市郊区第九届委员会第一次会议上

区政协主席 王如生

一、关于区八届政协工作的回顾

政协阳泉市郊区第八届委员会任期的五年，是我区全面深化改革、加快转型发展的重要时期。五年来，在中共阳泉市郊区区委的正确领导下，区政协常委会以马列主义、毛泽东思想、邓小平理论、“三个代表”重要思想和科学发展观为指导，深入贯彻中共十八大和十八届三中、四中、五中全会和习近平总书记系列重要讲话精神，牢牢把握团结和民主两大主题，紧紧围绕区委、区政府的中心工作，认真履行政治协商、民主监督、参政议政三项职能，齐心协力谋发展，尽心竭力惠民生，凝心聚力促和谐，为推动全区经济平稳快速发展、促进社会和谐稳定做出了积极的贡献。

1. 围绕发展议政，集众智、纳群言，政治协商水平进一步提高

五年来，常委会始终坚持议大事、抓关键，紧扣全区改革发展主题，开展广泛多层的协商议政活动，全力助推“五大战略”在郊区的实施。

认真组织全会协商。在历次全委会期间，常委会通过组织议政发言、分组讨论等形式，就一府两院工作报告、国民经济和社会发展计划报告、财政预决算报告及其他重要报告进行充分协商，累计提出100多项有参考价值的意见和建议。会议期间共有33名委员进行了大会发言，编发委员发言54篇，内容涉及综改转型、生态新城建设、耐火产业发展、依法治区、产业创新、现代农业发展、资源管理、乡村旅游、小微企业发展、城镇化建设等议题，其中《关于加快资源整合 扶持耐火产业健康发展的建议》《生态新城应做足生态大文章》《农村老年日间照料中心应加强扶持并逐年普及》等专题发言，得到了区委、区政府认可并予以推进落实。特别是进一步完善了委员大会发言机制，将大会的特邀人员由过去的少数区领导和部分区直部门负责人扩展到区委书记、副书记、区政府区长、副区长、区政府组成部门负责人及各乡镇党政领导。会上，区委、区政府领导认真听取发言，面对面协商议政，事对事现场答复，有效地提高了议政质量，使政协参政议政由原来的“小合唱”变为了“大合唱”，使政协委员建议、意见得以有效地转化落实。

着力加强专题协商。常委会主动与区政府及相关职能部门沟通，完善选题机制，着重选取与区委战略部署或重点工作相关的问题进行专题协商，使协商议政与全区发展大局同频共振。累计召开了24次常委会，围绕财政运行、行政执法、医疗卫生、食品安全、教育公平、社会养老、司法公正等事关发展、情系民生的一些重大问题积极进行专题协商、建言献策，提出了许多建设性的意见建议，其中《关于对我区财政税收工作的建议》《关于保护和开发玉泉山关王庙旅游景区的建议》等30余项建议案为党政决策提供了重要参考。

积极开展重点协商。在开展全面协商和专题协商的同时，注重对政协全局性、常规性相关事务的重点协商和民主决策。先后召开主席会议49次，针对年度工作安排、调研视察、提案督办、专题教育、机关作风整顿等相关事宜进行内部协商，有力推动了历次全委会确定的各项任务的顺利完成。

2. 围绕决策问效，重作为、勇担当，民主监督力度进一步增强

五年来，常委会紧紧围绕区委、区政府的重大决策部署，积极探索民主监督的有效途径，按照适度、适情、适时的原则，不断加大民主监督力度，丰富民主监督形式，完善民主监督机制，提高民主监督实效。

重点领域监督有为。着力加大对城建、交通、教育、卫生、医疗、住房、规划、民政等重点领域、重点部门的监督力度，先后提出了90多项针对性意见建议，进一步扩大了委员的知情权、参与权和监督权。尤其是对招商引资、清洁乡村、园区平台打造、基层组织建设提升年等工作进行了全程监督，促进了区级重点工作的有序推进。此外，区政协还积极参与了全区行政执法、社会治安综合治理、食品安全、教育卫生等各项监督检查活动，充分发挥了政协的民主监督作用。

委员视察监督有效。常委会坚

持把专项视察作为履行监督职能的重要载体。五年来，共组织委员650多人次，开展专项视察30余次，分别就我区城市区域规划、重点项目及工业园区建设、煤炭资源可持续发展、行政执法情况、改善农村人居环境、社会养老体系建设、食品药品安全、中小企业融资等课题提出意见和建议182条，为区委、区政府的科学决策、相关政策的落实、热点问题的解决和重点工程的推进产生了重要影响。

“窗口”问效监督有力。常委会注重强化民主监督的针对性、有效性和时效性，先后推荐委员80多人次担任全区执法执纪部门和涉及民计民生“窗口”部门的监督员，共有300多人次参与了区政府组成部门的“双评”活动，参与了重大事项的社会听证、重大决策的咨询论证，参与了对党风廉政建设、行政效能提升、重点工程项目实施、法治郊区建设、公务员和事业编制人员招考等方面的民主监督，对我区改进政风行风、推进决策民主、保障司法公平、优化发展环境起到了积极的推动作用。

3. 围绕民生建言，察民情、畅民意，参政议政效果进一步显现

五年来，常委会充分发挥渠道畅通、智力密集的优势，高度关注民计民生，通过专题调研、提案办理、反映社情民意等形式，努力把参政议政的成果融入建设现代城郊强区的实践之中。

紧扣中心献良策。常委会紧紧围绕全区实施“五大”战略、加快转型发展的目标任务，结合上级政协相关工作部署和涉及民生热点、焦点问题，组织委员先后深入全区8个乡镇及司法、人社、安监、农业、卫生、计生等30多个部门，围绕综改转型、生态新城建设、农村人居环境改善、乡村旅游发展等工作进行专题调研40余次，累计形成调研报告42篇，其中《严格守护耕地，保障农民粮食收益》的调研报告，被编入山西省农村改革和发展调研报告汇编中，《我区应运用先行先试政策，破解三大政策体制性障碍》等具有科学性、前瞻性的调研报告被区委、区政府纳入了相关决策之中。

提案办理出实招。常委会始终把提案办理作为政协履行民主监督职能的重要措施，注重完善提案办理的相关制度，把抓好提案督办、提高办理质量、落实办理实效作为提案工作的重中之重。对每年收到的委员提案，通过规范提案办理流程，努力做好提案人和承办单位的协调沟通工作，并由主席、副主席带领委员到承办单位就提案办理情况进行督查督办，确保委员能够及时了解参政议政成果，促进提案的办理和落实。五年来，政协委员累计提交提案924件，审查立案819件，面对面督办提案647件，占立案总数的78.9%。其中由区政府副区长牵头领办、区政协副主席跟踪督办的36件重点提案，全部得到有效落实，提案办复率达100%，委员满意率和基本满意率达97%以上。区政协被评为“2012年度山西省政协提案工作先进单位”，经验材料《积极进取，开拓创新，努力做好新形势下政协提案工作》，被收入《山西省政协提案工作经验交流暨表彰会材料汇编》。

反映民意谏诤言。常委会充分利用全委会议、委员座谈会、网上报送、特邀信息员等渠道，多方收集社情民意，并制定完善了《社情民意信息工作考评办法》，有力地促进了政协信息工作的健康有序发展。五年来，共征集社情民意信息800余条，整理《社情民意》502期，被全国、省、市政协采用256条，累计得分431分，采用率达51%，连续五年考核成绩名列全省前茅、全市第一。吴晓文委员撰写的《采煤沉陷区移民搬迁新村建设，应与棚户区、城中村、城周村改造相结合》，得到了原省政府主要领导的亲笔批示，切实发挥了政协社情民意信息的“直通车”作用，为省委、省政府关于棚户区改造相关政策的出台发挥了积极的促进作用。

4. 围绕交流联谊，讲团结、促和谐，思想政治基础进一步巩固

五年来，常委会始终坚持团结和民主两大主题，认真做好联系各界、协调关系、凝聚人心的工作，巩固共同思想基础，营造良好政治环境，汇集和谐发展动力。

建平台合作共事。常委会积极支持民主党派和无党派人士在政协各种会议上发表意见，参与全区大政方针及重要问题的协商讨论，为他们参政议政搭建平台。定期召开党派负责人座谈会，认真做好党派集体提案和社情民意信息征集、报送、反馈工作，联合民主党派开展调研、视察，为他们发挥作用提供舞台。五年来，各民主党派共提交提案318件，反映社情民意信息380余条，提交大会发言30余篇。民建郊区总支提出的《关于建立基本住房保障体系的建议》被全国政协采用；民革郊区支部提出的《建议推广实施联村党委新模式》《对城镇化进程中移民搬迁遗留的旧村应合理开发利用》和《部分政协委员和民主党派人士对促进京津冀协同发展的建议》先后被全国政协和省政协采用；九三学社郊区支部提出的《生态新城建设管网配套先行的建议》和民革郊区支部提出的《“三区建设”应当首先注重平台建设》等提案被列为区政协重点提案，得到了较好办理和落实；民进郊区支部提交的“我区应积极推进阳大铁路在荫营设客运站”的提案已列入重要议事日程。

勤联谊共享成果。积极配合全国、省、市政协到我区就信访矛盾排查、社会养老服务、古村落保护、合村并村、特色农业发展等课题开展调研视察。广泛开展走访民族宗教界代表人士、港澳台侨人

士、新社会阶层人士的“三走访”活动，加深了解，增进感情。在纪念辛亥革命100周年之际，组织部分常委、委员赴湖北武昌等地开展学习考察，缅怀先烈丰功伟绩，增强履职为民意识。组成专题调研组先后到辽宁省大石桥市、河南省新密市、中国耐火协会等地参观学习，就耐火产业发展相关问题深入探讨，开阔了眼界，拓宽了思路，并撰写了《狠抓资源整合，振兴耐火产业》的调研报告，为我区耐火产业发展提出了具有建设性、可行性的意见、建议。积极参加市政协召开的各种会议，同我市及其他兄弟县区政协经常沟通、交流经验，形成上下联动、成果共享的工作格局，提升了全区政协工作的整体水平。

走基层倾情帮扶。充分发挥委员主体作用，结合区委“双百千部下基层”、“信访维稳百日攻坚”、驻村帮扶等下乡活动要求，先后组织190多名各界别委员、专业技术人员到基层开展了送科技、送法律、送卫生、送文化和帮扶困难群众的“四送一帮扶”服务基层系列活动，累计赠送体育器材10套、各类图书2400余册、电脑2台，为100多户困难群众送去了5万多元慰问金及生活用品，切实解决了部分群众的实际困难，受到了广泛好评。与此同时，区政协领导经常深入包点联系村，宣讲十八大精神和组织法治、廉政、民主管理教育，开展抓党建、谋发展、促和谐活动，帮助包点村联系项目，先后协调争取扶持资金20多万元，为贫困村开辟了致富新渠道。

续史籍传承文化。一是注重文史汇编工作。五年来，常委会始终把文史征集工作摆在重要位置，常抓不懈。先后征集史料200余篇80多万字、历史照片300余帧，编印了《阳郊文史》20至23辑，充分发挥了政协文史工作在推动政治、经济、文化、社会发展中的独特作用。特别是为总结和回顾区政协成立30年来取得的成绩，收集文字资料1000多万字、照片1000多张，编纂出版了《阳泉市郊区政协志》，在郊区政协史上写下了浓墨重彩的一笔。二是注重议政资料收集。为认真总结本届政协参政议政的成绩和经验，区政协将5年来的提案、社情民意、议政发言和调研报告精选了72篇选编成《议政辑要》，真实记录了政协委员、政协各参加单位围绕全区经济社会发展大局履行职能的实践成果，体现了他们履职为民的敬业精神和脚踏实地的工作作风。三是注重搞好对外宣传。主动加强与《阳泉日报》市、区电视台及其他新闻媒体的联系，及时报道区政协会议召开、调研视察、联谊座谈、扶贫帮扶等工作动态，累计报道达90余次，加深了社会各界对全区政协工作的了解。四是注重开展纪念活动。围绕纪念中国共产党90华诞、辛亥百年、庆祝政协成立65周年，组织委员撰写纪念文章、报送摄影、书法、绘画作品，共征集文章58篇、摄影书画作品42篇，其中王淑芹委员的《我骄傲，我是政协人》等3篇文章在山西省《政协之友》刊登，政协原主席阎跨晓的《创新是政协工作之魂》等8篇文章在市政协征文活动中获奖，极大地激发了广大政协委员热爱政协、奉献政协的政治热情。

5. 围绕自身建设，抓学习、转作风，政协履职能力进一步提升

五年来，常委会始终坚持把加强自身建设作为政协履行职责、提高效能的重要抓手，不断探索强基固本的有效途径，着力提升政协工作水平。

重学习提升素质。常委会按照建设“学习型政协”的目标要求，通过采取个人自学与集中培训、专题学习与强化辅导、委员座谈与视察调研、会议学习与外出参观相结合的方式，不断加强理论学习。一是认真学习贯彻中共十八大以来的战略部署，通过中心组学习、常委会专题讲座、委员集中培训等多种形式，教育引导委员掌握核心要义、做到融会贯通，进一步把思想行动统一到中央和习近平总书记相关要求上来；二是认真学习贯彻中共中央《关于加强人民政协协商民主建设的实施意见》《关于进一步加强人民政协提案办理工作的意见》和《中共山西省委关于加强人民政协民主监督的意见》等文件，努力把握精神，科学指导实践，推动我区政协工作的整体提升；三是按照省、市、区开展学习讨论落实活动要求，教育引导广大委员广泛凝聚反腐共识、法治共识、改革发展共识和价值观共识，切实抓好整改落实。五年来，区政协共组织理论中心组和常委会集体学习73次，培训委员600余人次，开展警示教育10余次，广大委员和机关干部的理论水平及自身素质有了明显提高。

调结构增强联系。为了更好地加强政协同各民主党派、基层政协委员之间的联系，常委会在不打破原有界别、党派、乡镇、专委会界限的基础上，将6个专委会、8个乡镇联络组和6个民主党派整合为20个联络组，由“松散型”变为“紧密型”，出台了《政协委员联络组工作规则》《关于加强同政协委员联系的若干规定》等相关制度，畅通了委员了解民情、反映民意、建言献策、履行职能的渠道，激发了委员履行职能的积极性，促进了政协各项工作的有序开展。各联络组通过学习、交流、视察、调研、评议、座谈等形式，组织委员深入基层了解群众关注的热点难点，及时形成社情民意或提案进行反映，为委员搭建起了知情平台、学习平台、联络平台和履职平台。与此同时，区政协还通过创建手机报、QQ、微信、短信等信息平台加强同委员的沟通联系，使之成为联系委员的桥

梁和纽带。

抓主体履职尽责。常委会十分注重委员的主体作用发挥和日常管理，先后制定完善了《委员履行职能考评办法》《关于在区政协委员中进一步开展“五个一”活动的决定》等规章制度，把委员开展理论研讨、撰写议政发言、获得荣誉奖励等履职情况，作为评选优秀政协委员或委员留任的重要依据。根据履职考评办法建立了政协委员动态管理制度，在区委的统一领导下，常委会积极配合区委组织、统战部门，对因年龄、工作调动、任职期满等各种原因不能履行委员职能的，要求其适时辞职；对缺乏政协工作责任感、对政协工作不热心、不履行委员职责的，对其及时调整。八届以来共计调出委员26人，及时增补40人，有效地保证了委员的政治活力，提高了委员的履职热情，促进了政协工作的深入开展。

立规矩转变作风。认真贯彻中央、省、市、区委关于全面从严治党、落实“两个责任”的部署要求，落实“一岗双责”工作目标，抓实政协党组党风廉政建设主体责任，加强对党组成员教育管理，落实好集体领导、民主集中、个别酝酿、会议决策的工作程序，不断增强班子的合力和整体功能；深入开展学习实践科学发展观、干部作风建设年、创先争优、群众路线教育实践、学习讨论落实、“三严三实”等专题教育活动，认真组织全体党员开展“两学一做”，进一步提高了党员干部的政治觉悟和服务意识；严格落实中央“八项规定”，压缩和控制“三公”经费，精简发文数量，建立健全了视察、调研、接待、后勤管理等工作标准，切实整改“四风”和“不严不实”问题；成立了政协党总支和离退休干部党支部，进一步加强了机关党员和离退休党员干部管理；修订完善了《常务委员会工作规则》《委员工作守则》等各项规章制度，使得机关工作作风进一步转变，服务水平进一步提高，制度化、规范化和程序化建设得到进一步加强，工作效率和服务质量有了新的提升。

各位委员，本届政协所取得的成绩，是中共郊区区委正确领导的结果，是区人大、区政府和各有关部门大力支持的结果，是政协各参加单位和广大委员共同努力的结果。在此，我代表区政协八届常委会，向全体委员、向所有关心、支持和致力于政协事业发展的同志们表示衷心的感谢和诚挚的谢意！

总结五年来的工作，我们深深体会到：人民政协事业是中国特色社会主义事业的重要组成部分，做好新形势下的政协工作，必须始终坚持中国共产党的领导，坚决贯彻落实党的基本理论、基本路线、基本纲领、基本经验、基本要求；必须充分认识政协工作在坚持和完善中国共产党领导的多党合作和政治协商制度中的地位和作用，始终保持强烈的事业心、责任感和奋发有为的精神状态，努力为富民强区做贡献；必须坚持讲落实、抓落实、重落实，力求参在点子上、议在关键处、言在需要时，努力推动建言献策成果的转化；必须以开阔的视野、科学的思维、改革的精神推动政协工作，善于学习借鉴先进经验，研究新情况、解决新问题，实现政协工作的与时俱进；必须紧紧依靠各方力量，共同推进政协事业发展，形成上下联动、内外结合、齐心协力、整体推进的良好局面。

我们也清醒地看到，常委会的工作还存在一些差距和不足，主要是：协商民主制度体系建设还不够完善，有些制度需要进一步抓好落实；委员履职方式仍比较单一，工作方法需要不断创新；有的调研和议政建言质量还不够高，推动协商成果转化应用的工作需要进一步加强；委员队伍建设和机关建设还存在一些薄弱环节，整体工作水平尚需提高。在此，真诚地希望各位委员、社会各界对政协工作提出宝贵意见，以利于在今后的工作中不断改进提高。

二、关于对九届政协的工作建议

今后五年是我区攻坚克难、转型发展的关键时期，也是全面建设小康社会的决胜阶段。面对新形势和新任务，我区仍处于大有可为的战略机遇期，九届政协的工作任重道远、使命光荣，可以说是机遇和挑战并存。为此建议，新一届政协工作的总体要求是：高举中国特色社会主义伟大旗帜，深入学习贯彻党的十八届三中、四中、五中全会和习近平总书记系列重要讲话精神，以经济发展和民生改善为基础，按照中央“四个全面”战略部署和“五大发展”理念，认真贯彻落实区第九次党代会的决策部署，牢牢把握团结和民主两大主题，深入推进政治协商，有效实施民主监督，积极开展参政议政，为我区推进“五大战略”、打造生态宜居新城、建设现代城郊强区、全面建成小康社会汇聚正能量、做出新贡献。

贯彻上述总体要求，做好今后工作，实现政协事业的新发展，必须坚持以下基本遵循：

——必须以党的领导为魂。坚持党的领导，始终是政协工作的第一要务。要坚决维护以习近平同志为总书记的中共中央权威，坚定不移地走中国特色社会主义政治发展道路，坚持把党的执政要求体现在政协工作的方方面面，始终与区委同心同德、同向同行，确保全区政协事业发展的正确方向。

——必须以服务发展为要。围绕中心、服务大局是人民政协开展工作的重中之重。要深入贯彻区第九次党代会精神，紧紧围绕区委“五大战略”实施和各项决策部署，谋划推进政协工作，为实现富民强区、全面建成小康社会，出实招、谋良策、添助力、做贡献。

——必须以改善民生为本。以人为本、履职为民是政协工作的出发点和落脚点。要自觉践行党的群众路线，通过开展包村帮扶、“三下乡”等活动，以社情民意、委员提案等形式，积极向党委、政府反映民生民情，真正做到政为民所议、策为民所献、言为民所建、力为民所尽。

——必须以团结民主为桥。政协涵盖面广、包容性强，是党委和政府联系群众、团结各界的重要桥梁和纽带。要牢牢把握团结和民主两大主题，充分发挥人民政协的独特优势，把加强团结贯穿于履行职能的各个环节，唱响好声音，汇聚正能量，提振精气神，维护和谐稳定的良好局面，为改革发展稳定创造良好社会环境。

——必须以政协委员为基。政协委员是政协履职的主体。要密切同委员的联系，充分考虑委员的实际情况和优势特点，做到工作上依靠委员、行动上贴近委员、履职上服务委员。要以发挥委员主体作用为牵引，加强专委会、界别和机关建设，加强与政协各参加单位的密切联系，使之有机结合、有效衔接、相互促进，努力形成政协工作的强大合力。

为此，建议重点做好以下四个方面的工作：

1. 把握时代新要求，更好地为“十三五”开好局凝聚共识

组织和引导政协委员深入学习贯彻党的十八大及三中、四中、五中全会精神，深刻领会和掌握“创新、协调、绿色、开放、共享”发展理念，以新的理念、新的实践引领政协事业新发展；认真学习贯彻习近平总书记在庆祝人民政协成立65周年纪念大会上的重要讲话精神、中共中央《关于加强社会主义协商民主建设的意见》，牢牢把握政协工作的政治方向，切实发挥人民政协在协商民主中的重要作用，形成并完善协商议政新格局，不断巩固商以求同、协以成事的协商理念，不断夯实团结奋斗的共同思想政治基础。坚持理论联系实际，切实把党中央治国理政的重要精神，转化到提高政协履职水平的能力建设上来，积极为实现我区“十三五”奋斗目标、加快全面建成小康社会步伐建言献策；认真贯彻落实区第九次党代会精神，紧紧围绕产业升级、转型综改、城乡统筹、生态环境改善、民生保障、民主法治等方面，找准政协发挥作用的发力点和主攻方向，积极开展视察调研、协商议政和民主监督，切实把区委的决策部署转化为社会各界的广泛认同和自觉行动。

2. 聚焦经济新常态，更好地为改革发展贡献智慧

紧盯区第九次党代会提出的各项目标任务，重点围绕郊区“十三五”规划纲要，积极组织委员召开专题协商会、议政会，征求意见，协商建言；围绕转型发展献计出力，重点就传统产业升级、潜力产业发展和接续产业成长等开展专题调研，提出对策建议；围绕城乡统筹发展出真招、出实招，就完善城乡一体化机制、加快基础设施建设、抓好精准扶贫等开展调查研究；围绕生态文明建设抓推进，重点就环境绿化、污染治理、人居环境改善等方面开展专项视察；持续关注发展环境优化，重点就工作效能提升、工作作风转变、权力清单推行等方面进行民主监督，推动全区在平台打造和项目引进上有明显进展。

3. 顺应民众新期待，更好地为社会和谐发挥作用

充分发挥政协代表性强、视野开阔、位置超脱、渠道畅通的优势，坚持为民代言、为民谋利，把促进社会公平正义、增进百姓福祉作为工作重点。创新民主监督方式，重点围绕劳动就业、教育卫生、社会保障、食品安全、社会治安等群众最关心的民生问题开展民主监督活动；充分发挥政协人才汇聚的“智囊团”和社情民意信息的“直通车”作用，把各方面的意见、诉求及时反馈给区委、区政府；充分发挥包容性强、联系面广的优势，坚持政协主席、副主席定期走访、联系民主党派和界别委员的制度，及时了解党派的议政呼声和群众的思想动态；鼓励和组织各界委员继续开展“四送一帮扶”活动，服务基层、多办实事；积极发动政协委员通过智力支持、捐款捐物等方式主动投身精准扶贫攻坚战；加强同民族宗教界和社会各阶层人士的团结，积极协助党委政府做好协调关系、理顺情绪、化解矛盾的工作。

4. 树立自身新形象，更好地为履行职能强基固本

要按照习近平总书记提出的“懂政协、会协商、善议政”的要求，坚持把“三严三实”作为政协自身建设的关键点，不断推进政协履职制度化、规范化、程序化，努力提高政治把握能力、调查研究能力、联系群众能力、合作共事能力。进一步完善协商成果的办理、反馈、督办机制，加大协商成果的转化运用力度，推进重点提案、重要建议的办理落实。强化委员的主体意识，进一步完善委员履职考评办法，健全委员履职的管理、监督、激励和约束机制，推动委员活动经常化、规范化，提高委员履职的自觉性和积极性。完善沟通联系制度，认真落实政协领导与各联络组、政协委员的联系制度、委员联系群众制度等，切实把政协办成委员之家。持之以恒落实中央“八项规定”精神，巩固党的群众路线教育实践活动和“三严三实”专题教育成果，深入开展“两学一做”学习教育，加强《中国共产党党章》《中国共产党廉洁自律准则》《中国共产党纪律处分条例》和习近平总书记系列重要讲话精神

的学习。民主党派和党外人士要深刻领会“双学一跟”活动内涵，把思想和行动统一到活动的要求和部署上来，创出特色，抓出成效，取得实实在在的效果。通过加强思想教育、组织和制度建设，努力提高政协机关人员的统筹协调能力、执行落实能力和服务保障能力，不断推进学习型、创新型、服务型政协机关建设。

各位委员，新常态赋予新使命，新起点开启新征程。让我们在中共阳泉市郊区区委的坚强领导下，以更加强烈的责任意识建言献策，以更加亲民的工作作风履行职能，不断开创人民政协事业新局面，为打造生态宜居新城、建设现代城郊强区，全面建成小康社会做出新的更大的贡献！

大事记

1月

5日　郊区区委召开中心组(扩大）专题学习会，传达贯彻全省经济工作会议精神和全省脱贫攻坚会议精神，安排部署郊区相关工作。

7日　郊区区委召开“三严三实”党委专题民主生活会。市委副书记王旭明到会指导并讲话。

8日　郊区召开动员大会，安排部署深入开展以“马上就办、真抓实干”为主题的干部转变作风、工作提升效能活动。

13日　全区乡镇党委、区直党（工）委书记抓基层党建工作专项述职会在区政府一楼报告厅召开。

14日　郊区政府党组召开“三严三实”专题民主生活会。区政府党组书记、区长韩加政主持会议并作总结讲话。

15日　“绿色家园 美丽旧街”摄影展在市展览馆开展。

18日　中国浦东干部学院、中国特色社会主义研究院副院长、全国基层党建研究中心副主任、教授刘献到郊区，就“六权治本”工作进行调研。

26日　郊区召开2015年度目标责任考核大会。

30日　郊区区委八届六次全体会议召开。会议深入贯彻落实中共十八大、十八届三中、四中、五中全会精神和中央经济工作会议精神，贯彻落实省、市全会和经济工作会议精神，审议《中共阳泉市郊区区委关于制定国民经济和社会发展第十三个五年规划的建议》，全面总结2015年工作，安排部署2016和“十三五”期间全区经济和社会发展工作，动员全区上下崇尚实干、勇于担当，为实施“五大战略”促进富民强区而努力奋斗。

1月　义井镇小河村荣获“中国景观村落”称号，成为全市唯一一家获此称号的古村。

1月　郊区荫营镇三都村山鸡养殖户杨占利、田俊丽夫妇入选“感动山西”十大人物候选人名单。

2月

2日　郊区召开南大东街、义平路环境综合整治动员会。会上出台阳泉市郊区《关于南大东街、义平路环境综合整治实施方案》。

10日　郊区举办主题为“情系家乡、亲情招商、共谋发展”“冬季行动”招商引资座谈会。30多位郊区籍在外优秀企业家、知名人士应邀参加活动。

20日　郊区在荫营镇下千亩坪村礼堂举办2016年“激情郊区，百花迎春”群众文艺汇演。

25日　郊区三级干部暨2015年度先进集体劳动模范表彰大会隆重召开。

29日　郊区举办干部教育大讲堂，邀请国家行政学院电子政务专家委员会副主任、中国行政体制改革研究会副会长、国家信息化专家咨询委员会委员、北京大学政府管理学院博士生导师汪玉凯教授为全区副科级以上领导干部作《习近平的治国理念与政府治理现代化》专题讲座。

3月

3日　郊区纪委八届六次全体（扩大）会议第一次会议召开。

3日　郊区政府副区长2015年度述职述廉满意度测评会议召开。

4日　郊区区委召开党务工作会议，全面总结2015年全区组织、宣传、政法、统战工作，安排部署2016年工作。

16日　郊区脱贫攻坚工作会暨“双百干部下基层、激情干事抓落实”活动动员会召开。

23日　全市县乡两级换届工作座谈会在郊区召开，听取各县区换届工作进展情况，并就下一步工作进行安排部署。

29日　郊区区委换届工作领导组（扩大）会议暨乡镇换届工作安排会议召开。会议传达中央、省、市委关于换届工作的部署要求，对全区乡镇换届工作进行动员部署。

4月

1日　市长董一兵督查南大街、义平路综合整治工作。

9日　省政府第七督查组一行到郊区，就省政府重点工作目标任务落实情况进行督查。

21日至22日　原山西省委常务副秘书长、省委政策研究室主任、省民俗庙会文化促进会名誉会长李淳一行到郊区，就民俗庙会文化进行调研。

22日　郊区区委召开全区“两学一做”学习教育会议，对全区“学党章党规、学系列讲话、做合格党员”学习教育进行安排部署，标志着全区“两学一做”学习教育正式全面启动。

4月　郊区3家旅游景区、3个乡村旅游点、10家农家餐馆、10名乡村旅游致富带头人获得国家级旅游荣誉。

5月

3日　郊区区委全委（扩大）会议召开，对8个乡镇党委书记、乡镇长人选进行推荐。

10日　市长董一兵到郊区，深入重点项目工地，移民搬迁小区等地调研重点项目和重点工作。

14日　郊区干部大会暨区乡换届纪律和新任干部集体谈话会议召开。

16日　郊区政府运用约谈机制召开首次专题约谈会议，就平坦镇石卜咀村建设西梁山农业生态循环园区打造梯田过程中造成阳煤集团虎威化工厂围墙受损问题专题约谈平坦镇和石卜咀村主要负责人。

20日　阳泉市委第二巡察组巡察郊区工作动员会召开。

19日　省委调研组前来郊区就推进“六权治本”完善权力运行工作进行专题调研。

5月　郊区区乡两级人大代表换届选举工作圆满结束，共选出区人大代表162名，乡镇人大代表472名。

6月

12日　郊区政府党组召开“两学一做”专题学习会。

17日　郊区区委副书记、区长韩加政主持召开招商引资项目洽谈推进会，就全区促进招商引资项目落地建设提出了指导意见。

21日　郊区召开环境保护综合整治工作会议，通报了全区1—5月大气和水环境质量情况，对全区下一步环境保护综合整治工作和环境保护综合整治督查工作进行安排部署。

22日　郊区召开脱贫攻坚现场推进会。会议认真贯彻落实中央和省、市委脱贫攻坚会议精神，研究安排全区的脱贫攻坚工作，进一步动员全区上下、凝心聚力，真抓实干，坚决打赢脱贫攻坚战。

30日　郊区政府党组书记、区长韩加政带领区政府党组、区政府办党支部全体党员干部深入旧街乡南沟村狼峪红色景区，开展以“重温入党誓词”和践行“两学一做”座谈会为内容的纪念中国共产党建党95周年“七一”主题党日活动。

6月　在2016年第十届全国五好文明家庭评选中，郊区旧街乡枣园村的马玉田家庭获此殊荣。

7月

1日　郊区区委召开全区纪念中国共产党建党95周年暨“优秀共产党员、优秀党务工作者、先进基层党组织”表彰大会，表彰近年来在全区各条战线、各个领域涌现出的优秀共产党员、优秀党务工作者和先进基层党组织。

7月9日　郊区召开全区四套班子联席（扩大）会议。

16日　市委书记陈永奇带领市有关单位负责人到郊区，就做好汛期安全工作进行调研督查。

20日　市委常委、组织部部长李定武到郊区督查防汛抢险工作。区委、区政府有关领导及水务、国土等相关部门负责人一同参加。

28日　郊区召开全区干部大会，宣布省委、市委对郊区区委主要领导任免职决定：王明厚同志任中共阳泉市郊区委员会委员、常委、书记，免去苏秀瑞同志的中共阳泉市郊区委员会书记、常委、委员职务。

7月　郊区荣获“2015年度中国社区治理十大创新成果”提名成果，并名列提名成果第一位。

8月

2日　郊区领导干部会议召开，宣布市委对郊区政府主要领导职务调整的决定。市委组织部常务副部长张宝明出席并作重要讲话。郊区区委书记王明厚主持会议并讲话。市委组织部干部一科科长崔晓亮宣读市委任免决定：武建功同志任中共阳泉市郊区委员会委员、常委、副书记，提名郊区政府区长候选人；因工作变动，免去韩加政同志的中共阳泉市郊区委员会副书记、常委、委员职务，韩加政同志不再担任郊区政府区长职务。

4日　市长董一兵到郊区调研滦阳大道一期、二期等城市重点道路建设情况。区领导王明厚、武建功、樊志红陪同调研。

10日，中国共产党阳泉市郊区第九次代表大会开幕，王明厚代表中共阳泉市郊区第八届委员会作报告，武建功主持会议。

12日　中国共产党阳泉市郊区第九次代表大会经过全体代表的共同努力，圆满完成大会各项议程，胜利闭幕。王明厚当选为中共阳泉市郊区第九届委员会书记，武建功、孙毅当选为中共阳泉市郊区第九届委员会副书记。

18日　中国人民政治协商会议阳泉市郊区第九届委员会第一次会议在政府大报告厅隆重开幕。王如生作政协郊区第八届委员会常务委员工作报告。

19日　郊区十八届人民代表大会第一次会议隆重开幕。武建功作区政府工作报告。

22日　阳泉市郊区十八届人大一次会议胜利闭幕。王明厚作重要讲话，王如生当选为区人大常委会主任，武建功当选为区人民政府区长。

24日　由省人大常委会预算工委副主任杨随亭任组长的省目标责任考核第一督查调研组莅临郊区，对上半年目标责任考核重点任务的推进落实情况进行督查调研。

25日　阳泉市第三届“最美家庭”表彰暨“平安文明和谐家庭”创建现场推进会在郊区河底镇固庄村举行。会上，对10户“最美家庭”、50户“文明和谐家庭”和120位“十二好”个人进行表彰；授予10户“最美家庭”提名奖。

26日　市长董一兵调研漾泉大道二期、平阳街等城市重点道路建设情况，并主持召开专题会，听取漾泉大道一期建设情况汇报，研究部署下一步工作。

9月

3日　郊区召开招商引资座谈会，分别与中国建筑设计院上海分院等10余家企业负责人进行洽谈。

8日　市委书记陈永奇带领有关部门负责人深入郊区，就贯彻落实省委、市委决策部署，做好经济工作，实现“下半年好于上半年，为明年进一步好转奠定坚实基础”目标等有关情况进行调研督导。

10日　山西浙江商会考察团到郊区，就开展合作进行投资考察。区政府组织召开招商引资推介会。

14日　郊区召开百名干部入企服务工作动员暨培训会议，标志着郊区正式启动百名干部入企服务工作。

18日至22日　区委书记王明厚带队赴上海、杭州开展招商考察。区委常委、常务副区长梁海昌一同考察。

20日　郊区举办“唱响主旋律 永远跟党走”合唱比赛，庆祝中国共产党成立95周年暨红军长征胜利80周年。

29日　由区委组织部、区委宣传部、区委党校联合举办的全区“迎国庆，促发展”“两学一做”学习教育主题辩论赛决赛在区政府报告厅举行。

30日　区委书记王明厚主持召开区四套班子联席会议暨理论学习中心组专题学习会。

10月

4日至5日　区委书记王明厚带领区旅游、林业、交通、农委等部门负责人专题调研全区旅游工作。

8日　区政府召开全体（扩大）会议，传达学习9月30日省政府全体（扩大）会议精神和楼阳生代省长重要讲话精神。

10日　市长董一兵到郊区义井镇大阳泉古村、平坦镇官沟村银圆山庄、翠枫山景区就旅游产业发展情况进行调研。

11日　市长董一兵督查南大街、义平路综合整治工作，了解工作进展情况，对下一步工作提出要求。

13日　区长武建功主持召开严厉打击私挖滥采工作推进会议。会上，区公安、国土及各乡镇负责人汇报前一阶段打击私挖滥采情况，通报富山村近期私挖滥采的情况。

13日至15日　区委副书记、区长武建功带领农委、蔬菜中心、荫营镇和郊区部分种植专业合作社负责人赴山东青岛昌盛日渐太阳能科技有限公司、利和萃取股份有限公司就现代农业和工业园区发展进行了考察、学习和推介。

14日　区委书记王厚明会见北京首创资本投资管理有限公司副总经理、山西区域总经理郭少杰一行，就双方合作事宜进行交流座谈。

16日　郊区召开生态新城建设征地拆迁工作会议。会上，李家庄乡、李家庄村、冯家庄村、石马沟村、桃坡村负责人分别就当前征地拆迁工作的具体情况作汇报。

19日　区委副书记、区长武建功深入平坦镇西上庄村阳煤集团西上庄2×660兆瓦低热值煤发电项目施工工地，就项目建设推进情况进行调研并现场办公，协调解决整体工程推进工作中遇到的困难和问题，确保项目按时间点全力推进。

20日　郊区举行纪念红军长征胜利80周年、深入开展“两学一做”学习教育暨史昭清同志革命传统事迹报告会。

28日　全区脱贫攻坚推进会议在区政府一楼报告厅召开。区委书记王明厚出席会议并作重要讲话。

10月　郊区旧街乡南沟村被列入全国乡村旅游扶贫重点村，被列入国家乡村旅游扶贫重点村的村庄将享受更多优惠政策和资金投入。

11月

7日　郊区召开专题会议，传达学习贯彻省第十一次党代会精神、省委十一届一次全会精神、省纪委工作报告及省纪委十一届一次全会精神，就落实大会精神作出部署。区委书记王明厚主持会议并讲话。

11月10日　市长董一兵到郊区调研易地扶贫搬迁工作，了解存在的问题，共同研究解决办法，安排部署下一步工作。

13日至14日　区长武建功率招商引资小分队赴江苏省扬州市开展招商考察对接活动，并与相关企业负责人深入交流座谈，探讨合作事宜。副区长刘瑞生及区经信局、环保局、招商局和相关乡镇负责人一同考察。

16日　全区重点工作推进会在区政府一楼大报告厅召开。会议认真贯彻中共十八届六中全会精神、省十一次和市十二次党代会精神，动员和组织全区上下，进一步明确工作重点，提升工作效能，转变作风、狠抓落实，努力冲刺今冬明春，确保实现“下半年好于上半年，为明年进一步好转奠定坚实基础”的目标任务。

22日　区委书记王明厚主持召开区委常委会议。传达贯彻省市脱贫攻坚工作会议精神；听取全区干部帮扶脱贫工作情况汇报；听取全区脱贫攻坚和土地确权工作情况汇报；听取打击私挖滥采情况汇报；听取全区安全生产工作情况汇报；研究审议了其他相关事宜。

26日　郊区召开招商引资洽谈会，就年产万吨高性能镁合金铸锭和500万只锻造镁合金汽车轮毂项目进行洽谈和对接。区委书记王明厚，区委副书记、区长武建功，区委常委、常务副区长梁海昌及发改、经信、国土、环保等相关部门主要负责人参加会议。

29日　市委宣讲团在郊区举行中共十八届六中全会和省、市党代会精神宣讲报告会。市委宣讲团成员、市纪委常务副书记朱刚就学习宣传贯彻中共十八届六中全会和省、市党代会精神作宣讲辅导。

30日　区委书记王明厚主持召开环保工作紧急会议。会上通报了全区当前的环保工作和存在的问题，并对下一步环境卫生整治工作做出安排部署。

11月　郊区政府专职消防队荣获“全国119消防奖”，郊区政府专职消防队是山西省唯一一个被评为“全国119消防奖”的先进集体。

11月　桃林沟被确立为国家级美丽乡村标准化试点。

12月

1日　郊区举行中北斗镁合金科技产业园项目签约仪式暨合作座谈会。

12月　郊区在抓好环保部约谈提出问题整改的同时，举一反三，强力推进“七大环保攻坚战”（打响水环境保护攻坚战；打响扬尘污染整治攻坚战；打响生态恢复治理攻坚战；打响机动车污染防治攻坚战；打响燃煤污染整治攻坚战；打响重点环保工程提标改造攻坚战；打响污染源监管攻坚战），全面排查大气、水环境、扬尘污染等方面存在的薄弱环节和突出问题，制定有效措施，补齐短板，切实堵塞漏洞，以实现环境质量明显改善。

阳泉市郊区概况

区情概况

【历史沿革】 区境历史悠久，早在10万年前的旧石器时代即有人类祖先在此繁衍生息，有文字记载的历史可上溯到2500年以前（晋卿赵简子在平坦垴筑城驻军），但独立设区前，区境大部分地域属平定县（初为上艾县，后为石艾县）所辖，部分地域归盂县（初为原仇县）管辖。民国36年（1947）5月阳泉设市后，由于行政和经济发展诸方面的原因，区境才由建市初市属的二区和三区（农村部分）的3个行政村逐渐扩大。1956年二区改为荫营区。1969年1月，荫营区改称阳泉市郊区时，全区增加到10个公社145个生产大队。1971年，燕龛公社的6个大队从平定县划属郊区。1978年先后有辛兴、旧街、义井、平坦划入境内，阳泉市郊区轮廓基本形成。1993年境内的平坦垴、上五渡、下五渡、河坡、王垅（石家庄）5个行政村划属阳泉市经济技术开发区。2000年12月，撤并乡镇后，郊区改设为8个乡镇、185个行政村、8个居民委员会。2005年，郊区行政村变更为184个。2015年，境内的侯家沟、长岭、驼岭头、张家洼、路家山5个行政村移交开发区管委会管理。2016年，郊区设8个乡镇、8个居民委员会，行政村变更为179个。 （王永清）

【位置　面积】 阳泉市郊区位于山西省东部，太行山西麓。地处北纬37°57′12″～38°05′25″，东经113°19′34″～113°42′20″。东面、南面与平定县相连，西面与寿阳县毗邻，北面与盂县交界，环抱阳泉市城区、矿区。区境东西长33公里，南北宽35公里。总面积608.83平方公里，约占全市总面积的13.4%。

区人民政府驻下荫营村，距省城太原120公里，距阳泉市7.8公里，距河北省石家庄市122公里，距首都北京410公里。 （王　娟）

【行政区划】 2016年，全区辖4个乡、4个镇，共计179个村民委员、220个自然村，荫营镇、河底镇驻地厂矿街道设8个居民委员会。 （史晓亮）

表1

阳泉市郊区行政区划表

（2016年12月）

乡　镇		村民委员会
荫营镇	38个行政村、38个自然村	街上、坪上、桥上、后沟、老虎沟、下荫营、南窑庄、上烟、下烟、上千亩坪、下千亩坪、三泉（铧咀）、矾窑、韩庄（庄上）、三郊、三都、杨树沟、东垴、西垴、南垴、火石岩、辛庄、马庄、小庄、前洼、后洼、下白泉、上白泉、林里、鸡洼、窑沟、河北、东梁庄、西梨庄、西落菇堰、东落菇堰、段家庄（岳家咀）、山头
	5个居民委员会	上荫营、下荫营、三泉、白毛梁、阳泉市第一监狱
河底镇	32个行政村、33个自然村	关家峪、下章召、河南、上章召、河底、苇泊、牵牛镇、邓家峪、任家峪、中佐、固庄、小固庄、龙光峪、里龙光峪、曹家掌、程庄、燕龛、北庄、西沟、郊里、苏家泉、猪头垴、大河北、武家庄（小河下）、五架山、红土岩、小河北、小沟、东村、山底、北小西庄、东南沟
	3个居民委员会	河底、韦泊钢铁厂、阳泉市第二监狱

续表1

乡　镇		村民委员会
义井镇	14村个行政村、16个自然村	西峪（圪套、杨家庄）、西峪掌、瀑里、小河、白羊墅、圪台、大阳泉、义井、南庄、义东沟、牛家峪、河下、王家峪、神峪
平坦镇	38个行政村、59个自然村	桃林沟、富山、西河、石卜咀、龙凤沟、甘河、魏家峪（南沟、梁家沟、石圪叠、狐子窝）、大村、半坡、庙上、北头咀、前庄、赛鱼、官沟、大南沟、小南沟、南山、老坪掌、李家山、侯家山、芦湖、张家岩、吴家掌、马家坡、神堂咀、桑掌、中庄、龙门、常家山（石家山、周家山、崔家庄、阳坡岩）、东西畛（圪驼）、石板片（高家垴）、辛兴（大西垴）、坡头（马圈垴、维凹）、北垴（白泉岩）、西上庄（杨家沟）、后峪（岳家沟、新庄、窑沟、东坡）、曹里（曹梁）、长吉岭（王七岭）
西南舁乡	17个行政村、19个自然村	张家井（马鞍山）、石窖垴（东梁）、西南舁、东南舁、北舁、大洼、孔南庄、咀子上、杜家庄、王家庄、代家庄、五里庄、霍树头、郊山、雨下沟、北大西庄、东林尖
杨家庄	14个行政村、16个自然村	大南庄、白家庄（王家坡）、北杨家庄、南杨家庄、高垴庄（小南庄）、路家山、小西庄、孙家沟、桐花树、杏树坡、庙岑、黑土岩、齐家岩、张家洼
李家庄	14个行政村、14个自然村	李家庄、冯家庄、甄家庄、汉河沟、黄沙岩、桃坡、柳沟、大西庄、石马沟、长岑、侯家沟、桑堰、驼岑头、余积梁沟
旧街乡	17个行政村、37个自然村	旧街（圪套、梁家庄）、测石（口上、田家庄、枣堰渠、沟里头、海落湾、车道沟）、南沟（狼峪、南沟掌）、新店（河口）、簸箕掌（瓦窑沟）、新庄窝（石跺居）、枣园（大阳窑、茶臼堰）、阳坡（上马坪）、闫家庄（新窑、黄梁）、路家庄（土豁）、柳渠、高岑、佛洼、阳窑、保安、虎峪、后山（车道足）

【人口数量】 近年来，郊区人口数量缓慢减少。2016年年末，全区总人口为200478人，比2015年年末净减少74人。人口减少的主要原因：一是随着人口出生率、自然增长率的逐年递减、人口自然增长趋缓。二是富裕起来的农民向往城市生活，许多人在市里购买了户口和住房，在外就业、就学人数增加，迁出人口增加，机械增长基本呈负增长，因此人口总量逐年递减。（杨素仙）

【人口密度】 近年来，郊区的人口密度随人口总量递减而逐年下降。2015年末为325.44人／平方公里，2016年末为325.32人／平方公里。（杨素仙）

【人口自然变动】 随着国家二胎政策的开放，2016年郊区人口自然增长率有所上升。2016年人口出生率为7.07‰，比2015年的6.59‰上升0.48个千分点，死亡率为5.64‰，比2015年的7.32‰降低1.68个千分点；自然增长率为1.43‰，比2015年的-0.74‰上升2.17个千分点。（杨素仙）

【人口年龄构成】 据2010年人口普查结果显示，郊区总人口中，0～14岁的人口为3.37万人，占总人口的14.33%；15至64岁的人口为18.16万人，占总人口的77.15%；65岁以上的人口为2.01万人，占总人口的8.52%。郊区人口的发展由成年型向老年型过渡，年龄结构老年型已初步显现。（杨素仙）

【人口性别构成】 近年来，郊区人口的性别比呈上下波动趋势。2016年，男性人口为101161人，女性人口为99317人，人口性别比（以女性为100）为101.86，与2015年（男性人口为101175人，女性人口为99377人，性别比为101.81相）比，仍有上升趋势。（杨素仙）

【人口文化构成】 据2010年人口普查数据显示：郊区总人口中接受大专以上教育的占5.27%；接受高中及中专教育的占15.27%；接受初中教育的占52%；接受小学教育的占24.66%；文盲人口（15岁及15岁以上不识字或识字很少的人）占3.73%。人均受教育年数达到8.1年，均比2003年有不同程度的增长。（杨素仙）

【地质 地貌】 地质 本区地处中朝准地台山西断隆之上的沁上台拗陷的东北隅，东临太行断拱。境内出露地层由老至新有：下古生界奥陶系、上古生界石炭系、上古生界二叠系、中生界三叠系及新生界第四系。

下古生界奥陶系分布于区境由东北至东南的东村、西南舁、三郊、白泉、杨家庄、白羊墅一带，由石灰岩、白云岩及泥灰岩组成。有丰富的石灰岩及白云岩、石膏和建筑石材原料等矿产，其侵蚀面赋存山西式铁矿；上古生界石炭系主要出露于山底—河底—荫营—李家庄—义井一线两侧，由下至上分为中统本溪组、上统太原组和山西组。本溪组赋存铝土矿、耐火黏土矿、硫铁矿、山西式铁矿及高岭土等矿产。太原组和山西组为重要的含煤地层，赋存有丰富的无烟煤；上古生界二叠系广泛分布于郊里—赛鱼—神峪一线以西地区，主要分布于旧街乡和平坦镇，由套黄绿、杏黄、灰白、紫红色的砂岩、粉砂岩、砂页岩、页岩及泥岩组成，赋存有寿阳式锰铁矿及紫砂陶土矿；中生界三叠系在境内出露不全，由砖红色、浅紫色细粒长石砂岩夹多层砾石层、页岩、砂页岩组成，未发现可供利用的矿产；新生界第四系主要分布于山坡、沟谷、河床及其两侧阶地中。

区境地质构造线的总轮廓是：北部属于一个近东西走向的构造带，中南部属于娘子关帚状构造带。褶皱和断裂为北东及北北东向，少数为近东西向和北西向。

地貌　本区位于黄土高原东部，太行山脉中段西麓，全部为山地和丘陵地貌，全区地势西北高、东南低。最高点为本区和寿阳、盂县二县交界处的水草山，海拔1495.6米；最低点为白羊墅桃河谷地，海拔595米。两地高差900.6米。　（张素芬）

【土壤】　本区土壤总面积726955亩，随地形高低升降呈有规律的排列，大致可分为1300～1500米、800～1300米、700～850米、660～750米及600米以下5个台阶，依次为褐土土类中的淋溶褐土、粗骨性褐土、山地褐土、褐土性土、淡褐土和草甸土土类中的浅色草甸土。　（张素芬）

【土地资源】　本区所辖8个乡镇，面积约为627平方公里，合94.05万亩，地貌类型多样，山地多，平地少。全区耕地面积为13.19万亩（二调数据为15.7万亩），占辖区总面积的14.02%。耕地中划入基本农田保护范围的8.11万亩，保护率达61.48%。全区人均耕地面积为0.63亩（全国人均耕地面积1.4亩、全省人均耕地1.48亩）。本区土地的主要特点：一是地貌类型多元，山地丘陵多、平川少。全区以山地、丘陵为主。二是耕地少，质量差，产出率不高。坡度为15°以上的耕地为2.65万亩，占总耕地的16%。三是土地利用程度不高，后备资源较匮乏。未利用土地4.52万亩，绝大部分为不适宜种植开发的滩涂、裸土地、坡地等。　（张素芬）

【矿产资源】　郊区的矿产资源丰富，主要有煤、铝土矿、耐火黏土、硫铁矿、石灰岩等。截至2016年年底，全区保留各类矿山企业共30座，其中：煤矿7座，铝土矿7座，石灰石矿12座，砂石矿1座，石膏矿3座。

1. 煤矿7座，矿区面积27.7154平方公里，生产规模510万吨/年，累计探明储量47475.3万吨，动用储量8022.4万吨，年末保有量39452.9万吨，平均服务年限17.7年。

2. 铝土矿7座，矿区面积3.1027平方公里，生产规模18.9万吨/年，累计探明储量1355.1万吨，动用储量519.32万吨，年末保有量835.78万吨。

3. 石灰石矿12座，矿区面积0.6964平方公里，生产规模147万吨/年，累计探明储量4633.94万吨，动用储量1218.76万吨，年末保有量3415.18万吨。（备注：恒磊石材有限公司采矿许可证到期，没有延续，没做年报。）

4. 砂石矿1座，矿区面积0.026平方公里，生产规模3万吨/年，累计探明储131万吨，动用储量104.1万吨，年末保有量26.9万吨。

5. 石膏矿3座，矿区面积0.2864平方公里，生产规模3.2万吨/年，累计探明储量113.73万吨，动用储量13.81万吨，年末保有量74.02万吨。　（张素芬）

【水文】　境内有桃河、温河两大季节性河流，在平定县娘子关镇河滩村西汇合为绵河，是海河五大河之一的子牙河的北源滹沱河的支流。以水草山—刘备山—四角山—界山梁—乱石头梁—高圪塪为界，其南为桃河流域，其北为温河流域。

桃河　又称扑猪河、桃江、向阳河，发源于寿阳县东部的土陉岭桃林沟，是境内最长的河流。在新店村西进入郊区境内，由西向东流经郊区旧街乡的新店、旧街、测石，平坦镇的坡头、辛兴，穿过矿区的赛鱼、小南沟、石卜咀，开发区的平坦塪、上五渡、下五渡、河坡，义井镇的圪台、白羊墅等地，在白羊墅村东出境，入平定县。境内全长29千米，汇水面积396平方千米，占桃河总流域面积的30%。2007年，年径流量为1771万立方米，多年平均径流量为2602万立方米。阳泉水文站建站以来实测最大洪峰流量为2200立方米/秒，发生于1959年；最大调查洪峰流量为2810立方米/秒，发生于民国34年（1945）。桃河在旧街、辛兴段有清水，流量为0.30立方米/秒。其下为季节河，地表径流主要来源于降水。在境内的主要支流有保安河、芦湖河、桑掌河、马家坡河、蒙村河、洪城河、李家庄河、义井河等。

温河　西源出于盂县南娄乡西南庄村西的方山东麓，北源出于盂县北下庄乡西麻河驿村的尖山，两流于盂县温池汇合后称为温河。自温池向东南约3千米经温泉峡进入本区，向东南流经河底镇的武家庄、大河北、小河北、东南沟、下章召、河南，荫营镇的韩庄、马庄、小庄、辛庄入平定县境，为季节性河流，在境内全长15千米，流域面积272平方千米，占全流域面积的23%。2007年，年径流量为1761万立方米，多年平均径流量为2519万立方米。年输沙量

22.53万立方米，最大洪峰流量为1652立方米/秒。在境内的主要支流有山底河、苇泊河、荫营河、大河、张山峪河等。（周海威）

【气候】 气象 郊区属暖温带大陆季风气候，四季分明。雨热同期，夏短而冬长，常为春旱少雨，冬寒少雪，干燥多风，十年九旱，常有霜冻、冰雹、暴雨、大风等自然灾害。

气温 2016年，本区平均气温11.3℃，夏季极端最高气温为35.0℃（5月30日），冬季极端最低气温为-17.6℃（1月24日）。

降水 2016年，总降水量777.7毫米，一日最大降水量159.2毫米。

日照 2016年，日照总量2464小时，日照百分率55%。

无霜期 2016年，境内初霜日出现在10月30日，终霜日出现在3月27日。全年无霜期216天。

风 2016年，境内平均风速2.2米/秒，最多风向为E（东风）。冬春两季风速最大，年极大风速为27.5米/秒。

气压 境内气压高低与气温高低成反相关系。2016年6月气压最低，为910.7hPa；1月气压最高，为948.6hPa。（梁 潇）

【国民经济和社会发展计划执行情况】 2016年，全区生产总值达到82.62亿元，增长3%；公共财政预算收入完成4.24亿元；规模以上企业工业增加值完成15.4亿元，增长2.2%；固定资产投资完成96亿元，增长6.1%；社会消费品零售总额完成16.75亿元，增长12.4%；城镇居民人均可支配收入达到23549元，增长6.1%；农村居民人均可支配收入达12815元，增长5.7%。全年共实施投资项目72个，完工44个，完成各类项目投资82.35亿元。全年共签约百万元以上经济技术合作项目34项，签约总金额161.3亿元，完成市下达任务151亿元的106.8%。

重点对接洽谈的隆盛通镁合金及汽车轮毂项目、小河古村旅游开发、中美京哈医院山西医院、东南沟晋地影视城等大项目展开前期工作。（杨轩初）

【重点工程建设】 2016年全区计划实施投资项目110项，总投资376.26亿元，当年计划投资108.6亿元。当年开工72项，完成投资82.25亿元，完成年度投资计划的75.7%，完工45项。其中：

续建项目为35项，总投资151.78亿元，当年计划投资40.8亿元，占当年计划总投资的37.6%。项目全部复工，当年完成投资36.94亿元，完成计划投资的90.5%，完工21项。

新建项目75项，总投资224.48亿元，当年计划投资67.8亿元，占当年计划总投资的62.4%。当年开工37项，完成投资45.31亿元，完成计划投资的66.8%，完工24项。

（一）按生产性、非生产性分

1.生产性项目58项，总投资205.03亿元，当年计划投资53.38亿元，占当年计划总投资的49.2%。当年开工41项，完成投资45.16亿元，完成计划投资的84.6%，完工35项。

第一产业21项，总投资18.32亿元，当年计划投资8.85亿元。当年开工16项，完成投资6.43亿元，完成计划投资的72.7%，完工14项。

第二产业26项，总投资156.27亿元，当年计划投资40.01亿元。当年开工17项，完成投资38.05亿元，完成计划投资的95.1%。完工13项。

第三产业11项，总投资30.44亿元，当年计划投资4.52亿元。当年开工8项，完成投资6778万元，完成计划投资的15%，完工8项。

2.非生产性项目52项，总投资171.23亿元，当年计划投资55.22亿元，占当年计划总投资的50.8%。当年开工31项，完成投资37.09亿元，完成计划投资的67.2%，完工10项。

房地产30项，总投资96.88亿元，当年计划投资33.87亿元。当年开工20项，完成投资27.67亿元，完成计划投资的81.7%，完工5项。

基础设施和社会事业22项，总投资74.35亿元，当年计划投资21.35亿元。当年开工11项，完成投资9.42亿元，完成计划投资的44.1%。完工5项。

（二）按投资规模分

1.总投资10亿元及以上项目8项，总投资201.17亿元，当年计划投资39.56亿元，占当年计划总投资的36.4%。当年开工4项，完成投资40.51亿元，完成计划投资的102.4%。

2.总投资5亿元～10亿元项目10项，总投资66.16亿元，当年计划投资22.02亿元，占当年计划总投资的20.3%。当年开工6项，完成投资14.41亿元，完成计划投资的65.4%，完工4项。

3.总投资1亿元～5亿元项目38项，总投资87.47亿元，当年计划投资33.45亿元，占当年计划总投资的30.8%。当年开工21项，完成投资18.43亿元，完成计划投资的55.1%。完工7项。

4.总投资亿元以下项目54项，总投资21.46亿元，当年计划投资13.57亿元，占当年计划总投资的12.5%。当年开工41项，完成投资8.9亿元，完成计划投资的65.6%。完工34项。

（三）按投资领域分

1.基础设施项目5项，总投资22.36亿元，当年计划投资9.89亿元，占当年计划总投资的9.1%。当年开工2项，完成投资7.21亿元，完成计划投资的

73%，完工1项。

2. 产业投资项目58项，总投资202.43亿元，当年计划投资53.43亿元，占当年计划总投资的49.2%。当年开工40项，完成投资44.25亿元，完成计划投资的82.8%，完工35项。

3. 城镇化、生态环保和循环经济项目13项，总投资19.89亿元，当年计划投资8.27亿元，占当年计划总投资的7.6%。当年开工10项，完成投资2.78亿元，完成计划投资的33.6%，完工3项。

4. 民生和社会事业项目34项，总投资131.58亿元，当年计划投资37.01亿元，占当年计划总投资的34.1%。当年开工20项，完成投资28.01亿元，完成计划投资的75.7%，完工6项。

（四）按乡镇分

荫营镇22项，总投资84.62亿元，当年计划投资18.89亿元，占当年计划总投资的17.4%。当年开工15项，完成投资18.3亿元，完成计划投资的96.9%，完工10项。

河底镇16项，总投资42.02亿元，当年计划投资8.96亿元，占当年计划总投资的8.3%。当年开工10项，完成投资1.88亿元，完成计划投资的2.1%，完工8项。

平坦镇16项，总投资123.63亿元，当年计划投资32.75亿元，占当年计划总投资的30.2%。当年开工11项，完成投资29.76亿元，完成计划投资的90.9%，完工5项。

义井镇12项，总投资27亿元，当年计划投资8.28亿元，占当年计划总投资的7.6%。当年份开工9项，完成投资7.24亿元，完成计划投资的87.4%，完工3项。

李家庄乡15项，总投资54.65亿元，当年计划投资20.62亿元，占当年计划总投资的19%。当年开工9项，完成投资12.68亿元，完成计划投资的61.5%，完工3项。

西南舁乡8项，总投资3.88亿元，当年计划投资2.9亿元，占当年计划总投资的2.7%。当年开工6项，完成投资2.21亿元，完成计划投资的76.2%，完工6项。

杨家庄乡10项，总投资27.19亿元，当年计划投资11.17亿元，占当年计划总投资的10.3%。当年开工5项，完成投资7.15亿元，完成计划投资的64%，完工3项。

旧街乡11项，总投资13.27亿元，当年计划投资5.02亿元，占当年计划总投资的4.5%。当年开工7项，完成投资3.03亿元，完成计划投资的60.4%，完工7项。（杨轩初）

【“六位一体”完成情况】 2016年，项目储备完成额3401.45亿元，完成年度任务的259.26%；项目签约完成额159.29亿元，完成年度任务的105.5%；项目落地完成额99.31亿元，完成年度任务的97.36%；项目开工完成额67.63亿元，完成年度任务的110.87%；项目建设完成额74.55亿元，完成年度目标任务的93.19%；项目投产完成额60.22亿元，完成年度任务的73.44%。（杨轩初）

机构设置和领导名单

中共阳泉市郊区委员会

书　记
　苏秀瑞（7月免）
　王明厚（7月任）
副书记
　韩加政（8月免）
　武建功（8月任）
　孙　毅（5月任）
常务委员
　孙　毅
　田进勇
　郗文保（5月任）
　梁海昌（5月任）
　张斌武
　宁文鑫（5月任）
　梁　敏（女，4月任）
　王振杰（4月免）
　王建华（5月免）
　杨兆权（8月免）

区委工作部门

办公室
主　任
　孙黎军
副主任
　张魁福（兼）
　史贤良（12月任）
组织部
部　长
　王振杰（5月免）
　梁　敏（女，5月任）
常务副部长
　荆春泰
副部长
　魏拥军
　吕枝盛
　张翠花（女，兼）
　鲍俊毅（兼）
宣传部
部　长
　田进勇
副部长
　荆　军
　魏志清
统战部
部　长
　张斌武（5月免）
　孙　毅（5月任）
副部长
　任向阳
政法委员会
书　记
　王建华（5月免）
　张斌武（5月任）
副书记
　王书波
　赵爱明
　刘润宝
机构编制委员会办公室
主　任
　吕　铜

区直属机关工（党）委
书　记
陈守润（女）
老干部局
局　长
张翠花（女）
机要局
局　长
史信富
信访局
局　长
张魁福
副局长
王海文（12月任）
党史研究室
主　任
（缺）
副主任
王永清（女）
党　校
校　长
孙　毅（兼，5月任）
常务副校长
罗树宏
阳泉郊区编辑部
总　编
张宝荣（女）
副总编
李爱国
云　霞（女）

中共阳泉市郊区纪律检查委员会

书　记
孙　毅（5月免）
郗文保（5月任）
副书记
赵红卫
尹战东（9月免）
郭锁明
常　委
尹战东（9月任）
高双立
李宏国（9月任）
张笑君
赵桂荣（女，8月免）
赵素卿（女）
田进勇（兼）
梁海昌（8月任）
韩文明（8月任）
赵　旭（女，8月任）
段拥军（8月任）

阳泉市郊区人大常委会

主　任
王梦贺（8月免）
王如生（8月任）
副主任
乔国强（8月任）
张凤英（女，兼，8月免）
陈玉俊（8月任）
王可剑
张富英（8月任）
潘　钰（8月任）

人大常委会工作机构

办公室
主　任
毕武田
副主任
高建芳（女）
政治法律工作委员会
主　任
尚娟敏（女）
财政经济工作委员会
主　任
范玉栋
教育科学文化卫生工作委员会
主　任
史军福
人事代表工作委员会
主　任
杨晓珍（女）
农村工作委员会
主　任
张敏善
城乡建设环境保护工作委员会
主　任
侯建强

阳泉市郊区人民政府

区　长
韩加政
武建功（8月任）
副区长
程继喜
樊志红（8月任）
刘瑞生（8月任）
郭满仓

政府组成部门及所属机构

办公室
主　任
史慧明（12月免）
郭智英（12月任）
副主任
荆建民
苏晓东
史长军
王云峰
发展和改革局
局　长
段江涛（12月免）
副局长
赵　晶
刘安平
谢五金（12月任）
纪检组组长
赵　静（女）
经济商务信息化局（商务粮食局）
局　长
刘　志
副局长
王常青
王永寿
郭宝牛
苑贵敏（女）
纪检组组长
高成堂
民营企业（中小企业）服务中心
主　任
李武贤
副主任
程俊英（女）
教育局
局　长
荆翔阳
副局长
荆保平
靳鑫诚

纪检书记
樊振平
科学技术局
局　长
刘永庆
副局长
李　崇
王海斌
纪检组组长
秦林芝（女）
公安分局
局　长
李　华（5月免）
韩文明（5月任）
政　委
霍晓军（9月免）
副局长
张晓明
段维平
马成兵
李维茂
赵仁鹏
纪委书记
史鹏军
民政局
局　长
王文清（12月免）
王永平（12月任）
副局长
张晓东
陈国华（女）
史晋兵
纪检组组长
曹丽莉（女）
财政局
局　长
何建亭（12月免）
史慧明（12月任）
副局长
郭有忠
杨建军
张建生
纪检组组长
赵钦泰
总会计师
李永红
人力资源和社会保障局
局　长
鲍俊毅
副局长
史永清
张清华（女）
郭秋忠
纪检组组长
段荣平
住房保障和城乡建设管理局
局　长
李汝斌（12月免）
副局长
马汝青
王存明
梁拾义
张东平
纪检组组长
史矛盾
总工程师
梁拾义
安全生产监督管理局（区煤炭工业局）
局　长
乔永兴
副局长
史惠钦
史明海
吕慧华
王　进
纪检组组长
李胜伟
交通局
局　长
武永庆
副局长
李双鸿
冯燕忠
杨玉明
总工程师
杨玉明（兼）
水务局
局　长
王红卫
副局长
史守忠
纪检组组长
魏思全
总工程师
刘果枝（女）
林业局
局　长
范润生
副局长
张志刚
杨贵如
纪检组组长
邵卫萍（女）
文化局
局　长
杨海青
副局长
胡忠文
闫计堂
卫生局和计划生育局
局　长
施润平
副局长
张宏伟
王满寿
冯学敏
纪检组组长
叶兴凯
审计局
局　长
程秀春
副局长
王文身
王红梅（女）
李慧生
纪检组组长
王海军
总审计师
关翠云（女）
统计局
局　长
赵建文
副局长
王千寿
白旭刚（12月任）
总统计师
王　平
环境保护局
局　长
张成林

副局长

王国宏

王绍华

纪检组组长

李俊华

总工程师

杨清元

农业委员会

主　任

杨兆明

副主任

李素怀

王秀明

史志宏

纪检组组长

张淑杰（女）

总工程师

任志平

司法局

局　长

郗文卿（12月免）

郭锁明（12月任）

副局长

赵剑锐

李红红（女）

食品药品监督管理局

局　长

刘郁珍（女，12月免）

史丽娟（女，12月任）

副局长

靳丽芳（女）

李润平

纪检组组长

李瑞军

民族宗教事务局

局　长

余香红（女）

副局长

史建生（12月任）

广播电视台

台　长

王念义

副台长

吴　明

张俊勇

纪检组组长

张胜强（5月免）

档案局

局　长

康建琴（女）

副局长

董燕军

王　萍（女）

供销合作社

主　任

张忠平

副主任

（缺）

纪检组组长

曹　洁（女）

地震局（防雹办）

局　长

王建荣

副局长

李高峰

总工程师

（缺）

文物旅游局

局　长

张兆平（女）

副局长

刘满成

机关事务管理局

局　长

荆建民（兼）

副局长

史军民

吴建军

苗增良

纪检组组长

梁军平

农机中心

主　任

李素怀

副主任

王彩云（女）

郭　凯

总工程师

张爱花（女）

蔬菜中心

主　任

李建伟

副主任

梁建鸿

温河灌区

主　任

周慧剑

副主任

李　渊

贾小平

自来水公司

经　理

周慧剑

副经理

皇甫朝辉

总经济师

张艳珍（女）

阳泉市郊区人民法院

院　长

冯晋明（8月免）

梁　庆（8月任）

副院长

张海忠

董新河

任学斌

杨志荣

刘秀成（挂）

梁　庆（5月任）

纪检组组长

（缺）

阳泉市郊区人民检察院

检察长

王建明（8月免）

严志勇（8月任）

副检察长

刘双富

杨建民

王权政

张保亮

严志勇（5月任）

纪检组组长

贾俊敏

中央、省、市驻阳泉市郊区单位

阳泉市第二人民医院（阳泉市郊区人民医院）

院　长

张凤英

院长助理

王文拴

工会主席

张元军

政协阳泉市郊区委员会

主　席

王如生

副主席

杨济才

乔国强

王振涛（女）

刘金文

李秀芳（女，8月任）

齐敏芝（女，8月任）

秘书长

张志刚

政协工作机构

办公室

副主任

李志强

提案工作委员会

主　任

史晓红（女）

学习和文史资料委员会

主　任

闫　冰

财经委员会

主　任

王淑芹（女）

科教文卫委员会

主　任

陈淑英（女）

社会法制和联络委员会

主　任

李成全

农村工作委员会

主　任

武志明

群众团体

阳泉市郊区总工会

主　席

王可剑（兼）

副主席

赵爱荣（常务）

胡俊青

中国共产主义青年团阳泉市郊区委员会

书　记

刘德刚（12月免）

高连富（12月任）

副书记

高连富（12月免）

王紫燕（女，12月任）

李　凤（女，挂，12月任）

孔鹏飞（兼，12月任）

贾维杰（兼，12月任）

中国少年先锋队阳泉市郊区工作委员会

主　任

张世强（5月免）

石　鹏（12月任）

阳泉市郊区妇女联合会

主　席

李秀芳（女）

张翠花（女，9月任）

副主席

周素勤（女）

阳泉市郊区科学技术协会

主　席

（缺）

副主席

（缺）

阳泉市郊区工商业联合会

主　席

乔国强（兼，9月任）

副主席

史建生

阳泉市郊区文学艺术工作者联合会

主　席

米爱梅（女）

阳泉市郊区残疾人联合会

理事长

郭俊红

副理事长

张泉清（女）

乡　镇

荫营镇

党委书记

段拥军（5月免）

韩晓东（5月任）

人大主席

齐敏芝（女，5月免）

光　华（6月任）

镇　长

杨浩宇（6月任）

副书记

王东红（5月免）

杨浩宇（5月任）

王海龙（5月任）

组宣委员

胡世勇（5月免）

梁　丽（女，5月任）

纪委书记

李晓东（5月免）

张胜强（5月任）

政法书记

张彦辉（5月免）

副镇长

王海龙（5月免）

宋拉壮（女，5月免）

梁九祥（5月免）

胡世勇（6月任）

谢文芳（女，6月任）

冯　晓（6月任）

王　华（6月任）

武装部部长

张天娇（5月免）

董锦新（5月任）

河底镇

党委书记

郭智英（5月免）

黄瑞刚（5月任）

人大主席

任晋忠（5月免）

赵　军（5月任）

镇　长

任志刚（5月免）

马军军（5月任）

副书记

任志刚（5月免）

马军军（5月任）

赵世杰（5月任）

组宣委员

梁　丽（女，5月免）

张晓敏（女，5月任）

纪委书记

齐瑞新（5月免）

武海军（5月任）
政法书记
葛占斌（5月免）
副镇长
王爱强（5月免）
郭　鑫（女，5月免）
冯　晓（5月免）
王　威（5月任）
郝　强（5月任）
杨慧清（5月任）
武装部部长
杨慧清（5月免）
关义辉（5月任）

义井镇

党委书记
韩晓东（5月免）
宁文鑫（5月任）
人大主席
石汝廉（5月免）
姬　磊（6月任）
镇　长
宁文鑫（5月免）
王东红（6月任）
副书记
光　华（5月免）
宁文鑫（5月免）
王东红（5月任）
刘贵军（5月任）
组宣委员
杨雨才（5月免）
郝　俊（女，5月任）
纪委书记
刘贵军（5月免）
侯晨鹰（5月任）
副镇长
光耀珍（5月免）
李红英（女，5月免）
王文亮（5月任）
张永平（5月任）
石俊林（5月任）
李志刚（5月任）
武装部部长
石俊林（5月免）
贺建平（5月任）

平坦镇

党委书记
黄瑞刚（5月免）
常　征（5月任）
人大主席
刘文峥（5月免）
李晓东（5月任）
镇　长
张海刚（5月任）
副书记
张海刚（5月任）
张建存（5月任）
组宣委员
李建军（5月免）
白　晶（女，5月任）
纪委书记
周人章（5月免）
董存玺（5月任）
政法书记
赵　军（5月免）
副镇长
张全宝（5月免）
崔小花（女，5月免）
荆素红（5月任）
乔　君（5月任）
孙永峰（5月任）
武装部部长
乔　君（5月免）
王世凯（5月任）

西南舁乡

党委书记
常　征（5月免）
侯秉戬（5月任）
人大主席
冯燕斌（5月免）
王海平（5月任）
乡　长
侯秉戬（5月免）
刘德刚（5月任）
副书记
侯秉戬（5月免）
张建存（5月免）
刘德刚（5月任）
张世强（5月任）
组宣委员
郝　俊（女，5月免）
王文娟（女，5月任）
纪委书记
侯晨鹰（5月免）
王　萌（5月任）
政法书记
王　萌（5月免）
副乡长
董军利（5月免）
王海平（5月免）
姬　磊（5月免）
郭慧栋（5月任）
史俊宝（5月任）
牛　翔（5月任）
武装部部长
孙永峰（5月免）
郭洪涛（5月任）

杨家庄乡

党委书记
史丽娟（女，5月免）
闫立宏（5月任）
人大主席
程惠文（5月免）
王　勇（6月任）
乡　长
要秀宇（5月免）
田　玲（女，6月任）
副书记
要秀宇（5月免）
张永广
田　玲（女，5月任）
组宣委员
郭爱生（5月免）
宋志清（女，5月任）
纪委书记
陈功芝（5月免）
崔小花（女，5月任）
政法书记
张永广（5月免）
副乡长
王海平
任素军（5月免）
谢文芳（女，5月免）
郭海峰（6月任）
王贵珠（6月任）
武装部部长
王贵珠（5月免）
赵建斌（5月任）

李家庄乡

党委书记
王永平（5月免）
任志刚（5月任）

人大主席
梁素瑞（5月免）
冯燕斌（5月任）
乡　长
马军军（5月免）
王晓东（5月任）
副书记
王　勇（5月免）
马军军（5月免）
李建军（5月任）
组宣委员
白　晶（女，5月免）
张　宁（5月任）
纪委书记
赵世杰（5月免）
石　凯（5月任）
政法书记
武海军（5月免）
副乡长
董翠文（女，5月免）
张永平（5月免）
王晓东（5月免）
郭爱生（5月任）
韩　强（5月任）
丁丽琴（女，5月任）
武装部部长
董存玺（5月免）
霍晓明（5月任）

旧街乡

党委书记
李仁照（5月免）
要秀宇（5月任）
人大主席
王守刚（6月免）
马润才（6月任）
乡　长
闫立宏（5月免）
王守刚（5月任）
副书记
闫立宏（5月免）
马润才（5月免）
王守刚（5月任）
陈功芝（5月任）
组宣委员
吕峥嵘（女，5月免）
霍雁英（女，5月任）
纪委书记
温　清
政法书记
马润才（5月免）
副乡长
荆素红（5月免）
要伟洁（女）
刘治国（5月免）
李龙义（6月任）
吴晓文（6月任）
武装部部长
石　凯（5月免）
齐满春（5月任）

事业单位

区委信息化中心

主　任
（缺）
副主任
史贤良（12月免）

区新闻中心

主　任
高　金（女）

区委组织部党员电化教育中心

主　任
王喜花（女）

区事业单位登记管理局

局　长
赵瑞玲（女）

区计划生育协会

副会长
曹凤仙（女）

区畜牧发展中心

主　任
赵海润（兼，12月免）
副主任
孔永忠

区纪委、监察局干部培训中心

主　任
荆存玉

区老年大学办公室

专职副校长
董建华（12月免）

区气象灾害预警中心

主　任
（缺）

区公安森林派出所

所　长
王　洋

区信息网络中心

主　任
白旭刚（12月免）
副主任
张　磊（女）
马远航

区地方志编纂委员会办公室

主　任
杨济才（兼）
副主任
王永清（女）

区招商局

局　长
石久军
副局长
杨瑾赟

区行政审批服务中心

主　任
史长军（兼）
副主任
郭淑萍（女）

区城乡建设发展总公司（开发公司）

经　理
段　富
副经理
兰　晋
高世明
许海庭（12月免）
纪检组长
（缺）

区矿地协调办公室

主　任
（缺）

区治理非法超限超载车辆工作办公室

主　任
李双鸿（兼）
副主任
闫学臻

区疾病预防控制中心

主　任
苏启茂
副主任
胡玉亭（女）

蔺素花（女）

区卫生监督所

所　长

胡彩红（女）

区妇幼保健计划生育服务中心

主　任

高永庆

区新型农村医疗合作管理中心

主　任

程全胜

区农业技术推广中心

主　任

谢五金（12 月免）

副主任

李秋芳（女）

农艺师

杨　菁（女）

区经营办

主　任

贾丽敏（女）

区农广校

校　长

高清彦

副校长

吕荣如（女）

区政府防汛抗旱指挥部

主　任

赵根才

区水资源管理委员会办公室（区水资源征费稽查队）

主　任

周海威

区耐火材料行业协会秘书处（区耐火材料研究所办公室）

秘书长

王永寿

区环卫园林管理处

主　任

任虎林

区业余少体校

校　长

兰秀花（女）

区行政事业资产管理办公室

主　任

郭智杰

荫营中学

校　长

弓月庭

副校长

杨承磊

郭相枝

蔺润平

郭卫东

朱丽军

玉泉中学

校　长

卢晓东

副校长

袁建忠

吕　琮

荆振家

古城中学

校　长

王银宗

副校长

张文军

郭霄跻

教师进修校

副校长

康善富

曹新平

区青少年活动中心

主　任

刘海计

区人才交流服务中心

主　任

张　伟

区劳动服务公司（就业管理服务中心）

经　理

王秀文

区营煤矿管理中心

副主任

张富强（5 月免）

刘　宏

区煤矿安全技术培训中心

主　任

穆占昆

区招待所

所　长

苗增良（兼）

白泉工业园区管委会

主　任

马大刚

党工委书记

朱红梅（女）

副主任

苏东生

李宝庆

区水土保持监督站

站　长

秦瑞生

区农业行政综合执法大队

队　长

安晓霞（女）

区农村经济调查队

队　长

翟霞霞（女）

区食品药品安全稽查队

队　长

郗晓芳

区文化市场行政综合执法队

队　长

刘丽琴（女）

区政府教育督导室

主　任

靳鑫诚（兼）

副主任

张富才

（戴彦宏）

城建 环保

城乡建设

【概况】 2016年，郊区区委、区政府提出“走好三条路”发展目标，其中，走好新型城镇化之路，要以“新城、新区、新镇、新村”为抓手，不断提高城镇化建设和管理水平，努力消除城乡二元结构，改善人居环境，提高人民群众的获得感。具体工作：一是加快生态新城建设上，郊区把生态新城建设作为头号工程，积极推进3平方公里起步区建设。二是打造荫营城，充分利用政府所在地的优势，增强荫营城辐射带动作用，提升吸纳人口和承载产业能力，抢抓国家保障性安居工程政策，推动基础设施建设，提升荫营城的建设品位。三是推进中心集镇建设，因地制宜，鼓励偏远山区的百姓向中心集镇集聚，进一步改善和提高群众生产生活条件。四是建设美丽宜居乡村，按照“四美两宜”要求，继续加快基础设施配套建设，完善供热、供气管网，加快采煤沉陷区治理搬迁工作，抓好棚户区、城中村、农村危房改造以及偏远山村整体搬迁，加快农村就地就近城镇化步伐，全力打造一批特色鲜明的美丽宜居示范村。（毕祯云）

【加快推进城中村改造】 2016年，郊区对市区规划区范围义井镇义东沟村、义井村，荫营镇区下荫营村、南窑庄村、老虎沟村共5个村进行城中村改造；并配合生态新城管委会对余积粮沟村、桃坡村两个村进行改造。以上7个项目总占地865亩，总建筑面积111.6万平方米，总投资32.6亿元。到年底，城中村改造开工3838套，完成投资3850万元。（王瑞君）

【加快编制荫营旧城区改造建设规划】 经过前几年的建设，荫营主城区道路改造、管网铺设、景观绿化、大型车辆分流等基础设施，已已完善。2016年，郊区完成荫营城区规划。成立荫营城区规划领导组，区规划、建设部门积极联系市规划部门，与市总体规划做好对接。12月，开始荫营城区改造建设规划的编制工作。（毕祯云）

【配合市新城管委会 做好新城重点工程】 2016年，郊区在市重点工程——新城建设中，主要负责高铁新站、交通枢纽、宁波北路、漾泉大道、平阳街等重点工程的综合协调工作，重点协调前期村民搬迁工作，特别是桃坡、余积粮沟、石马沟三村的整体搬迁安置工作。年内完成平阳路建设涉路石马沟村搬迁整体方案的制定；完成漾泉大道二期冯家庄村、魏家峪村涉路拆迁工作。（毕祯云）

【区文化中心建设方案初步形成】 2016年，区文化中心建设项目选址在江正大街路南（郊区政府对面），项目占地约244亩（合16.3公顷），建筑面积约2.3万平方米。建设内容包括文化馆5000平方米、博物馆8000平方米、科技馆5000平方米，剧（影）院5000平方米，停车位600个，以及带水景的配套公园1个、万人活动广场1个。项目计划总投资约31450万元。年内邀请4家国内甲级设计单位，进行规划方案设计并完成方案招标工作。（毕祯云）

【配合完成南大街、义平路“两路”环境综合整治工程】 2016年，郊区政府积极配合市重点工程——南大街、义平路环境综合整治工作。年内拆除各类建筑161处，拆除总面积56369.11平方米，完成任务的94.79%。其中，公产35处，面积16560.05平方米，完成任务的88.76%；私产103处，面积32719.77平方米，完成任务的98.19%；临建违建23处，面积7089.29平方米，完成任务的95%。（毕祯云）

【加大环境卫生整治 改善荫营城镇容貌】 2016年，区住建局，重点对荫营镇区、李荫路、新城大道、漾泉大道、义白路、义平路、娘白线等主次公路干线占道经营、流动摊点、移动广告牌匾等影响市容市貌的进行清理整治。共清理整顿规范马路市场摊点200余个（次），清理店外经营9家，取缔移动广告、条幅吊挂45块（条），拆除临时饭棚、简易房4处100余平方米。区执法分局积极协调食药、环保、工商、公安和荫营、义井镇政府，联合对荫营西大街、瑞丰大街、市南大街、义井西街的露天烧烤摊点进行规范、整治。6月底开始至9月初，组织执法力量连续2个多月的时间从晚7点到晚11点，通过采取盯、蹲、守的方式集中规范、整治露天烧烤摊点。共规范、取缔露天烧烤摊点50余家。对荫营大街、江正大街主街道两侧墙体、围墙、围栏、电线杆、候车亭棚、通讯交换箱体、龙门广告柱等“牛皮癣”严重的设施进行地毯式清理。共清除各类“牛皮癣”900余处，使城市“牛皮癣”得到遏制。（卢 喆）

【河底镇继续开展“百镇建设”】 2016年，河底镇继续开展“百镇建设”年内累计完成投资6880万元：其中，镇区集中供暖改造工程，投资80万元，完成规划设计；投资600万元，完成固庄生态园工程；固庄村采煤沉陷区，治理工程完成主体及内外装修工程，完成投资4200万元；河底排水改造工程完成投资200万元；旧村改造工程完成投资1800万元。（王瑞君）

【积极搞好传统村落保护工作】 2016年，全区全年投资914.47万元，完成大阳泉、官沟、小河3个村传统村落保护项目。其中：大阳泉村完成生活垃圾污水处理和村道路改造项目，完成投资334.47万元；官沟村完成生活垃圾污水处理和村内道路及防洪设施建设项目，完成投资230万元；小河村完成环境整治和消防设施项目，完成投资350万元。（王瑞君）

建设管理

【建筑业健康发展】 2016年，全区在建建筑工程85项，建筑面积约182.42万平方米。其中，新开工程21项，建筑面积41.41万平方米，全部进行公开招标；竣工工程17项，建筑面积38.73平方米。（葛海义）

【严格市场准入和工程招投标管理】 2016年，住建局全年发放建筑施工许可证19个。通过深入推进“六权治本”，进一步约束和规范执法行为，杜绝设租寻租，对17项违规项目下达了停工通知，下达处罚通知4项，罚款26.76万元。全区建设工程各方主体的法治意识显著增强。（葛海义）

【开展冬季建筑施工安全生产“打非治违”专项行动】 2016年，区住建局严厉打击建筑施工领域非法违法施工活动，坚决治理纠正违规违章行为，检查建筑工地47个，发现违法工程15个，分别下达责令整改通知书。下达停工通知书20份、行政处罚通知书6份、对6个违法建设项目依法进行查处，罚款280余万元，并责成责任单位按要求进行整改。（葛海义）

【加强工程质量监管】 本年，全区在建工程均建立质量保证体系。在建工程按规定进行了法人授权、接受意见及承诺、永久标牌制度，质量控制资料基本齐全，工程混凝土强度均符合设计要求。开展了安全生产专项大检查，下达建设工程安全隐患整改通知书16份，下达建设工程停工整改通知书3份，建立安全隐患台账19份。（付兴贵）

【严格建筑工程安全监管】 2016年，全区在建工地认真开展“安全生产月”活动，多渠道对中华人民共和国《建筑法》《安全生产法》《建设工程安全生产管理条例》等法律法规进行宣传。开展在建工程安全监督检查，全年共出动300余人次，下达停工及限期整改通知书78份，排查隐患516条，并已整改完毕，隐患整改率为100%。年底，终止施工安全监督申请的有5项，1项未开工建设，办理中止施工安全监督申请的有8项，其他2项处于停工状态。通过安全监管，全年无房屋建筑和市政工程一次死亡3人以上较大事故。（郗 伟）

房地产管理

【保障房建设取得新进展】 本年，全区新开工保障房完成3838套，包括义井、义东沟、老虎沟、南窑庄、桃坡、余积粮沟城中村项目：其中，货币化1630套，包括南窑庄城中村项目。续建保障房基本建成2521套，完成投资10.25亿万元。续建项目包括老虎沟、珍宝园、大西庄、西河、义井、义东沟棚户区项目；竣工4961套，包括珍宝园小区、南苑学府A区和B区、桃林沟喜来居A区、南山、冯家庄棚户区。年末，完成了郊区第三批公租房（廉租房）分配工作，房源为荫营镇雅馨园公租房，201户公租（廉租）房分配到户。（王瑞君）

市政管理

【完善市政设施工程】 本年，完成上千亩坪高速路口拓宽工程，以及路口通讯光缆入地改造和交通信号灯挪移工作；对荫营镇区管辖路灯进行更新及维护，检修路灯变压器19台，处理高压跌落式开关2处，校正李荫路倾斜路灯9盏，拆除、改造江正大街路口路灯1盏，对崇文广场120米供电电缆进行重新敷设；圆满完成年初“三节”灯展灯饰安装、搭挂及电源布置等工作。

加大防汛抢险力度，汛期共值班246天，抢险151次；处理“7·29”暴雨汛情期间江正大街检察院路段积水险情。 （刘新林）

【加大城镇燃气安全监督检查】 本年，排查燃气企业41次，检查人员132人次，查出各类燃气安全隐患37条，整改33条，限期整改4条。责成5家无燃气经营许可证的企业办理燃气经营相关手续。 （刘新林）

【环卫管理取得新成绩】 2016年，完成镇区37万平方米的日常清扫保洁。出动垃圾运输车辆20余台次、人员60余人，清运各类垃圾2万余吨，累计倾倒“三不管”地段垃圾40余吨，对主要街路进行季节性洒水降尘。荫营西大街镇中酒家、街上村段两处城市公厕实现免费开放运行。 （杜怀庆）

【建成区绿化覆盖率达42.2%】 2016年，完成李荫路、东大街、江正大街、新城大道北的绿化带春灌、断档苗木补植工作，新增绿化面积2000平方米；对江正大街行道树补植和新城大道匝道口、荫营上口处荒地进行绿化，新增绿化面积1万平方米；完成城乡接合部李家庄段约1.5万平方米绿地除草、苗木整形修剪、杂物清理等工作。荫营城区建成区绿化覆盖面积达265.8公顷，建成区绿化覆盖率达42.2%，建成区绿地率36.8%，建成区人均公园绿地面积6.27平方米/人。 （史志强）

环境保护

【概述】 2016年，区环保局在区委、区政府的坚强领导和市环保部门的正确指导下，紧紧围绕“绿色发展”这一主线，牢固树立“绿水青山就是金山银山”的环保理念，坚持落实“不欠新账快还旧账”的工作原则，不断加大大气、水污染防治工作力度，努力促进全区环境质量明显改善。全年，区二级以上优良天数247天（一级天气46天、二级天气201天），比2015年同期增加29天，空气质量优良率67.7%；空气质量综合指数（AQI）5.82，比2015年同期下降10.5%。历时3个月，对全区范围内的232支燃煤矾石竖窑、11支燃煤石灰窑全部关闭取缔。圆满完成37台非电燃煤锅炉、14台茶浴炉的治理任务。荫营污水处理厂提标改造工程于10月底完成环保竣工验收。积极争取环保专项资金，其中，土壤污染治理争取160万元，努力推动土壤污染治理试点工作。创建网格化环境监管体系，全年立案查处28家，对9家企业实施断电，约谈4家企业，行政拘留2人，对19家企业实施行政处罚，执行罚款48.9万元。全区环境管理能力和依法行政水平有了进一步提高，全区大气环境质量尤其是荫营镇区空气质量得到明显改善，为郊区经济建设和社会事业全面发展做出应有的贡献。 （李晓溪）

【环境信访及提案、议案办理】 本年，区环保局办理人大、政协议案提案7件，接待信访案件142件，结案率100%，基本做到了让群众满意。省委、省政府环境督查组进驻阳泉市后，共查处并答复涉及区环保局的信访件55件。（李东生）

【加大环保资金投入 改善区域环境污染】 本年，区环保局争取各级财政环保资金共计2053万元。其中，环保能力建设35万元、大气污染防治680万元、水污染防治801万元、古村落保护150万元、农村环境治理150万元、生态恢复治理74万元、土壤恢复治理163万元。重点企业投入大气污染防治资金3348万元、水污染防治资金341万元。 （周 立）

【污染物减排取得丰硕成果】 2016年，郊区大气污染物减排指标，据2015年污染物排放量基数确定为：二氧化硫降幅3%，全年计划减排133.47吨；氮氧化物降幅3%，减排89.22吨；烟尘降幅2%，减排91.62吨；粉尘降幅2%，减排26.94吨。通过阳泉市鲁中耐火材料有限公司实施煤改天然气，关闭阳泉市郊区西南舁东林尖矾石厂、阳泉市郊区西南舁乡马坡矾石厂和阳泉市大洼村西矾石矾石厂三家企业等措施，大气污染物四项指标，二氧化硫完成减排142.12吨，实现降幅3.12%，完成全年任务的104.16%；氮氧化物减排175.14吨，实现降幅5.79%，完成全年任务的193.06%；烟尘减排207.06吨，实现降幅4.48%，完成全年任务的223.85%；粉尘减排46.72吨，实现降幅3.44%，完成全年任务的171.76%。水污染物减排方面，完成化学需氧量（COD）、氨氮两项指标较2015年分别下降3.52%和6%。通过实施对郊区污水处理厂原有工程正常运行、完成一级A提标改造工程竣工环境保护验收等管理减排措施，2016年完成减排化学需氧量780吨、氨氮79.7吨，两项水污染物COD和氨氮分别实现年度降幅3.86%和6.57%。 （常 奕）

【环境影响评价】 2016年，区环保局加强项目审批管理，增强为民服务意识。在建设项目审批上，坚持一手抓管理、一手抓服务。在管理上，充分运好扩权强县政策，认真学习并严格按照审批程序和国家法律、法规和省、市有关文件精神执行，把好环保项目审批关。生态新城范围内严禁高污染、高能耗的建设项目进入，从源头上控制新污染的产生。在服务上，对于符合国家产业政策和环境保护要求的项目，积极为企业排忧解难。为方便群众，制作环评审批流程图版面，公开办事程序，使办事人员少走弯路；制定生态开发股工作制度和工作职责，明确首问责任制和一次性告知制度。按照上级环保部门要求，环境影响报告书（表）全部上网公示，进一步增加了环评审批透明度。在审批过程中，强化服务意识，提高服务质量，公开审批流程，缩短审批时限，极大地方便了建设项目单位。对于满足环保准入条件的，涉及民生工程、基础设施、生态环境建设等项目，开辟环评审批的“绿色通道”，给予全力支持，推动项目尽快审批、开工。全年共审批建设项目80个，其中，登记表项目28个，报告表项目44个，报告书项目8个。（张桐瑜）

【污染防治取得圆满成果】 2016年，区环保局通过大力实施非电燃煤锅炉改造、关闭“土小”企业、清理环保违法违规建设项目、整顿道路工地扬尘、取缔露天烧烤等多个专项行动，有效改善了辖区内的大气环境。一是加强工业堆场扬尘治理。按照《防治城市扬尘污染技术规范》要求，对全区工业企业料场、堆场开展拉网式排查，对无主、小、散堆（料）场要求乡镇政府予以清理。二是加强燃煤锅炉治理。圆满完成非电燃煤锅炉、茶浴炉的治理任务。同时，强力推进城中村、城乡接合部以及冬季采暖燃煤及炉灶能源改造。年底，全区共有32个农村完成新农村建设住宅小区配套燃气管网的铺设与建设工程，可实现二氧化硫减排2000吨，大大降低区域煤烟型污染。三是推进水污染治理。水污染综合整治项目中，完成河道治理、管网修缮等。四是力促污水处理厂提标工程竣工验收。通过多次下达《督办通知》，聘请专家组对提标升级改造工程环保“三同时”执行情况进行预审查，提出整改措施及意见，荫营污水处理厂提标改造验收工作加强整改力度，于10月底完成环保竣工验收。五是完成辖区内违法违规建设项目清理整改任务，对符合建设和生产条件的企业限期完善相关环保手续，对115家违法违规企业下达断电函。六是成立区重污染天气应急指挥部，制定《阳泉市郊区重污染天气应急预案》，指导工业企业、各相关单位提高应急处置能力，在重污染天气发生后，能果断采取应对处置措施，及时有效控制污染，防止事态扩大对环境造成重大影响。（常　奕）

【加强污染源在线监控】 2016年，污染源在线监控平台建设是山西省“十二五”期间环保重点工作，是污染物减排考核的重要支撑。郊区污染源在线监控平台从2015年8月开始建设，至2016年6月底完成与省级平台联网测试，实现了企业污染源在线自动监测现场端实时上传、监控平台实时接受、数据统计上报的功能。该平台可实时监控企业主要污染物排放浓度和污染治理设施运行状态。一旦发现排污企业超标排污、污染防治设施擅自停运和出现重大环境污染事故时，环保部门，能够立即响应及时采取措施。该平台的建成意味着本区环境监管工作将迈入自动化、科学化的新时代。（周　立）

【自然生态和农村环境保护】 2016年，区环保局申报阳泉市郊区矿山生态环境恢复治理试点示范工程项目，争取资金约6000万元，确定阳泉市土壤污染治理试点，争取资金163万元，阳泉市无主矿井老坑水治理试点，争取资金781万元。完成土壤污染重点行业企业空间位置遥感核实工作。（张桐瑜）

【辐射与危险废物安全监管】 2016年，郊区辐射站根据山西省环境保护厅、阳泉市环保局关于开展辐射安全综合检查专项行动的具体要求，认真开展辐射安全防护大检查。共检查单位18家，下达责令整改通知书1家。（李东生）

【铁腕治污在行动】 2016年，区环保局共下达《环境违法行为责令改正决定书》76份，共立案查处28家违法企业，执行罚款48.9万元，对9家违法企业实施断电。“四类案件”实现零突破，对以逃避监管方式违法排污的阳泉田园乳业有限公司直接责任人和阳泉市郊区华众洗涤服务部负责人移送公安机关实施行政拘留。（宋红霞 李东生）

【圆满完成排污费征收任务】 2016年，区环保局排污费征收工作在市环保局统一安排部署下，强化排污申报和排污收费，严格按照国家排污费征收政策，对辖区内污染源和污染物排放种类、数量等进行摸底调查，做到申报登记全面、真实和准确。2016年，排污费解缴入库353.66万元。从申报到征收再到入库，全部上网并进行公开。（李东生）

【努力开展环境宣传教育活动】 2016年，区环保局在郊区电视台滚动播放环境保护公益广告。宣传教育就“秸秆焚烧、道路扬尘，向河道倾倒垃圾”等一些生活陋习或污染环境行为向广大群众进行警示或告诫。在荫营广场投放屏上播出“环保法规定企业的义务和权力”“企业如果没有履行法定义务，需要承担民事责任、行政责任、刑事责任”等相关内容，促使企业经营者能合法管理、守法经营，清洁生产；利用郊区司法公众平台，宣传新出台的环境法律法规或解读性的知识，如《控制污染物排放许可证实施方案》《建设项目环境影响登记表备案管理办法》等。其次，现身说法，利用“清理整顿违法违规项目”行动之际或企业前来办理环保手续及其他业务的同时，向企业宣传一些环境违法的后果或企业需要承担的责任，把相关环境保护的内容贯穿、融入具体工作或业务中，传授给企业或大众，使企业对环境守法有了更进一步的认识。（宋红霞）

【海河流域温河地表水污染物污染监察】 2016年，区环保局对温河流域郊区段的8个监测断面进行监察，除温河水库为Ⅳ类外，其余均为劣Ⅴ类。其中，市控断面辛庄河氨氮浓度年均值为2.12mg/L，同比下降44.8%；化学需氧量浓度年均值为28.0mg/L，同比下降9.7%。（牛昌茂）

【荫营镇区环境空气质量监察】 2016年，荫营镇区全年有效监测365天，其中，二级以上天数247天，同比增加29天，增加幅度13.3%，空气质量综合指数为5.82，同比降低10.5%。其中，SO_2年平均浓度值为50μg / m³，同比降低2.0%；NO_2年平均浓度值为30μg / m³，与2015年持平；PM10年平均浓度值为95μg / m³，同比上升6.7%。PM2.5年平均浓度值为58μg / m³，比上年同期上升1.8%，O_3年平均浓度值为144μg / m³，比上年同期降低22.2%，CO年平均浓度值为1.3mg / m³，比上年同期降低61.8%。六项主要污染物中，SO_2为首要污染物出现天数为44天，NO_2为首要污染物出现天数为3天，PM10为首要污染物出现的天数为98天，PM2.5为首要污染物出现天数为154天，O_3为首要污染物出现天数为20天，CO为首要污染物出现天数为0天。（牛昌茂 李晓溪）

重点企业

【阳泉市郊区城乡建设发展总公司】 阳泉市郊区城乡建设发展总公司，位于阳泉市郊区荫营镇。成立于1999年5月，隶属于阳泉市郊区人民政府，属差额拨款事业单位，人员编制35人。公司下辖阳泉市兴富华房地产开发公司、阳泉市郊区建筑工程公司、阳泉市郊区利丰煤气中心3个独立核算、自主经营、自负盈亏、具有独立法人资格的国有企业。公司先后被市、区授予“优秀建筑企业”“先进施工企业”“十强企业”等光荣称号。（毕祯云）

【阳泉市兴富华房地产开发公司】 阳泉市兴富华房地产开发公司，原名郊区乡镇建设开发公司，2010年更名，隶属于阳泉市郊区城乡建设发展总公司。公司成立于1989年7月，属国有建筑企业，主营房地产开发、商品房销售，四级资质。注册资金595.3万元。2016年有职工45人，其中大中专毕业生22人、中级职称以上9人，年开发能力15余万平方米。曾先后开发瑞丰小区、荫营中学改扩建工程、桃林沟住宅小区、柳沟住宅小区、平坦垴住宅小区等项目，开发建筑面积约80万平方米，完成投资约3.6亿元。2014年以来，重点完成南区新城淑华园、文华园小区等房地产开发项目。公司开发的建设工程优良率逐年增加，为郊区经济发展做出卓越的贡献。（毕祯云）

【阳泉市郊区建筑工程公司】 阳泉市郊区建筑工程公司，成立于1992年7月。三级资质、房屋建筑、装饰装潢、土石方工程总承包企业，注册资金668.05万元，是郊区唯一一家国有建筑施工企业。拥有各类施工机械120余部，固定资产800余万元，现有职工42人。其中，大中专毕业生20人，中级职称以上4人，年完成施工产值8000余万元。公司先后承建了瑞丰小区、郊区平坦垴住宅小区、桃林沟住宅小区、荫营中学改扩建等工程，被市、区授予“先进企业”“创税大户”“敢打硬仗的战斗集体”等荣誉称号，该企业在激烈的市场竞争中，树立良好的社会形象，为企业的进一步发展奠定良好的基础。近年来，重点承建南区新城淑华园、文华园小区等工程，工程合格率达100%。（毕祯云）

【阳泉市豪门房地产开发有限公司】 阳泉市豪门房地产开发有限公司成立于2006年5月，企业注册资本5000万元，具有独立的法人资格。公司经营范围包括房地产开发、经营、销售钢材、木材、水泥等。公司拥有员工150人。其中拥有高级职称的人数为16人、中级职称15人、初级职称23人。公司秉承“诚信、合作、创新卓越”的经营理念，形成“以信誉求生存，以质量谋发展”的优秀企业文化发展之路，实行规划、开发、管理、销售、服务一体化。曾开发奥林花园豪苑居底商住宅楼、新澳城、未来城、居乐园小区经济适用住房等房地产工程。2014年，开发建设新澳城20号楼，建筑面积2000平方米，完成投资400万元；完成左岸蓝山商业部分3万平方米，完成投资6000余万元。（毕祯云）

【阳泉市燎原房地产开发有限公司】 阳泉市燎原房地产开发有限公司成立于2006年3月13日，法定代表人顾朝晖，注册资金3000万元，2014年追加至8333万元，企业员工130余人。经营范围包括房地产开发、经营，房屋、场地租赁。公司自经办以来，务实经营，经营业务认知度不断上升，且员工团队实力不断加强。2014年以前曾承建李家庄新村住宅楼（香港城）等工程，2014年后，开始承建恒大帝景一期8-16#楼。（毕祯云）

交通 运输 信息 供电

干线公路建设

【概况】 2016年，阳泉郊区公路管理段在阳泉公路分局以及郊区区委、区政府的正确领导下，以服务地方经济和社会发展需要为宗旨，深入开展“两学一做”学习教育活动和养护“八比八看”活动，强化责任意识，转变发展理念，优化服务质量，较好地完成了公路建设各项目标任务。因路施策，提升干线公路服务水平。以“八比八看”活动为契机，不断树立精准养护理念，按照“保两头稳中间”的养护思路，突出工作重点，做到精准发力。以实施国道307线示范工程为引领，加强绿化美化，做到好路更好；以路况相对稳定的国道207线路基标准化建设为抓手，加强日常养护，做到中路趋好；以石阳线薄弱路段养护为突破，采用挖除旧路面结构层和路基病害部分，重新铺筑路面结构层的方式进行及时修补，做到差路保稳，从而确保了总体路况质量有效提升。程序规范，着力打造文明优质工程。当年，承揽的养护工程主要是省道石阳线小梁桥危桥加固改造工程和国道207线千亩坪路段路面沉陷治理工程，总投资575万元。在工程建设中，克服重重困难，牢固树立“精细管理”和“质量为本”的管理理念，围绕“保安全、保质量、保进度”的三大目标，制定了合理的施工方案，建立健全了质量保证体系和关键工序责任清单，科学组织，周密部署，细化分工，明确职责，确保了工程质量符合规范要求。安全生产，创建和谐稳定良好环境。为逐级压实安全生产监管责任，筑牢安全红线意识和底线思维，把安全生产责任层层分解落实到每个股室单位、每个岗位，累计组织了各类安全检查80余次，确保了各项安全目标任务的落实。在公路建设中，始终保持反腐倡廉高压态势。结合“两学一做”“党风廉政宣传教育月”等活动的开展，进一步完善了廉政风险防控管理工作流程，重新修订和完善了廉政提醒约谈等制度，实现了用制度管权、管事、管钱、管人，促进了全段干部职工工作作风改进。 （张瑞芳）

【公路养护】 全年管养国道207线、307线和省道石阳线、娘阳线4条干线公路84.07千米；代养杨白线已完路段10.06千米，共计管养里程94.13千米，其中G207线K920+524—K926+000段5.48千米以及代养路段为免检里程。优良路率90%，公路技术状况指数85.48。全年累计完成清扫路面14015.430平方千米，路肩保养333.350平方千米，清倒垃圾10705立方米，疏通水沟451385米、计8069立方米，疏通涵洞48道、计127.25立方米，整修平台7.51千米、计3.325平方千米，整修边坡22千米、计11.229平方千米，恢复防撞护栏30米，铲杂草361890平方米，种花草5900平方米，清理淤泥44960平方米，砍伐行道树416棵，标志安设31块，疏通泄水孔102个。增设减速标线1632平方米，恢复边坡15米、计90立方米，恢复边沟844米，增设护柱64根、护墩22个、防撞护栏52米，恢复波形梁护栏80米，路面沉陷160平方米，砍伐枯死树416根，清理险山塌方1520立方米。完成杨白线代养路段设置里程碑6块、百米桩192根；国道207线五渡路段增设浆砌蓝砖隔离墙91立方米、片石砼矮墙51立方米、彩钢板隔离80米，砌平台边线400米；并及时对白岩沟路段车辆侧翻事故路段损坏的设施进行了恢复，共恢复波形梁138米、防撞护栏109米、边沟80米，增设标志牌13块；完成了国道207线、省道石阳线路面标线44650平方米。春运期间，清扫路面2659270平方米，疏通边沟1222立方米/61380米，疏通涵洞12.25立方米/4座，清理垃圾1629立方米，清理塌方268立方米，备防滑料135立方米，撒防滑料157530平方米，扫雪打冰8240平方米，路肩保养76430平方米，撒融雪剂工业盐20吨，出动应急抢险队员234余人次、应急车辆农用车37台班次。完成水稳碎石简易填补坑槽1146平方米，填补坑槽6471.56平方米，刷油灌缝10180平方米/50900米。防汛期间，清理塌方16769立方米，恢复护面墙78.64立方米、石砌墙60立方米、涵洞1道35.34立方米、路面125平方米、路肩式挡土墙383.3立方米、急流槽47.34立方米、坡顶截水沟17立方米、边沟435.95立方米。（张瑞芳）

【国道207线千亩坪路段路面沉陷治理工程】 （1）工程概况：该工程由K930+500—K931+136.768和K931+500-K931+920两段组成，全长1.056千米，为二级公路标准，路基宽度16米，路面宽度为15.5米，设计行车速度60千米/时。2012年2月，该路段内的K930+500-K931+100、k931+600-k931+800处出现大面积沉陷，路面沉陷长度为500米，最深处为70厘米，出现多条横纵裂缝，严重影响车辆安全。本次改造路面改造方案为在充分利用原有公路的基础上，对旧路路基路面翻浆、沉陷等严重病害进行处治，对两处沉陷严重路段进行纵断面调坡，抬高路面高度，新增两道圆管涵及排水沟，将路面积水排出，以改善公路路况和延长公路寿命。（2）完成主要工程量：挖除路基旧沥青混凝土路面16247.273平方米，挖清碎石路面16400平方米，路基填筑146.4立方米，软土地基沙砾换填7948立方米，强夯3526立方米，M7.5浆砌片石边沟1767立方米，边沟盖板31.8立方米，M7.5浆砌片石排水沟123.15米，1-1.0米排水管64.5米，浆砌片石沉淀池5.67立方米，人行道恢复40平方米，绿化带恢复466.7平方米。路面工程建设完成20厘米水泥稳定碎石底基层15251平方米，找平层2770平方米，20厘米水泥稳定碎石基层15251平方米，透层15251平方米，黏层17051平方米，4厘米细粒式沥青砼面层16151平方米，6厘米中粒式沥青砼面层16151平方米，培土路肩1074立方米，C20片石混凝土矮墙845.4立方米。涵洞工程完成3道圆管涵52.5米。安全设施及预埋管线完成热熔型涂料路面标线358.8平方米，警示柱75根。（3）工期及投资：7月22日中标，8月3日签订施工合同，8月26日开工建设，11月10日完工；工程合同价为535.8531万元，实际完成投资554.4855万元，工程变更34.78万元。（张瑞芳）

【省道石阳线小梁桥加固改造工程】 （1）工程概况：小梁桥位于石阳线FK135+635处，桥梁全长40.2米，桥面净宽7米，上部为1—20米钢筋砼梁桥，主桥上部结构为T梁，下部为重力式桥台，竣工于1993年。该桥上跨石阳线，左侧为上坡坡道，设计荷载汽车-20级。当年该桥桥台竖向裂缝，1-1T梁底板局部混凝土剥落；1-2T梁右腹板局部蜂窝麻面，底板混凝土剥落露筋；1-3T、1-4T、1-5T梁露筋锈蚀严重；支座老化变形；伸缩缝均有严重凹凸不平现象；桥面铺装局部不平，有纵向裂缝。0#桥台侧墙出现裂缝，桥下净高不足，净高为4.6米，导致部分超高车辆经常发生刮蹭现象，致使全桥5片梁均有不同程度的损伤，其中1-4T、1-5T梁混凝土剥落严重。针对频繁导致车辆会车冲突的状况，决定废弃该路段，拆除小梁桥。（2）完成主要工程量：拆旧桥181.64立方米，拆桥台400立方米，拆桥面及桥下路面206.28立方米，锥坡砌体44立方米，砂砾垫层22立方米，路基防护墙垒砌48立方米，浆砌片石边沟18.8立方米，（4+6）厘米沥青砼路面150平方米，标志牌2块。（3）工期及投资：当年5月25日开工建设，6月12日完工。完成投资20.5485万元。（张瑞芳）

地方公路建设

【概况】 2016年，全区共有农村公路总里程900.964公里，其中县道114.139公里、乡道138.347公里、村道648.478公里。完成固定资产投资10493.94万元。农村公路列养率100%，四类、五类危桥监管率100%，农村公路好路率达85.76%。共有货物运输业户621户，车辆2024辆（含挂车681台），计28753.33吨；新增业户142户，注销387户，年度审验车辆1569辆；客运线路49条；驾校3所；维修企业127家（一类2户、二类32户、三类93户），机动车综合性能检测站1户；源头公示企业32家。候车厅总数147个，招呼站牌10个。（程志勇）

【公路基础设施建设】 2016年，区交通运输局完成农村通水泥（油）路完善提质工程102.9公里，完成投资6922.5万元。安全生命防护工程共25.925公里，完成投资958.9万元。县乡公路改造工程共4项11.7公里，完成投资1385万元。维修工程共6项，完成总投资1137.54万元。危桥改造2项，完成投资90万元。农村公路列养率达100%，四类、五类危桥监管率达100%，农村公路好路率达85.76%。圆满完成2016年目标考核任务。（程志勇）

【公路建设质量】 农村公路直接联系广大人民群众，是造福广大农民的致富路、小康路、民心路。公路工程的成败在于其质量的好坏。因此，区交通运输局把施工质量放在首位，要求相关部门及工作人员必须高度重视，加强公路质量管理，严格控制施工质量，加强基础工作及质量检验工作，在施工前、施工中、施工后的各个阶段都严把质量关。当年，交通工程监督覆盖率达100%，工程质量合格率达100%，优良率达90%以上。全年无一例重大责任事故，真正保证了工程施工质量。（程志勇）

干线公路运输管理

【概况】 2016年，阳泉郊区公路管理段在阳泉公路分局以及郊区区委、区政府的正确领导下，以服务地方经济和社会发展需要为宗旨，强化责任意识，转变发展理念，优化服务质量，强化路域环境综合整治。路政大队稳步推进从单一管理向综合管理转变，切实加强和地方政府及相关职能部门的协调配合，大力推进路警、地方联勤联动，不断促进依法治路工作的有效开展。为创建和谐稳定的交通管理良好环境，逐级压实了监管责任，把交通运输管理责任层层分解落实到股室单位及岗位，并进行了多次检查，确保了运输管理的健康运行。在交通运输管理中，始终保持反腐倡廉的高压态势，促进了运输管理干部职工工作作风的进一步改进。（张瑞芳）

【路政执法】 当年发生路政赔补偿案件30起，发现、查处、结案均为30起，发现率、查处率、结案率均为100%，收取赔补偿费245301.9元。累计完成清理路障427处计854平方米，清挖过村镇路段边沟366处1098平方米；拆除杂牌广告69块，完善公路标志15块（G207线13块、西南舁路段2块）；拆除违建2处（杨白线加水活动房、G307线K452+500处乱搭乱建）；设置隔离砖墙2处（G207线K929+300—K929+400路段设置80米，李荫路K152+200—K152+600路段设置50米）；取缔加水及浇刹车12处、非法占道经营9处；签订路地共管协议28份。（张瑞芳）

地方公路运输管理

【概况】 2016年，全区8个乡镇全部实现了通客车，乡镇通客车率达100%，具备条件通客车的行政村达96.2%，基本完成农村客运公交化改造工作。加强了法制建设，大抓了节能降耗治理工作。源头与路面治理相结合，始终保持对非法超限超载车辆违法行为的高压态势，有效地遏制了超限超载车辆的反弹。全年保持了辖区道路的安全畅通。（程志勇）

【路政执法】 为了加大宣传力度，改善路域环境，2016年区交通运输局出动宣传车2台，散发传单3000多份，路政（治超）稽查队出动执法人员上路巡查4134人次，查处路政赔偿案件4起，收取公路赔（补）偿费4440元，结案率达100%。强行拆除违法标志标牌7处，清理违法加水摊点5处，设置安全警示牌12块。通过这些举措，使辖区公路的路域环境得到了明显改善，公路好路率和完好率保持了稳定的态势，有效地遏制了超限超载车辆的反弹，超限超载率始终保持在0.02%以下，维护了公路的安全畅通和人民的生命财产安全。（程志勇）

【超限超载治理】 为了做好全区“治超”工作，区交通运输局进一步加强对政府公示的货运源头企业的监督检查工作，巡查人员对源头企业采取不定时抽查，并一一记录在案。全年共组织源头从业人员培训1次；巡查源头企业169次，巡查人数累计353人次，查处违法违规案件2起，罚款金额1.1万元；签订源头治超承诺书40份。结合源头“治超”，加大了流动稽查力度，增加上路频次，扩大稽查范围，采取突击检查和夜查等手段，坚持24小时不间断执法。对重点路段实施重点稽查，严防死守，不留死角，不留空当，使非法超载车辆无路可逃。对查获的经称重检测认定的超限超载车辆，不论来源和去向，发现一辆，卸载一辆，处罚一辆，始终保持对非法超限超载车辆违法行为的高压态势，有效地遏制了超限超载车辆的反弹。（程志勇）

【运输企业管理】 为了确保全区道路运输的安全稳定，区交通运输局组织各道路运输企业认真开展自查自纠，针对存在的问题，做到整改方案、责任、时限、措施和资金“五落实”，全面提高企业依法依规安全生产的水平。整治行动共出动稽查166人次，出动执法车辆80辆次，检查车辆120辆，纠正违章30多次。9月上旬，区交通运输局组织稽查人员配合郊区经信局等单位开展联合执法，先后两次对成品油市场进行检查，共检查企业4家，查处违规运输危货车辆1辆，移交区经信局一并进行处罚。（程志勇）

【防汛抢险】 7月19—20日，全市连降大雨，造成了郊区农村公路出现多处险情。对此，区交通运输局立即组织公路、路政、运管多方力量，分为4组迅速对辖区内的公路及道路运输安全隐患进行排查，并及时采取有效措施进行处置，避免次生灾害的发生。经排查摸底，发现辖区内存在安全隐患的道路有12条，其中县级路10条、城郊Ⅰ级主干道2条；水毁造成公路灾情71处，特别是滴苇线、水韩线、辛吴线、辛后线4条县级公路被洪水冲毁路基和造成的山体滑坡阻断了交通。为了保障辖区内行人车辆的安全，一方面对受灾路段设置安全警示标志、警戒带和安全墩，提醒过往车辆注意安全和绕行；另一方面组织养护队伍对公路沿线的滑坡、落石、淤泥及时进行清理；第三，组织设计单位对灾情较大的路段进行修复方案的设计，拿出抢修方案后立即实施。此次抢险工作，共出动救灾人员750余人次、机械25台，清理滑坡1300余方，清理落石30余处，设置安全警示标志18块、警戒带500米、安全墩45块，投入资金13余万元，有效保障了全区道路安全畅通。（程志勇）

【农村公路环境治理】 为认真贯彻落实全市环境卫生综合整治工作的安排部署，推进郊区城乡环境卫生集中整治活动有序进行，区交通运输局集中力量，在全区范围内开展了农村公路环境卫生整治专项行动。一是组织14个道班和1个应急施工队伍，计106人，装载机5台，车辆15辆，对全区17条县级公路和美化标准路共99.8公里以及漾泉大道、新城大道2条城市快车道10.9公里进行了全面清理，共粉刷行道树24250株，粉刷边线175千米，清扫路面3623081平方米，外运垃圾820吨；出动养护人员1680人次。二是加大了对运输市场的监管力度，全面整治客运车辆不进站停靠、慢行招客、停车待客等不文明行为。规范整顿辖区内“黑车”市场，保证客运市场规范有序。共清洗候车厅、站台29处，淘汰老旧车辆287辆，给旅客创造了一个洁净舒适的乘车环境。三是加大路面巡查力度，出动路政执法人员60人、执法车辆2台，对过往辖区内的渣土、煤炭运输等车辆要求必须采取密闭方式，不得抛洒、滴漏。加大对非法占道经营等违法违规行为的打击力度，取缔沿线马路摊点、马路市场和违规早、夜市摊点；整治门店“伸舌头”经营。共安装路面警示标志12处，清理非公路标志7块，清理路边乱设摊点5处，悬挂宣传条幅5处，散发传单3000份。共查处违法货运车辆27辆，处罚扬尘污染车辆15辆，有效维护了公路路产路权，保证了道路环境的整洁畅通。（程志勇）

【法治建设】 2016年，区交通运输局以提高业务素质为根本，组织全体执法人员认真学习了《中华人民共和国公路法》《中华人民共和国行政强制法》《中华人民共和国道路运输条例》等相关法律法规，参加了全市组织的执法培训，大大提高了全体执法人员的综合业务技能。为认真落实“六权治本”要求，区交通运输局积极配合上级机关认真梳理和编写权力清单和责任清单。通过分类共列出行政许可类权力3项、行政处罚类权力83项、行政强制权力9项、行政检查类权力3项、行政确认类权力1项，其他类权力3项。到年底，共办理行政处罚案件8件，行政罚款1.7万元，无行政诉讼案件，无执法人员违规行为。（程志勇）

【节能降耗】 为加强节能减排工作的领导，使工作有人抓、有人管，区交通运输局成立了以局长为组长、分管副局长为副组长、相关科室主要负责人为成员的节能工作领导小组，指导全局节能管理工作。在公路建设中，要求在确保质量、工期的前提下，把合理减少用能、保护生态环境放在重要位置。优化公路设计方案，减少大填大挖，节约土地资源，加强美化绿化，建设生态路、环保路、景观路。在道路运输行业中，把节能减排工作与客、货、维、驾等业务工作有机结合，严格执行营运车辆燃料消耗量核查及准入退出制度，加快建立以低碳排放为特征的交通运输体系。同时认真做好黄标车淘汰宣贯工作。至年底，共淘汰营运黄标车325辆。在生产生活中，以创建节约型机关为契机，从节约一滴水、一度电、一粒米、一张纸、一升油的小事入手抓管理，降低行政运行成本，推进全局各项工作绿色节能发展。（程志勇）

交通监管

【概况】 阳泉市公安局交通警察支队三大队隶属于市公安局交警支队，内设办公室、事故科、车管所，小河北、苇泊、河南口、巡逻4个秩序中队，宣教中队、法制中队、政工办、督导办、科技办、指挥中心等13个业务部门，有正式民警24人，协勤民警118人，管辖道路总里程430.65公里，其中国道27.07公里、省道（214线、315线）22.56公里、县乡道路（7条）45.79公里、乡镇道路（11条）56.59公里、村道（212条）278.64公里。2016年，被市公安局评为年度工作先进集体，被区委、区政府评为支持地方经济建设先进集体，荣获区妇女联合会“巾帼文明示范岗”称号。（闫统礼）

【慰问敬老院】 2016年，在重阳节和春节前，交警三队慰问了荫营敬老院（前为三郊敬老院）的老人们，为他们送去慰问品，同时也送去了交警深深的祝福。（闫统礼）

【护学岗】 根据公安部关于维护校园及周边治安秩序“八条措施”工作要求，2016年，继续对所辖36所中小学校周边道路进行了排查，扎实开展校园周边交通秩序专项整治，并对公路沿线6所学校早、午、晚设立了“护学岗”，有效维护了校园周边道路交通安全，得到了上级领导的肯定和辖区群众的欢迎。（闫统礼）

【路面管控】 2016年，科学部署、精心组织各类交通违法集中整治，从严查纠各类交通违法行为，圆满完成年度春运、元宵、清明、“五一”、国庆、高考、中考等交通安保任务。营造了安全、畅通、有序的道路交通环境。（闫统礼）

【“两站两员”建设】 不断推进农村道路交通整治，建议由区政府召开了由各乡镇、运输企业、驾校及区道路交通安全领导组各成员单位参加的“全区农村道路交通管理工作安排部署会”，当年大队所辖各乡镇均建成了“农村道路交通管理站”，各村建立了“农村道路交通安全劝导站”，完善了组织机构及相关工作制度，有效推进了农村道路交通管理工作，并于2016年5月在辖区成功召开了“全市农村道路交通安全工作现场推进会”。（闫统礼）

【应急演练】 2016年，三大队积极与区安监局、交通运输局、公安消防和区人民医院联系协调，组织山西煤焦物流阳泉公司开展以交通事故应急处置为基础，涵盖了医疗救助、消防、灭火、突发事件应急处置等内容的综合演练，有效提高应急救援和防灾减灾能力。（闫统礼）

【车辆淘汰整治】 2016年，三大队领导主动向区政府汇报黄标车老旧车的实际状况后，政府组织召开了各乡镇、机关部门、事业单位、国有及国有控股企业负责人工作安排部署会。并由三大队车管所将全区黄标车及老旧车从车辆数据库中导出进行分类梳理，建立台账，将任务分解到各乡镇、单位，强化主体责任落实，圆满完成了年度工作目标任务。（闫统礼）

【交通宣传】 一是主动与政府协调，成功召开了由区“文明交通行动计划”成员单位及各乡镇、驾校、运输企业责任人参加的“阳泉市郊区‘文明交通行动计划推进会’”，强化了宣传力度。二是求创新寻突破，在原有传统宣传、QQ群及腾讯和新浪官方微博的基础上，新建微信群、短信平台、微直播、电视专题节目等平台，开展全方位多媒体交通安全宣传。营造了人人学交通法、人人守交通法的良好氛围。（闫统礼）

【安全隐患治理】 以“降事故保安全保畅通”为重点，全力做好交通事故预防工作。年初，对辖区所辖道路进行拉网式排查，对排查出的交通安全隐患及时上报区政府和相关职能部门，并建议由区政府牵头组织区交通局、公路段等召开了“交警三大队道路交通安全隐患集中治理工作推进会”，圆满完成了年度交通安全隐患治理，强化了源头管理。（闫统礼）

【加强道路交通安全管理】 三大队充分发挥区道路交通安全领导组办公室作用，牵头组织成员单位多次召开协调会，着力解决道路交通安全管理工作中存在的问题。努力做好辖区道路交通安全管理工作，有效预防和遏制了辖区道路交通事故发生，为郊区经济转型跨越发展和人民群众平安出行做出了积极的贡献。（闫统礼）

【交通事故案例】 2016年6月22日10时32分许，康某利驾驶冀A86600/冀A985J挂号重型半挂牵引车（拉乘其妻康兴然），沿207国道由北向南行至韩庄村口路段（207国道923KM+200M处）右转弯下坡时，侧翻于道路左侧路边，将路边建筑撞塌，并与经过该路段康某军驾驶的无牌二轮摩托车（拉乘王某文）相遇肇事，致康某军、王某文两人当场死亡，康某利、康某然及路边建筑内胡某文、周某馨、胡某鸣、胡某清、胡某生、王某军和建筑外行人聂某义共9人不同程度受伤，造成两人死亡，9人受伤，部分建筑物、财物和车辆损坏的道路交通事故。

2016年6月28日23时22分许，安同军驾驶冀ATG253（冀ANF16挂）号重型半挂牵引车，沿207国道由北向南行至郊区境内（921+500处）路段时，因该车制动失去有效控制，先与该路面右侧同方向高某元驾驶的晋AUT533号小轿车左侧尾部相刮擦后，与前方路面史某军驾驶的晋C36166号小轿车发生追尾。并向前推行该小轿车，在推行过程中，与路面左侧相对方向张某驾驶的晋C0309警号警用车左侧前部相刮擦之后，继续向前推行，与前方路面正在左转弯掉头的冀AKW919（冀AWH46挂）号重型半挂牵引车（驾驶人：程某平）的轿体左侧部相撞，又与路面外张某军驾驶的冀AKH037（冀AMS69挂）号重型半挂牵引车左侧马槽下梁部相接触后冲出路基，掉入道路东（左）侧深沟内。致冀ATG253（冀ANF16挂）号重型半挂牵引车乘车人张某刚、晋C36166号小轿车乘车人张某兰、白某、高某平当场死亡，晋C36166号小轿车乘车人史某龙、白某海经送医院抢救无效于次日凌晨死亡，安某军、史某军、程某平受伤住院，造成6人死亡、3人受伤、6辆机动车不同程度损坏的较大道路交通事故。（闫统礼）

邮　政

【概况】 2016年，郊区邮政分公司紧紧围绕省、市公司发展目标及“一体两翼”发展战略，积极践行“山西速度、山西态度”理念，以创新转型为突破，以金融寄递业务发展为重点，严抓管理，提升服务，保障安全。积极开拓市场，强化基础管理，努力转变发展方式，不断提升服务水平，满足群众的用邮需求，取得了明显的经济效益和良好的社会效益。在电子商务工作中，成功揽收4家协议客户，开发了郊区“乐村淘”电子商务同城配送。当年，郊区分公司下设郊区发行投递部、荫营邮政支局、桥上邮政支局、荫营矿支局、李家庄邮政支局、白泉邮政支局、河底邮政支局、固庄邮政支局、西南舁邮政支局、杨家庄邮政代办所，有职工68人。邮路总长639公里，投递道段13条，为摩托车、汽车投递，全郊区共有摩托车13辆，投递汽车1辆。服务范围为荫营镇、河底镇、西南舁乡、杨家庄乡、荫营煤矿、固庄煤矿、郊区区委和区政府及其他党政军机关、企事业单位。9个营业网点开办所有邮政业务，实现了电子化订阅报刊和客户网上订阅报刊，服务能力得到了进一步提升。7个邮储网点，开办储蓄存取款、基金、理财、国债、2小时电子汇兑、代发工资、代发养老保险、代理保险及银联卡等各类金融业务，并配备自动验钞机、自动存取款机（CRS）、ATM机等先进设备，为客户提供了更加快捷的服务。各营业网点及投递道段形成了以市邮政局为中心的主干线网络，在维护国家通信安全、保障公民通信权利、履行普遍服务义务和促进经济社会发展中发挥着重要作用。全年全局业务收入累计完成979万元，完成年计划的100.41%，同比增长4.8%。（王东荣）

【保险业务】 以保险公司新产品为首卖品，根据客户需要推介不同类型产品，满足了客户对收益率的期望。网点人员对得到的客户信息，通过电话预约和上门预约的方式，使客户第一时间知道产品销售日期和收益率。开展了以“幸福宝”为重点产品的销售竞赛活动，并通过召开产税会、网点沙龙和外拓宣传，使期货交易业务取得较大进步。当年，累计完成保费2742万元，实现收入105万元。（王东荣）

【函件业务】 通过日常函件营销项目带动全年函件收入完成。通过窗口营销、外拓营销和开发区公安分局平函等工作，获得平函收入1万元的良好效果。并继续日常维护荫营矿、固庄矿及武警部队客户，促进了函件收入的平稳增长。到12月，函件累计实现收入5.13万元。（王东荣）

【电商业务】 以提高窗口加办短信率为抓手，坚持开展“多说一句话，说好每句话”活动，对新开户、特快寄递客户开口率达到100%。积极开展代理车险劳动竞赛，车险代办实现收入4万元，取得良好效果。当年，电商累计实现收入22万元。（王东荣）

【分销业务】 以发展“村邮乐购”为重点，建立“村邮乐购”邮掌柜微信群，并对26家店铺进行升级，使之达到C级店标准。为16家加盟店挂上“村邮乐购”牌，通过邮政品牌提升了店铺的信誉度，也为企业增加了宣传效应。与郊区蔬菜中心联合举办“服务三农”邮政农资产品推介会，实现化肥销售5000元。到12月，晋邮惠民拓店11家，吸粉量达到市分公司指标。分销业务累计实现收入8.9万元。（王东荣）

【集邮业务】 2016年，全面推进业务转型、营销方式转型。以猴年为契机，广泛宣传猴票收藏价值，拓展集邮市场。把“贵金属”、集邮年册、生肖票作为主销品，加大宣传，拓展市场。到12月，集邮累计实现收入28万元，为年计划的103.74%。（王东荣）

【报刊发行业务】 报刊发行是传统业务，在邮政业务中始终占重要地位。2016年，积极改进服务措施，以常年收订为目标，半年续订为突破，通过网点窗口收订、电话收订、上门收订及有奖订阅等方式，满足社会各界和人民群众订阅报刊的需求。并使郊区党报党刊订阅无空白点。到12月，报刊发行收入完成72万元，为年计划的95%。（王东荣）

联 通

【概况】 中国联合网络通信有限公司阳泉市郊区分公司位于郊区荫营镇东大街7号，由原中国网通郊区分公司和中国联通郊区公司合并组成，隶属于中国联合网络通信有限公司阳泉市分公司，营业范围主要为郊区荫营镇、河底镇、西南舁乡、杨家庄乡，下辖桥上自有厅和东大街、杨家庄、西南舁、河底、白泉、三泉、三郊7个驻地网及政企团队。拥有覆盖全区、通达世界、结构合理、技术先进、功能强大的现代通信网络。主要经营移动通信业务，用户号码段是130、131、132、155、156、186、185、175、176。是具有电信全业务经营资质的宽带通信与综合的WCDMA制式的3G、4G移动互联网服务，同时全面提供信息通信、宽带和话音信息内容服务、系统集成和信息化建设一揽子解决方案，宽带业务、固话业务、互联网接入及应用、数据通信、IPTV及增值业务等全方位、多层次的综合电信服务，在移动网络的大发展2G、3G、4G网络并存的阶段，公司依据中长远发展的战略规划，以网络优化和业务发展为方向，逐步完成了2G、3G、4G网络的更新和交替工作，累计站点124个，达到客户业务完美转化的效果。移动宽带网络与固网宽带网络两者紧密的结合，为郊区居民、党政、商企提供了一个高效经济的网络运营环境。到2016年年底，全区联通公司移动用户达35209户，其中4G用户占比超过62%；宽带用户数达14598户。总之，随着网络建设不断完善，郊区联通分

公司的客户感知在逐步提升，网络运行效果尤为突出，为下一步郊区整体推进和外来经济的拉动夯实了基础。（刘敬碧）

【移动 4G 网络建设】 随着移动网络宽带信息大时代的到来，联通郊区分公司于 2013 年年底开始移动 4G 网络的建设，至 2016 年年末，总计建设 4G 站点 118 座。在网络建设的同时，根据 4G 网络的特性和区域性环境变化（近年高层楼宇的建设对网络的覆盖存在相当程度的影响）等因素，分期完成了部分高档小区网络的专项覆盖工程，即完成了 3 个小区的室分覆盖，切实为高需求的客户提供了良好的应用环境，实现了移动宽带网络无处不在。（刘敬碧）

【"高速宽带"全光网络建设】 为响应国家号召，实现"宽带中国"的战略目标，根据上级公司的总体要求，2012 年开始，经过网络架构、资源优化、接入工程（含新建、改建、扩建）的分阶段进行，逐步实施"高速宽带"全光网络的建设。到 2016 年，在网络结构方面，完成本地 1 个汇聚区、6 个综合业务区、10 个接入点的网络建设工作，该网络结构的建成可有效覆盖全区境内的所有区域（含城区、乡镇及行政村），为郊区各行各业提供了一个良性高效的网络运营环境。在新区建设方面，针对宽带业务需求的新建区域，全部采用全光网络的建设模式，累计完成 57 个小区（含城区和农村）、316 幢楼的网络覆盖，为郊区各个行业的产业发展、服务应用和安全保障提供有力支撑。2014 年后，对传统 PSTN 网络进行全面升级改造。经过两年的通信基础建设和改造，为广大客户和各行各业提供了全方位光网络覆盖，使郊区成为山西首批全光网区、多业务的专业应用。面对郊区区域旧小区光纤改造入户难的境况，公司全体动员攻坚克难，如期完成了 15 个旧小区 76 幢楼的改造工作。2016 下半年，公司根据网络节点带宽占用情况，及时扩容 BAS 上下行业务能力，公众客户区域光纤资源全面采用 1 个 PON 口下带 32 个端口的建设模式，满足高带宽（50M/100M）的接入需求。（刘敬碧）

移　动

【概况】 2016 年，阳泉移动分公司郊区营业部在各级领导和社会各界的大力支持下，始终秉承"正德厚生，臻于至善"的核心价值观，致力于业务发展，扎实工作。对内坚持求真务实，埋头苦干的工作作风，强化生产经营管理，对外发扬艰苦奋斗的创业精神，努力开拓市场空间。公司员工共计 22 名，平均年龄 29 岁，其中团员 4 名、党员 3 名。（史丽芳）

【业务经营】 当年，围绕公司"三大战役"，重点以"4G 四位一体发展、无线收入提升、新增及赢回客户、宽带发展、集客业务拓展"等五方面工作为抓手，全力推进全业务运营。围绕"四轮驱动"，强化融合营销，着力抓好 4G 与数字化服务、宽带与移动客户新增、集客与公众业务三方面的融合，推动各项业务快速发展。客户到达数 10 万户，其中 4G 客户到达数占 81.95%。集团信息化收入，提前超额完成全年挑战目标。（史丽芳）

【窗口服务】 为有效服务客户感知，加快服务工作显性化，公司将服务领先作为硬性指标在全区范围开展竞赛，并实施开展了"用心服务"系列活动。提出了电子渠道便捷缴费，即短信、电话和网厅三大渠道便捷缴费；话费明了便捷查看，即话费余额便捷查询，账单详单清晰易懂；上网流量心中有数，即上网流量主动提醒，并有放心包为客户提供；业务扣费主动提醒，即业务扣费短信提醒，主动提醒让您放心。服务举措力求用 100 分努力，追求客户十分满意。（史丽芳）

【基础管理】 建立完善嵌入式廉洁风险防控机制，将廉洁自律的要求贯穿于生产经营全过程。针对内控管理涉及本部门的 16 个内控点，设立了以领导牵头、主管分点把控的监督、检查体系，发现苗头性问题及时谈话提醒，并考核纠正，保证生产经营的健康发展。同时从健全制度入手，不断建立和完善党风廉政建设和反腐败工作相关制度，坚持用制度管人、管物、管事，重点抓好报账审签、印章管理、公务接待、公车使用、工号管理、绩效评定等关键环节的制度落实。（史丽芳）

【队伍建设】 班组是企业的根基，"基础不牢、地动山摇"，2016 年团队建设首先抓了班组建设。班组工作做扎实了，公司发展就有了牢固的基础和持久的动力。当年，根据公司组织资源优化调整安排，就 3 个营销区域制定优化调整方案，挑选优秀人员担任班组长组成 3 个班组，明确职责分工，下达绩效考核办法及经营指标，指导各班组迅速形成作战单元开展区域营销活动。组建后，从开展的惠民购机等活动效果来看，班组经营能力和团队战斗力都得到了明显增强。根据公司班组建设指导意见，通过学习培训、示范引领、经验交流、标杆重塑等形式提升班组长政治业务素质和团队管理水平，使之成为班组之魂。（史丽芳）

【文化建设】 不断开展了爱国守法、明礼诚信、团结友善、勤俭节约、敬业奉献的公民道德教育和以企业精神、经营宗旨、服务理念为主要内容的企业文化教育。以"正

德厚生，臻于至善”作为核心内容，使营业部努力成为“卓越运营体系的创造者”。（史丽芳）

【公益活动】 6月1日，郊区营业部带着殷殷爱心与节日问候，赴郊区上烟小学，向学校捐赠了儿童图书、书包、文具等学习用品，并向特困生捐助了2000元“爱心助学金”及“六一”礼物。帮扶捐助活动是项具有社会责任感的爱心行动，也是阳泉移动分公司郊区营业部发挥文明单位延伸作用的有效形式。通过慰问活动，既帮助了学校和贫困生，也展现了郊区移动及全体班组成员热心公益的企业形象，同时还使公司员工深刻感受到相互关爱的重要及帮扶的力量。（史丽芳）

电　信

【概况】 郊区电信营销中心全名为中国电信山西分公司阳泉市郊区营销中心，隶属于中国电信山西分公司。2008年10月正式成立，位于荫营镇王朝酒店东侧。营业范围为荫营镇、河底镇、西南舁乡、李家庄乡、杨家庄乡，营业区面积301平方公里，常住人口14.7万人。有员工21人，下辖荫营网络和河底、李家庄2个农村支局，自有营业厅1家。经营移动业务、数据专线、家庭宽带等业务。

郊区营销中心成立后，始终围绕加快推进农村信息化这一工作主线，坚持创新、服务、规模经营、流量经营。2016年，积极贯彻落实国家“提速降费”惠民政策，全网宽带最低免费提速至20M。出账用户总数超过1.4万户，新增手机用户3600户，新增宽带2000户，全年累计收入达725万元。企业保持健康可持续发展态势。（段良燚）

【优质服务】 中心坚持“用户至上、用心服务”的服务理念，以客户为中心，规范服务流程、创新服务模式、健全服务体系、提高服务效能，打造服务贴心、经营规范、通信安全的良好企业形象。“用户至上”就是真诚地把用户当作最尊敬的对象，虚心听取他的意见，分析并切实解决用户需求，让用户带着问题而来，怀着满意而归。（段良燚）

【光改建设】 为了响应国家提速降费的号召，中国电信在2016年主推百兆宽带。在现有网络基础无法支撑百兆带宽的情况下，4月开始对郊区无法满足百兆光宽的区域进行了线路升级，全面开始从LAN、FTTB到FTTH的切换，为后期持续的提速创造网络基础。经过一年的努力，郊区所有非FTTH区域已全部切换，并且逐步为用户免费升级，让用户有更好的网络体验。（段良燚）

【工会扶贫】 2016年10月，郊区营销中心工会小组组织全公司人员，到西南舁乡贫困村代家庄村进行苹果采摘活动，帮助代家庄果农销售苹果。本次活动秉着为果农解决苹果销售难的原则，鼓励员工积极参与，共计136人参加，帮助村民销售苹果1380公斤。（段良燚）

【体制改革】 为了激发市场活力，按照上级部门安排，郊区电信于2016年持续推进体制改革和人员划小工作。对区域内的1个网格、2个支局、1个自有营业厅实行人员承包制，全员竞聘上岗。通过双向选择确定四级成员，深度二次划小，责任到人，以收入为导向认真落实企业改革工作。（段良燚）

【天翼高清正式上线】 随着国家“宽带中国，光网城市”战略的持续推进，4K、VR、全息影像等通信技术的快速发展，中国电信在2016年6月震撼上市天翼高清业务。天翼高清是中国电信自主研发的一款视频播放设备，具备103路直播，超10万点播资源。并且拥有2小时时移，7天回看的强大功能，更有中小学视频同步教学资源。为了用户可以更好的体验天翼高清，中国电信阳泉分公司已为高清承载网络扩容6G容量，保证用户的观看体验。（段良燚）

供　电

【概况】 阳泉市荫营供电公司成立于1987年1月，位于荫营镇中兴南路5号，是山西省电力公司阳泉供电公司设在郊区实施电网建设、管理与供用电服务的分支机构。担负着郊区8个乡镇及平定县、盂县和寿阳县部分乡村共217个行政村、74133户居民的生活用电和8719户非居民用户的生产、经营用电任务。2016年，公司设立综合管理部、财务资产部两个职能部门和电力调度控制分中心、运维检修部、营销部（客户服务中心）、安全监察质量部、乡镇供电所管理部5个业务支撑部门。电力调控分中心下设调控及自动化运维班1个班组；运维检修部下设配电运检班、变电运维班、输电运检班、变电检修班4个班组；营销部（客户服务中心）下设营业班、用电检查班、市场班、计量班4个班组，河底供电所、平坦供电所、杨家庄供电所、李家庄供电所、西南舁供电所、白泉供电所、荫营供电所7个供电所，以及1个多经部门郊区电业电气安装公司。有员工310人，其中全民职工113人、集体职工31人、供电所职工174人。员工中，中等专业（含高中、中技）学历的29人、高等专科学历的30人、本科及以上学历55人；专家人才1人、初级职称40人、中级职称14人、高级职称2人；技师30人、高级技师6人；高、中、初级工人数分别为45人、4人和

1人。资产总额2240.06万元，营业总收入完成2778.76万元，计提各项税费806.47万元。白泉供电所“双杆变台起重器的研制”课题，在省公司2016年优秀QC成果发布中，取得第五名。（徐俊超）

【电力设备】 2016年，公司有35千伏变电站5座、主变10台，总容量91.2万千伏安；配电变压器共计492台，总容量12.7万千伏安。根据电压等级划分，营业区内10～35千伏公用供电线路共46条515.01千米，380伏及以下配电线路里程1733.79千米。（徐俊超）

【生产指标】 售电量完成41568.09万千瓦时，完成年计划的100.406%，同比降低1.4%；平均电价完成594.86元/兆瓦时，比计划指标高0.69元/兆瓦时；综合线损率完成5.31%，比计划指标低0.04个百分点，同比升高0.45个百分点；电费回收率、上缴率均为100%；堵漏增收共追补电量50.8423万千瓦时，追补电费139.5766万元。（徐俊超）

【安全生产】 全年未发生人身伤亡事故、误操作事故、一般电网事故、道路交通事故、火灾事故及信息安全事件，35千伏线路跳闸5条次，10千伏线路跳闸43条次，农网用户供电可靠率完成99.85%，农网综合电压合格率完成99.847%。截至12月31日，累计实现安全生产8957天。（徐俊超）

【隐患治理】 一是开展全员安全培训，提升安全意识。组织全体生产员工进行了《中华人民共和国安全生产法》的集中培训和开展“3.27”“8.22”主题安全日活动，结合工作实际，查摆问题，落实责任，提升公司员工学习规程、遵守规程、用好规程的自觉性和主动性。二是深入开展设备隐患排查治理，保障电网运行安全。从防触电、防火、防雷、防倒杆断线等方面积极开展设备隐患排查治理，确保做到安全管理“无盲区”、隐患排查“无死角”。共计排查和处理各类隐患300余处，提升了设备健康水平。（徐俊超）

【消防管理】 6月26日，组织开展了2016年“消防安全知识培训”及现场灭火演练。对公司所辖变电站、办公楼、库房、信息机房、档案室等要害部位和重要场所进行消防安全隐患排查。并对消防器材进行了补充和更换，其中更换消防器材MT/3-C、MFZ/ABC4、MFTZ-35型号的各19个、74个、8个。（徐俊超）

【运维管理】 2016年，公司共修订现场运规、典票各7册，修订配网巡检、停电标准化作业指导书19类，绘制线路平面图44张、线路交叉跨越图42张。结合保电劳动竞赛、营配贯通、星级供电所图数治理、PMS系统配网管控模块的应用以及大馈线治理工作，对所辖5座35千伏变电站、11条35千伏线路、31条10千伏线路、481个台区的设备基础数据进行了核对，修改完善PMS数据12560条、GIS系统数据2600条。（徐俊超）

【设备综合治理】 2016年，结合大修、技改、运维等项目，强化设备治理。变电完成辛兴站综合治理，完成3座变电站3类64台老旧设备改造；35千伏线路完成3类387支附件更换，更换辛兴线故障频繁的电缆2.1公里；配电完成2条10千伏线路标准化治理，维修10千伏线路12.5公里，更换4类225台（套）设备。安装智能故障指示器77组，有效缩短故障寻址时间。检查测试输配电线路接地电阻400余处，维修不合格地网80组；补充、更换输变配电设备设施的标志牌、警示牌约1605块，埋设电缆标示桩84个，涂刷线路杆塔色标248基，修剪树木900余棵。（徐俊超）

【配网工程】 2016年，公司共组织实施了6个批次14个配网工程项目，项目资金入账2776.61万元。其中2014年农网结余资金项目共1项，已完成进度的20%，完成费用入账416.47万元；2015年农网调增工程5个项目已全部完成竣工决算，完成转资994.37万元；2015年重过载线路改造工程2个项目已全部竣工决算，完成项目转资1579.95万元；2015年新增城镇配网工程2个项目已完成总进度的57%，完成暂估转资615.9万元；2016年农网工程6个项目已完成总进度的24%，完成暂估转资1023.5万元；2016年中心村改造工程1个项目，完成进度的30%，完成暂估转资390万元。（徐俊超）

【农网建设】 2016年6月10日，开工改造建设小西庄、辛庄等低压线路及配电台区，12月28日竣工。设计单位为阳泉电力设计院，监理单位为山西锦通工程项目管理咨询有限公司，施工单位为山西致诚伟业送变电工程有限公司、山西满兴华电力工程有限公司、阳泉市聚源电力实业有限公司。工程共计改造5个村8个台区，分别为小西庄1#、2#台区，龙凤沟2#台区，阳坡1#、2#台区，小山南台区，东古1#、2#台区。完成架空10千伏架空线路1.195公里，架设0.4千伏低压架空线路13.947公里。

同年6月10日，开工改造建设10千伏东垴线辛庄分支线路，12月15日竣工。设计单位为阳泉电力设计院，监理单位为山西锦通工程项目管理咨询有限公司，施工单位为山西鑫锟输变电工程有限公司。改造线路总长度7.247千米，安装避雷器共9组、隔离刀闸10组、真空断路器1台、利旧断路器1台。

同年，对南窑庄村等8个台区低压线路及配电台区进行了改造建设。工程共计改造2个村8个台区，分别为南窑庄1#、2#、3#、4#台区，山头村1#、2#、3#、4#台区。完成架空10千伏架空线路0.536公里，架设0.4千伏低压架空线路14.513公里，新建及改造变压器台架5座。（徐俊超）

【星级供电所】 2016年，根据市公司开展星级乡镇供电所建设工作要求，公司于5月16日成立“星级供电所创建”组织机构，制定了实施方案，并由乡镇供电所管理部牵头，结合综合管理部、营销部、运检部、安质部等部门管理人员组成督导组，对各供电所的“星级供电所”的创建工作进行督导。依据国网公司星级乡镇供电所建设评价规范，分别从“必备条件”“考评规范”和“加分项”三个部分对供电所的星级创建工作进行评价。重点对照“考评规范”中的“综合管理”“安全生产管理”“营销服务管理”三大管理类别共42个管理项目，对供电所的星级创建工作进行评分。通过公司各专业部门对星级供电所创建工作的专业化指导，供电所硬件设施、相关台账逐步完善，图数整理、绩效考核工作顺利开展，管理水平取得长足进步。当年，杨家庄供电所被省公司命名为“四星级供电所”。（徐俊超）

【供电服务】 2016年，完成491个台区、72842户“营、配、调贯通”的采集工作，“合表户打开”完成2704户，“小区配套”完成珍宝园、冯家庄新村两个小区共计3030户。全年共接报修557例，其中客户内部故障178例，占比31.96%；低压故障报修151例，占比27.11%；高压故障报修48例，占比8.62%；不属于供电公司报修60例，占比10.77%；欠费停电报修89例，占比15.98%；电能质量报修4例，占比0.72%；其他报修（电杆撞断、倾斜）27例，占比4.85%。比2015年减少1355例。全年完成电费回收率100%，低压客户业扩服务时限达标率100%，故障报修到达现场及时率100%。2016年，西南舁、白泉2个供电所，三郊、东村、燕龛3个配电营业班实现全年零投诉。（徐俊超）

【互联网营销】 2016年，公司积极推广“互联网+营销服务”电子服务渠道，制作了简单易行的宣传彩页，工作人员深入小区、银行、超市等人员集中场所全力推广“互联网+营销服务”电子服务应用工作。同时结合“电网连万家，共享电器化”活动与电器卖场合作，共完成“掌上电力”手机APP客户端注册1.2户，自有线上渠道缴费应用率达82.31%。（徐俊超）

农 业

综 述

【概况】 全区粮食总播种面积为5205.3公顷，总产23026吨，较上年增长3.3%。有果园面积17626.5亩，果品总产量7506吨。蔬菜总产量4000万公斤。肉、蛋、奶产量分别为4061吨、11676吨、3873吨。顺利进行了土地确权和土地流转工作，有效改善了农村人居环境，12个农村2045人实现脱贫，超额完成市下达任务。各类农民专业合作社达到278个。对农民进行新型职业技术培训共计6572人次，推动了郊区特色现代农业发展。2016年，全区农民人均纯收入达12815元，较上年增长5.7%。（余志英 赵贵炯）

【扶贫工作】 当年，阳泉市对郊区下达脱贫任务共6村1300人。对农民脱贫工作，一向受到区委、区政府的高度重视。到年底，全区完成脱贫的农村12个2045人，超额完成市下达任务。重点在产业扶贫和易地扶贫搬迁上下了大力气。在产业扶贫中，全区实施产业扶贫果树栽植2170亩，其中旧街乡栽植200亩，平坦镇栽植950亩，杨家庄乡栽植240亩，西南舁乡栽植750亩，河底镇栽植30亩。在易地扶贫中，完成73人搬迁。（余志英 赵贵炯）

【改善农村人居环境】 按照《阳泉市郊区改善农村人居环境2016年行动计划》，人居环境改善工作有四个方面，到年末，总计完成投资61636.54万元。（1）提质工程。共完成投资6491万元。其中实施农村公路建设改造43.2公里，总投资1511万元；完成7个省级绿化行政村荒山绿化造林共计27600亩，总投资3000万元；对2所省重点工程幼儿园进行改扩建，总投资69万元；饮水安全工程完成前期投资50万元；电气化乡村建设完成投资1311万元；农村日间照料中心建设完成50个，总投资500万元。（2）农民安居工程。危房改造和移民搬迁基本完成全年任务，累计投资16260万元。在采煤沉陷区工作中，桥上村开始了“三通一平”建设。（3）环境整治工程。环保治理完成投资536.64万元，乡村清洁完成投资300万元。4. 宜居示范工程。申报创建省、市级示范村5个、区级示范村36个，完成总投资37837.9万元。（余志英 赵贵炯）

【经营主体培育】 当年新成立合作社32个，累计全区共有各类农民专业合作社278个。其中，培育2个省级示范社、4个市级示范社、8个区级示范社。入社农户达6264户，入社资金达16455.4万元。（余志英 赵贵炯）

【土地确权】 按照上级要求，积极有序地推进了179个村的土地确权工作。到年末，摸底调查、信息录入、测绘公司信息录入、勾图完成的村共有176个，占98.3%。并开始进行入户签订合同工作。整个工作走在全市前列。（余志英 赵贵炯）

【土地流转】 当年，全区累计流转耕地面积17359亩，占承包耕地总面积的16.75%。转包方式累计共4223亩，占总流转面积的24.4%；出租方式累计共768亩，占总流转面积的4.4%；互换方式累计共3091亩，占总流转面积的17.8 %；转让方式累计共3426亩，占总流转面积的19.8%；入股方式累计共1919亩，占总流转面积的11%；其他方式流转累计共3932亩，占总流转面积的22.7%。有序推进了土地向大户、企业及专业合作社流动，提升了土地经营效益，实现了要素集聚发展及优势互补和互利共赢。（余志英 赵贵炯）

种植业

【概况】 当年，全区粮食总产量2.3万余吨，果品产量7506吨，蔬菜总产量4000万公斤，肉、蛋、奶产量分别为4061吨、11676吨、

3873吨。农委及涉农各中心和各乡镇共开展农民技术培训100期6572人次。（余志英 赵贵炯）

【粮食生产】 当年，全区粮食总播种面积为5205.3公顷，总产23026吨，较上年增长3.3%。其中玉米播种面积4516.2公顷，总产21548.1吨；谷子播种面积340.7公顷，总产856.9吨；豆类播种面积128.2吨，总产186.6吨；薯类播种面积153.6公顷，总产398.8吨。（余志英 赵贵炯）

【果品生产】 全区有果园面积17626.5亩，果品总产量7506吨。属较好生产年份。（余志英 赵贵炯）

【中药材种植】 全区春季中药材种植面积5060亩，其中新种植面积1900亩。中药材种植品种主要有黄芩、黄芪、连翘，杜仲、板蓝根。（余志英 赵贵炯）

【新型职业农民培训】 当年，全区共组织农民技术培训班100期，其中农委2期、农业技术推广中心27期、蔬菜中心40期、畜牧中心1期、经营办5期、各乡镇25期；培训人员共计6572人次，其中农委及各中心共5385人次、各乡镇1187人次。通过对农民的新型职业培训，有力推动了郊区特色现代农业发展，收到了良好的成效。（余志英 赵贵炯）

蔬菜业

【概况】 2016年，涉及上千亩坪、下千亩坪、东垴、西垴、西古、杨树沟6个村，预计总投资约10亿元的千亩坪现代农业产业园正式进入实施阶段。园区建成后，将形成融吃、住、游、休闲、文化、娱乐为一体的多功能综合性现代农业园区。培育了一批有技术、懂经营、会管理、讲诚信的新型职业农民队伍，推动了郊区特色现代农业和新农村建设的发展。（陈丽娟）

【新型职业农民培育】 以“提高农民综合素质，提升农民生产技能，推进农业农村发展，促进农民收入增加，全面建成小康社会”为总体目标，以培育生产经营型、专业技能型、社会服务型和引领带动型职业农民为主要内容，以教育培训为途径、认定管理为手段、政策扶持为动力，以产业需求、农民意愿为导向，在2015年的基础上，培育了一批有技术、懂经营、会管理、讲诚信的新型职业农民队伍。新型职业农民队伍的形成，推动了郊区特色现代农业和新农村建设的发展。（陈丽娟）

【千亩坪现代农业产业园】 2016年，千亩坪现代农业产业园正式进入实施阶段。园区地处荫营镇区东部，阳泉市生态新城东北部，距郊区政府驻地1公里，距阳泉市中心区域不足10公里，地理位置优越。园区占地面积11046.3亩，涉及上千亩坪、下千亩坪、东垴、西垴、西古、杨树沟6个村，预计总投资约10亿元。园区将设花卉生产展示销售、果蔬（食用菌）生产展示采摘、组培育苗生产、农产品加工、农业创客空间和休闲娱乐餐饮六大功能区，形成融吃、住、游、休闲、文化、娱乐为一体的多功能综合性现代农业园区。园区建成后，将成为阳泉市传统农业转型升级示范区，农村一、二、三产业融合示范区，城市近郊生态修复示范区，近郊面积最大和功能最全面的休闲旅游农业示范区，年可吸引游客约100万人次，可创造1500余个就业岗位，将获得显著的经济效益、生态效益和社会效益。（陈丽娟）

【有效应对强降雨灾害】 7月19日至20日，郊区遭遇了50年不遇的强降雨，蔬菜种植遭受到不小灾害。对此，区委、区政府高度重视。为防灾减灾，降低农民损失，尽快恢复生产，区财政划拨出专项资金用于雨灾灾情补助。（陈丽娟）

【蔬菜大棚生产】 完成基础建设任务310亩，其中新建温室大棚180亩，改建温室大棚130亩，食用菌种植面积新增3万平方米。全区蔬菜总产量4000余万公斤，销售收入近亿元。（余志英 赵贵炯）

畜牧业

【概况】 2016年，区畜牧业发展中心积极引进推广山西新大象养殖股份有限公司的“公司+家庭农场”饲养管理模式，推动全区生猪养殖的升级发展。开展了奶畜布病防控工作，对检测为布鲁氏杆菌病阳性的奶山羊按照相关规定进行了扑杀、无害化处理。申报阳泉市毅利源农业专业合作社畜禽标准化健康养殖项目，对蛋鸡粪便实现了无害化处理，此项目当年通过省农业厅专家组验收。肉、蛋、奶总产量分别为4061吨、11676吨、3873吨。（商建芳）

【确定定点监测场户】 按照《关于印发2016年阳泉市定点监测实施方案的通知》（阳农委〔2016〕99号）文件精神，郊区确定了阳泉市佛洼禽业有限公司、阳泉市郊区华辰养殖场、阳泉市郊区鑫源养殖场、阳泉市富山绿源养殖专业合作社等作为定点监测场户，并如期采集血样送市检测中心检验。（商建芳）

【“公司+家庭农场”管理模式】 2016年，区畜牧业发展中心积极引进推广山西新大象养殖股份有限公司的“公司+家庭农场”饲养管理模式，推动全区生猪养殖的升级发展。“公司+家庭农场”饲养管理模式主要是新大象养殖公司对畜牧链的猪苗、饲料、保健品、猪舍环境、饲养技术、销售等六个环节实行全程管理。合作家庭农场按照新大象公司提供的管理标准进行饲养管理，从而获得稳定的饲养效益。这种饲养管理模式执行“三固定、五统一”的合作模式。“三固定”，即铢积寸累苗价格固定、饲料价格固定、回收价格固定。“五统一”，即统一提供猪苗、统一提供饲料、统一提供药品、统一制定防疫程序、统一回收。郊山村王瑞斌、高建斌率先与新大象集团合作，分别投资60万元新建可存栏600头的标准化猪舍2栋，并于当年投入运行。（商建芳）

【开展羊布病监测工作】　2016年，区畜牧业发展中心按照阳泉市农业委员会要求，开展了奶畜布病防控工作。同时，应区食安委紧急协查羊奶原奶生产检疫情况的要求，中心全体职工牺牲“五一”假期，对全区所有奶山羊紧急采血化验，并实施强制免疫，共免疫6751只。（商建芳）

【扑杀布金鲁氏杆菌病阳性奶山羊】　为确保羊奶质量安全，2016年5月27日，区畜牧业发展中心与河底镇政府联合，对检测为布鲁氏杆菌病阳性的28只奶山羊按照相关规定进行了扑杀、无害化处理。（商建芳）

【粪污处理工作】　区畜牧业发展中心印制《加强畜禽粪污无害化处理、资源化利用工作告知书》，并向全区所有养殖场户发放。要求全区现有规模养殖场（小区），采取综合治理技术，采用雨污分离和干清粪方式，从源头上减少污水产生量，配套建设防漏、防渗、防溢的“三防”粪便堆放场、污水尿液贮存池，粪污经好氧、厌氧发酵处理后还田。（商建芳）

【畜禽标准化健康养殖项目】　2016年，区畜牧业发展中心申报阳泉市毅利源农业专业合作社畜禽标准化健康养殖项目。项目购置安装畜禽粪便一体化加热滤水设备，采用粪便快速无污染转化为有机肥的方式，对蛋鸡粪便进行处理，配备高温菌种（循环使用）当天除臭，实现了粪便的无害化处理。此项目当年通过省农业厅专家组验收。（商建芳）

【畜牧生产】　至年底，年初确定的10个养殖项目、10个标准化养殖场建设全部完成。全区生猪存栏31215头，出栏42298头；奶牛存栏725头；家禽存栏88.97万只，出栏53.35万只；羊存栏17264只。肉类总产量4061吨，蛋类总产量11676吨，奶类总产量3873吨。（余志英　赵贵炯）

农业技术

【概况】　郊区农业技术推广中心为区级农业技术推广单位，负责按照有关农业法律法规组织实施农业技术推广工作，参与制定农业技术推广计划并组织实施，组织农业技术专业培训，提供农业技术信息服务，对确定推广的农业技术进行试验示范，指导下级农业技术推广机构、群众性科技组织和农民技术人员开展农业技术推广活动。

全区种植的农作物主要有玉米、谷子、大豆、马铃薯、甘薯等，种植面积约11万亩。由于李家庄乡、杨家庄乡部分村实行托管，加之受国家玉米收储制度改革的影响，玉米价格从2015年起下降幅度较大，全区玉米种植规模出现小幅下降，经济效益较好的果树种植规模显著上升。近几年，顺应果品市场趋势，在区委、区政府政策的大力支持及区农技中心积极推动下，全区各乡镇新栽果树、中药材面积逐年增长，势头迅猛。2014—2016年果树新增面积以年均约2000亩的速度增长，中药材也趋于规模化种植，种植品种主要有黄芩、黄芪、连翘、杜仲、板蓝根等，平均每年种植面积约3000余亩。（杨　菁）

【水果“品质提升”项目】　2016年，区农业技术推广中心承担了水果“品质提升”项目。项目建设地点为西南舁乡，面积500亩。通过增施精制有机肥、果实套袋、铺反光膜、架设防雹网等多项措施，促进提高果园综合生产能力，引导项目区果农提高果园管理水平，实现增产增收。项目的实施，对加快果园实用技术的应用推广，引导果农应用先进技术加强管理，提高效益发挥了重要作用，获得了项目区果农的好评。（杨　菁）

【农技推广示范项目】　2016年，实施省级农技推广示范项目。项目涉及阳泉宝鑫源农牧有限公司、阳泉市北庄鑫海种植专业合作社两家农业企业。按照省厅要求，区农技中心积极组织项目实施单位稳步推进并顺利完成项目建设。通过项目建设，对推动生猪标准化养殖技术、种养循环模式推广、蔬菜新品种引进与新技术推广应用发挥了积极的示范带动作用。（杨　菁）

【“一穴双株”玉米高产栽培示范】　近年来，为解决因国内玉米收购价格下降幅度较大、农民收入减少，而导致种植积极性下降的问题，2016年，区农业技术推广中心加大了玉米高产密植技术及品种的引进示范，取得了明显的成效。在荫营镇山头村、三郊村、矾窑村、马庄村、西南舁乡大西庄村、西南舁村、河底镇上章召村布点，引入玉米密植型品种—华美一号，进行“一穴双株”玉米高产栽培示范技术。三郊村示范点播种密度达5000株，平均亩产达1047.5公

斤。通过试验示范，进一步帮助玉米种植户挖掘土地生产潜能，稳定收入。（杨　菁）

【标准化果园建设】　区农业技术推广中心集中技术力量，加强了休闲观光标准化果园建设工作力度。西南舁乡大西庄村凤凰山种植专业合作社的苹果标准化果园、西南舁乡雨下沟村惠丰农业公司的标准化果园、李家庄乡金谷合作社的标准化果园、平坦镇魏家峪村紫金山农场的标准化果园、西南舁乡王家庄村益丰昌专业合作社建设的全市最大的樱桃采摘园等一批集休闲观光采摘为一体的高标准果园的建设，对促进郊区果业生产格局调整、农业集约化和产业化发展起到了积极的作用。（杨　菁）

【良种补贴】　2016年，全区继续落实国家良种补贴工作，补贴标准为每亩10元。涉及全区谷子、大豆、高粱等小杂粮种植面积5860.8亩。补贴工作经农民申报、村委核实登记及公示、乡镇上报、区级抽查汇总等多个环节，最终确定补贴对象。补贴资金以“一卡通”形式下发至农民手中。（杨　菁）

农业机械

【概况】　2016年，郊区农机中心以市农机部门提出的“以六项突破性工作为引领，带动整体农机工作上水平”的战略部署，围绕全区农村经济发展的总体战略，认真贯彻落实中央、省强农惠农政策，以严格的要求，过硬的作风，有效的措施，大力开展队伍建设、制度建设、装备建设，全区农机化水平显著提高，农机社会化服务体系逐步完善，农机新技术推广面积逐步增加，农机安全形势总体良好。农机事业为全区农村经济的发展、农民收入的增加、农民生活水平的提高做出了积极的贡献，在整个农村经济的发展中发挥着重要的作用。全区农机保有量呈现逐年增加态势，农业机械化作业率大幅提高。郊区农机中心被省农机局评为“全省农机安全生产目标责任考核优秀单位”“全省农机推广工作先进单位”。（王建英）

【丘陵山区农业机械现场演示会】　2016年8月31日，郊区农机中心在西南舁乡霍树头村召开郊区丘陵山区农业机械现场演示会，市农机中心、区农委和西南舁乡政府的领导、生产厂家的技术人员及西南舁林果业基地农机示范户共200多人参加本次演示会。此次演示会包括河北沧州生产的多功能中耕追肥机、长治孚斯特的铡草机、陕西杨凌的SRG450、SRG740微耕机、重庆嘉木的GW500微耕机及谷子免间苗播种机、播种施肥两用器、果园施肥器、机动喷雾机等多款机具都进行了现场演示。生产厂家对各种机具的性能、保养和使用做了现场演示和讲解。果农根据自己在实际操作使用中可能产生的问题提出了建议，现场气氛十分活跃。（王建英）

【农机装备】　到2016年，农业机械装备水平得到大幅提高，农业生产力明显增强。全区农业机械经营总收入达8442万元，农业机械总动力达21.73千瓦，分别比2013年增长1131万元和0.8千瓦。各类农业机械共有15463台（套），比2013年增加5851台。其中拖拉机590台（大中型199台、小型391台），拖拉机配套机具1100台（大中型294台、小型806台），耕整地机械1234台（耕整机403台、机引犁270台、旋耕机428台、深松机43台、机引耙90台），种植施肥机械489台（播种机102台、免耕播种机34台、精少量播种机41台、化肥深施机270台、地膜覆盖机42台），农用排灌机械1610台（排灌动力机械978台、农用水泵533台、节水灌溉类机械99台），田园管理机动喷雾机222台，收获机械141台（玉米联合收割机械20台、稻麦联合收割机械2台、牧草收获机械1台、秸秆粉碎还田机械112台），收获后处理机械（脱粒机）57台，农产品初加工机械3834台（农产品初加工动力作业机械2981台、农产品初加工作业机械853台），畜牧饲养机械243台（饲草料加工机械167台、畜牧饲养机械55台、畜产品采集加工机械21台），林果业机械160台（挖坑机84台、果树修剪机76台），运输机械3537台（农用运输车3387台、三轮汽车1145台、低速载货汽车2065台），农用挂车150台，农田基本建设机械123台。（王建英）

【农业机械化】　2013年以后，郊区农业机械化水平逐年提高。到2016年，机耕面积5157公顷，机械化作业水平达75.31%；机播面积4114公顷，机械化作业水平达71.49%；农作物机收面积313公顷，机械化作业水平达9.5%（玉米机收面积299公顷，机收水平为12.3%；薯类机收面积15公顷，机收水平为10.6%）；全区综合机械化作业水平达65.57%。（王建英）

【农机购置补贴】　从2006年起，国家持续对农民实施农机购置补贴。至2016年年底累计发放补贴资金1795.28万元，全区受益农户1947户，补贴机具数4940台。当年使用国家农机购置补贴资金45.351万元，全区受益农户84户，补贴机具数130台。（王建英）

【推广农机新技术】　郊区本着“试验示范、典型引路”的办法，结合实际，以农业合作社为主体，以农业产业为依托，以农机项目为载体，以农民受益为目标，大力推进新型实用农机具、农机技术的推广工作，积极参与全区高效农业和城郊农业示范基地建设。2016 年在全区共实施玉米机收秸秆还田项目 3000 亩，推广玉米收获机 10 台。以西南舁乡西南舁村、霍树头村、大西庄村为核心，实施了丘陵山区农机化项目，推广锄草机、微耕机、中耕施肥机、轮式玉米播种器、谷子免间苗播种机、动力喷雾机、割灌机、挖坑机、自走式果园开沟施肥机等各类农机具 130/ 台（套），全面提升了全乡林果业机械化作业水平，使机械化作业程度达 60%。在河底镇北庄村建立物理农业技术装备应用项目示范区面积 50 亩，引进臭氧水气一体机、空间电场、土壤电灭虫机等物理农业技术装备 25 台（套）。这些新技术、新机具的引进，大大提高了农业作业效率，促进了农业机械向农业生产各环节及全过程的延伸覆盖，促进了经济和社会事业发展，加快了新农村建设发展步伐。 （王建英）

【农机监理】 郊区农机中心本着“管业务必须管安全、管行业必须管安全”的原则，对班子成员落实安全生产“一岗双责”，健全完善区乡村三级监管网络，构建起农机安全生产的长效机制。当年集中半个月以上时间对全区变型拖拉机进行安全技术检验。2013—2016 年实现了全区农机安全生产事故零报告，人员零死亡。被省农机局评为“全省农机安全生产目标责任考核优秀单位”。 （王建英）

林 业

【概况】 2016 年，郊区林业局高举“保护生态，改善民生”现代林业大旗，围绕“增覆盖率、增蓄积量、增收入”三增目标，大力推进生态文明建设，重点实施环城绿化、刘备山生态修复、太行山绿化等工程。在大力实施植树造林的同时，强化措施，狠抓落实，加强森林资源的保护、管理。护林防火、林地、林木、野生动植物保护管理，病虫害防治、苗木检疫、林地变更等各项工作都成效显著。按照生态脱贫工程规划，制定《林业生态脱贫攻坚实施方案》，出台《阳泉市郊区林业生态建设脱贫攻坚 2016 年行动计划》，成立脱贫攻坚专业合作社。依法严肃处理了涉林案件，组建了森林消防大队，启动了新一轮退耕还林工作，推广和发展油用牡丹特色经济，进一步开展低产核桃林改造项目。全区累计完成各类造林面积 9600 亩，未发生一起森林火灾和扑救人员伤亡事故。 （白秀燕）

【造林绿化工程】 全年完成造林绿化面积 9600 亩，其中太行山重点防护林绿化工程面积 2000 亩，巩固退耕还林成果工程面积 4200 亩，造林补贴工程面积 2500 亩，森林植被恢复面积 889 亩。同时组织机关、厂矿、企业、学校等部门及村庄进行了全民义务植树，栽植各类树种 110 余万株。完成未成林管护面积 5.9 万亩，工程总投资 1000.4 万元。完成率、合格率均为 100%，成活率 90% 以上。（白秀燕）

【育苗工程】 郊区有育苗面积 8000 亩，其中留床 7000 亩。2016 年，新育 1000 亩（集体新育 225 亩、个体新育 775 亩），当年苗木产量为 2200 万株，其中容器育苗产量 1280 万袋。 （白秀燕）

【林政工作】 一是完成林地变更工作。林地变更是郊区林业局 2016 年的一项重点工程，共完成落界退耕还林 3.4 万亩，国家级公益林 3.24 万亩。二是依法办理了行政审批工作。共完成 43 项林木采伐审批，依法办理了 1 份驯养繁殖许可证和野生动物经营利用许可证，依法审核审批了 4 项永久性使用林地项目，2 项临时使用林地项目。 （白秀燕）

【依法办理涉林案件】 全年共接处警 16 起，办理行政案件 7 起，其中火案 2 起，擅自改变林地用途 2 起，滥伐林木 1 起，毁林案 2 起，处罚 7 人（单位），罚款 18856 元。罚款全部上缴郊区财政罚没款账户。林业行政案件查处率 100%。救助野生动物 1 只。（白秀燕）

【林木防害检疫】 全年全区林业有害生物发生面积 2500 亩，其中荫营镇 1500 亩，为核桃腐烂病 200 亩、金龟子害 300 亩、野兔害 1000 亩，均为轻度发生；河底镇 1000 亩，为野兔害，轻度发生。 （白秀燕）

【公益林管理】 自 2012 年起，郊区列入国家级公益林工程的面积为 32396 亩。2016 年，郊区林业局按照有关政策和技术规定，对 13429.3 亩国家级公益林地进行了纠偏、纠错。有 6 个乡镇在征得原林权所有者的同意后退出 18966.7 亩国家级公益林，其面积变更调整到西南舁林场、河底林场、郊区煤管局林场、后峪村、阳泉市保安龙泉沟绿色生态园，顺利完成了国家级公益林调整工作。同时，与 8 个乡镇所涉国家级公益林管护人员签订了管护协议书 92 份（人）。 （白秀燕）

【成立脱贫攻坚专业合作社】 7 月 18 日，郊区林业局在《郊区周刊》、郊区电视台发出了关于招募“扶贫攻坚造林专业合作社”领办人员公告，19—22 日进行领办人员报名登记。8 月 25 日，联合区财政局、区工商局、区扶贫办、区检察院召开“扶贫攻坚造林专业合作社”遴选会。根据领办条件要求，最后从报名的 12 个领办人中遴选出 10 个扶贫攻坚造林专业合作社领办人员。10家合作社通过与贫困村的对接，和贫困人口签订入社协议，并全部完成工商注册登记。入社人数260人，其中贫困人口147人。（白秀燕）

【组建森林消防大队】 2016年，郊区林业局组建区直属森林消防大队，共招聘队员50人。为加强队伍建设，实行半军事化管理，定期进行森林防火技能战术演练。（白秀燕）

【新一轮退耕还林工作】 据国土局调查数据显示，郊区有大于25度陡坡的梯田面积共计4140.28亩，经调查落实，实际面积为3135.92亩，其中基本农田面积1369.58亩。已栽树面积1191.07亩，其中基本农田面积637.61亩、已退耕面积268.05亩、集体面积705.82亩；未栽树面积1944.85亩，其中基本农田面积731.97亩、集体面积967.12亩。通过调查摸底，当年自愿参与新一轮退耕还林的面积为28.86亩，涉及荫营镇韩庄和旧街乡测石、保安、后山、路家庄5个村27户84人。（白秀燕）

【特色经济】 为在郊区推广和发展油用牡丹，郊区林业局召集潞安煤业、林业大户及部分村负责人，召开座谈会，商讨种植油用牡丹事宜。在旧街乡完成种植油用牡丹150亩。（白秀燕）

【干果经济林提质增效项目】 全区发展核桃总面积4.79万亩，挂果面积0.8万亩。其中涉及贫困村23个，贫困户433户，种植核桃面积4268亩，全部为低产低效林。2016年，郊区林业局完成低产林改造500亩。（白秀燕）

水利

【概况】 2016年，全体水务干部职工紧紧围绕区委、区政府提出的“实施五大战略”的宏伟目标，结合省、市水务工作总体要求，大力弘扬“献身、负责、求实”的水利行业精神，紧紧围绕“发展”和“民生”两大主题，紧扣“抓机遇、抓项目、抓建设、抓管理”的工作思路，突出“服务经济、服务基层、服务民生”的工作重点，以推进民生水利为抓手，紧抓机遇，解放思想，开拓创新，为全区水利支撑提供坚实保障。当年，开工建设河底镇山底村、平坦镇魏家峪村2处农田灌溉项目，新增、改善灌溉面积1100亩，计划总投资600万元。春夏旱时，为饮水困难村拉水6.15万吨，临时解决了2.5万人的吃水困难。成功抗击了“7·19”洪灾。出台《全区黑臭水体整治实施工作方案》，切实加强河道环境卫生、污水排放等黑臭水体整治工作。（周海威）

【水资源管理】 根据《阳泉市实行最严格水资源管理考核工作实施细则》《阳泉市水务局关于开展2016年度实行最严格水资源管理制度考核工作的通知》的要求，自2016年起，开始对全区实行“年度最严格水资源管理制度考核”。继续坚持依法治水、科学节水的水资源管理体制。进一步加强水资源管理能力建设，强化全区水资源统一管理，严格控制用水总量、用水效率、水功能区限制纳污的水资源管理“三条红线”。（周海威）

防汛抗旱

【概况】 全区防汛抗旱工作始终坚持以人为本，科学管理，“防汛抗旱两手抓”的方针。规范运作，不断制定和完善各类预案，努力做到领导力度到位、汛前检查到位、防汛预案落实到位、防汛物资储备到位、工程措施到位，提高了全区防汛抗旱工作的预见性、科学性和有效性。抗旱工作依托不断完善的水利工程体系和区抗旱服务队，储备水管、水泵、水包、喷灌机及“旱地龙”等各类抗旱物资150万余元，设立抗旱应急供水点8个，铺设供水管路1.5万余米。同时，积极落实防汛工程预案，加强水毁工程的修复和河道堤防的建设，积极排查防汛隐患，完成河道清障15.2万立方米。组织全区8个乡镇进行了山洪灾害防御演练，参加人数达1000余人。完成了县级山洪灾害非工程措施建设，在8个乡镇设立了163个雨情、汛情监测点，在92个村安装了预警广播；确保全区安全度汛。（周海威）

【抗击洪灾】 7月19日—20日，郊区遭受了自1967年以来最为严重的洪涝灾害，降雨量达1967年以来日降雨量的极值，到20日20时，平均降水量达249.2毫米。其中河底镇曹家掌村降雨量最大，达到322.0毫米，西南舁乡西南舁村最小，为158.8毫米。此次降雨，使全区8个乡镇全部遭受了严重损失。据不完全统计，受灾人口达4.6万人；农作物受灾面积3.4万亩，绝收3573亩；倒塌房屋568间，损毁房屋6152间，紧急转移安置1798人；公路滑坡、坍塌、路基损毁66处97.5公里；堤防损毁16处2764米，水源工程损毁40处；经济损失1.5亿元，其中道路4500万元、水利工程3220万元、水库71万元、房屋坍塌1638万元、学校320万元、企业厂房320万元、农作物2476万元、经济作物750万元、旅游业800万元、养殖160万元、给排水750万元、供电线路54万元、煤矿22万元。洪灾发生后，全区紧急动员，全力抗洪抢险救灾，全区未发生一起因洪灾伤亡事件，取得重大胜利。获得2016年度山西省“山洪灾害防治先进县”和阳泉市“防汛抢险先进集体”荣誉。（周海威）

温河灌区

【概况】 温河灌区管理站紧紧围绕“立足本职、科学调度，加大供水力度、提升服务水平”的工作思路，全力推动灌区全面发展。一年来，在灌区全体干部职工的共同努力下，油瓮水库安全度汛，北郊农业灌溉用水得到及时供给。5—7月，根据上级水利部门的要求，结合油瓮水库的实际情况，灌区组织技术力量通过查阅资料、问询查证等，制订了水库运行管理制度、水库工程项目巡查观测制度、大坝安全管理应急预案、油瓮水库汛期调度计划方案等制度，为油瓮水库今后的科学管理奠定了遵循依据。7月19日—20日，郊区普降大到暴雨，灌区渠道设施因周边地质灾害影响，多处受损，其中总干渠因山顶倾倒的采矿弃渣，降雨形成滑坡，流入渠道造成淤积受损，共计6处，总长150余米；南干渠管道中佐段覆盖渠冒顶坍塌4处，累计长60米。灌区管理站不等不靠，立即组织力量，克服种种困难，深入到总干受损渠道和南干渠中佐段对淤泥和淤堵物进行清理，有效防止了次生灾害的发生。（郝永胜）

【处理三郊倒虹吸破裂事故】 7月30日，温河灌区南干渠三郊倒虹吸管道在供水过程中突然爆裂，外泄水流导致周边部分村民的住房、院落、水洞等设施不同程度被淹，管顶耕地形成塌方。事故发生后，灌区第一时间采取了停水分流措施，并积极协助村民应急抢险，同时向上级有关部门报告。随后，灌区立即组织施工队进入现场，围堵陷坑、导流排水、清理村民院外淤积物。其间，灌区先后筹借8万元用于受灾村民的临时过渡安置。根据领导组专题会议精神，灌区与荫营镇、三郊村组成工作组，全天候深入现场有序地开展了灾情调查、群众安抚、现场清理等工作。根据实际情况先对受灾较轻的13个院落的受灾情况进行摸底排查统计，在多方调查、征询镇村意见以及管理部门的鉴定下，最终确定了清淤、汽车、煤炭等受损赔偿标准；而后，工作组不间断地与受损严重村民交流沟通。经过两个多月的细致耐心工作，到10月，最终与受灾较重的5个院落的村民就受灾赔偿事宜达成一致意见，随后进行赔付。（郝永胜）

工 业

综 述

【概况】 2016年，工业经济彻底扭转了持续下行的颓势，规模以上工业增加值连续7个月实现正增长，全年完成15.4亿元，年末增幅达2.2%。当年，全区共有工业企业447个，按行业划分：煤炭开采企业5个，洗配煤企业19个，型煤企业6个，耐火企业246个（其中耐火定型企业64个、不定型企业182个），建材行业47个，冶金铸造企业13个，化工企业23个（其中石油支撑剂企业12个），机械制造41个，食品企业8个，非煤矿山22个，其他行业17个；全部企业中，包括规模以上工业企业26个。全部工业企业完成增加值247860亿元，比上年增长6%。 （李海鹏）

【山西河坡发电有限公司2×35万千瓦发电机组项目投入运行】 山西河坡发电有限公司位于阳泉市郊区白泉工业园区，公司按照国家相关政策和阳泉市城市发展需要，建设2×35万千瓦超临界循环流化床间接空冷热电联产机组。项目总投资32.69亿元，年产值15亿元，年发电量38.5亿千瓦时，供热量560万吉焦。可向阳泉市1300万平方米住宅、约15万户居民提供洁净、稳定热源。2013年9月1日浇灌第一罐混凝土，2016年1月一号机组投入运行，3月二号机组投入运行。 （李海鹏）

【西上庄2×660MW低热值煤热电项目主厂房顺利浇筑第一罐混凝土】 3月31日，阳煤集团西上庄2×660MW 低热值煤热电项目主厂房顺利浇筑第一罐混凝土，标志着该项目进入到主体建设阶段。该项目是全省低热值煤“1920”规划项目之一，新建2台660MW超超临界低热值煤间接空冷发电机组，配套建设高效煤粉锅炉，同步建设脱硫、脱硝和高效除尘装置，实现超低排放。根据循环产业综合利用要求，配套建设粉煤灰渣、生产生活污水和热电联产集中供热系统等综合利用配套工程。项目建设工期为24个月，总投资约52.77亿元。项目建成后可实现销售收入20亿元、利税3亿元，满足全市1843万平方米的取暖需求。到年底，项目共完成投资178876万元。 （李海鹏）

【启动百名干部入企服务工作】 9月14日，郊区召开百名干部入企服务动员暨培训会，正式启动干部入企服务工作。本次活动是按照省委万名干部入企服务的总体要求，坚持问题导向，精准聚焦企业，转变干部作风，针对性解决企业面临的困难和问题，调动企业积极性，全力巩固经济平稳回升态势，确保实现“下半年好于上半年，为明年进一步好转奠定坚实基础”的目标。本次活动集中2个月时间，动员146名区级及区直部门领导，成立41个入企服务小组，集中为26家规模以上企业和16家其他企业提供服务。区委、区政府要求，入企干部要认真开展调查研究，宣传落实政策法规，帮助破解发展难题，精准施策确保任务，切实创优发展环境，帮助企业加快发展。同时，强调入企干部要严格遵守中央“八项规定”和各级党风廉政建设的要求，廉洁自律，以身作则，发挥好表率作用，不给企业增添负担，不干扰企业生产经营秩序，以高效、务实的工作作风，自觉维护干部的良好形象，努力以实际行动赢得企业的信任和好评。 （李海鹏）

【区委书记带头深入企业调研】 2016年，自9月郊区百名干部入企服务工作开展后，阳泉天隆工程材料有限公司服务工作组在区委书记王明厚的带领下，深入企业，调查摸底，出谋划策、完善措施，创新服务，扎扎实实为企业的正常生产和长远发展解忧愁、提建议，寻思路，办实事。同时梳理出公司主要存在的问题和困难：一是土地使用要素得不到保障，二是职工养老待遇得不到保障，三是生产流动资金得不到保障。一定程度上影响着企业扩档升级改造步伐。

针对梳理出的突出问题，服务工作组随即制定出了解决方案：一是促进行政审批。认真落实国务院关于简政放权、减轻企业负担相关文件精神，对企业所提申请事项，及时督促相关部门在注重质量和效益的基础上，做到快审快办，为企业的正常经营营造宽松的发展环境。二是落实优惠政策。以政府为主导，工商、保险、劳动、财政、法律等部门要面向企业加大政策宣传力度，积极落实政策优惠，切实采取措施帮助企业面对发展中的问题，打造良好软环境。三是解决融资困难。积极协调金融部门，召开银企座谈会，推进银企交流合作，为企业筹集资金搭建信息共享的交流平台。同时鼓励企业多渠道筹资，积极创造企业新三板上市条件，争取获得较大资金支持。四是搞好创新服务。加大对企业产品的宣传力度，积极为企业创造参加国内同类产品订货会和洽谈会的各种机会，增加企业销售渠道。协调人社部门，指导企业参加劳动市场招聘会，选聘有能力、有技术、有专长的人员参与企业的经营发展，提高企业的自主创新能力。（李海鹏）

【区长武建功深入冀东水泥有限公司帮扶企业发展】 为进一步强化发展意识和服务意识，促进企业健康发展，争取全区经济逐步好转，达到“下半年好于上半年，为明年进一步好转奠定坚实基础”的任务要求，9月20日，区委副书记、区长武建功深入冀东水泥有限公司开展入企服务活动。武建功一行实地走访了冀东水泥生产厂房，详细听取了企业发展现状介绍，深入了解了企业经营存在的困难问题，并召开了座谈会。会上，武建功就如何帮助企业发展提出了六点意见：一是要抓管理。要进行科学化管理，对企业的人才、原材料、信息、品牌、销售渠道等进行全面计划、统一组织、灵活调节，使企业运行更加高效。二是要抓市场。要对本市及周边市场需求充分调查和了解研究，利用好省政府为企业提供“晋材晋用”的机遇，扩大营销半径，努力拓展出更广阔的市场空间。三是要抓质量。产品质量是企业的生命线，直接关系到企业在消费者心目中的信誉度和经营市场的时间长短，要毫不放松抓产品质量，提升企业形象，促进企业健康发展。四是要抓环境。企业要严格按照环境保护相关要求，树立绿色理念，做好节能减排、粉尘防治等工作。乡、村两级要优化外部发展环境，帮助企业解决实际困难，营造亲商安商的氛围，支持企业放手发展经济。五是要抓机制。要运用好市场倒逼机制，综合施策，淘汰落后产能，增强企业自身活力，帮助好企业做强做大。六是要抓安全。要牢固树立安全是第一生产力的理念，强化安全意识，狠抓责任落实，促进我区经济健康平稳发展。（李海鹏）

【企业融资需求情况摸底工作】 自9月郊区干部入企服务工作开展以来，在汇总的企业问题清单中，融资问题占到了问题总数的33%。针对这一情况，区委、区政府为解决企业融资难问题做出了不懈努力，在鼓励企业自身多渠道筹资的基础上，与财政、经信、科技、金融等多部门共商对策，通过助保贷评审、争取国家扶持资金、推动企业上市等方式为企业拓宽融资门路，同时积极与市相关部门协调召开政银企对接有关事宜，为企业争取更多的融资机会。

10月，郊区积极组织各入企服务小组对所服务的重点企业融资需求情况进行摸底，理清企业的资金缺口、贷款数额等基础资料，为下一步市金融办组织各银行金融机构召开政银企洽谈会做好前期准备。（李海鹏）

【优质服务助民企融资4.8亿元】 2016年，针对小微企业发展遇到的贷款难题，郊区把帮助企业融资作为服务经济发展的重要举措。政府部门工作人员利用上门走访、窗口登记和信息年报等时机，广泛宣传《动产抵押登记办法》《股权出质登记办法》等相关法律法规，宣传国家扶持、服务小微企业的政策措施以及相关工作，鼓励运用动产抵押、股权出质等形式拓展融资渠道，实行准入“零门槛”、服务“零距离”，开通融资服务通道，架起了企业与金融部门之间的桥梁，帮助企业盘活资产，为企业扩大再生产提供了强大动力。全年共协助郊区新建不定型耐火材料厂等30户小微企业办理贷款48222万元。（李海鹏）

【干部入企服务工作取得良好效果】 自9月入企活动开展以来，当年区入企服务领导小组办公室收集到区各入企服务小组反馈的企业各类问题和诉求57条，其中市场营销类问题10个，行政审批类问题6个，要素保障类问题27个，其他类问题14个，共解决56个，问题解决率为98%。通过入企帮扶，至年底，郊区工业经济彻底扭转了持续下行的颓势，规模以上工业增加值连续7个月实现正增长，全年完成15.4亿元，年末增幅达到2.2%，实现了“下半年好于上半年，为明年进一步好转奠定坚实基础”的目标要求。（李海鹏）

【荫营经济技术开发区】 12月，按照山西省开发区改革创新发展会议精神和阳泉市委、市政府“四个定位”的战略部署，郊区规划建设荫营开发区，全面加快改革创新和转型升级之路。

荫营经济技术开发区位于阳泉生态新城北部，规划范围西起河底镇郊里村，东至荫营镇前洼、后洼村，北起河底镇小沟村，南至荫营镇区，规划范围南北长约12.3公里，东西宽约4.5公里，总面积约40平方公里。计划打造24平方公里，约3.6万亩的建设用地。

开发区总体建设目标是构建"一线两城多组团"发展布局。"一线"是G239阳泉郊区荫营镇至河底镇段改线工程，由南向北呈带状扩展；"两城"是以荫营镇、河底镇为核心的两个集中居住区，其中河底镇区规划面积约6平方公里；"多组团"是以装备制造、新型材料、现代物流、三产服务等为主要内容的产业板块。其中，装备制造园约4平方公里，新型材料工业园约6平方公里，现代物流产业园约4平方公里，三产服务业约4平方公里。开发区建成后，将形成产城互补、功能互补、融合发展的良好布局，为全区产业转型、统筹城乡发展打下坚实基础。（李海鹏）

煤炭工业

【概况】 2016年，郊区煤炭工业局在市煤炭工业局和区委、区政府的正确领导以及区直各部门的积极配合下，认真贯彻落实国家、省、市安全生产工作会议精神和习近平总书记关于安全生产的系列重要讲话精神，周密安排部署全区安全生产大检查、"两节""两会"安全生产大检查、全员"知责、履责"、"安全生产月"等安全生产专项治理行动、深化"打非治违"和专项整治工作等活动，下力气抓了煤矿去产能工作，进一步促进了全区煤矿安全生产形势的持续稳定好转。（梁红霞）

【神堂煤业质量认证】 1月12日—13日，省煤炭厅质监中心站组织西山、阳煤、晋中地方质监站的人员及专家共17人，对郊区神堂煤业90万吨/年矿井兼并重组整合项目单项工程进行质量认证。（梁红霞）

【省煤炭厅到郊区进行专项检查】 8月5日，省煤炭厅应急处、行管处对郊区鸿泰煤矿应急救援、"雨季三防"、防治水工作等方面进行专项检查。（梁红霞）

【多措并举去产能】 2016年，山西省政府分三批出台了关于推进煤炭供给侧结构性改革工作的27个《实施细则》后，区煤炭工业局随即召集两个主体企业和煤炭企业负责人学习领会，并初步拟定《阳泉市郊区化解煤炭过剩产能初步方案》。为充分保证职工节假日正常休假，切实落实去产能任务，不折不扣贯彻落实上级文件精神，对所属的5座矿井严格执行276个工作日规定，重新确定了合规能力。保安煤业确定合规能力为96万吨/年，旧街煤业合规能力为50万吨/年，鸿泰煤业合规能力为38万吨/年，神堂煤业合规能力为76万吨/年，坡头煤业合规能力为39万吨/年。全区5个煤矿企业合规生产能力共299万吨/年，与原来的360万吨减少了61万吨。同时，要求各煤业重新合理制定年度月度生产计划，主动减量化生产、杜绝超能力生产，落实好节假日停产和安全保障措施，确保安全生产。（梁红霞）

【严格瓦斯治理】 2016年，全区各煤矿都严格落实防治煤与瓦斯防突责任制，均成立了以总经理为组长的防治煤与瓦斯防突领导组，落实了技术管理体系和评价工作体系。下发《阳泉市郊区煤炭工业局2016年煤矿通风瓦斯工作安排意见》《阳泉市郊区煤炭工业局关于进一步加强煤矿瓦斯治理的安排意见》，对煤矿通风瓦斯工作进行了安排部署。下发《关于下达2016年全区煤矿瓦斯抽采利用目标的通知》，对全区煤矿瓦斯抽采利用情况进行了目标分解。全年瓦斯抽采1.2701亿立方米，计划抽采1.27亿立方米，完成计划的100.0079%；全年瓦斯利用4202万立方米，计划利用4200万立方米，完成计划的100.048%。圆满完成市局下达的目标任务。（梁红霞）

【安全监管】 2016年，区煤炭工业局安全监管五人小组机构健全，责任明确，严格督查各煤矿，强化安全生产管理，落实安全生产岗位责任制。按照煤矿安全生产有关法律、法规采取强硬措施，扎实工作，狠抓落实，有力地保障了全区煤矿安全运行、规范运行。共检查、督查224矿次，填写现场检查意见书94份，查处涉及采掘、机电运输、"一通三防"、地测防治水等各方面隐患643条。（梁红霞）

【安全培训】 全年全区5座煤矿培训经费提取共计166余万元，全部用于煤矿干部、职工的培训学习。举办培训、考核共计32场次，培训2560人次，培训考试合格率达94%。全区相关企业的主要负责人、A类安全生产管理人员、B类安全生产管理人员和特殊工种人员共计360余人次参加了相关部门的培训与再培训，进一步提高了管理队伍的素质，强化了安全管理水平。全区煤矿企业的260余名"三项岗位"人员参加了各级培训部门组织的培训学习。严格落实持证上岗制度，保安、旧街、鸿泰、神堂、坡头煤业"六长"已全部具备大专或以上煤炭相关专业学历和A类安全生产管理人员证件，其他管理人员全部具备了中专或以上煤炭相关学历并持有B类安全资格证，特工种人员全部达到了持证上岗。（梁红霞）

【煤矿安全质量标准化建设】 为有效巩固郊区煤矿安全质量标准化成果，进一步提高煤矿安全管理水平和安全保障能力，按照《山西省煤矿安全质量标准化标准》要求，安监一科牵头、所有涉煤科室人员参加的煤矿安全质量标准化验收组对辖区内的生产矿井逐一进行了检查验收。到12月28日，煤矿安全质量标准化验收工作全部结束，保安煤业、鸿泰煤业、旧街煤业、神堂煤业和坡头煤业均达到煤矿安全质量标准化二级标准。（梁红霞）

煤炭运销

【概况】 山西煤炭运销集团阳泉郊区有限公司成立于1984年，总资产36.7亿元。2016年有职工总数3392人。形成了集煤炭生产业、煤炭物流业、非煤经营业于一体的实体经营型企业。当年企业煤炭总产量191.66万吨，煤炭销售量195.65万吨，实现营业收入9.66亿元，利润总额0.02亿元，上缴税金1.03亿元。（牛 牧）

【煤炭生产业】 郊区有限公司拥有保安、旧街、鸿泰三家煤业公司，总注册资金6.28亿元，核定生产能力255万吨/年。共有煤田面积17.45平方公里，可采储量约9328.15万吨，煤炭资源品种主要有3#、8#、9#、15#煤。公司所属煤业公司高度重视安全生产和矿井质量标准化建设，工作中以推进“六大阶段性目标”为抓手，在“一通三防”和技术装备上下功夫，大力实施标准化工程和瓦斯治理“两大战役”，提高了生产效率和安全系数，实现了安全高效的目标。（牛 牧）

【保安煤业】 山西煤炭运销集团保安煤业有限公司位于旧街乡枣园村，是山西煤销集团确立的“瓦斯治理示范矿井”，阳泉市“百项重点工程”之一。2016年有职工1490人，资产总额2.32亿元，注册资本5.2亿元。井田面积14平方公里，工业厂区面积16公顷，地质储量1.86亿吨，可采储量9061.02万吨。主采沁水煤田8#、9#、15#煤层，设计生产能力150万吨/年。（牛 牧）

【旧街煤业】 山西煤炭运销集团旧街煤业有限公司位于旧街乡测石村。2016年有职工616人，资产总额4.04亿元，注册资本3369万元。井田面积1.5平方公里，批准开采3#、8#、9#煤层。8#、9#煤层保有地质储量814.58万吨，可采储量233.43万吨，服务年限4年。（牛 牧）

【鸿泰煤业】 山西煤炭运销集团鸿泰煤业有限公司位于平坦镇中庄村。2016年有职工584人，资产总额2.97亿元，注册资本7500万元。井田面积1.6平方公里，批准开采3#煤层，地质储量215.1万吨，剩余可采储量33.7万吨，服务年限1年。（牛 牧）

【恒源经贸公司】 阳泉煤销恒源经贸有限公司是郊区公司组建的全资子公司，位于阳泉市荫营镇三泉村。注册资金300万元，总资产2803.43万元，2016年有职工361人。该公司以剥离三个煤业公司后勤服务工作为切入点，帮助煤业公司实现瘦身减负，从而使煤矿能够集中精力抓好安全生产，实现煤矿业务的主辅分离。各煤矿的食堂、安保、澡堂、卫生服务已统一运营，班中餐食堂实现了对三个煤业公司统一配送，可服务矿工1300余人。（牛 牧）

【洁能煤层气公司】 阳泉洁能煤层气开发有限公司是郊区公司于2010年4月组建的全资子公司，2016年有职工8人，注册资金800万元。主要工作是长期开发利用阳泉市地方煤矿煤层气资源，通过开展对煤层气的综合利用工程，真正实现“化害为利、变废为宝”。在注重经营效益的同时，也非常注重企业党建、企业文化、和谐煤销创建等全方位的工作。积极致力公益事业，先后开展各类公益活动60余项，投入及捐赠金额累计超过800万元。到2016年，连续多年获得“山西省诚信单位”“山西省模范企业”“集团公司标兵单位”“阳泉市重信用守合同企业”“郊区十强企业”等荣誉。（牛 牧）

耐火工业

【概况】 2016年，全区54家耐火制品企业中，有20多家正常生产或勉强维持生产；174家不定型耐火企业中，停产的近130家，仅有金土耐火、恒源耐火、广鑫源耐火、通鑫耐火、华西耐火等少数企业能够维系生产。当年，全区耐火材料完成产量60万吨，同比降低24.9%；耐火行业上缴税金4660万元，同比降低28%，占全部税收收入比重的8.31%，比2015年同期降低2个百分点。（李海鹏）

【山西阳泉华岭耐火材料有限公司】 始建于1956年，位于阳泉市白泉工业园区，是国内、国际石油、化工、冶金、建材、电力、用铝硅系耐火制品的重点生产企业之一。2003年，本着装备先进、环保达标的思路建设了全封闭的破粉碎大楼、配料车间，物料流动实现了封闭化、配料实现了计算机程控自动化。成型系统安装了11台高冲程压力机。烧成系统新建了三条高温隧道窑并安装了自动化的温控系统。建设过程中在各扬尘点安装了粉尘回收装置。2009年又进行了天然气改造，实现了耐火企业的清洁生产，达到了国家的环保要求，实现了企业的可持续发展。

公司参与了19项产品国家标准的起草制定。主要产品有热风炉用低蠕变高铝砖、低蠕变黏土砖、低蠕变红柱石砖、莫来石砖、刚玉莫来石砖、电炉顶用高铝砖、盛钢桶用高铝砖、水泥窑用抗剥落高铝砖、硅莫砖、大型碳素焙烧炉用高铝砖及玻璃窑用低气孔率黏土砖，其中热风炉用低蠕变高铝砖、低蠕变黏土砖获省优质产品奖，电炉顶高铝砖获省质量信得过产品奖，高荷软高铝砖获省科技进步二等奖，微膨胀高铝砖列入国家级火炬计划项目，大型炭素培烧炉用特种高铝砖已批准国家专利。产品广泛应用于冶金、电力、化工、有色、建材等高温行业，主要销往攀钢、太钢、阳煤化工、中钢集团、中冶集团、中钢洛耐院、北京索通炭素、西部水电、沈煤电力集团、鄂尔多斯电力集团、青海盐湖等大中型企业，35%的产品出口到印度、日本、东南亚、澳大利亚、美国等国际市场，形成了国内、国际并举的市场体系。

公司十分注重科技队伍的建设，2005年组建了阳泉市耐火材料研究所。同年11月16日与洛阳耐火材料研究院签订了全面技术合作协议。2006年11月27日与武汉科技大学共同组建了“产学研”基地，在与大专院校合作的同时引进了6名高级技术人员。同年，公司制定了为期10年的人才战略，每年委派3到5名应届高中毕业生到武汉科技大学材料与冶金院进行为期4年的耐火材料专业学习，初步形成了大专院校把握方向，外聘人才主抓研发，本土人才消化实施，外派学生后续接力的四级人才网络体系，为企业发展奠定了长期的人才支撑。公司技术中心被山西省进出口商品检验检疫局评定为社会认证实验室。已通过ISO 9001:2000国际质量体系认证，取得自营进出口权。先后被评为科技示范企业、省科技先导型企业、省技术创新先进企业、省高新技术企业、省科技型先进民营企业等荣誉称号。 （李海鹏）

【山西圣火炉料有限公司】 位于山西阳泉郊区荫营镇前洼村，成立于2003年1月8日，是阳泉市圣火炉料有限公司与韩国CLOVER CO.（韩国）公司共同出资组成的中外合资企业。注册资金58.47万美元，其中中方出资38.47万美元、韩方出资20万美元。公司下属2个耐火制品生产分厂、1个机加工分厂、1个科研中心、2个子公司——阳泉市垦鑫矿产有限公司、阳泉市众鑫铝矾土交易市场。占地11.6万平方米，总资产7505万元，固定资产5503余万元。

2003年，加入了中国耐火材料行业协会，并取得了自营进出口企业资格和ISO 9001:2000质量管理体系认证证书。

2005—2007年，为响应国家节能、环保号召，公司拆除8座倒焰窑，新建3条隧道窑。同时新安装了φ2.4m、φ2.1m煤气发生炉，用煤气烧成工艺取代了传统的煤炭烧成。2006—2010年，开发出抗热震硅砖、莫来石砖、低蠕变黏土砖、堇青石（抗热震）砖、大型高铝预制件、包口浇注料、高荷软抗热震粘土砖、热风炉低蠕变高铝砖、热风炉低蠕变高铝砖、微孔莫来石系列轻质隔热砖、低品位铝矾土均化料等多种新产品。

2008—2010年，与华润天然气公司合作，拆除两座φ2.4m、φ2.1m煤气发生炉，引入管道天然气，新建两座天然气调压站。用更加节能环保的天然气取代了煤气烧成，取得了明显的节能效果，为企业降低成本、提高经济效益奠定了良好的基础。主要生产设备有颚式破碎机、球磨机、对辊机、雷蒙磨、干碾机、湿碾机、400t压力机、315t自动压力机、300t压力机、260t压力机；91米、165米的高温多功能隧道窑三条，以及耐火材料检验检测设备32台（套）。全面进行自动化改造，改造后将接近国内先进水平。主要产品有高铝质、粘土质、硅质、特种四大系列制品及不定型耐火材料，年设计生产能力5万吨。产品广泛用于冶金、建材、化工、电力等行业，销售辐射全国各地，并远销美国、英国、韩国、日本、新加坡、南非、意大利、比利时、加拿大、叙利亚、德国、巴基斯坦、泰国、菲律宾等国家和地区，深受外商青睐。

2009年2月，被省工会评为双爱双评先进企业，被区政府评为“振兴传统产业”先进单位；9月，被省中小企业发展促进委员会授予省最具社会责任中小企业；12月，被市政府授予乡镇企业标兵单位。2010年3月，被市政府评为对外贸易先进集体，被企业家协会评为优秀企业；4月，被省委、省政府授予山西省模范单位；5月，在区工会组织的“庆五一、促和谐”职工趣味运动会上取得了“齐心协力比赛”第二名的好成绩；10月，被省外商协会授予“经营管理先进外商投资企业”称号；11月，被评为省科技功臣单位。 （李海鹏）

【阳泉金隅通达高温材料有限公司】 该公司隶属于中国500强企业之一的北京金隅股份有限公司，位于郊区白泉工业区，占地130余亩。公司以“定位高端产品、主攻高端技术、锁定高端市场”为标准，高水平设计、高质量建设、高效率运营，实施的均质合成耐火原料项目，设计年生产能力15万吨。践行资源综合利用理念，运用系统集成自主创新技术，采用均化调制、除杂提纯、改型改性等先进技术，资源化利用多级品位铝矾土和废弃碎矿，再生化生产高档均质合成耐火原料，将资源利用率从不足30%提高至90%以上，大幅提高铝矾土资源利用率和技术附加值。

均质合成耐火原料项目坚持节能节减、清洁生产，利用国际上最先进的节能环保窑炉技术，采用清洁能源、实施余热回收，消除传统产业对环境的影响。该项目被列入“国家火炬计划”和“十二五”时期国家科技支撑计划，被行业泰斗钟香崇院士赞誉为“代表着第一个有中国特色的、具有自主知识产权的铝矾土资源综合利用项目”。

公司项目的成功运营，打造了国内最大的均质耐火原料示范基地，开创了中国高端均质合成耐火原料的新纪元，将为地方传统耐材产业的转型升级和经济社会发展、为中国高温行业技术进步和结构调整做出积极贡献，引领行业可持续发展。（李海鹏）

【阳泉市金土耐火材料有限责任公司】 2016年，为了扩规上档，响应国家资源综合利用和环保政策，公司投资1.8亿元改造《末期铝矾土原料升级为预熔料、致密钢玉、白刚玉高档耐火原料及高档耐火材料制品》的技改，主要建设内容为改造10万吨预熔料生产线，改造升级铝矾土生产线及致密刚玉、白刚玉生产线，利用本项目生产的高档致密刚玉和白刚玉，生产适应于冶金、化工、建材等行业用的中、高档不定型耐火材料，最终形成年产30万吨的生产规模。项目总投资1.8亿元，其中固定资产投资1.66亿万元，铺底流动资金1400万元。资金来源为企业自筹6000万元，银行贷款1.2亿元。项目建设工期为2016年4月至2017年12月。项目预计经济效益：年产量30万吨，年销售收入达8亿元，实现利税1.4亿元，其中上缴国家税金8000万元，利润6000万元。已累计投资890万元，建成2座燃气高效铁炉。

在此基础上，同年6月，公司与长沙理工大学进行技术开发合作，决定投资3000万元新上年产10万吨高效聚氯化铝系列产品，其中工业级聚氯化铝，以氧化铝含量为30%的固体产品生产4万吨；饮用水级聚氯化铝，以氧化铝含量为30%的固体产品生产4万吨；高纯级聚氯化铝，以氧化铝含量为30%的固体产品生产2万吨。（李海鹏）

【阳泉市下千耐火材料有限公司】 位于荫营镇下千亩坪村。20世纪80年代，在以企带村、村企一体化、工业反哺农业、增加村民收入、转移富余劳动力、促进社会主义新农村建设等方面都发挥了突出作用。1984年，提出“科技兴厂”战略。“借梯上高楼”，加大产品升档力度，一年一个新台阶。在节能减排、环保达标、绿色工厂等工作中，企业投资800万元，改造倒焰窑，兴建隧道窑，安装防尘设备，栽花种草，植树造林，工业用水排放等方面都做出了显著成效。获得了环保达标证书。三十年来，企业在发展战略上坚持立足当地优势，依靠科技发展，生产的高铝系列、热风炉用高铝砖荣获省优质产品奖，铝碳系列产品荣获新产品、新技术金奖，开发的新产品荣获山西省科技进步奖，国家星火计划科技成果奖。2002年开始推行ISO 9000系列标准管理，其“晋唐”牌商标产品，荣获阳泉市知名商标。

为适应市场经济的发展，公司提出了“发展是主题，结构调整是主线，深化改革和科技进步是动力，提高经济效益和职工收入是一切工作的着眼点和落脚点”的工作思路，以科技创新、体制创新为动力，积极发展高新技术及新产品，走科技含量高、经济效益好、资源消耗低、环境污染少、人力资源优势得到充分发挥的新型工业化道路。企业的发展壮大不仅使本村村民全部就业，还吸收邻村及外乡富余劳力200多人就业。

20世纪90年代开始，企业的发展壮大给下千亩坪村的发展建设提供了有力的支持，给员工带来最大实惠。村基础设施建设资金全部是企业自筹，从未向村民摊过一分钱，集过一次资。村民“两工”免收，农业税和统筹费历年由集体代交，自来水入户免收水费，适龄员工都享受养老金。在“村企一体化”进程中，做到了致富产业稳定，村民充分就业，收入明显增加，生活质量显著提高。从80年代开始，公司先后荣获部、省、市级“先进企业”“质量管理奖”等奖励，曾荣获市、区、镇“纳税大户”等荣誉称号。

2016年，有员工800多人，固定资产6600万元，生产能力5万吨，产值8000万元，完成利税1000万元。（李海鹏）

【阳泉市贤亨耐火材料有限责任公司】 位于荫营镇三都村，建于1976年，属三都村集体企业，名阳泉市郊区三都耐火材料厂，2001年改制后成为股份有限责任公司。主要生产莫来石质、高铝质、粘土质制品，以浇钢砖、磷酸盐不烧砖、焦炉砖为主。年产量1.5万吨～1.8万吨，年产值2000余万元。主要生产及附属设备120余台（套）。有较先进的全套化验设备，随时对产品各道工序严格把关。2003年6月通过了ISO 9001:2000国际质量管理体系注册认证。同年，产品开始走向国际市场，其中莫来石质浇钢砖和优质黏土砖在美国（TMK）、德国、日本（NKK、JFE、大同特钢、鹿岛钢厂）等地深受客户的青睐和好评，并签订常年供货合同。2016年有职工300余人，其中高级工程师5人、中级职称人员2人、初级技术人员5人，资产总值1836万元。（李海鹏）

建材工业

【概况】 郊区建材行业以水泥生产为主。2016年，随着周边市场需求的不断回暖，水泥行业量价齐升，产量和效益都较2015年同期有较大提升。但行业不利因素是受环保因素限制，企业在采暖季须停产，生产受到一定影响。当年，全区水泥产量完成201.6万吨，同比增长16.6%；水泥均价为185元/吨，比2015年同期增长15元/吨。建材行业上缴税金4467万元，增长54.78%，占税收收入比重为7.96%，比2015年同期增加3.37个百分点。（李海鹏）

【阳泉冀东水泥有限责任公司】 2009年8月，该公司投资12亿元，在白泉工业园区建设日产4500吨新型干法水泥熟料生产线并配套建设9兆瓦纯低温余热发电机组，到2012年年初建成投产。该项目利用郊区优质的低碱石灰石资源，每年可生产国家重点项目需要的优质高标号低碱水泥200万吨。

冀东发展集团以其雄厚的实力在全国闻名遐迩，被誉为“中国水泥工业排头兵”和“中国新型干法水泥工业的摇篮”。经过30年的拼搏，已经发展成为一个横跨全国12个省、市、自治区，拥有3家上市公司、120多家企业，涵盖水泥、装备、商混、物流、矿业、房地产、海外发展等八大板块的跨行业、跨区域、跨所有制、跨国界的大型综合性企业集团，并成功跻身中国企业500强。

冀东发展集团高度重视在山西的发展，已在太原、大同、阳泉、闻喜深入布局，总资产达45亿元，水泥年产能1000万吨，成为山西省首屈一指的水泥制造企业．该企业始终坚持走新型工业化道路，坚持节能减排和循环发展，积极推广各项新工艺和新技术的应用。阳泉公司秉承“实施清洁生产，发展循环经济，建设花园式厂区，构建节约型企业”的理念，在全厂安装除尘和降噪设备70余套，并建设有污水处理和循环利用设施，加强对粉尘、噪音治理和水资源利用，使企业融入周边生态环境。公司建设的9兆瓦纯低温余热发电站，年发电量6264万千瓦时，可以满足全厂近30%的负荷需求，相当于节约标准煤约2.6万余吨，减少二氧化碳排放量5.2万吨、二氧化硫排放量800多吨。公司按照“减量化、循环化、再利用”的原则，不断提升使用各种工业废弃物替代天然矿产资源的综合利用量，每年可消耗约12万吨煤矸石、20万吨粉煤灰、30万吨石灰石尾矿、20万吨砂岩尾矿、24万吨炉渣、15万吨废钢渣、12万吨脱硫石膏等等，通过对区域内工业废弃物的转化利用，有效减少其对生态环境的污染。

“十二五”期间，冀东发展集团充分发挥大型国有企业在转型跨越发展中的骨干先锋作用，继续加大在山西区域内的投资和整合力度，充分利用阳泉市良好的投资环境和丰富的矿产资源，以阳泉公司为核心，以“区域规模领先”为导向，以“突出主业，相关多元”为指针，不断延伸、拓展、提升产业链，在资源与市场允许的条件下，加快向混凝土、砂石骨料、物流商贸、房地产、液化天然气（LNG）加气站等领域的进军步伐，形成以水泥产业为主导，上下游产业联动的区域产业配套格局，努力打造新型现代化建材工业园区。（李海鹏）

【阳泉天隆工程材料有限公司】 该公司是华北地区规模较大的一家集特种水泥和新型工程材料研究、开发、生产、销售、服务为一体的大型企业，生产特种水泥历史久远，是国内具备特种水泥生产能力最早的生产厂家，是第三系列硫铝酸盐水泥的发明单位之一，也是国家硫铝酸盐水泥和铝酸盐水泥两大系列标准的起草单位，又是高效混凝土膨胀剂（UEA）系列产品的发祥地和山西省建材行业协会常务理事会员单位和中国特种水泥混凝土工程材料协会副理事长单位。

年生产能力15万吨，主要有硫铝酸盐和铝酸盐两大系列产品。特别是近年来集中科研力量，致力于新材料的研究、开发和生产，已成功开发出了适用于煤炭、石油开采、地质勘探、机场、桥梁建设和地下防水工程等行业的高水充填材料和适用于冶金、钢铁、化工及环保水处理行业的铝酸钙胶凝材料，部分产品还填补了省内外同行业空白，产品畅销全国各省、市、自治区，多种产品还走出了国门，打入了国际市场，远销美国、俄罗斯、日本、韩国、英国、南非等国家和地区，以优质的产品和优良的服务享誉海内外。

公司拥有多项科技成果，曾获国家级科技进步奖、发明奖6项，国家专利3项，与中国建筑材料科学研究院、铁道部科学研究院、中国矿业大学等国内多所知名院校、科研单位保持着信息、技术交流与合作，拥有公司企业技术中心和阳泉市建筑材料研究所等科研机构，科研人才济济，检验设备齐全，具有特种水泥和新型工程材料“开发—设计—生产—质量管理—售后服务”的完备体系。

2011年后，公司先后投资1800万元，进行了生产线窑尾预热节能项目改造工程，节能效果良好，2016年已投入正常运行，年可增加产能3万吨，增加收入2000余万元，为实现公司转型发展和跨越发展奠定了坚实的基础。

公司先后获得了山西省科技厅颁发的“高新技术企业”和山西省质监局评定的“质量信誉AA级企业”以及山西省环保局认定的“环境行为评价二级（蓝色）企业”，山西省人民政府命名为“守合同、重信用”企业，快硬硫铝酸盐水泥荣获“山西省名牌产品”称号。（李海鹏）

【阳泉市益汇混凝土有限公司】 为了加快企业的改制步伐，适应当前经济转型发展的需求，2011年9月由市建筑工程（集团）总公司控股，市元承建业工程有限公司参股，成立阳泉市益汇混凝土有限公司，专门生产经营商品混凝土。

商品混凝土搅拌站，建设地址设在义井镇白羊墅村地段，占地约2万平方米。首期建设规模为年产商品混凝土10万立方米，项目总投资约1000万元。主要建设内容为搅拌站生产基础建设，购置混凝土泵车、罐车和安装混凝土搅拌设备。2014年在已有设施基础上增加了一条规模为年产6万立方米商品混凝土生产设备一套（180型），项目采用自筹资金，总投资约300万元。

2016年，公司有员工55人，完成商品混凝土产量11.8万立方米，产值2800万元，实现利税80万元。（李海鹏）

化学工业

【概况】 2016年，化工行业中龙兴化工因运行困难而停产，仅有上年新纳入规模企业的顺泰和工贸有限公司正常生产。当年，化工行业上缴税金115万元，下降12.2%，占税收收入比重为0.21%。（李海鹏）

【阳泉龙兴化工有限公司】 该公司的前身是阳泉市攀宝色素厂，始建于1995年，1996年年底投入试产。2002年年底，根据上级政府文件精神，该厂进行了机构改革，改制成为有限责任公司，名为阳泉龙兴化工有限公司，注册资本863万元。

公司始终本着“科技兴企”的原则大力发展企业。先后引进俄罗斯专利产品——“包膜二氧化钛”及国内先进成熟技术～水相法生产氯化聚乙烯产品。这两种产品广泛应用于建材、塑料、油漆、涂料、油墨、橡胶等行业，已在全国建立了10多个销售网点，主要分布在浙江、天津、东北、新疆等地。企业先后被评为“山西省高新技术企业”“山西省重合同守信用企业”“山西省环保企业协会会员”“省农行AAA级信用度企业”，自建立以来，连续被评为市、区科技先进企业。产品列入国家“星火计划”项目及省“火炬计划”项目，“龙燊”商标获得山西省著名商标。2000年公司通过了ISO 9001:2008国际质量体系认证。2011年被省质量技术监督局评为“山西省名牌产品”企业。

2016年，有固定资产1600多万元，职工95人，其中工程技术人员5人；占地面积17000平方米，建筑面积7000平方米，年产能1万吨。同时，因市场及环保因素，企业运行陷入困境，故而寻求转产、转型发展。（李海鹏）

【阳泉市顺泰和工贸有限公司】 该公司位于义井镇白羊墅村，是以生产油气井压裂支撑剂（陶粒砂）为主的专业厂家。设计能力可生产低、中、高密度陶粒砂，年产量3.5万吨（低密度产品达到国内领先水平）。整个生产工艺流程布置合理，拥有精确的配料及矿石粉碎、制粉、成型、烧结及成品筛分。公司秉承“以质量求生存，以生存求发展”，为用户提供可靠的产品和满意的服务。按现代企业管理要求，设立办公室、财务部、制造部、技术部、企划部、后勤部。机构运行严格按企业章程办事，决策层、执行层、监督层相分离，分工协作、团结进取。从原料进厂到产品包装，实时跟踪监督，使产品出厂达到优质。2012年，公司自筹资金1500万元进行技改项目，主要购置和安装、成型、烧成等全套石油支撑剂生产设备。项目完工后年生产规模达5万吨，年收入1亿万元，利税1500万元。产品销往吉林油田、胜利油田、长庆油田、安东石油、中澳煤层气能源有限公司等企业，销售市场稳定。

2016年，公司有员工60人，其中管理人员10人、专业技术人员5人；占地面积3万平方米，其中厂房占地面积1万平方米；固定资产2500万元，年产值5000万元。（李海鹏）

食品工业

【概况】 到2016年，郊区主要食品加工企业有两家。在多年的发展过程中，企业始终坚持质量第一、诚信经营的生产理念，产品质量品质在消费者心目中一直享有高的信誉。不少产品成为省级质量信得过产品，“三来”商标成为山西省著名商标。在全市食品工业中，企业地位居于前列。（李海鹏）

【山西三来食品有限公司】 该公司于1985年建厂，1996年改成股份制企业。自成立后，公司围绕“诚信为本、创新为魂”的企业文化，坚持“质量第一，信誉至上，科学管理，争创名优产品”的质量方针，为实现企业高速发展，增加员工收入这一共同目标不断落实新举措，创造新辉煌。

公司主导产品为马铃薯颗粒全粉，香酥馒头片和各类中西式糕点。是阳泉市乃至华北地区的一家规模较大的资深食品加工企业。特别是主导产品马铃薯颗粒全粉，在1999年获得“中国国际农业博览会山西组委会颁发的名优产品奖”，2000年12月，产品被省经济贸易委员会鉴定验收为合格产品，同年在中国（重庆）食品展览会上获“最受欢迎奖”；2003年获“山西省优秀新产品奖”。2004年3月，公司被省政府及有关部门评定为“省农业产业化百龙企业”，12月通过ISO 9001:2000国际质量管理体系认证，同时被省科学技术厅认定为高新技术企业，被山西省工商局、阳泉市市政府认定为“重合同守信用”企业。多年来，被阳泉市消费者协会评为诚信单位。2007年8月顺利取得QS食品市场准入证。同年11月，“三来”商标被山西省工商局认定为“山西省著名商标”。

公司机构设置为：马铃薯全粉厂、食品厂、唐山马铃薯全粉分公司，三禾农副产品研究所。现有马铃薯全粉生产线4条，年设计生产能力达5000吨。另有馒头片生产线、糕点生产线各一条，年生产能力达600吨。产品以“三来”牌马铃薯颗粒全粉，畅销福建达利、湖北武汉、山东济南、东北沈阳、湖南衡阳、陕西西安、河南郑州等地；产品“老妮儿”牌香酥馒头片、“老妮儿”牌中秋月饼畅销本市及晋中地区。

2016年，总资产4700万元，厂区占地面积26666.8平方米，建筑面积16475平方米。有职工236人，其中各类专业技术人员35人（高级3人、中级5人、初级27人）。（李海鹏）

【阳泉田园乳业有限公司】 该公司位于辛兴村，距市中心9公里，距太旧高速公路坡头出口1.5公里。是土生土长的本地乳制品生产企业，集奶牛养殖、鲜奶加工和乳制品销售于一体，日可生产乳制品308吨。多年来一直称雄当地乳制品行业，是农业产业化省级重点龙头企业。

其前身是阳泉市奶牛场，隶属于阳泉市农牧局，始建于20世纪70年代，是当时阳泉市最大的奶牛养殖基地。

2000年，为扩大生产规模、提高经营效益，在市奶牛场的基础上，成立了阳泉田园乳业有限公司，开始了立足本地，服务大众的历程。“田园”牛奶在本地越来越深得民心，有口皆碑。

2007年，公司经营出现困难。为了让田园乳业走出困境，重新焕发活力，在市委、市政府的主持下，作为国有企业的田园乳业承债式改制为民营企业。改制后，打出一系列企业发展“组合拳”：聘请专业人才，针对市场需求研发出酸奶、纯牛奶、植物蛋白饮料三大系列20多个品种；购置先进设备，进一步扩大生产规模；组建营销团队，实行市场化运作。与此同时，将原有的饲料公司与奶牛养殖、乳品生产相结合，形成一条较为完整的产业链，进一步提升企业效益。2008年，田园乳业经受住了三聚氰胺奶粉事件的考验，被山西省质量技术监督局评为“山西省质量信誉AA企业”。2010年乳制品行业整顿后，阳泉田园乳业更是成为阳泉地区唯一的乳制品企业。生产设备上按照较先进的日产300吨规模设计建设，新建了超高温灭菌乳、调制乳、巴氏杀菌乳包装、瓶装发酵酸乳三条生产线，使生产全都实现了全封闭、全过程电脑控制自动化生产，产品达到了十万级无菌净化包装。检验方面，根据《工业和信息化部 国家发展和改革委员会 国家质量监督总会乳品行业开展项目审核清理工作的通知》，投资1000多万元，按照国家对乳制品企业的新要求进行整改，购进先进的检验设备，新建P2化验室、气相液相化验室、原子荧光化验室，使化验能力由过去的 9项增加到32项，曾经不能检验的许多项目不出门就及时拿到化验结果，产品的质量更有了保证；流程管理上，从奶源到生产，到销售，建立了一整套完善的、可追溯的管理制度，每批产品的原料奶来源、原材料、使用量、原辅料供应商、生产时间、生产过程工艺参数、生产班次、班上作业人员、成品检验人员、放行人员、每批产品物流存储地点、物流发货去向，都可以实现全过程监控和全方位追踪问效，保证了产品的营养与安全，有效地预防了食品安全危害的发生；职工教育培训上，公司新建职工培训中心，每周对职工进行培训，落实职工入厂三级教育，同时还联系农业服务中心的行业专家对公司的领导和全体员工进行了专业、深入的培训，提高员工质量安全意识。

经过不断的开拓发展，建设了洁净度超过国际标准10倍的乳制品生产净化车间，引进了进荷兰巴氏鲜牛奶瞬间杀菌技术，产品赢得消费者的信赖，成为晋东地区最大的乳制品生产企业。（李海鹏）

其他工业

【概况】 到2016年，两户铸造企业全部停产。而在煤炭、耐火、建材、化工、食品等工业之外，机械制造、磨料磨具和线缆生产，以及燃气供应等，却有着较显著的位置。在多年的发展过程中，企业始终坚持质量第一、诚信经营的生产理念，产品质量品质在消费者心目中一直享有较高的信誉。广凯机械制造成为全市最大、最全面的机械加工企业，磨料磨具成为全国唯一一家生产、研发黑刚玉砂、黑刚玉树脂砂轮一条龙的出口基地，电线电缆取得美国UL安全认证，华润燃气位居全国AA级纳税企业。（李海鹏）

【阳泉华润燃气有限公司】 该公司成立于2007年9月25日，注册资金5000万元，其中香港华润燃气投资有限公司出资3750万元（占75%），山西天然气股份有限公司出资1250万元（占25%）。阳泉市燃气输配工程项目总投资9352万元。公司经营项目为天然气、煤层气、煤制气管道安装输送供应、调压站建设、危险货物运输、CNG开发利用、汽车CNG的开发利用、工商业用气供应及天然气的进一步加工等。

公司于2008年3月开始建设，6月16日通气投产。到2016年，已建成CNG母站1座、压缩子站1座、标准站1座、液压子站2座。年供气能力1.5亿立方米，铺设中压管网240余公里，工商业用户126户，居民用户5823户，双燃料车近5000辆。

公司在树立行业典范的同时，狠抓安全生产，并着力提升企业的美誉度。多次获得“十强企业”“纳税大户”“全国AA级纳税企业”“山西省经济效益先进外商投资企业”“山西省履行社会责任先进外商投资企业”“安全生产先进企业”等项殊荣。（李海鹏）

【阳泉市中嘉磨料磨具有限公司】 该公司位于杨家庄乡庙岭村，建于2007年，是全国唯一一家生产、研发黑刚玉砂、黑刚玉树脂砂轮一条龙的出口基地。

黑刚玉砂主要用于制作砂轮和不锈钢制品的抛光；黑刚玉树脂砂轮则广泛运用于机械加工、设备制造、工程建筑等行业，对各种钢材的切割、磨削等，均属工业加工制造的工业消耗品。主要产品有增强型切削砂轮、增强型磨削砂轮、树脂基体磨削砂轮、石材专用砂轮、金属磨削普通砂轮、出口型专用砂轮、不锈钢专用砂轮、黑刚玉砂等。

公司立足于科技创新，产、学、研并举，与国家研磨所、郑州科技大学、中北大学联合进行黑刚玉与黑刚玉树脂砂轮产品的研发制造。产品所用原料为“渣坡料”和工业钢渣。渣坡料即耐火业产品制造废弃的垃圾；钢渣即钢铁冶炼过程中产生的渣料。既变废为宝，又改善了环境，从生产到消费的全过程基本不产生废物，实现了高效的节能减排，属低碳经济模式。公司被省、市商务局列为阳泉市重点出口基地，该项目被市科技局列为阳泉市专利工作试点及重点支持企业，被市政府列为阳泉市重点工程。

到2016年，公司拥有国内先进的生产设备，并建立了完整的原材料质检体系，采用世界先进和科学的检验检测手段，对产品质量进行多道把关，力争使产品达到国内外先进水平。已取得ISO9001质量体系认证和德国MPA产品安全认证。生产的中嘉牌、金世特牌、华戈牌、HOPPLING GREAT、CUTOP等系列树脂磨具，因其优良的品质性能和强有力的市场竞争力，得到国内大部分城市客户的认可，并且远销波兰、俄罗斯、叙利亚、印度、意大利、美国、韩国等几十个国家。公司有职工160多人，已获国家专利七项。（李海鹏）

【阳泉市广凯机械制造有限公司】 该公司成立于2007年，位于荫营镇窑沟村。公司致力于锚杆、锚具、金刚石钻头等煤矿安全产品的开发研究，实施以“品牌、品质、品位”为一体的“三品”战略，打造技术一流的职工团队，已取得了国家煤安认证等。2013年，投资1000万元进行了煤矿支护产品及机械加工技改项目。该项目采用国内新技术、新工艺、新设备，使企业生产高效节能，成为全市最大、最全面的机械加工厂。

2016年，投资900万元，分别进行了锚具和锚杆生产线再次技改，为矿山及其他行业提供高精度、高密度的机加工件，对阳泉市精加工业的发展具有推动作用。年可实现收入1亿元、利税200万元，可创造就业岗位100余个。当年在册职工150余人，其中大专以上学历30余人，拥有中级职称及以上的专业人员10余人。（李海鹏）

【山西立博线缆有限公司】 该公司是一家生产电线电缆的股份制企业，位于黄砂岩村，以北200米相连国道307复线，直通石太高速，周边道路交通条件便利。注册资金3000万元。有固定资产1.3亿元。厂区占地面积6万平方米。具有国内外先进水平的电缆生产设备150台，检测设备70多台。先后取得了矿用产品安全标志证书、美国UL安全认证、ISO 9001质量体系认证、ISO 14001环境管理体系认证以及OHSAS 18001职业健康安全管理体系认证等。主要产品有35千伏及以下塑料绝缘电力电缆，阻燃、矿用电力电缆，1千伏、10千伏架空绝缘电缆，聚氯乙烯绝缘电力电缆、阻燃电缆、耐火电缆、低烟无卤电缆。控制电缆、矿用电缆、计算机电缆、通信电缆、铝绞线及钢芯铝绞线、布电线等十几大类上百种型号6000多种规格。具备年生产电线电缆5万千米，钢芯铝绞线1万吨的生产能力，每年可实现产值5亿元。2016年，有员工150人，其中技术人员42人（高级工程师26人）。生产各类电线电缆约420千米，实现收入2000余万元，利税120万元。（李海鹏）

省属驻地企业

【阳泉荫营煤矿（阳泉一监）】 2016年，在省委省政府、司法部、市委市政府和省厅局党委的正确领导下，在逆境中抢抓机遇，在困难中砥砺前行，走过了极不平凡的一年，整体工作稳中有进。（1）严格管理，从严治党。始终坚持抓班子、带队伍、树风气这个根本，认真学习贯彻习近平总书记系列重要讲话精神，深入贯彻党的十八届六中全会精神和省第十一次党代会精神，严格落实“两个责任”，深入践行“六权治本”，扎实开展“两学一做”学习教育，从严治警，从优待警；持之以恒地加强党风廉洁建设，持之以恒地“反四风”、转作风，不断强化廉洁从政的“红线”意识和“底线”意识。（2）

煤矿生产稳步运行。结合市场需求，及时调整生产布局，保持了稳产高产，煤炭产销均创历史新高，实现了建矿以来首次达产。狠抓“五提五降”举措，顶住了经济下滑等多重压力，挺过了企业经营最为困难的历史阶段。全面完成省局下达的各项经济指标，扭亏为盈，全年实现工业总产值6.5亿元，实现利润973万元，圆满完成省局“保安全、保民生、保工资、保运行”的工作目标，实现了“产销两旺，量价齐飞”的大好局面。（3）当年，强化企业精细化管理。制定了安全风险抵押、安全工作目标、监管安全绩效目标、综合管理“四位一体”的综合考核体系，充分调动了民警职工的工作积极性。大力推进后勤服务社会化改革，建立了监狱与企业“资产分开、财务分开、核算人员分开”的运行模式。（4）积极推进转型发展。在省厅局的大力支持和指导下，积极协调地方政府和社会资源，解决了阳大铁路建设影响煤炭外销的突出问题，保住了煤炭外运的“生命线”。提出了“3+1”建设工业园区转型发展的思路，探索PPP等新的合作模式，加紧筹建电动车组装、汽车修理、铅酸蓄电池等发展项目，推进监狱新区工业园区建设，促进企业转型后续发展走出了一条新路。同时，创新外协队伍的管理模式，扎实推进高危退犯进程。（5）节能减排铁腕治污。加大矸石山、矿井水的治理力度，通过自身发明创造和技术改造，矿井水排放在处理能力不足的情况下达到排放标准，这一技改项目参加了阳泉市职工科技成果展，获得了山西省科技成果二等奖；停运了20吨工业锅炉，扩大了瓦斯电厂余热利用。这些措施既解决了环保问题，又节约了上千万元的投资和运行成本，被树立为全市环保治理的先进企业典范。（6）同时，安全工作稳步推进。以安全隐患排查整改为抓手，先后整改各类安全隐患81项，监管安全实现连续19年无押犯脱逃，连续9年实现监管改造“四无”，连续6年杜绝了重伤以上生产事故，连续26年杜绝了“一通三防”重大事故。11月被命名为“省级安全文化建设示范企业”，是省监狱系统唯一获此殊荣的单位；顺利通过了2014—2015年度“山西省文明单位标兵”复查验收。另外，在保障民生方面，对498户困难职工及优抚对象给予年度救济，对35名困难职工子女开展“金秋助学”。大力推进环保绿色工程建设。棚户区改造二期工程即将全面竣工，矿区环境面貌更加整洁美丽。（赵贵田）

【阳泉固庄煤矿（阳泉二监）】2016年，在上级党委的正确领导下，全矿干部职工坚持以党的十八大和十八届五中、六中全会精神为指针，牢牢把握稳中求进主基调，全面落实从严治党新要求，以确保安全稳定为前提，以强化绩效管理为抓手，积极应对煤炭市场不利形势，主动作为，攻坚克难，着力推进全面转型，整体工作继续保持了平稳发展的良好态势。

安全稳定态势良好。牢固树立安全为天工作理念，全面落实“安全工作是一切工作生命线”工程，持续狠抓安全责任落实。全面实行安全生产目标管理和安全工作承诺制，以“零容忍”态度抓安全责任落实，层层分解目标，压力逐级传递。细化责任分工，明确岗位职责，实行安全工作“挂图作战、对账销号”工作法，持续开展全方位安全隐患日常排查工作，有效夯实了安全基础。以各类专业资格上岗证书考核、年检为抓手，以各岗位实际工作需要为根本，不断强化干部职工安全教育培训，全面提升做好安全工作的综合素质，全年共举办各类安全培训班61期4906人。坚持足额提取安全经费，不断强化安全工作的硬件保障水平。全面完成了综合自动化平台、井下工业环网、无线通信及应急广播系统，应急救生仓投入使用，安全避险“六大系统”全面完成，有效提高了防灾抗灾能力。积极开展各种安全宣传教育活动，努力营造全员全过程全方位抓安全的浓厚氛围，将安全工作扎扎实实抓在事故灾害未发前，全年不定期组织开展消防、井下灾害应急演练和反风演习等，有效提升了干部职工应对突发事件的能力与素质。2016年7月20日，单位驻地遭受百年一遇的暴雨袭击，全矿上下紧急动员，科学应对，有效处置了暴雨引发的山体滑坡、井下突水等突发险情，确保了安全稳定。

当年，生产经营发展平稳。煤炭生产方面，坚持强化现场管理，针对性优化采掘衔接，较好确保了均衡生产、安全生产、高效生产。全年共生产原煤103.2万吨，生产均衡率91.2%，回采率81.4%。煤炭销售方面，坚持大客户战略，狠抓煤炭质量，多方协调路矿关系，抓住有利时机，及时调整售价，有效提高了整体效益，基本实现产销平衡。转型发展方面，筹划成立企业项目转型办公室，积极布局未来发展蓝图。组建成立正瑞通工贸有限公司，尝试开展煤炭及非煤产品经营，主动对接地方发展，进一步拓展生存发展空间。经营管理方面，突出“四全”管理，严格执行年度经费预算，进一步修订完善了物资采购管理、销售价格管理、增收节支等办法，严格财务审批管理，切实加强内部审计，从严控制各类支出，并积极开展资产清查、修旧利废、工艺改进等工作，努力提高经济运行质量，10—12月，实现扭亏为盈。

基础管理扎实规范。根据形势发展要求，结合实际工作的需要，积极推进思路创新、管理创新、制度创新，持续加强基础管理。重新修订了职工安全绩效奖金和安全风险抵押金发放办法，完善了绩效考核管理办法，科学考核评价，严格兑现奖惩，充分发挥绩效管理督促、引导、纠偏、激励的作用，有力地推动了工作落实，促进了工作绩效的进一步提升。集中力量对全矿所有的机构职能、岗位职责、现行制度进行了修订完善，形成了《固庄煤矿企业管理规范化手册》，进一步理顺职能职责，规范工作运行，有效强化了基础工作。认真落实中央“八项规定”精神，积极开展各项专项整治活动和治理工作，严肃整治“四风”问题，继续加强公车管理，规范公务接待，清理领导干部超标办公用房，下大力改进文风会风，并始终坚持从严教育、从严管理、从严监督、从严查处，作风建设得到持续加强。认真落实党风廉政建设主体责任和党风廉政建设责任制，重新修订了相关考核内容，深入开展党风廉政建设日常宣传教育、预防职务犯罪、廉政风险排查防控、巡视意见反馈整改等工作，全面推行“六权治本”，强力推进党风廉政建设和反腐败工作。纪委严格落实监督责任，切实强化监督执纪问责，进一步加大查办案件力度，切实把监督责任落到了实处。

2016年，继续致力于民生的完善和发展，全省监狱系统“九有”工程现场会在固庄煤矿成功举办，各项民生工程建设取得突破性进展。制定出台《山西省阳泉固庄煤矿工人岗位绩效工资管理办法》，在监狱煤矿中率先实现了工人工资转制，为工人工资正常调升奠定了基础。全面启动了新区棚户区改造房货币化安置工作，积极协商解决居馨团购房办证问题，继续推进居民区管网改造，投资100余万元完成了新区三台燃煤锅炉的脱硫升级改造。积极争取政策，推进环保治理，在省、市入企帮扶组的帮助下，本矿被列入《山西省采煤沉陷区综合治理地质环境治理专项治理方案（2016—2018）》《59个重点治理矿山表》，可望实现研石山综合生态恢复治理。12月，再次被评为“山西省文明和谐单位标兵”。

全年共生产原煤103.2万吨，生产均衡率91.2%，回采率81.4%；销售煤炭100万吨，基本实现产销平衡。　（赵志江）

商贸 旅游

商品流通

【概况】 2016年，郊区商务部门加大行政执法力度，全面加强油品、酒品监管。一是认真做好酒类随附单管理工作，定期不定期地对酒类批发企业进行执法检查，规范、整顿酒品市场，确保人民群众喝上“放心酒”。共有4家酒类批发经营户办理了酒类批发许可证。针对饭店、酒类批发户和超市，对台账购销和酒类随附单情况进行了检查。二是进一步规范成品油市场经营秩序，严厉打击非法经营加油站（点）和流动加油车等行为，严防安全事故发生，确保成品油市场经营秩序正常运行，切实维护人民群众的生命、财产安全。积极开展成品油市场专项整治活动，郊区商务粮食局共出动执法人员30人次、车辆12辆次，联合执法3次，查封无证违法经营加油站（点）2个，处理非法油罐车2辆，有效地维护了成品油市场的流通秩序。对区内8家社会加油站“成品油零售经营批准证书”进行年检工作。当年，社会消费品零售总额市下达计划为15.79亿元，完成16.74亿元，超额完成了年初计划。市下达外贸进出口目标任务1047万美元，实际完成820万美元，同比下降17.8%，出口进度全市排名第二。 （李建华）

【再生资源回收】 按照“关于做好再生资源回收企业备案登记工作”的要求，郊区加强了行业管理，认真做好再生资源回收企业备案登记工作。指导和督促再生资源回收企业和个体户每年都要建立回收和销售台账，对辖区所有从事再生资源回收经营的企业和个体户都进行了备案登记，进一步规范了辖区内再生资源回收经营行为。全年共备案6家。 （李建华）

【外贸进出口】 2016年，市下达外贸进出口目标任务1047万美元。由于经济下滑严重，尤其是外贸交易面临更加严峻的困难局面，外贸出口困难重重。对全区经济发展具有举足轻重地位的耐火行业同比整体下滑严重，市场订单减少，外贸出口压力增大。再加上多数企业依托代理商进行出口，完成全年目标任务十分困难。全区实际完成外贸进出口总值820万美元，同比下降17.8%，出口进度全市排名第二。 （李建华）

【山西品牌中华行】 5月7日，郊区商务部门组织阳泉田园乳业有限公司、山西三来食品有限公司、阳泉裕盛源农产品开发有限公司、郊区地方文化特色产品和今时信合阳泉分公司5家企业参加了山西品牌中华行（石家庄站）活动，展出了压饼、醋、砂器、香包等特色产品，并发出宣传单5000余份，为宣传郊区、推介郊区产生了很好的效果。其间，杨家庄乡小西庄村与石家庄经销商达成砂器供货交易。 （李建华）

【电子商务平台建设】 加快发展电子商务，对扩大内需、提高市场占有率，起到很好的作用。阳泉市乐村淘电子商务有限公司有员工6人，配货车1辆，库房200多平方米。在一年多的运营当中，共发展体验店89家，上传各类产品210多种，其中三昇苹果、三来食品系列、晋阳府醋、清泉醋系列、国喜砂锅、颐寿食品以及春泉洗涤用品等本地特产及农特产品都已上传到平台。各种产品网上销售收入共计550余万元，其中农特产品销售约5万元。 （李建华）

【电子商务培训】 9月，由市商务粮食局主办，郊区商务粮食局和阳泉市乐村淘电子商务有限公司承办的农村电子商务培训圆满完成。培训共有109人参加，聘请资深讲师针对农村电商知识、网上下单操作、农特产品上网等知识进行了讲解，并以互动形式加深学员对所讲知识的理解，大大提高了广大农民的电商意识，为今后本地农产品上网推广奠定了基础。 （李建华）

【参展活动】 2016年4月和10月，郊区商务粮食局组织中嘉磨料磨具有限公司分别参加了第119届、第120届广交会，共发出名片、资料1000余份，签订合同185万美元。 （李建华）

招商引资

【概况】 2016年，郊区共引进百万元以上经济技术合作项目34项，签约总金额217.3亿元，协议利用外资217.3亿元，完成市下达任务151亿元的143.9%，其中第一产业项目3项，第二产业项目18项，第三产业项目13项。当年市下达省外民企入晋项目签约任务136亿元，郊区共引进省外民企签约项目21个，签约总金额151.8亿元，完成任务的111.6%。 （郭鹏飞）

【招商展会活动】 2016年2月14日，郊区成功举办“情系家乡，亲情招商，共谋发展”招商引资座谈会，邀请40多位郊区籍优秀在外人才共同为家乡的发展出谋划策，贡献力量，多个项目在会议期间达成合作意向，总投资7.2亿元。当年，郊区组织参加了“对接京津冀融入环渤海”（北京）招商推介会、第十二届中国国际耐火材料及工业陶瓷展览会、“对接粤港澳·携手珠三角”招商推介会、“对接京津冀融入环渤海”（天津）招商推介会、阳泉市引进技术专场（上海）对接会、中国（重庆）国际投资暨全球采购会、2016中国（太原）国际能源产业博览会、两岸休闲观光农业与特色农产品行业合作交流座谈会等国家级、省级、市级展会平台活动。借助展会平台，展示郊区形象，同时进行招商引资环境和政策宣传，积极为本地企业与客商建立联络，搭建起招商引资、项目对接、产业合作、资源积累、学习交流的平台。充分运用“会前走出去，会中展形象，会后请进来”的方式，积极联系邀请有意向的企业、客商来郊区考察洽谈，谋求合作。在各类展会期间，区招商局还适时在展会平台上推广宣传“名优特精”产品，为企业寻求合作，打开产品市场。发挥亲情招商优势，促使资金回流。 （郭鹏飞）

【小分队招商活动】 4月14日，区长韩加政率团参加阳泉市“对接京津冀融入环渤海”（天津）招商推介会并做主旨推介，会上与多家北京企业在新能源、城市环境综合服务领域签订了合作协议，项目总投资额10亿元。4月20日，副区长赵素卿带队参加阳泉市引进技术专场（上海）对接会，会上郊区与多家企业在制造业、新能源领域签订了合作意向书，总投资额6.8亿元。9月6日至9日，由区长武建功、常务副区长梁海昌率领的阳泉郊区代表团参加了2016中国（太原）国际能源产业博览会，郊区的立博线缆、昌盛日电、元昌伟业、兴边富民、力宇新能源等企业在会上充分展示了新能源、电力设备、矿用设备等相关产品，受到观展客商的一致好评。9月18日至22日，区委书记王明厚、常务副区长梁海昌带队赴上海、杭州，对耐耐云商科技有限公司、唐镇电子商务创新港、张江高科技园区、小马创业村、中国建筑上海设计研究院有限公司、苏州启芯信息技术有限公司、上海航天机电科技有限公司、杭州锦江集团、杭州西奥电梯有限公司开展招商考察对接活动。10月15日，区委副书记孙毅带领区锦丰种植有限公司、融昇园生物科技有限公司、三来食品有限公司、康乃馨生物化妆品有限责任公司4家企业负责人参加“两岸休闲观光农业与特色农产品行业合作交流座谈会”，前往北京西南郊水产冻品市场、新发地中央批发市场食用菌批发区、通州区永乐店镇食用菌产业园等地参观考察。11月13日至14日，区长武建功、副区长刘瑞生率招商引资小分队赴江苏省扬州市开展招商考察对接活动，考察团一行先后前往江苏荣镁轮毂有限公司、扬州市金威机械有限公司、扬州峰明金属制品有限公司、扬州市工业园区、扬州英谛（瑞）车材实业有限公司、江苏扬力集团公司考察，重点推进年产2万吨镁合金材料加工和年产500万只镁合金汽车轮毂项目。 （郭鹏飞）

粮食储备

【概况】 2016年，郊区粮食局坚决贯彻习近平总书记“把保障粮食供应能力牢靠地建立在我们自己身上、把饭碗牢牢端在我们自己手中”的粮食工作思路，围绕国家关于“粮安工程”的工作部署，在区委、区政府的正确领导下，齐心协力，攻坚克难，圆满完成了年度工作任务。国有粮食企业改革持续深化，万吨粮食储备库建设主体工程完工。按照国家关于储备粮定期轮换的要求，及早安排市场调研和资金申请，在全局共同努力下，粮食轮换工作有序进行，市级储备玉米1577吨顺利轮换入库。郊区粮食市场价格稳定，经营有序。（郭宝牛）

【粮食市场监管】 2016年，郊区粮食稽查队根据国务院《粮食流通管理条例》，具体实施郊区粮食市场监管工作。一是开展粮食收购资格审批和收购市场检查，二是开展春秋两季库存检查，三是联合工商、质监等部门共同进行粮食市场监督检查。当年，郊区粮食市场没有发生大的违法违规行为。（郭宝牛）

【万吨库建设】 为改善郊区储粮设施条件，提高储备粮管理水平，按照国家发改委、国家粮食局《关于做好2014—2015年粮食仓储设施第一批（400亿斤）项目建设工作通知》和山西省粮食局、山西省发改委《关于做好全省粮食仓储设施第一批(8亿斤)项目建设工作通知》要求,2014年,郊区政府批准郊区粮油收储中心万吨库建设项目。这是安排在阳泉市的唯一一个建设项目。选址在三郊粮库院内,库容1万吨,总投资724.3万元。资金来源为中央投资150万元,市级财政资金150万元,其余由区级财政和企业自筹解决。到2015年12月25日,在各项前期准备工作完成就绪后,万吨库中标施工单位邯郸市锦都建筑安装工程有限公司开工建设。2016年底主体工程完工。（郭宝牛）

供销合作商业

【概况】 2016年,郊区供销社认真贯彻落实省委、省政府下发的《关于深化供销合作社综合改革的实施方案》文件和市委、市政府下发的《关于深化供销合作社综合改革的实施方案》文件精神,以强化基层社改造为重点,共建成7个综合服务中心和惠农服务站。电子商务得到顺利发展,全年销售额580万元。郊区供销社全年商品销售总值达13153万元。（梁素花）

【基层社建设】 建设了白泉供销社、杨家庄供销社2个综合服务中心,建成西南舁供销社、三郊供销社、杨家庄供销社、东村供销社、白泉供销社5个惠农服务站,提高了基层社服务能力。由供销社协办的专业合作社8个,入社农户630多户,带动相关户1500多户。农副产品收购额1576万元,农业生产资料销售额1761万元,郊区供销社全年商品销售总值完成13153万元。（梁素花）

【电子商务】 2016年,电子商务得到顺利发展。村级体验店达81个,全年销售额580万元。主要销售粮油及食品饮料。(梁素花)

市场建设

【概况】 郊区工商分局进一步加强商品交易市场诚信体系建设和信用分类监管,在继续加大整顿和规范市场秩序、全力维护广大消费者合法权益的同时,充分立足部门职能,着力加强市场诚信体系建设,进一步在全区范围营造了诚实守信、公平竞争的良好市场经济发展环境。不断提高市场主体的诚信意识和自律能力,提升商品交易市场信用建设和管理水平,积极营造了健康有序的市场发展环境。（刘海涛）

【诚信市场建设】 为充分发挥工商行政管理市场监管职能,不断提高市场主体的诚信意识和自律能力,提升商品交易市场信用建设和管理水平,积极倡导诚实守信、依法经营、规范管理的规范化市场环境,郊区工商分局严格按照国家工商总局《关于开展创建诚信市场活动的通知》和省、市工商局的要求,采取有力措施,逐步建立以行业自律为前提,以诚信经营为核心,以信用分类管理为手段、以强化市场监管为目的的诚信市场。着力在构建信用体系、健全信用制度、加强市场监管、培育诚信主体等方面做了大量卓有成效的工作。2016年,共推荐山西融尚家居产业有限公司和阳泉市宜购超市有限公司两户企业参评山西省诚信市场。(刘海涛)

旅　游

【概况】 全区共有56处旅游资源,兼具历史性、民俗性、生态性,特别是乡村旅游资源内涵丰富,具有一定的特色。郊区境内对外开放的景区有:国家AAAA级景区、国家级水利风景区翠枫山;国家历史文化名村小河古村及近代著名爱国才女石评梅的祖籍大院小河石家花园;中国现存最早的武庙建筑林里关王庙;国家AAAA级景区、生态—农业—旅游相结合的桃林沟景区;有山西小“布达拉宫”之称、争矿运动发起人张士林的祖居官沟银圆山庄;西南舁万亩苹果采摘园、阳泉红色文化集聚地——“晋东小延安”辛庄村等。山水文化、农耕文化、晋商文化、古建文化、宗教文化、民俗文化、红色文化、工业文化等旅游文化类型齐全。旅游地理位置优越,400公里半径有太原、石家庄、济南、北京、天津5个省会城市,太旧高速、阳五高速、207国道、307国道穿境而过,李荫路、义白路、新北大街到郊区仅十分钟车程。2016年是实施“十三五”规划的开局之年,郊区以“乡村旅游年”为主题,围绕“休闲采摘游、生态观光游、工业遗迹游、红色体验游、明清民居游、忠义文化游”六大系列,整合旅游资源,推进产业融合。平坦镇桃林沟村被评为国家级乡村旅游模范村,翠枫山景区、小河古村评梅景区被评为全国旅游价格信得过景区。小河评梅祖居升级为省级文物保护单位,辛庄村成为山西省历史文化名村、中国景观村落。（敦　梅）

【全域规划】 按照省、市、区关于促进旅游业改革发展的若干要求及省市旅游发展大会的重要指示精神,全力推进全区旅游产业融合发展,特委托北京天华易和规划设计有限公司编制全区旅游整体规划,初步确立了“创一区一环,品阳郊十韵,展一村一品,蕴百味人生”的旅游发展思路,“一区”指乡村旅游示范区。“一环”指特色乡村旅游经济集聚环,“阳郊十韵”指山、水、花、木、农、禅、红、砖、艺、忠。以“阳泉美在郊区”为战略定位,尊重生态、立足文化、做深体验、凸显特色,着眼打造阳泉市都市休闲的后花

园、山西省乡村旅游示范区、晋东乡村旅游首选地、中国北方乡村特色体验核心区、京并高铁走廊旅游门户。（敦　梅）

【旅游宣传】 2016年，全区旅游宣传工作继续以“乡村旅游年”为核心，以宣传促发展、抓重点促提升，进一步整合旅游资源，推进产业融合。以旧街乡为试点，开展第三届乡村旅游年以点带面连片启动的模式。继续加强与市电视台、市报社的合作，大力加强新型媒体的应用与推广。对乡村旅游工作及重点模范基地进行大力宣传与报道。3月，制定2016年旅游宣传实施方案。4月，就当年的旅游重点工作与市电视台、百度微信平台进行全面对接，实时发布郊区旅游动态信息。推出2016郊区乡村旅游主题宣传片，宣传片中加入樱桃花、梨花等旅游新元素、新亮点。在10月24日全市旅游发展大会上，现场设置郊区旅游专版，推出《阳泉日报·郊区旅游专刊》，郊区A级旅游景区、乡村旅游点、翠枫山酒、树莓、三名酒庄参与专场展销，全面展示郊区旅游新形象。（敦　梅）

【全网营销】 2016年，全区旅游宣传营销坚持旅游惠民——在9•27世界旅游日推出郊区旅游惠民一卡通及景区门票优惠活动；文化提升——推动文化旅游产业融合发展，邀请省级专家为古村院落征集楹联，增加古村文化氛围；摄影添彩——举办小河古村摄影展；回味乡愁——首届中国义井乡村文化旅游艺术节在小河古村评梅景区举办；互动体验——举办阳泉首届“趣味车王大赛”；新闻采风——吸引和接待全省百家网络媒体；前来采风报道；节庆助力——为全区旅游景区、乡村旅游点、特色产品企业搭建营销平台，逐步形成农超对接、农企对接、线上宣传、线下销售一体化营销平台。（敦　梅）

【品牌提升】 一是全面提升A级景区管理水平。以翠枫山质量隐患整治为契机，紧抓A级景区管理、提升服务质量，坚持抓亮点、求突破，全力推动景区管理。从夯实基础、提升水平、打造品牌、规范管理、智慧旅游5个方面提升全区A级景区管理水平，充分发挥龙头带动作用。二是全面提升农家乐服务水平。坚持“规范化、特色化”发展思路，创建金牌农家乐。2016年，通过整治周边环境（房前屋后环境美化）、改善卫生条件（配置消毒设施）、融入特色元素（制作统一服装）、规范经营管理（出台管理办法）、定期培训提升（开展专题培训），共有10家农家乐荣获国家级“金牌农家乐”称号，有10名村干部荣获国家级“乡村旅游致富带头人”称号。（敦　梅）

【特色活动】 4月23日，2016郊区乡村旅游年暨“美丽旧街·休闲健身游”活动在旧街乡保安村正式启动。翠枫山酒、树莓、石卜咀醋、易汇农产品等在活动现场宣传展销。同时，举行郊区首届乡村旅游年摄影节颁奖仪式。健步走、垂钓赛、骑行游将活动推向高潮。5月15日，咀子上山楂花节正式开幕，异上乡村记忆吸引众多游客。“5•19中国旅游日”在辛庄盛大启动，以“爱旅游、爱生活、爱古村、爱摄影”为主题举办丰富多彩的古村摄影自由行活动。5月21日至22日，旧街南沟槐花节增添篝火晚会、竞技表演等新元素。6月16日至18日举办第七届关公文化节。9月27日，在翠枫山举办“迎十一暨翠枫山首届康养旅游大会”，邀请太极神韵、茶艺展示、茶道展示、沙画体验、养生瑜伽、健康理疗、旗袍走秀等10余个协会及全区A级旅游景区、乡村旅游点、各乡镇特色旅游产品及省、市、区新闻媒体共计1100余人参与，丰富了旅游内容。（敦　梅）

【桃河民俗文化园】 桃河民俗文化园项目是桃林沟村2016年实施的重点工程项目之一，选址在村中心街以里别墅区对面（原村民旧宅）。主要以区域民俗文化作为核心主题，采用传统的规划手法和建筑尺度，将商业业态内容植入建筑空间内，彰显当地地域文化的饮食、民俗及传统乡村生活方式。通过引进晋陕等地特色小吃，构建小吃为主，住、购、游为一体的休闲体验型乡村空间模式。商业街掩映在桃林之中，形成建筑与桃林的有机协调。商业街与景观环境的有机交融，让更多游客在桃林沟感受到淳朴的乡情、乡韵、乡愁。

该项目总占地面积90亩，总投资2800万元，一期工程计划修建60余间商铺。当年，大部分房屋基础工程已完工，样板间的修建工作全面推进。（敦　梅）

【关王庙保护建设前期工作】 林里关王庙始建于北宋熙宁五年，距今有940多年的历史，是全国现存最早的关羽庙建筑，1996年被国务院列为全国重点文物保护单位。关王庙占地面积近7000平方米，分内外两个院落。自1991年修复后，一直保存较好，但仍存在文物建筑及周边区域防火设施不完善、消防车通道及回车场不符合要求、景区功能不完善等问题。2016年1—2月，邀请省古建研究所专家到关王庙实地勘察，完成关王庙保护规划的大纲，具体包括关王庙正殿、献殿、南北配殿、端门、戏台、玉泉厅、围廊及周边环境等保护修缮。3月中旬，拟定出关王庙保护修缮规划草案。4月，决定委托山西省古建筑设计有限公司承担关王庙文物保护规划编制工作。6月编制了《阳泉市郊区关王庙保护性设施建设及整改工程——可行性研究报告》，8月编制了《建设项目环境影响报告》，9月委托山西国建设计有限公司完成了关王庙保护性设施建设及整改工程规划项目设计，10月完成测绘、现场勘察、设计初稿等工作。到年末，完成地勘及施工图纸绘制。（敦　梅）

【张飞文化园建设】 张飞文化园选址在上千亩坪界内虎头山，总体规划建设项目为四大功能区，即张飞庙（桓侯祠）、三义文化园林区、休闲娱乐区及综合服务区。项目预算总投资1800万元。2016年，主体建筑框架基本成形，附属建筑已开工。（敦　梅）

【东南沟——晋地文化影视基地项目】 2016年1月21日，阳泉市“对接京津冀·融入环渤海”（北京）招商推介会上，“东南沟——晋地文化”影视基地项目与北京美思优唐文化传播有限公司签约。市委书记陈永奇出席签约仪式。项目投资方为阳泉龙腾众和文化传播有限公司，项目运营方为北京美思优唐文化传播有限公司，项目发展意见书、平面图已成形。（敦　梅）

【安全管理】 制定出台《关于在全区开展文物旅游安全大检查深化“打非治违”和专项整治工作实施方案》，成立安全生产领导小组，编制突发事件应急预案，健全安全管理规章制度。完善消防设施设备配置，包括消防栓、灭火器、消防沙及各类技防设施，设立消防安全指示标志，确保安全出口畅通。完善应急救援场所、应急救援通道、应急救援人员等旅游基础设施，增设旅游安全指示标志，在明显地段设立应急救援电话。涉及水上娱乐项目的景区（点），从制度、设施、人员三个方面入手，强化安全管理。严格规范文物保护单位内僧、尼、道士等宗教人员焚香祭拜、生活用火、用电、用气等行为。全年共排查安全隐患4大项，排查企业14家，发现隐患42条，完成整改40条。（敦　梅）

【农家乐】 2016年，郊区西南舁乡咀子上村的知青大院、贵福农家乐、小花农家乐、姐妹农家乐，荫营镇辛庄村的知青饭庄、便民小吃、农家餐馆，旧街乡南沟村的悦心农家乐、悦友农家乐、瑞瑞农家乐共10家被评为国家级“金牌农家乐”。（敦　梅）

【乡村旅游致富带头人】 2016年，平坦镇桃林沟村的李乃珠、旧街乡枣园村马玉田、义井镇小河村周向阳、李家庄乡汉河沟村宋晓文、荫营镇上千亩坪村张学友、旧街乡南沟村闫润红、西南舁乡咀子上村武永胜、荫营镇后沟村任东所、荫营镇辛庄村刘先宝、河底镇燕龛村史俊宝共10人被评为国家级乡村旅游致富带头人。（敦　梅）

财政 税务

财　政

【概况】 2016年，全区财政工作按照区三干会、区委第九次党代会和区人大十八届一次会议确定的任务目标，以中共十八大及十八届三中、四中、五中、六中全会精神为指导，全面推进转型跨越。主动适应郊区经济社会发展“新常态”，务实创新，自觉服从和服务于全区经济社会发展大局，沉着应对经济下行的挑战，有力地支持了全区经济社会事业的健康发展。2016年，面对复杂严峻的经济形势，广大财政干部职工努力克服经济下行、政策性减收等因素的影响，充分发挥主动性，积极组织协调各收入征管部门，全力做好组织收入工作。全区公共财政预算收入累计完成42400万元，为市调整任务41400万元的102.46%，增幅超出目标任务2.3个百分点。其中：国税系统累计完成7123万元，为市调整任务的154.65%，同比增长57.28%；地税系统累计完成20352万元，为市调整任务的77.91%，同比下降26.49%；财政系统累计完成14945万元，为市调整任务的140.07%，同比增长21.64%。全区财政支出以“控制和压减一般性支出，优化财政支出结构，强化预算绩效管理，促进预算公开透明”为重点严格财政预算执行。公共财政预算支出累计完成119977万元，用于教育、科技、农业、文化、医疗卫生、社会保障等民生支出88782.98万元，占财政总支出的74%。（王　丰）

【深化财政综改转型　增强财政机制活力】 2016年，以服务经济发展为中心，充分发挥财政“逆周期”调节作用，推动本区综改转型发展。积极与北京首创资本沟通和交流，搭建合作平台。当年10月25日，郊区政府与首创资本签署了《山西省改善城市人居环境PPP投资引导基金阳泉市郊区子基金》《阳泉市郊区人民政府与北京首创资本投资管理有限公司战略合作》《阳泉市郊区苇泊高新装备制造工业园项目合作》3个合作协议，实现未来几年内郊区各类建设资金融资80亿元的总额度，有效解决本区建设资金不足的难题，为深化PPP项目合作，提供了足够的资本金保障。10月底，还与阳泉市茂园农村土地经营开发有限公司作为融资平台实现融资。茂园农村土地经营开发有限公司，是区政府成立的支持全区“三农”发展的资金承贷公司，利用中央补助变投资基金的政策机遇，主动作为，率先与相关基金对接，实现本区各类融资规模19.3亿元，其中，已到位2.2亿元，17.1亿元城中村改造资金正在按程序申请拨付。11月中旬与阳泉市晋东城乡建设投资有限公司，实现融资平台多元化，成立了阳泉市晋东城乡建设投资有限公司筹建组，负责公司组建工作；先后到市城投公司和市农发行对晋东城乡建设投资有限公司下一步的运营模式、经营范围等工作进行前期对接调研和实地考察；和阳泉市工商行政管理局沟通，核准注册了阳泉市晋东城乡建设投资有限公司。为郊区的转型发展起到了积极的推动作用。（王　丰）

【积极推进区级企业“新三板”挂牌上市】 2016年，郊区财政局先后出台《阳泉市郊区关于全面推进金融振兴的实施意见》和《阳泉市郊区人民政府关于加快推进多层次资本市场发展的实施细则》。对9家具备挂牌条件的企业进行走访考察，确定田园乳业有限公司、金土耐火材料有限公司、广鑫源耐火材料有限公司、融晟园农业技术开发有限公司，4家企业为本区新三板上市的主推企业，券商等机构已正式进驻企业，力争年底前实现“新三板”挂牌零突破。（王　丰）

【努力争取上级财政支持】 2016年，为了使区级的重点企业综改转型发展，郊区财政局积极争取上级转移支付资金39804万元，置换地方政府债券38500万元，比上年减少1401万元；争取地方政府新增债券资金15000万元，比上年增加8000万元，有效扩大本区经济社会发展的资金供给规模。（王　丰）

【依法组织各项收入　强化征管夯实基础】　2016年，区财政局努力克服经济下行、政策性减收等因素的影响，积极组织协调各收入征管部门，全力做好组织收入工作。认真加强对经济形势的研判，积极开展调查研究，提前分析全面实施“营改增”政策对全区的影响。加强了对区财政经济运行态势的分析，全面掌控重点税源情况，充分了解重点企业、重点行业的生产经营状况，及时掌握收入情况，增强财税部门的协调联动，加大与税务部门的衔接，及时发现并认真分析各项收入增减变动因素，提出应对措施。维护了管户管理，加大税收稽查，严格欠税清缴，确保税收入库。当前，非税收入已经成为本区公共财政预算收入的主要支撑，抓好非税收入组织工作非常重要，因而，通过健全“以票管收”机制，强化财政票据的日常管理，规范政府非税收入征收行为，进一步规范收入管理方式和征收程序，严查跑、冒、滴、漏，确保非税收入及时足额入库。（王　丰）

【有效保障和改善民生】　2016年，郊区财政局努力筹措资金，落实民生各项政策，使广大群众共享发展成果。该局始终把“三农”作为支出重点，为精准扶贫提供财力支持。认真落实中央、省、市强农、惠农、富农政策。2016年，农林水支出15867万元，重点支持了农田水利、水土保持、退耕还林等项目工程，安排各级财政扶贫资金1299万元，推动精准扶贫工作有效开展。（王　丰）

【教育及文体传媒保障有力】　2016年，郊区财政局及时下达28470万元教育资金。支持城乡义务教育保障机制建设、中小学校舍维修改造、实施中职免学费，以及用于学前教育、高中教育、家庭经济困难生资助；下达文化与体育传媒资金1685万元。用于支持农村基层文化体育建设、广播电视事业发展，推动图书馆、文化馆实行免费开放，倡导全民阅读、建设书香社会等。（王　丰）

【积极加大各项社会保障投入】2016年，郊区财政局对社会保障投入26752万元。其中：落实城乡居民养老保险3359万元、城乡居民医疗保险财政补助拨付6249万元，比上年增长401万元，最低保障共拨付5647万元，比上年增长1238万元；拨付就业资金1236万元，对1340人进行了创业、就业培训，确保全区就业形势稳定。（王　丰）

【加大医疗卫生投入　保障人民健康水平】　2016年，郊区财政局对医疗卫生投入16914万元。其中：全区基本公共卫生服务项目财政补助1087万元，用于基本公共卫生服务均等化稳步开展；400万元投入用于扎实推行国家基本药物制度改革；3293万元投入用于加大对区级公立医院和基层医疗卫生机构；3793万元投入用于为区人民医院购置核磁设备；259万元投入用于对河底卫生院康复中心进行维修改造，使全区人民健康保障水平不断提升。（王　丰）

【民生工程有序推进　改善城乡人居环境】　2016年，郊区财政局安排珍宝园棚户区改造资金29500万元、货币化购买保障性住房资金3549万元、农村危房改造资金630万元、其他保障住房资金6286万元、乡村清洁工程资金854.18万元、大气防治和污水处理资金1946万元，有效改善了城乡人居环境；争取美丽乡村建设资金906万元，让人民群众享有高品质的现代生活。（王　丰）

【深化财税体制改革　提升财政管理水平】　2016年，郊区财政局深化改革创新，提升财政精细化管理水平，增强发展动力。具体改革措施为：一是深入推进国、地税联合办公。为全面提升国税、地税合作水平，更好地为全区纳税人提供优质、便捷、统一的纳税服务，按照加快建设服务型税务机关的要求，政府组织召开会议，决定了通过购买雅馨园小区底商共建办税服务大厅，为下一步实现更好的联合办税奠定了基础。二是深化预算管理制度改革。规范细化预算编审，确保财政政策落实，突出预算安排重点；推进预算信息公开，当年区本级已及时公开了经同级人代会审议批准的本级政府预算，全区131个部门单位已全部向社会公开部门预算及“三公”经费预算信息。三是加强地方政府性债务管理。按照“借、用、还”相统一的原则，将债务收支计划的编制、执行全部纳入预算管理，规范举债行为，防范和控制债务风险。四是积极盘活财政存量资金。结合预算执行的实际情况，清理收回各类结余资金1726万元。建立财政存量资金定期报告制度，完善相关保障措施，有效提高了资金使用效益。五是推进预算绩效管理工作开展。加强项目支出绩效目标管理，按照“资金量较大、代表性较强、社会关注度高”的原则，从本级预算安排项目中，选择事关民生、群众关心、涉及教育、交通、农林、土地、养老、医疗救助等共计11845万元，用于8个重点项目进行支出绩效评价工作。六是加强政府采购管理。制定完善政府采购目录，严格规范政府采购行为，全方位拓展政府采购范围，不断强化服务意识、诚信意识，全力做好行政事业单位采购服务，政府采购资金节约率为10%。七是加强财政评审力度。积极组织每一个评审项目，在“程序不减、时间缩短”的要求下，进一步体现“不唯增、不唯减、只唯实”的评审原则。到年底，共委托评审项目总投资2914万元，已审核2914万元，审定资金2306万元，审减金额608万元，审减率21%，有效节约财政资金。（王 丰）

国家税务

【概况】 2016年，郊区国税局，在市国税局和区委、区政府的正确领导下，坚持“以创业的豪情、创新的激情、创优的热情，抓好当年每一件工作，开拓进取，大力推行税收征管改革，推进税务管理现代化，严格加强干部队伍建设、基层建设和党风廉政建设，凝心聚力促发展，克难奋进求突破，为郊区社会经济转型跨越发展做出了积极贡献。到2016年底，区局机关内设七科二室、一个事业单位，下设一个税务分局和两个税务所，共有干部职工61人，共管辖全区八个乡镇各类纳税人4095户。（扬永刚）

【强化新入职办税人员岗位教育】 2016年，郊区国税局，从实际工作需要出发，规范办税服务厅的建设与管理，提升纳税服务水平，积极开展办税服务厅新入职工作人员岗位教育。主要以《全国税务机关纳税服务规范》为总要求，以现代税收管理的需要为出发点，开展岗位培训，使纳税服务人员深入了解税务工作的性质、特点、内容、流程和职责，熟悉纳税服务各项制度要求，熟练掌握办税服务岗位所需的业务知识、操作技能和工作方法，能够独立承担本岗位工作。通过“以老带新”、“一对一”帮扶形式，重点开展税收业务相关知识培训。“金三系统”的各项业务操作培训以及服务礼仪、沟通技巧、文明用语等纳税服务技能培训；同时，加强职业道德教育和廉政文化教育，学习有关职业犯罪的法律法规，以及各级机关及税务系统内部有关对严肃职业纪律的要求，帮助纳税服务人员树立正确的职业道德观，增强其依法治税、廉洁从税的责任意识。（扬永刚）

【郊区国地税联合开启便民办税新模式】 2016年，郊区国税局，深入贯彻落实中央《深化国税、地税征管体制改革方案》精神，把加强国地税协作作为便民服务的重要举措。通过国地税互设窗口、联合办公的模式，切实解决了纳税人多头跑、信息交换不顺畅等问题，形成了国地税服务的工作合力，提升了纳税服务质量和税款征收水平。（扬永刚）

【扎实推进“营改增”扩围工作】 2016年，郊区国税局，严格贯彻落实总局、省局、和市局的工作部署，坚持做到“五个到位”，充分做好“营改增”扩围前的各项准备工作。一是组织领导部署到位。成立领导小组，统一安排部署“营改增”改革试点工作，确保各项工作部署及时落到实处。制定下发《阳泉市郊区国家税务局“营改增”试点工作实施方案》，列明时间表、路线图、任务书，明确改革的指导思想、工作目标、组织领导、工作步骤和具体要求，为做好“营改增”工作提供了有力抓手。二是基础工作准备到位。积极与郊区地税局协商沟通，对建筑业、房地产业、金融业、生活服务业纳税人户数进行了初步摸底。召开联席会议，就“营改增”数据信息交接有关事项进行了深入讨论，明确了纳税人户数、户籍信息交接、真实性审核等各项工作任务。同时认真做好新纳人税务登记、税种鉴定、申报征收方式确认、税库银扣税协议签署、一般纳税人登记、最高开票限额审批、发票用量核定、税控设备的发放安装等工作，最大限度方便纳税人办理“营改增”涉税事项。三是业务力量保障到位。抽调高素质业务骨干到征收管理科、政策法规科、办税服务大厅等部门，攻克“营改增”推广过程中遇到的各类问题，分析总结经验。积极做好办税服务大厅、有关业务岗位人员业务培训准备工作，分批次统筹安排此次“营改增”行业纳税人业务培训辅导工作。四是应急预案制定到位。对办税服务大厅接待能力进行预测评估，充分考虑实际情况，做好应急预案；借鉴“金税三期”推广成功经验，确保纳税人实现平稳过渡。五是宣传工作组织到位。及时主动向郊区党委、政府汇报“营改增”改革试点工作的重要意义、存在困难和问题，积极争取区委、区政府的理解和支持，确保“营改增”工作稳步有序开展。通过微信、QQ群、e税客客户端、区局网站、办税服务大厅电子宣传屏、宣传展板等渠道向纳税人宣传“营改增”知识和政策，确保纳税人及时掌握相关情况，积极配合完成过渡工作。（扬永刚）

【积极向纳税人和地税部门学习管理经验】 2016年，郊区国税局，为提升税务干部的业务素质和征管能力，有效防范税收管理风险，强化纳税服务，增强纳税人获得感，积极学习交流经验。主动与四大行业纳税人沟通协调，让纳税人走上讲台，帮助税务人员补齐短板、摸清企业“家底”，接通政策与操作的桥梁。加大与地税部门合作力度，继续做好管户衔接工作，并诚邀有丰富经验的地税同行传经送宝，介绍对房地产、建筑业的税收管理方法，拓宽管理视野。借助房屋中介机构、房地产评估师、建筑业监理、注册审计师等第三方专业人士力量，讲解行业特点，普及专业知识。举办局长讲政策、全员大培训活动，一把手亲自解读各个行业营改增政策难点，并不定期开展业务知识测试，推动全体干部职工强化学习动力和学习成效。根据不同岗位需求、不同行业类型、不同企业规模的纳税人，继续开展分类培训，提供有针对性的订单式培训和定向培训。通过双向交流和多渠道培训，以求探索出一套科学适用的管理模式，让税务干部心中有底。（扬永刚）

【多措并举做实做细做精绩效管理工作】 2016年，郊区国税局，按照“方法科学合理、内容具体适用、结果充分运用”的原则，积极探索“制定标准、严格执行、跟踪问效”绩效考评一体化思路，做实、做细、做精绩效管理工作。积极建立考评体系，确保绩效管理“有标准”。根据各科室工作职能职责，结合该局实际与市局工作要点和绩效考评体系，在反复研究讨论、多次征求意见的基础上，建立涵盖机关共性指标、机关个性指标及营改增专项指标的综合考评体系，科学设置考评分值，细化量化考评指标，明确了考评依据、考评种类和考评内容。严格绩效考评，确保绩效管理“有执行”。按照“周总结、月分析、季通报”要求，严格开展绩效考评，注重定性与定量，充分利用绩效考评系统，既查看内部管理情况，又综合纳税人反馈情况，及时考评、按时打分。及时跟踪整改，确保绩效管理“有成效”。在实施绩效管理中，更加注重跟踪问效的后续管理，改变了过去考评工作中存在的只重问题发现、忽略问题整改的现象，对考评中发现的问题，召开分析会议，统一研究，发出督办单，限期整改，真正达到绩效管理、奖勤罚懒、推动工作、提升效能的目的。（扬永刚）

【积极开展“岗位大练兵 业务大比武”活动】 2016年，郊区国税局，紧紧围绕“人才强税”战略，以干部素质能力建设为抓手；以岗位应知应会知识和技能为重点；以持续提升全员业务素质能力为目标；本着“全员参与、全员通过”的原则，积极探索练兵比武新方式，倾力打造学习型团队，全力激发干部职工“学知识比技能、重思考创佳绩”的工作热情和积极性。以“岗位大练兵、业务大比武”活动为契机，带动全局税务干部职工精钻业务、苦练技能，发现、培养和选拔优秀人才，促进税收服务提质增效。（扬永刚）

【郊区国、地税联合办税工作取得新进展】 2016年，郊区国税局、地税局通过“转角度、提速度、拓深度”，让“便民办税春风行动”落地生根、开花结果，国地税联合办税工作取得了突破性进展。通过开展联合办税，郊区国税、地税牢固树立大局意识、效率意识、服务意识和税收工作一盘棋的责任意识。以便民办税为主题，以信息共享为基础，以优化纳税服务、提高征管效能、规范税收执法为重点。按照“确立项目、共同组织、分步实施、整体推进”的方法稳步推进；按照“互补协作、互利共赢、稳中求进、锐意创新”的原则精益求精。积极创建“一厅办税、内部分工、程序统一、分类处理”的管理和服务模式，推动双方服务深度融合、执法适度整合、信息高度聚合，有效降低税收流失率和征纳成本，提高税收征管质量和效率，提升纳税遵从度和纳税人满意度。（扬永刚）

【践行“两学一做”助力金项要三优化版上线】 2016年，郊区国税局，全面贯彻“两学一做”学习教育工作的各求，激发队伍活力，采取“学习+实战”的双重措施，有效确保“金三”优化版双轨运行成功。（扬永刚）

地方税务

【概况】 2016年，郊区地税局在市局党组和区委、区政府的正确领导下，认真学习贯彻中共十八届五中、六中全会精神，深入推进“两学一做”教育活动，坚持“大税收、大服务”工作理念和“1437”工作思路，以务实的作风，拼搏的精神，扎扎实实地开展各项工作，取得了预期的效果。（荆夏华）

【深入开展“两学一做”活动】 2016年，郊区地税局党员干部认真学习习近平总书记系列讲话精神，深入开展“两学一做”学习教育活动，围绕做合格党员“四讲四有”标准，扎扎实实做好规定动作，并针对性地开展了“挺纪在前，服务大局”专项活动。组织机关党支部进行换届工作，领导班子成员率先垂范，严格“双重”组织生活，党组中心组集中开展专题研讨6次，党支部专题学习讨论23次，累计参与集体学习党员1200余人次，做到了学习教育与中心工作相互促进，建立了密切联系群众的常态化、长效化机制，切实解决突出问题，对已经发现的不良事项做到立行立改，有效解决了群众反映强烈的突出问题，全局呈现出和谐奋进的精神面貌。（荆夏华）

【加强组织领导 完成税收任务】 2016年，郊区地税局克服经济下行、煤炭市场调控、政策性减税、“营改增”税制改革等多重困难和挑战，统一思想、科学谋划、迎难而上、强力攻坚，通过强化责任保收入、税源调查稳收入、清欠评估增收入、创新管理促收入等系列性举措，全年共组织各项收入34925万元。其中，各项税收收入完成31338万元；公共财政预算收入完成26791万元；区级公共预算收入完成20350万元；各项规费收入完成3587万元。圆满完成了2016

年组织收入工作任务，为地方经济和社会发展提供了坚强有力的财力保障。（荆夏华）

【创新核心业务改革　夯实地税科学管理】　2016年，郊区地税局全面贯彻落实征管体制改革方案，与区国税局建立了联席会议制度和业务沟通机制，联合出台了《郊区国地税联合办税合作规范》，共同确定了31项基本合作项目，9项创新合作项目，联合对欠税额在200万元以下的纳税人进行公告，对1292户税收风险企业进行纳税评估，查补税款99.21万元。对1423户纳税人开展信用评价，联合办税窗口全年共实现地方税费310余万元，国、地税联合办税步入正常轨道。全面推开“营改增”工作，累计移交区国税局营业税管户885户，代征代开增值税发票98份，代征增值税40.2万元，“营改增”后续管理得到全面加强。为全面做好资源税从价计税改革，深入企业调研摸底，对非煤资源税企业进行了税率、换算比等统计测算，为全面推进资源税改革提供了可靠的数据依据。同时，还积极开展了煤炭资源税专项检查，保证了资源税改革的平稳推进。（荆夏华）

【加强管户管理】　2016年，郊区地税局全体干部职工加班加点，放弃节假日休息，顺利完成了“金税三期”优化版换版工作，将各项规费管理并入金三系统，全面实现了国地税涉税信息实时共享。依托“金税三期”工程，开展了管户清查工作，管户信息得到进一步完善，管户数量得到进一步增加，基础管理工作不断夯实。（荆夏华）

【强化收入管理】　2016年，郊区地税局全面推进“金税三期”系统的应用，按照市局征管状况监控分析，不断解决各征收单位存在的问题，深入推进财产行为税税源监控，加强车船税代征工作，强化土地增值税预征和清算工作，做好土地使用税“以地控税”信息采集，准确核实欠税，积极清理陈欠，杜绝新欠产生，全年共清理欠税3500多万元。（荆夏华）

【加强税费管理】　2016年，郊区地税局认真做好“营改增”扩围后续管理工作，继续加强契耕“两税”及房地产税收一体化管理工作，落实好企业所得税汇算辅导工作，强化个人所得税管理，12万元以上个人所得税自行申报人数稳步上升；做好煤炭可持续发展基金停征后的后续工作，河道维护管理费管户数量进一步扩大。（荆夏华）

【推进法治地税建设　开展税收执法检查】　2016年，郊区地税局以目标责任考核为抓手，积极开展税收执法检查、法制宣传教育，加大税法宣传力度，继续开展税费票证管理检查，确保税费资金安全入库，坚决打击使用旧版发票的行为。同时，该局还加强了政务事务的管理，不断强化公文运转、安全保密、信访工作，进一步规范经费收支、基本建设、固定资产管理和政府采购工作，后勤管理服务保障能力进一步规范，依法行政逐步强化。（荆夏华）

【提高优化纳税服务　创新高效办税模式】　2016年，郊区地税局继续推行“金税三期”规范化操作，积极推进“便民办税春风行动”。开展涉税事项集中受理工作，努力满足纳税人“个性化”需求，全面推行《纳税服务规范》，进一步推进财税库银横向联网电子缴税工作，电子缴税比例达90%以上。认真落实各项税收优惠政策，较好地发挥了税收调控经济的作用。同时，还建立了郊区地税局微信公众平台，利用互联网、手机客户端等便利优势，及时地把我们的税收政策、办税流程等传递到纳税人手里。（荆夏华）

【加强队伍建设】　2016年，郊区地税局为全面提高全局干部职工的业务水平和综合素质，通过业务骨干讲课、季度抽考、专题培训等方式加强干部教育培训力度，全年共组织开展政治理论、业务知识、“金税三期”系统改版上线、纳税服务、廉政建设等各类培训25期，培训达1000余人次。组织200余人次参加了省市局专项培训，通过各类培训，干部职工的综合素质有了较大提高。2016年，严格按照组织程序，提拔股级干部6名，交流环节干部1名，调整交流一般干部5名，进一步激活税干工作活力，有效降低税收执法风险。（荆夏华）

【坚持全面从严治党　落实党风廉政建设】　2016年，郊区地税局进一步强化“两个责任”的落实，局党组成员按照“一岗双责”要求抓好各自分管工作，各单位主要责任人认真履行党风廉政建设的主体责任。建立完善了分析汇报例会制度等10余项廉政制度，增强了全局“关键少数”的责任意识和纪律意识，认真落实“三谈两述”制度，召开落实主体责任专题座谈会议，开展廉政约谈141人次，其中：推进约谈136人次，告诫约谈5人次，基本实现廉政约谈“全覆盖”。严守党的纪律，建立完善了全局干部廉洁档案，对科级干部落实“两个责任”、个人重大事项、廉洁自律情况全面记录。开展了以问题为导向，违反中央“八项规定”精神等一系列专项整治，并对全局出现的违纪问题深刻反思，深入剖析，整风肃纪，传导压力，不断强化各单位、各部门负责人的责任担当意识。严格执行纪律，问题线索处置率达100%，从严带队正能量不断增强。（荆夏华）

金融 保险

中国工商银行股份有限公司阳泉郊区支行

【概况】 中国工商银行股份有限公司阳泉郊区支行成立于1984年，是阳泉工行成立最早的网点之一。支行位于郊区荫营东大街27号，处于郊区政治、经济、文化的中心位置，交通便利。现有在职员工50人，其中大专以上员工23人，本科以上员工16人。2016年，郊区支行强抓两大存款，适时调整信贷投向，着力提升员工素质，强化党建引领作用，经营业绩再上新台阶，截至12月末，支行各项存款余额15.6亿元，各项贷款余额23596万元，年经营利润2900万元。（高建军）

【强抓两大存款】 2016年工行阳泉市郊区支行，始终将拓展存款作为工作重点，全员联动，积极部署，实现两大存款稳步增长。一年来积极拓展对公客户。坚持稳定大户、拓展中户、增加小户的发展思路，扎实开展拓户工程，从源头上抢抓信息。盘活存量客户，对存量客户进行认真梳理，筛选目标客户，多渠道沟通，实现客户级别的升级。储蓄存款稳步发展。明确目标，找准突破点和着力点，奋力拓展营销渠道，挖掘存款资源市场。坚持支行行长每日督导制度，督促网点分层服务措施切实落实到位，强化网点对个人中高端客户营销与维护，为吸储工作奠定重要基础。年末，储蓄存款余额8.7亿元，对公存款余额6.8亿元。（高建军）

【调整信贷结构】 2016年，工行阳泉市郊区支行面对传统信贷业务发展趋缓的状况，支行积极寻求效益增长点，在营销上广开渠道，多措并举。一是加强公司贷款营销。广泛进行市场调研，加强与辖区重点企业的沟通，及时掌握企业的经营信息。二是密切关注中小企业和微型企业成长发展。积极与政府协商，按照依法合规、稳健审慎的原则，加大融资力度，为辖区内小微企业累计发放贷款1亿元。三是加快票据业务发展。充分利用差别化优惠利率杠杆，积极营销优质票据。逐步提升票据业务的综合效益。全年累计办理票据直贴2亿元。四是稳健发展个贷业务。推动个人信贷业务持续、协调、健康发展。全年累计发放个人按揭住房贷款1亿元。（高建军）

【积极推进合规教育】 2016年，工行阳泉市郊区支行持续深入推进员工行为规范主题教育活动，将合规文化建设活动与经营管理相结合，努力营造“人人讲合规、处处显合规”的良好氛围。开展以“内控合规基础强化年”为主题的学习教育活动，宣传内控合规文化，加强内控文化意识，利用晨会、夕会和培训、征文等形式，组织员工参与“内控合规大家谈”，营造重视内控、践行合规、从我做起的良好氛围。深入学习《员工行为守则》《员工行为禁止规定》等制度办法，引导员工树立合规经营的理念。认真开好两月一次的案件防范分析会，通过组织学习、查摆问题、落实整改等具体工作，切实防范和化解经营风险。（高建军）

【注重党建工作建设】 2016年，工行阳泉市郊区支行坚持“围绕业务抓党建，抓好党建促发展”的方针，积极探索支行党建工作的新思路、新举措、新方法。一是开展“守纪律、讲规矩、树新风”主题教育活动，共收到党员撰写心得体会20多篇；二是开展支行管理人员顶风大操大办婚丧喜庆等借机敛财问题专项整治活动，制定整治方案，严格组织排查，增强整治效果；三是开展“加强党章、党规、党纪学习，提高责任意识，提高履职能力”教育活动，切实增强全体党员党性意识、纪律意识和规矩意识；四是组织管理人员深入阳泉市第一监狱接受警示教育，廉洁自律意识和合规守法意识得到提升。（高建军）

【努力提高员工业务素质】 2016年，工行阳泉市郊区支行始终坚持以人为本，把提高员工职业道德水平和综合业务素质放在各项工作的重要位置。主要加强了政治思想工作。组织开展理论学习教育，用先进的精神文化、积极向上的文体活动充实员工业余生活。及时组织员工认真学习贯彻国家有关金融法律、法规，把全行员工打造成过硬的员工队伍。加大业务培训，不断提高产品的营销技巧、业务处理能力和服务水平。邀请专业部门进行服务礼仪培训，使员工的服务做到正规化、专业化。实行行之有效的绩效考核办法，建立起一套能进能出、能上能下的考核激励机制，大大激发了员工积极性。（高建军）

中国农业银行股份有限公司阳泉郊区支行

【概况】 中国农业银行股份有限公司阳泉郊区支行，位于郊区荫营镇东大街36号，有干部职工69人。下辖支行营业部，义井分理处、河底分理处、西南舁分理处四个营业网点，拥有固定资产2500余万元。承担着阳泉市郊区、城区8个乡镇184个行政村的金融服务工作。一年来，始终坚持中国农业银行"以市场为导向、以效益为目标、以客户为中心"的指导思想，用服务拓市场，向管理要效益，各项业务工作取得了较大成绩，有力地促进了地方经济发展。2016年，郊区支行认真贯彻落实市分行全年工作会议精神，不断加强营销宣传力度，坚持存款组织重点突破、扩户提质攻坚克难、中间业务增效创效、资产质量合理优化等重点工作，并切实开展了党建工作，进一步夯实了管理基础，有效推动各项业务的稳健发展，取得了比较满意的经营成绩。（张耀亮）

【提高"三农"服务质量】 2016年，中国农业银行股份有限公司阳泉郊区支行，将三农工作作为今年的重点工作，三农业务计入网点综合绩效考核指标，与客户部、网点负责人、网点员工全年绩效工资挂钩，强化考核激励作用。当年，全市首家成功上线"三农通用代收付平台"，在全区8个乡镇184个行政村做到全覆盖。期间，郊区支行代收付平台建设受到市行高度关注，市分行领导多次前往省分行就相关问题进行协调，组织相关工作人员前往潞城观摩学习，财政局、卫生局以文件形式强推，客户部先后组织专题培训10余场，代收新农合缴费48970户，涉及110491人，受到市行及区委的高度评价，为下一步加深银政合作奠定了良好基础。（张耀亮）

【全面落实"两个从严" 搞好基层党建工作】 2016年，中国农业银行股份有限公司阳泉郊区支行，党委把履行主体责任作为一项最重要的政治内容，重点围绕落实全面从严治党责任、践行"三严三实"要求，聚焦中心任务，改进工作方式方法，着力加强基层党支部建设，为支行4个基层党支部配置了纪检委员、组织委员，完善了纪检组织建设，明确纪检委员职责，落实"一岗双责""监督责任"，强化纪律约束和自我监督，严格履行自身职责。同时，扎实开展了"两学一做"学习教育活动。以党支部为基本单位，以"三会一课"等党的组织生活为基本形式，先后多次组织全体党员认真学习《中国共产党廉洁自律准则》《中国共产党纪律处分条例》等党内法规。7月份，党委书记、纪委书记先后组织开展了讲党课活动；7月17日，组织党员、入党积极分子赴辛庄、南庄革命教育基地开展主题党日活动。通过重温入党誓词、缅怀革命先烈，提升党性修养；评选推荐了"一先两优"，通过落实"党员示范岗"、"三亮四比三评"等工作制度，推动全面从严治党从严治行不断向基层延伸，充分发挥基层党组织、广大党员在党建和业务经营中的战斗堡垒作用和先锋模范作用。（张耀亮）

阳泉市郊区农村信用合作联社

【概况】 2016年，区联社紧紧围绕省联社、阳泉办事处年初确定的工作思路与目标，积极应对经济下行压力，以"六大战略"为指引，着力推进"十项工程"，全社上下团结一心，克难攻坚，主要业务指标逆势上扬，取得了资产规模继续扩张、各项存款再创新高、贷款投放略微增加、不良贷款实现"双降"、经营效益扭亏为盈、新业务指标表现抢眼的可喜成绩，转型提质有了显著成效。（刘 冰）

【深化改革引领工程】 2016年，区联社多措并举深化改制工程，通过召开农商行改制前期准备工作座谈会，邀请业内知名律师讲授改制流程和各项准备工作。到南下高平联社考察取经，学习兄弟社改制成功经验。按照章程及有关规定，完成第二届社员代表选举工作，并相应组织召开社代会、理事会、监事会，解决了历史遗留的众多社员代表、理事、监事缺位及资格不符的问题。健全"三驾马车"，开展股金不动户清理工作。截至2016年年末，累计清理2692户，金额51060元，占比33.1%；积极寻求战略合伙人，与阳煤、北京富赛集团、国新能源等优质企业洽谈投资事宜，多家企业均有入股意愿。（刘 冰）

【管理控险工程】 2016年，区联社积极做好风险管控工作，加强制度体系建设，全年共修订完善

260个制度，并汇编成册，做好“营改增”实施的有关工作。同时做好纳税筹划，有效防范纳税风险，有序落实柜员等级评定工作，并完成技能测试、理论考试等环节。实行客户分类管理机制，逐步从“管贷款”向“管客户”的信贷管理模式转变。实行信贷资产质量评价机制，每季度对存量贷款进行打分评价。组建债权人委员会，联合处置不良贷款。（刘　冰）

【不良攻坚工程】 2016年，区联社聚焦高管包户清不良问题的精神，利用多种方式处置不良贷款，主要方式是：一是包户清收。定期跟进督导，实现清收1.25亿元；二是挂牌处置。与山西省产权交易中心合作，对抵押物债权及抵贷资产债权采取挂牌拍卖的方式进行处置，成功挂牌拍卖远鑫集团旗下的25户、29笔债权及昌达集团旗下的4户、4笔债权；三是活动清收。开展“七二攻坚专项行动”，消除了信贷人员的惧贷心理，充分调动其积极性，其间，共计转化贷款6.3亿元；四是问责清收。全年共计问责52户、52笔、金额8714.6万元，追责共涉及责任人57人次，经济处罚金额71555元。（刘　冰）

【资金营运工程】 2016年，区联社不断规范完善资金运营工作，加强资金业务条线管理制度建设，完成了资金与财富管理系统的上线工作。规范机构投融资行为，全面跟踪监测资金投向，确保业务发展不越红线。积极稳妥开展债券业务和同业投资业务，合理调节流动性水平。累计发行理财产品40期，募集金额13.5亿元，联社实现手续费收入和投资收入259万元。至2016年年末，资金业务共实现净收益28296万元，投资收益率7.3%。（刘　冰）

【科技平台工程】 2016年，区联社积极发挥科技引领作用，开拓网上银行、手机银行、微信银行三个电子服务渠道，全年新增网上银行1333户，手机银行5027户，微信银行15914户，努力提升电子银行对传统柜面业务的替代率。推进磁条卡换卡工作，加快银行卡芯片化进程，年末，IC卡替代率达52.33%。大力推广小微企业综合金融服务平台，全年成功布放868户。加强“淘惠帮”电商平台本土化打造、营销、推广，交易额达7.28万元。绩效管理考核系统于8月正式上线运行，柜台人员基本实现按绩计酬。（刘　冰）

【创新拓展工程】 2016年，区联社不断创新业务品种，新开发了“富民贷”“税贷通”、代发工资公职人员消费贷款、信合通VIP卡授信、福农卡授信等贷款品种，大力推广网上申贷平台应用，共受理贷款47户、金额280万元；开通热力缴费功能，共代收缴热力费52259笔、金额6846万元；与知名商家合作推出“十元观影”“五折洗衣”“38元吃大餐”“淘惠帮线”上抢购电影票等活动，带动了卡业务的全线飘红。（刘　冰）

【支农助企工程】 2016年，区联社大力开展支农助企工作，优先支持农业生产。截至2016年年末，支持农业龙头企业25个、贷款余额21911万元；支持专业合作社18个、贷款余额770万元；支持基地园区15个、贷款余额5102万元。主动对接重点项目，根据省、市重点项目工程名单，积极开展主动营销，向天元绿环发放贷款2900万元，向云泉岩土工程有限公司发放贷款2500万元。天元绿环、云泉岩土已成功上市。加大小微扶持力度，成立小微贷事业部，已形成以“漾泉微贷”“漾泉快贷”为注册品牌的小微金融服务体系，累计发放贷款134笔、1804万元，收回利息47.27万元，不良率为0。（刘　冰）

【人才兴社工程】 2016年，区联社注重人才的培养，开展后备干部人才库选拔工作并选出首批62名人员，开展“传统文化与职业素养”培训。员工将晨操练习与经典朗诵融入日常晨训工作中，组织员工军事化执行力训练，培养团结协作、顽强拼搏的精神，并在北山公园组织近500人的誓师大会，上线网络学习平台，员工可通过PC端或手机APP实现自助式、个性化学习。（刘　冰）

【服务提升工程】 2016年，区联社以提升服务水平为着力点，通过开展“两型”机关建设，转变机关作风，提高服务效能。在市政府增设了一台离行式ATM机，对南山路分社、千亩坪分社、固庄矿储蓄所等4个网点进行装修改造。增强网点服务功能，借助微信公众平台“一周一网点”专栏，展示网点服务形象。（刘　冰）

【安全发展工程】 2016年，区联社时时绷紧安全弦，对守押工作实行社会化管理，且运行有序，效果良好。加强内部合规管理工作，持续开展“制度执行年”活动，不断加大对违规违纪人员的问责处置力度，违规问题整改率达80.73%。以“十二防三保”为管理职责，强化内防、外防联动机制，不断提高人防、物防、技防管理水平。（刘　冰）

中国邮储银行阳泉市郊区分行

【概况】 中国邮储银行阳泉市郊区支行成立于2012年，是一家自主经营、自负盈亏的国有股份制银行。支行位于郊区荫营镇西大街2号，处于郊区经济、文化较中心的位置，交通便利，现有员工9人，均为本科以上文凭。2016年，支行深化重点客户营销，锁定优质信贷客户，夯实个贷基础工程，依托个金品牌优势，推进合规文化教育，营造和谐经营氛围，各项业务工作持续健康发展。全年机构存款新增3833万元，新增个人高中端客户398户，当年郊区支行评选为中国银行业山西省优质服务文明单位。（梁对萍）

【电子银行快速增长】 2016年，中国邮储银行阳泉市郊区支行充分认识电子银行的“跑马圈地”作用，借助总行“亿路有你”“扫码1元特惠购”、手机银行激活扫码赠话费、以手机银行转账手续费免费、电子银行专享理财产品高收益、微信银行方便、快捷查询为卖点，做好宣传营销，促进电子银行激活率、替代率、交易率稳步提高。营销过程中，打破专业限制，上下联动，公私对接，捆绑营销，对目标客户进行整体渗透营销。2016年，郊区支行发展手机银行1300户，交易替代率达90%，列居全行第二。（梁对萍）

【坚持存款立行 推动个金业务】 2016年，中国邮储银行阳泉市郊区支行把握季节性规律，抓好旺季营销，早动手，早安排，其中，一季度净增额达到全年净增额的60%以上，为全年余额增长打牢基础。开展积分回饱馈、开户有礼、转介有礼、抽奖等灵活多样的活动，运用好利率价格政策（对一年期及一年期以下且单笔金额在30万元个人定期整存整取协议存款利率上浮40%），扩大储蓄存款规模，提升客户忠诚度。截至12月末，实现个人金融资产净增3833万元，完成任务的383.1%，增量在全行排名第一；本外币理财产品销售8500万元，完成任务的125%，代理保险销售370万元，完成任务的120.1%。（梁对萍）

【不断优化资源配置 努力提升人员素质】 2016年，中国邮储银行阳泉市郊区支行积极树立人力资源为“第一资源”的理念，培育核心竞争力，推进员工成才、提升队伍能力建设。一是加强提升人员能力，全员做好分级分类培训，在增强合规意识基础上，侧重提升专业技能。坚持全员读书和专业知识测试，积极推行岗位和从业资格证书达标，鼓励考取含金量高的执业资格证书。二是加强用工管理，严格执行全行从业人员岗位轮换、人员排查制度，确保全年人员轮岗率及排查率达100%。三是完善激励机制。进一步完善绩效考核体系，采取“放权管理、效益优先、分层考核”的原则，充分调动员工业务发展积极性和主动性。（梁对萍）

中国人民财产保险股份有限公司阳泉市郊区支公司

【概况】 中国人民财产保险股份有限公司阳泉市郊区支公司（以下简称人保财险郊区支公司）位于郊区荫营东大街25号，是中国人民财产保险股份有限公司阳泉市分公司在郊区设立的分支机构。下设平坦、荫营、河底、杨家庄、燕龛5个营销服务部，营销服务部有3个服务站和9个服务点，覆盖4乡4镇，销售人员51人。经营机动车辆保险、财产保险、责任保险、意外保险、信用保证保险、货物运输保险、种养殖业保险等险种，开设24小时保险服务专线电话“95518”。

2016年，郊区支公司紧紧围绕上级公司的总体发展思路，深入贯彻落实上级工作会议精神，突出“机制、协同、能力、激活”四个关键，努力提升“发展、服务、盈利、内控、创新”五种能力。坚持对标市场、坚持效益争先、坚持问题导向、坚持履职交账。扎实推进和落实各项工作，整体工作取得了较好的成绩。获得分公司2016年度“综合经营管理奖”“利润达成奖二等奖”。实现保费收入1943万元，完成全年计划比例102.13%，同比增长31.6万元，提前10天时间完成了全年计划任务指标。利润完成率144.17%，同比上升63.7个百分点，其中，车险保费收入1492万元，同比增长48.71万元；非车险保费收入451万元。当年，赔款支出980万元。（史瑞霞）

【积极开展宣传工作 提升行业服务形象】 2016年，郊区支公司组织开展了主题为“诚信保险·自主消费”“3·15”宣传活动。通过“保监微课堂”《中国保险报》官方微信等媒介大力宣扬保险理念，普及保险知识，帮助消费者树立科学理性的保险消费观念，切实维护消费者合法权益，解决消费者诉求，全面提升公司服务能力，塑造“做人民满意的保险公司”服务形象，营造良好的保险消费环境。借助节日开展“三进两扫”、“五进入”、纪念“7·28”唐山地震40周年防震减灾、“不忘初心 再创辉煌”庆祝建司67周年等宣传活动，向广大公众大力宣传保险产品、防灾减灾、公司企业文化等，设立咨询台为公众答疑解难，提供各项咨询、车辆年检等服务项目，得到社会各界一致好评。（史瑞霞）

【强化政企转变观念 助力农网产能发展】 2016年，郊区支公司坚持合规经营和风险管控并举，系统谋划，精密组织，精准对接政府需求，以重点乡镇、村为突破，构筑农险业务发展新增点，持续推进“三农”营销服务部网点建设，加大资源投入，严格标准验收，扩大网点覆盖面。6月23日，推出特色农险服务，签署的阳泉市鑫地园种植专业合作社苹果种植业保险，为18户果农提供风险保障10万元。7月18日，承保西南舁乡和义井镇两个乡镇核桃74亩，为39户农户提供风险保障4.44万元。7月25日，承保政策性梨种植业保险，为旧街乡闫家庄28户农户82.14亩梨提供风险保障6.57万元。8月，河底营销服务部开张营业。在政府各职能部门、上级公司的大力支持下，支公司农村网点快速发展，有效提升了农业的抗灾减灾能力，促进了农业稳定发展、农民持续增收和农村安定团结。

截至12月，共承保8个乡镇23个村苹果1900.93亩，梨236.21亩，核桃74亩，累计风险保障213.4万元；55个村玉米不同程度受到冰雹灾害损失，支公司迅速行动，赔款支出57万余元。受理能繁母猪109头，赔款支出11.1万元；受理蔬菜大棚6户，赔款支出10.93万元，实现特色加传统的农险承保模式转变，为更多的农户提供风险保障。（史瑞霞）

【丰富支部学习形式 提升党员青年素质】 2016年，郊区支公司联合党支部，根据《中国人民财产保险股份有限公司阳泉分公司“学党章党规、学系列讲话，做合格党员”学习方案》，制定详细的“两学一做”学习计划，采取集中学习与自学相结合的方式，对习近平总书记系列重要讲话精神，《中国共产党廉洁自律准则》《中国共产党纪律处分条例》，中共十八届五中、六中全会精神，党章、党规等各类党建学习资料进行了认真学习宣传贯彻。通过开展党课、专题讨论、参观百团大战革命纪念馆“七一”主题实践活动、观看《南平红荔》《榜样》优秀影片、交流学习体会、献爱心等支部学习活动形式，丰富支部生活，提升全体党员、青年员工的社会责任感、使命感，感受榜样的力量在支部和公司内形成学榜样、做榜样、带榜样的氛围，支部人员用实际行动示范引领全员“不忘初心、继续前行”，为支公司各项工作全面完成做出积极贡献。11月26日，顺利通过省公司党委检验，并荣获“优秀基层党支部”荣誉称号。（史瑞霞）

中国人寿保险股份有限公司阳泉市郊区支公司

【概况】 中国人寿保险股份有限公司阳泉市郊区支公司（以下简称中国人寿阳泉市郊区支公司）是中国人寿保险股份有限公司阳泉分公司在郊区设立的县区级分支机构。位于郊区荫营镇东大街25号，成立于1996年。2003年完成股份制改造，至2016年，已经有20年的历史。公司主要经营的险种有：人寿保险、健康保险、意外伤害保险等各类人身保险业务；人身保险的再保险业务、各类人身保险咨询、代理业务、国家法律法规允许的资金运用业务等。当年有员工240人，其中女性210人。公司下设六个部门，即经理室、综合部、客户服务部、个险部、团险部、银保部，还设有荫营镇、河底镇、旧街乡3个农村营销服务部，担负着全区的人身保险服务工作。截至2016年年底，全年共取得总保费收入7532.40万元，同比增长0.03%。全年赔付支出4817.45万元，同比增长17.75%，为郊区人民撑起一张“保护伞”，贡献一份保障力量。（李文静）

【中国人寿立足郊区，自觉接受社会监督】 2016年，中国人寿阳泉市郊区支公司自觉接受社会监督，积极主动开展民主评议活动，认真组织并采取多种办法，通过召开员工谈心得体会、邀请客户座谈、开展问卷调查等多种形式，广泛听取社会意见。连续多年走进郊区电视台《政风行风热线》进行现场直播，就人寿保险业务、险种承包范围、服务承诺、理赔时限、保费保额进行多方位、多渠道讲解，关注群众所想，倾听百姓呼声，努力把公司打造成郊区寿险市场的“航空母舰”。（李文静）

管理 监督

发展规划与宏观调控

【概况】 2016年，郊区发改局紧紧围绕适应引领经济新常态、贯彻落实发展新理念，重点推进七方面工作，确保“十三五”开好局、起好步。一年来，狠抓重点项目建设，切实发挥投资拉动作用，带动全区投资持续稳定增长。重点实施刘备山万亩绿化工程，桥上、官沟、南杨家庄等6村采煤沉陷区治理工程；三泉、魏家峪、大西庄等8村城市棚户区改造工程；义东沟、义井、下荫营、老虎沟、南窑庄等5村“城中村”改造工程；金翰福颐养苑和中旭鑫源医养敬老产业园工程；区社会福利养老中心PPP建设工程；配合实施漾泉大道、平阳路和宁波北路建设工程；狠抓重点产业培育，推动经济结构优化，围绕“三去一降一补”，把优势做优、特色做特、强项做强，提升经济发展质量效益。大力实施产业强区战略，按照“稳定煤炭、重组耐火、抢抓电力、强推装备制造、拓展建材、做精乡村旅游、打造现代城郊农业、发展现代服务产业”的产业调整思路，推动传统产业升级改造。坚持以“新城、新区、新镇、新村”为抓手，以提高城镇发展质量、促进人的城镇化为核心，主动对接生态新城，持续融入新城建设，进一步完善基础设施和公共配套，增强城市对经济社会的支撑能力，在全市率先打造城乡统筹示范区。以转型综改和扩权强区试点建设为抓手，认真落实科技创新、民营经济和金融振兴“三个突破”，着力破解制约经济转型的瓶颈，不断为经济发展注入新的动力。狠抓生态文明建设，建设绿色郊区，坚定走生产发展、生活富裕、生态良好的文明发展道路，加快建设资源节约型、环境友好型社会，构建人与自然和谐发展的现代化建设新格局。狠抓开放合作，提升招商引资实效，创新对外开放体制环境，更广泛地参与经济合作和竞争，不断丰富开放内涵，完善开放布局，提高开放水平。积极参与国家“一带一路”建设，主动融入京津冀、环渤海经济圈协同发展，通过举行招商引资推介会等形式，真正在承接省外产业转移上抢占先机。充分发挥地缘优势，抢抓省属、市属国有企业大面积改制的有利契机，切实加强与阳煤、煤运等大型国企配套项目的对接，力争落户郊区，努力在承接市内的产业转移上形成突破。重点抓好金亿通商贸物流、金翰福颐养苑、中旭鑫源医养敬老工程产业园等项目的服务，力促尽快落地开工，真正形成“谋划储备一批、签约引进一批、开工建设一批、加快推进一批、建成投产一批”的良性发展格局。 （杨轩初）

【圆满完成“六位一体”任务】 2016年，郊区发改局围绕“项目见效年”工作主题，强化措施，扎实推进，努力提高重点项目落地、开工、建设、投产完成额和完成率，为完成全年目标任务奠定了良好基础。当年，市下达本区项目储备完成额3401.45亿元，完成年度任务的259.26%；项目签约完成额159.29亿元，完成年度任务的105.5%；项目落地完成额99.31亿元，完成年度任务的97.36%；项目开工完成额67.63亿元，完成年度任务的110.87%；项目建设完成额74.55亿元，完成年度目标任务的93.19%；项目投产完成额60.22亿元，完成年度任务的73.44%。 （杨轩初）

【积极推进转型综改工作】 2016年，郊区发改局按照省、市综改办的统一安排部署和区委、区政府的工作要求，积极开展转型综改工作。根据省、市综改办的要求，按照区委、区政府的安排和部署，区综改办在广泛调研、征求意见的基础上，编制了《阳泉市郊区国家资源型经济转型综合配套改革试验实施方案（2016—2020年）》《阳泉市郊区国家资源型经济转型综合配套改革试验2016年行动计划》，共确定了8个重大改革、8个重大事项、8个重大项目，4个重大课题（包括2个省级部署改革任务），为本区2016年至2020年综改工作提供了重要依据。制定了《关于建立支持服务民营经济发展机制的工作方案》和《阳泉市郊区金融机构支持地方经济绩效考核机制2016年细化工作方案》。根据《关于进一步做好转型综改有关工作的通知》文件精神，向省综改办每月报送省级转型综改重点任务的进展情况，并报送专报信息11期、综改信息90期，超额完成了省综改办信息报送要求。（杨轩初）

【积极向上争取资金】 2016年，郊区发改局积极向上争取申报资金，支持项目18个，其中：中央预算内资金项目5个，专项建设基金项目13个。资金下达具体情况：一是中央预算内投资项目5个，共争取回上级资金9788万元。包括：重点防护林太行山绿化三期工程310万元；西河村棚户区改造配套基础设施建设项目1320万元，南苑学府北区棚户区改造配套基础设施建设项目520万元，大阳泉村历史文化名村建设项目180万元，暴雨洪涝灾害应急补助（荫营污水管网工程）200万元。当年，采煤沉陷区居民搬迁安置项目7258万元。二是专项建设基金（第一批）9200万元，用于支持桃林沟棚户区和西河棚户区改造项目。（杨轩初）

【推进采煤沉陷区治理搬迁安置工程项目建设】 2016年，郊区发改局重点开展了2015年度、2016年度6个村的采煤沉陷区治理建设的协调推进工作。固庄村已基本建设完毕；桥上村于10月，完成了开工前的一切规划、土地、立项手续，具备开工条件；南杨家庄村规范了“四制”管理行为；官沟村、黄沙岩村、北杨家庄村已办理前期规划，并完成了向省市申报2017年采煤沉陷区治理14个村的项目计划。（杨轩初）

【推进国家先进技术光伏示范基地项目】 2016年，郊区发改局，实施光伏示范项目4个，规模25万千瓦。分别是中广核太阳能开发有限公司10万千瓦、上海航天汽车机电股份有限公司5万千瓦、阳光电源股份有限公司5万千瓦、光伏示范基地公共平台项目5万千瓦。除公共平台项目未确定实施主体外，其他三个项目总投资17.88亿元，总占地8960亩，涉及3个乡镇13个村。为确保本区光伏基地项目顺利实施，按照市基地办总体部署要求，成立了项目领导组，制定了工作方案、路线图和时间表，倒排工期，并明确了责任分工。为做好服务、对接工作，区发改局多次召集国土、林业等部门及乡镇、村负责人召开会议，协调解决选址、用地、塔基站建设等问题，完成“六议两公开”，并签订用地协议。（杨轩初）

国土资源管理

【概况】 2008年4月，按国务院关于国土资源管理体制改革要求，郊区国土资源局上划为市国土资源局的派出机构，人财物全部上收为市国土资源局管理，更名为阳泉市国土资源局郊区分局，为副县级单位。2016年，郊区国土分局在市国土资源局的正确领导下，紧紧围绕区委、区政府中心工作，认真履职、依法办事、主动作为、积极服务，为郊区经济发展做出巨大贡献，土地和矿产资源管理迈出了新步伐。（张鹏飞）

【土地卫片执法检查工作进展顺利】 土地卫片执法检查工作，一直以来就是国土执法工作的重要部分，每年国家通过卫星航拍方式，对检查区域的土地利用现状进行监察，将结果进行反馈，督促地方政府进行整改，对不能及时整改的将被问责。土地卫片执法检查共下发到区土地遥感监测图斑216个，其中，变更为违法图斑67个，共涉及51宗；立案查处48宗，非立案查处3宗。立案查处案件全部下达了处罚决定书，申请法院强制执行审核24宗，收缴罚款99.54万元；移送纪检部门建议给予处分32人，全部落实。违法比例全市最低，低于问责线。矿产图斑8个，全部处理到位。（张鹏飞）

【强化土地管理 保护民生工程】 2016年，围绕市、区重点工程、民生工程，积极服务，逐宗逐项目落实手续，收到良好效果。主动作为办理项目用地初审7个，预审19个。共报批土地4个批次25个项目，面积105.2155公顷。其中，耕地20.1734公顷。办理设施农用地备案7宗。组织实施阳大铁路自行补充土地开发项目18个，建设总规模76.05公顷，可新增耕地59.11公顷，总投资1064.81万元，工程基本完工。划拨国有土地使用权1宗，面积34490.3平方米。采取有力措施，加快供地，努力提高供地率。争取规划建设用地指标5000亩，解放基本农田8000亩，为下一步发展提供空间保障。加快推进土地使用制度创新工作，批准实施501矿2016年度采矿临时用地8.9531公顷。（张鹏飞）

【国土收益占居区财政半壁江山】 2016年，郊区国土资源分局全年出让国有土地使用权2宗，面积68477.2平方米，总价款7750万元，纯收益7458.3433万元。（张鹏飞）

【打击非法采矿成绩突出】 2016年，郊区国土资源分局始终保持打击非法违法采矿的高压态势。打击非法采矿与落实地方党政同责安全责任相结合、集中执法检查与日常执法巡查相结合、分局执法与民兵应急分队和乡镇政府执法小分队及村级组织执法人员执法相结合、严厉打击非法采矿与宣传教育相结合，更新固定标语150条，在郊区电视台开辟专栏，滚动播出。坚持线人制、包片制、鉴定制、暂扣设备放行四级联审制。重点监察关闭矿、发生过非法采矿的敏感区域及形成的安全隐患、非法洞采、工程涉及资源问题。面上的非法采矿全部打住，全区矿业秩序较为平稳。全区共出动巡查900余次，出动执法人员1万余人次；查处各类非法违法采矿22起。查扣非法采矿设备54台（件），收缴罚没款63万余元。特别是查处2起非法洞采案，其中，1起移送司法机关，另一起得到较好的震慑。（张鹏飞）

物价管理

【概况】 2016年，郊区发改局物价部门认真学习省市物价工作会议精神。紧紧围绕区委、区政府中心工作，牢牢把握价格工作稳中求进总基调，以保证价格总水平基本稳定为要务，充分发挥价格工作在促进供给侧改革、降低企业成本、保持经济社会持续健康较快发展、提高百姓幸福指数的职能。对全区行政事业性收费进行网上申报，开展涉企收费清理，规范教育收费，推进公立医院医药价格改革，加强价格执法和业务知识学习，各项物价工作稳步推进。（杨轩初）

【加强价格监管工作】 2016年，郊区发改局物价部门对全区范围内2015年度的行政事业性收费进行了网上申报，共录入2015年符合行政事业性收费，统计报告制度填表的部门共34个，收费项目总数59个，申报率达100%。同时联合区财政局、经信局、民政局等单位，对本区涉企收费基金进行了清理检查。郊区发改局重点负责对7个涉企政府定价或政府指导价执收单位进行了清理。按照国家和省出台的各项降费政策，取消、停征、减免、降低的收费基金项目共计17项，年减少额10487.34万元。其中，国定项目9项，年减少额642.72万元；省定项目8项，年减少额9844.62万元。（杨轩初）

【关注社会热点价格问题】 2016年，郊区发改局物价部门大力规范教育收费。全面贯彻落实义务教育免费政策，对为学生提供服务的其他收费也作了明确规定，规范普通高中学费标准，严格三限招生政策，有效减少了“一边减免，一边乱收费”的现象。根据省、市有关文件要求，结合本区经济发展水平，制定出台了区幼儿园收费标准，进一步加强幼儿园收费管理工作，规范幼儿园收费行为，保障受教育者和幼儿园的合法权益。积极推进县级公立医院医药价费改革。核定单病种定额收费价格，药品零差价和“五升二降”工作，既体现了医务人员技术劳务价值，又切实减轻患者医疗费用负担，促进医院由“以药养医”向“以技养医”转变。着力规范医药价格行为，按国家规定，放开了大部分药品价格，发挥了较大的职能作用。结合物业收费工作，本局对相关物业公司的收费情况进行调研，为化解物业与业主矛盾，改善民生，促进物业公司规范服务提供了必要保证。（杨轩初）

【强化价格行政执法 提升执法人员能力】 2016年，郊区发改局物价部门强化价格行政执法，提升执法人员能力，主要工作：一是强化价格行政执法相关法律法规学习，提升执法人员业务能力。对价格执法队伍重新进行整合，对已转岗不再从事价格行政执法工作的人员依法注销其价格行政执法证，对继续从事价格行政执法工作的人员依法换领新的价格行政执法证；二是增强价格行政执法力度，提高行政执法效能。年初，按照市发改委“冬季行动”安排部署，积极开展环保价格政策、郊区涉农价格和收费、涉企收费等专项检查。被检查单位均严格执行收费项目和收费标准，未发现价格违法行为。三是创新事中监管，积极推行“双随机一公开”监管模式。根据《国家发改委关于在价格监管工作中推广随机抽查规范事中事后监管的实施意见的通知》文件要求（发改价监〔2016〕1370号），结合省、市、区具体安排部署，认真开展摸底工作，并按时上报了《随机抽查重点事项清单》《随机抽查对象名录单》《随机抽查行政执法人员名录单》等资料，制定出台了《实施细则》，并按照要求上网公示。四是强化“12358”价格监管平台服务功能，畅通群众价格诉求渠道。2016年，共直接接收或接到上级转办价格案件4件，一件按照无效举报进行处理，其余3件均按规定流程和期限受理和办理完毕。（杨轩初）

【提升价格认定工作质量】 2016年，郊区发改局物价部门认真学习《价格认定规定》及国家发改委制定出台的《毁坏财物损失价格认定规则》《野生动物及其产品（制品）价格认定规则》《钟表价格认定规则》《价格认定行为规范》《价格认定依据规则》等一系列规范性文件。积极参加省价格认证中心对《价格认定文书格式规范》集中学习培训，顺利完成了新旧文书的交接变更，积极配合省、市对本区价格认证中心价格认定结论的复核。当年，共受理价格认定案件78件，按照受理要求和办理时限，全部办理完毕，完结率100%。（杨轩初）

审计监督

【概况】 2016年，郊区审计局在区委、区政府和上级审计机关的正确领导下，以中共十八届三中全会、四中、五中全会精神，习近平总书记系列重要讲话精神为指导，积极学习贯彻新的《中华人民共和国审计法》和上级审计工作会议精神，认真履行审计监督职能。紧紧围绕区委、区政府工作中心，坚持“依法审计、服务大局、围绕中心、突出重点、求真务实”的审计工作方针，突出对经济和社会中的热点、难点和领导关注、群众关心的问题开展审计监督。为促进依法行政，维护财经秩序，推进廉政建设，优化经济发展环境服务等方面发挥了积极的作用，较好地完成了年度各项工作任务。全年共完成财政财务收支审计项目30项，完成审计（调查）单位76个。查出违规金额7167万元，管理不规范金额22996万元。其中：应上缴财政7121万元，实际上缴2134万元，审计促进拨付资金到位2636万元。 （郭瑞芳）

【财政预算执行情况审计】 2016年，郊区审计局对财政局、地税局等2个项目（单位）的预算执行和其他财政收支情况进行了审计。当年的审计更加注重集中反映本级预算和财政专项资金的整体情况；更加关注涉及人民群众切身利益的项目和资金，并与当年经济责任审计相结合，重点关注林业、环保、农业等领域资金投入及运作情况；更加注重从体制、机制和制度出发，提出了严格控制一般性支出、从严从紧编制预算等合理化建议，达到了规范资金管理的目的。但审计也发现，区级预算执行和其他财政收支中仍存在应缴未缴财政收入、未及时下拨上级专款、财政专户资金管理不规范等问题，查出违规金额7092万元，管理不规范金额19716万元。其中：应上缴财政7092万元，实际上缴2117万元，审计促进拨付资金到位1451万元。且向区委、区政府提交了审计结果报告，向区人大提交审计工作报告，全票通过。 （郭瑞芳）

【稳增长、促改革、调结构、惠民生政策措施落实情况跟踪审计】 2016年，郊区审计局根据《审计署关于印发2016年国家重大政策措施落实情况跟踪审计工作指导意见的通知》及省厅、市局审计计划安排要求，稳增长等政策措施落实情况跟踪审计项目，每季度按照上级审计部门确定的审计重点，以推动政府重大决策部署的贯彻落实，促进经济平稳运行、健康发展和转型升级为目标，围绕项目落地、资金保障、简政放权、政策落实、风险防范5个方面。着力揭示贯彻落实重大政策及决策部署方面存在的不作为、慢作为、假作为、乱作为等突出问题和典型事例，并且按要求每季度出具审计报告，后半年每月出具进度报告。在审计过程中，共抽查18个单位、18个项目，查出管理不规范金额262万元。 （郭瑞芳）

【城镇保障性安居工程跟踪审计】 2016年1月，郊区审计局受市局授权，组织审计人员对盂县2015年城镇保障性安居工程及配套基础设施的投资、建设、分配、运营等情况进行了审计。本次专项审计以推动政策贯彻落实，完善体制机制，规范运营管理，改善城镇住房困难家庭居住条件为目标，重点调查了住建、发展改革、财政、规划等部门，并延伸调查了6个乡镇15个村23户危房改造家庭，对新建续建的7个保障性安居工程项目的建设管理情况进行了检查，此项审计于3月中旬结束。审计查出管理不规范金额1494万元，审计促进拨付资金到位1185万元。（郭瑞芳）

【固定资产投资审计】 2016年，郊区审计局进一步加大对政府投资建设项目的审计监督力度，最大限度节约财政资金。共完成政府投资建设项目审计任务15项，审计金额5905万元，审定金额5144万元，审计核减761万元。在审计项目的安排上，以大项目、热点项目、民生项目审计带动其他政府投资项目审计，切实做到最大限度节约财政资金，提高投资效益。 （郭瑞芳）

【经济责任审计】 2016年，郊区审计局共完成了经济责任审计11项，其中：区级安排的经济责任审计10项，阳泉市审计局授权郊区审计局审计的经济责任审计1项。审计查出违规金额75万元，管理不规范金额1524万元。其中：应上缴财政29万元，实际上缴17万元。2016年经济责任审计以强化对权力的监督制约，促进领导干部守法守纪守规尽责为目标，深入开展党政领导干部履行经济责任情况审计，重点关注贯彻中央和省、市、区政策措施、推动经济发展、防范风险、保护环境、改善民生、廉政建设等情况。 （郭瑞芳）

【强抓党风廉政建设 做到确保廉洁审计】 2016年，郊区审计局强抓党风廉政建设工作。制定党风廉政建设工作计划，并签订责任状，层层抓落实。强化制度建设，修订完善上下班签到制度、请销假制度等制度；实行审计纪律公示制、回访制及廉政监督员制，从严管理审计队伍，确保廉洁从审；实行“审计项目限时办结制”，从发审计通知到下达审计决定，均有时间限制，保证了审计任务按时完成。进一步加强审计整改，采取边审边改、限期整改及再次审计时督促整改的方法，确保审计成果有效落实。 （郭瑞芳）

【主动服务大局　加强审计监督】　2016年，郊区审计局进一步深化部门预算执行审计，将部门预算执行审计与专项资金审计、绩效审计相结合，重点关注各部门预算单位管理的民生、资源环保等领域专项资金使用是否产生预期效益；进一步深化领导干部任期经济责任审计，在关注被审计单位财政财务收支的基础上，突出关注被审计领导干部推动本单位（部门）经济事业发展的情况；进一步深化投资审计，着力探索投资审计转型，使投资审计由目前的审价为主转型为审价、程序并重的投资审计全过程事后监督；进一步发挥审计建设性作用，加强对审计发现的普遍性和典型性问题的综合分析，力求从体制、机制和管理层面提出建议和意见，积极促进审计意见和建议转化为党委政府的政策措施，促进各项制度的建立完善。　（郭瑞芳）

【努力加强管理　提高审计质量】　2016年，郊区审计局首先进行科学计划管理，充分考虑审计资源状况，明确审计重点，全力推进公共资金、国有资产、国有资源、领导干部履行经济责任情况的审计监督全覆盖的基础上，科学规划、统筹安排、分类实施。为了进一步提升领导干部任期经济责任审计成效，增强经济责任审计的时效性，郊区审计局统筹安排，以经责科牵头分五个小组进行审计。审计小组实行“四统一”，即统一审计方案、统一报告模板、统一时间调度、统一相应的规则流程，并针对审计发现的问题及时召开会议沟通。当年，郊区审计局经济责任审计报告及审计档案多次被区纪委调阅，为其提供了有力线索。其次是加强过程控制。不定期深入审计现场，掌握项目实施的具体进展情况，并根据实际需要及时组织召开审计小组会解决项目中的疑难问题。再是建立督查机制。定期对审计项目开展质量督查，对审计项目的实施情况、审计成果反映的客观性、真实性以及审计成果发挥作用等情况进行检查。　（郭瑞芳）

【加大夯实基础　强化队伍建设】　2016年，郊区审计局为深入学习中共十八大及十八届三中、四中、五中全会精神、习近平总书记系列讲话精神，省市县重要会议和重要文件精神，扎实开展“两学一做”学习教育活动，立足审计服务理念，坚持创新改革，切实转变观念和思路，使郊区审计工作再上新台阶。坚持“走出去”战略，选送优秀的审计干部外出学习培训，重点通过财务、投资项目实战提升专业技能和综合素质。加强党风廉政建设，继续加强反腐倡廉宣传教育，落实“一岗双责”和廉政风险防控机制，打造一支业务精湛、纪律严明、作风踏实的清廉审计队伍。　（郭瑞芳）

统计事务

【概况】　阳泉市郊区统计局成立于1984年，是主管全区统计工作的政府职能部门。机构规格为正科级，下辖2个事业机构，即农村经济调查队（副科级）、监测中心（直属市统计局管理）。现有人员编制24名：行政编8名，实有在编人数6人；事业编制16名，实有在编人数13人。领导职数设：局长、副局长、总统计师、农调队队长、监测中心副主任各1名。内设股室9个：办公室、综合股、农经股、工交股、投资能源股、财贸服务业股、社会股、住户股、法规股。

2016年，在区委、区政府的正确领导下和上级统计局的指导帮助下，郊区统计局紧紧围绕区委、区政府的中心工作和实施“五大战略”、打造生态宜居新城、建设现代城郊强区的奋斗目标，扎实开展“两学一做”学习教育活动，突出重点，勇于创新，真抓实干，全面准确及时反映郊区经济社会发展实际，各项统计工作取得了显著成效。3月，郊区统计局被郊区妇儿工委授予“实施妇女儿童发展‘十二五’规划先进集体”称号；7月，被郊区财贸系统党委授予“先进基层党组织”称号。（田　莹）

【全力做好第三次全国农业普查工作】　2016年，郊区统计局开始第三次全国农业普查工作，此次“三农”普工作涉及郊区8个乡镇，179个行政村的1033个普查小区。主要办法：一是强化组织领导，成立区、乡、村三级普查机构。区领导小组办公室设在区统计局，内设5个工作组：综合协调组、业务指导组、数据处理组、宣传报道组和后勤保障组，具体负责农普日常工作。二是编制预算、落实普查经费。区农普办按照区政府文件中对普查经费、设备保障和“两员”劳动报酬等提出的要求，结合我区财政实际状况，多次与财政部门进行沟通，认真编制区级普查经费预算。三是大力开展宣传工作。10月，区农普办、区委宣传部联合印发了《关于做好第三次全国农业普查宣传工作的通知》，在区级报刊、电视、网站等新闻媒体宣传第三次农业普查的意义和实施方式，为普查顺利开展创造良好氛围。12月，区农普办和市农普办联合在郊区人民广场举行“第三次全国农业普查宣传月启动仪式”，制作宣传版面4块，出动50余名宣传人员，发放宣传资料5000余份，接受群众咨询90余次，回答问题100多个，取得了良好的宣传效果。四是圆满完成区级农业普查综合试点工作。8月24日至25日，区农普办在杨家庄乡庙岭村，开展农业普查综合试点工作，区、乡两级业务骨干及试点村普查指导员30多人参加了培训，进行实地入户信息采集，填写普查表，达到了发现问题现场解决、锻炼队伍积累经验的预期目的，为正式普查奠定良好基础。五是举办全区普查再动员暨业务培训会。11月19日至21日，区农普办组织召开全区第三次全国农业普查再动员暨业务培训会，区、乡、村三级普查指导员、普查员共计350余人参加了培训。六是扎实开展清查摸底工作。11月22日至12月17日，开展了为期一个月的清查摸底工作，区农普办对普查对象的小区划分、电子地图绘制、入户摸底、数据录入等工作进行了认真的检查和指导，并根据实际困难，向各乡镇政府领导进行意见反馈，提出解决方案，确保摸底指标的真实性、准确性和及时性，经过区、乡、村三级农普人员的辛勤工作，全区“三农”普清查摸底工作顺利完成。（田　莹）

【大力推进重点领域统计改革工作】　2016年，郊区统计局大力推进重点领域统计改革工作，做好GDP核算改革。按照国家GDP核算改革方案，夯实统计基础资料来源，实现了GDP核算数据基本衔接。做好服务业统计改革，积极探索研究服务业统计改革方法，完善规上批零住餐业财务状况调查，开展非公有制企业人员调查。做好固定资产投资，对5000万元及以上固定资产投资项目，由逐级上报改为法人单位和项目相结合的联网直报方式，按月入库审核采集统计数据。扎实推进月度劳动力调查，顺利完成劳动力调查培训、样本框画图工作。自7月正式启动以来，按月完成5个乡镇、8个行政村160户劳动力抽样调查工作。（田　莹）

【创新推动统计预警监测服务】2016年，郊区统计局高质量地完成各项常规统计工作。面对持续加大的经济下行压力，郊区统计局干部职工紧扣2016年经济发展中出现的热点、难点问题，广泛搜集信息，深入解读数据，深入基层一线调查研究，准确、及时、全面、完整地上报综合、工业、农业、固定资产投资、建筑业、房地产、能源、商贸、城乡住户等各类统计报表的年报、月报和季报，完成撰写《统计专报》15篇、《统计报告》22篇、《统计信息》89篇，为领导提供决策依据。做好“四上”企业一套表工作。年底，全区共有规模以上工业企业27家，规模以上服务业企业17家，资质以上建筑业企业11家，限额以上商贸企业22家，房地产企业14家，全部实行了一套表网上直报，直报率达100%。做好名录库维护工作。收集工商、税务、民政、编办与质监等五部门登记资料，完成了2015年度与2016年前三季度名录库维护工作。新增、变动、注销单位1000多家，做到业务上算得准、说得清，各项主要经济指标的提前预警，为区领导科学决策提供依据，增强了统计服务的针对性、主动性、有效性和时效性。（田　莹）

【精准助力东林尖整体脱贫】2016年，西南舁乡东林尖村是区统计局“精准扶贫”点。郊区统计局领导班子带队先后多次深入西南舁乡东林尖村，入户了解群众脱贫愿望，组织村支两委干部、村民代表召开座谈会，广泛交流如何帮助群众实现稳定增收，因地制宜地引导困难群众自力更生发展产业、学习技能脱贫，区统计局全体党员、干部深入包联贫困户，宣传扶贫政策，逐户分析原因，找准脱贫方向，制定实用措施，用足用活产业扶持政策，凝聚精准脱贫攻坚的工作合力。东林尖村整体脱贫。（田　莹）

工商行政管理

【概况】　2016年，郊区工商分局在区委、区政府和市工商局的正确领导下，紧紧围绕区委、区政府和市局的工作部署，以党的十八大和十八届四中、五中、六中全会精神为指导，以全面深化改革为主线，以全力服务发展为目标，以“5+4”工作思路为契机，积极推进工商登记制度改革，主动履行市场监管基本职责，着力营造宽松平等的准入环境、公平竞争的市场环境、安全放心的消费环境、和谐干事的工作环境，为促进全区经济社会科学跨越发展做出新的贡献。（刘海涛）

【市场主体登记管理】　2016年，郊区工商分局在全区登记注册的各类市场主体12097户，注册资金1004280.3969万元，分别比2015年同期增长11%和22.2%。其中：内资企业323户，注册资金67632.8274万元；个人独资企业390户，注册资金56360.95万元；合伙企业17户，注册资金1617.6万元；有限责任公司2214户，注册资金807979.8769万元；个体工商户8886户，注册资金52523.96万元；农民专业合作社267户，注册资金18165.1826万元。（刘海涛）

【市场监督管理】　2016年，郊区工商分局根据区委、区政府安排部署，扎实开展“冬季行动”专项检查。其间，全局共出动执法人员450余人次，出动车辆130车次，共取缔规范无照经营摊点54户，补办营业执照35户；积极帮扶企业办理广告登记2户，帮助办理注册登记114户，指导130户个体工商户进行了年报；指导企业办理动产抵押登记9户，商标指导6户，帮助2户企业进行了注册商标申请；省、市、区新闻报道共8条。全局共办理各类案件29起（其中万元案3起），收缴罚款9.25万元。已结案的29件。一般程序案件中：商标侵权案8件，罚款5.1万元；广告案2件，罚款0.6万元；销售不合格产品案4件，罚款0.8

万元；违反登记事项登记案1件，罚款1万元；无照经营案13件，罚款1.45万元；合同案1件，罚款0.3万元。（刘海涛）

【广泛开展市场主体年报工作】2016年，郊区工商局多措并举，努力做好市场主体年报信息公示工作。广泛开展宣传，上门提供指导，通过电视、报纸、微信等媒体向全区公布咨询电话等方式，广泛宣传企业年报公示工作。截至6月30日，应报企业2611户，实际申报2315户，企业年报率88.7%，与2015年同期相比增长18%；2016年度应报农民专业合作社238户，实际申报152户，年报率63.9%，较2015年同期下降5%；2016年度应报个体户7741户，申报2441户，年报率32%，与2015年同期相比增长3%。（刘海涛）

【提升市场建设管理水平】2016年，郊区工商分局为充分发挥工商行政管理市场监管职能，不断提高市场主体的诚信意识和自律能力，提升商品交易市场信用建设和管理水平，积极倡导诚实守信、依法经营、规范管理的规范化市场环境。局严格按照国家工商总局《关于开展创建诚信市场活动的通知》和省、市工商局的要求和部署，采取有力措施，逐步建立以行业自律为前提，以诚信经营为核心，以信用分类管理为手段，以强化市场监管为目的，全力推进诚信市场创建工作，着力在构建信用体系、健全信用制度、加强市场监管、培育诚信主体等方面做了大量而卓有成效的工作。2016年度，共推荐山西融尚家居产业有限公司和阳泉市宜购超市有限公司2户企业参评山西省诚信市场。（刘海涛）

【不断完善网络监管工作】2016年，郊区工商分局依托省局网络监管系统，对国家局通过系统搜索下发的涉网企业进行了人工筛选，对符合条件的5户进行了网络备案，进一步完善网络经营主体数据库，及时采集、更新维护网络经营主体数据信息提高数据质量。（刘海涛）

【开展专项整治行动】2016年，郊区工商分局为认真贯彻落实区委、区政府和市工商局工作要求，于5月至9月，围绕安全生产，立足工商职能，突出证照管理，强化市场监管，深入开展查处取缔无照经营专项执法行动，努力做到职能履行到位、责任落实到位、市场监管到位、安全排查到位，严厉打击各种无照经营违法行为，为维护市场安全稳定，服务全区经济社会持续健康发展创造良好的安全生产经营环境。为切实履行好工商行政管理各项职能工作，以服务经济发展、强化市场监管、提升消费维权能力为抓手，出台《阳泉市工商行政管理局郊区分局开展“四季行动”实施方案》阳工商郊字〔2016〕41号文件，从6月开始，在全区范围开展了反垄断和反不正当竞争执法、网络市场监管、虚假广告监管、商标专用权保护、打击非法传销、合同格式条款及文化市场环境集中整治等7个专项行动，积极服务于全区经济建设健康发展。（刘海涛）

【开展守合同 重信用活动】2016年，郊区工商分局新推荐中石化阳泉石油分公司、阳泉市瀑里炉料有限公司、山西三来食品有限公司等3家国家级守合同重信用单位，申报成功1户；对阳泉昌达混凝土搅拌站等3家国家级守合同重信用单位进行了复查，符合条件2家；对90家市级守合同重信用单位进行了复查并申报。（刘海涛）

【商标监督管理】2016年，郊区工商分局广泛开展以“商标进企业”“商标进园区”“商标进 农村”等为主题的系列宣传活动，不断提高全社会的商标意识，努力形成各级重视注册商标、精心培育商标、主动运用商标、自觉保护商标的良好氛围，全年新申请注册商标10件。以高知名度商标、地理标志、涉外商标为重点，深入开展农村和城乡接合部假冒伪劣“双打”专项整治，严厉打击侵权假冒行为，切实保护商标专用权。2016年，共办理商标侵权案10件，收缴罚没款5.6万元。（刘海涛）

【广告监督管理】2016年，郊区工商分局进一步加大与国家局、省局、市局的数据对接，完善广告数据中心数据的使用和监测，强化广告信息的查看、分流和反馈，及时发现违法广告案件线索，加大案件查办力度，查办广告案件2件，收缴罚没款0.6万元。（刘海涛）

【积极开展打传工作】2016年，郊区工商分局认真配合有关部门做好“扫黄打非”等社会管理综合治理工作，严厉打击传销特别是网络传销，对传销人员、传销组织、传销活动构建的防控体系，全区上下形成高压打击态势，有效营造共同抵制传销的良好氛围。5月15日、8月4日、10月13日，分别在荫营中心广场、荫营庙会和义东沟庙会开展了打传专项宣传。全局共出动执法人员534人次，出动车辆233辆次，在全区的农村、社区、学校、宾馆等人员密集场所悬挂宣传版面58块，发放宣传资料2500余份。（刘海涛）

【消费者权益保护】2016年，郊区工商分局在全区范围内设立消费维权站17个，有效提高了消费者投诉途径。“3·15”期间，组办了消费维权站工作人员大讲堂，40余名消费维权站工作人员参加学习培训，为更好地开展维权站工作奠定了良好基础。组织开展以

“汽车、旅游、超市、建材、校园”为不同主题的宣传活动，发放各种消费宣传资料8300余份。全局共受理消费者申、投诉案件186起(家用小轿车投诉占35%，装饰装潢材料投诉占37%)，咨询57起，办结投诉65起，为消费者挽回经济损失11.83万余元。通过媒体，发布消费警示4期，办理消费维权案7件，罚款5.5万元。（刘海涛）

【服务企业融资】 2016年，郊区工商分局认真开展小微企业跟踪分析，及时了解企业诉求，通过动产抵押、股权质押等融资服务，在准入、经营、融资等方面给予积极帮助。全年共为34户企业办理动产抵押，为企业融资27941万元；为12户企业办理股权质押，融资额26962.4万元，两项合计为企业实现融资54903.4万元，极大地缓解了中小企业流动资金困扰瓶颈，为企业实现再生产注入了新的活力。（刘海涛）

【积极组建非公有制党建工作】 2016年，郊区工商分局在区委组织部的直接指导下，结合郊区实际，精心组织非公有制党组织开展了“两学一做”学习教育活动。先后深入旧街、枣园、测石、柳渠、三都等村企联合党支部和锦丰农业、通宝鑫能、青山耐火等独立党支部进行了调研走访。向非公有制党组织赠送《致敬老兵》等读本500余册，从而进一步增强了非公有制党组织的凝聚力和活力。组织开展主题为“走进沂蒙山区、弘扬老区精神”的学习培训活动，让党建指导员在革命圣地进行了精神洗礼，为今后的非公有制党建工作更好开展奠定了基础。（刘海涛）

质量技术监督

【概况】 阳泉市质量技术监督局郊区分局(以下简称郊区质监分局)是阳泉市质量技术监督局派出机构，正科级建制，负责管理郊区区域内的质量技术监督和行政执法工作。截至2016年年底，公务员编制15人（含1名工勤），实有人数14人；聘用人员6人；离退休4人。2016年，在区委、区政府的正确领导和大力支持下，郊区质监分局紧紧围绕“打牢质量基础，完善监管体系，加强法制建设，全面落实企业主体责任，促进产业提升和规范发展”的工作目标，精心谋划，科学组织，务实创新，各项工作成效显著，特别是研发并推广应用特种设备安全监管系统、全力助力桃林沟村申报并确定为美丽乡村标准化试点等创新工作得到了上级好评。（李 欣）

【质量监管工作】 2016年，郊区质监局狠抓质量监管工作，积极协调郊区政府及郊区质量强区领导组成员单位完成县区政府质量考核工作。积极开展2016年重点产品质量状况分析工作，对郊区23家重点装备制造业，生产企业开展调查分析，完成辖区《装备制造业质量状况分析报告》，并上报市局。在辖区内，开展优秀首席质量官申报评选工作，7名企业首席质量官参与评选并接受表彰。认真推行《企业质量信用报告》制度，引导和推动3家企业主动发布企业质量信用报告。努力加强工业产品生产许可证监管，对辖区内的15家获证企业，开展了年度报告审查工作，15家企业全部通过年度审查。对辖区18家工业产品生产许可证获证企业开展日常监督巡查。开展了水泥获证企业的专项监督检查，检查水泥企业3家。（李 欣）

【计量监管工作】 2016年，郊区质监分局，加大计量监管力度，主要表现在：一是对辖区制造计量器具获证企业和计量授权检定机构，开展年度监督检查工作，共检查制造计量器具获证企业3家。二是开展“冬季行动”计量监督检查，检查辖区2家超市17台设备，均定期检定。三是开展医疗计量器具、民用四表和加油机等计量专项监督检查，共检查医疗卫生单位3家，设备91台件；检查民用四表8万余台；检查加油站15家，加油机47台，加油枪62把。四是在“5·20”世界计量日之际，开展民生计量宣传活动和“能源计量进企业”活动。五是在全区开展物流快递行业计量专项监督检查。六是开展新闻、出版、电视领域使用法定计量单位情况监督检查，对郊区电视台使用法定计量情况进行检查。七是对辖区内2家重点用能单位开展能源计量监督检查。（李 欣）

【标准化监管工作】 2016年，郊区质监分局狠抓标准化监管工作。努力开展企业产品和服务标准自我声明工作，督促指导企业将企业产品标准信息，录入企业标准信息公共服务平台，录入26家企业30余项标。积极开展第二批农村综合改革标准化试点项目申报工作，引导帮助桃林沟村申报并确定为美丽乡村标准化试点。主动引导和帮助阳泉市冬春蔬菜专业合作社标准园，高分通过省级农业标准化示范区验收工作。坚决维护并运行阳泉市全行业标准查询平台。（李 欣）

【认证认可监管】 2016年，郊区质监分局狠抓认证认可监管工作，建立了强制性认证产品获证企业、获证实验室、自愿性认证组织档案并实施动态监管，对3家强制性认证产品生产企业和7家获证实验室进行巡查。开展检验检测机构专项检查，建立自愿性认证组织名录，并对5家单位进行监督检查。同时，还开展“6·9认证认可日”宣传活动和入企服务活动。（李 欣）

【特种设备安全监察】 2016年，郊区质监分局加强领导，强化意识，认真开展“知责、履责”活动。重新修订“一岗双责”、特种设备安全责任“三落实”制度，将辖区8个乡镇划分为4个小组，由一把手亲自指挥，各分管领导分任小组长，承担相应的监管责任。督促辖区内特种设备生产使用单位安装阳泉市特种设备动态监管网络系统，对企业在用特种设备相关数据进行了录入及更新。截至年底，电子监管系统共录入特种设备生产使用单位189家，设备1117台，作业人员781人；郊区在册特种设备生产单位(含安装改造)共有5家，使用单位共189家，辖区特种设备共有1117台（套），总数较2015年底增加22台（套）。

同年，在开展“两个安全大检查”专项整治的同时，还开展了锅炉、压力管道、移动式压力容器、涉氨制冷、大型游乐设施、电梯、液化石油气气瓶充装等专项整治活动。全年共检查电梯使用单位62家359部，检查电梯维保单位共16家，发现安全隐患36处，对12部存在较大安全隐患的电梯进行了查封；检查压力容器使用单位53家共300台设备，压力管道使用单位7家共288.032千米，发现安全隐患25处，年底全部整改。组织开展了2次电梯“双盲”演练，对辖区15年以上老旧电梯进行专项排查整治。（李 欣）

【行政执法和打假运动】 2016年，郊区质监分局按照上级要求，结合“质监利剑行动”，分阶段、有计划地开展了多次专项执法行动，均取得了良好效果。开展农资打假专项行动。成立了农资执法打假队，深入农业较发达的平坦镇、义井镇、荫营镇、西南舁乡等乡镇的农资经销店，对店内经销的种子、农药、农机等农资产品进行了检查。同时，还与市检验检测所的技术专家共同合作，组成农资专家技术服务队深入乡镇农资经销店，对经销的种子、农药、农机等农资产品进行检查并进行了化肥抽样检查。有效维护了农民利益，防止坑农害农事件的发生。开展玩具市场专项检查。在六一儿童节之际，对辖区内超市、儿童用品店玩具经销商销售的儿童玩具进行了专项执法检查。对检查中发现的部分未按要求加贴CCC认证标志、标识标注不规范的产品，执法人员责令其立即停止销售，限期提供产品生产企业的CCC认证证书及编号，防止不合格产品流入市场，确保儿童身心健康和生命安全。开展成品油专项整治工作。组织执法人员对辖区内8家加油站开展专项监督检查，主要对成品油质量检验报告、计量器具检定证书和加油机防爆标志的粘贴情况进行了检查。未发现掺杂、掺假等违法行为。开展煤炭抽样检查工作。根据区政府《关于加强全区煤炭经营行业监管工作的通知》要求，执法人员对辖区内5家企业的煤炭进行了抽样检测，检测结果均合格。（李 欣）

食品药品监督管理

【概况】 2016年，全区食品药品监督管理工作在区委、区政府的正确领导下，在市局的精心指导帮助下，紧紧围绕保障人民群众饮食用药安全这一中心任务，牢固树立以人民健康为中心的监管理念，切实做到落实“四有两责”，以“马上就办、真抓实干”的工作作风，按照“678”工作情况相关要求，加大监督检查力度，及时发现隐患并进行督促整改，加强全区食品药品安全监管，狠抓责任落实，各项工作稳步推进，取得了一定的工作成效。全年未发生较大及以上食品药品安全事故。本年累计出动执法人员8014人次，检查食品药品等生产经营使用单位2528家次，下达责令改正通知书 182份，捣毁窝点（含取缔无证）8家。受理举报56起、核查举报56起，处理率100%。查处食品药品违法违规案件11起，结案11起，结案率为100%，罚款6.22万元。通过日常监管和持续开展专项整治，全区食品药品安全形势稳中向好。（赵 裕）

【加强队伍建设 夯实监管基础】 2016年，郊区食品药品监督管理局以落实“四有两责”为重点，紧紧抓住当前食品药品监管工作的难点和要点，把落实“四有”、履行“两责”作为头等大事，切实抓好8个乡镇监管站队伍建设。8个乡（镇）食品药品监管站落实了办公场所，配备了执法车辆、执法记录仪、执法照相摄像机、快速检测箱和移动执法终端，保障了办公和执法的基本需要。荫营站、河底站已按照国家标准化、规范化要求进行改造。全区179个行政村选配了食品安全和农产品质量安全信息员，8个乡镇均配备了专职食品安全协管员，区财政落实了每月100元的信息协管员经费补助共22余万元。为建立和完善食品安全网格化监管体系，抓好乡镇食安办协管员队伍建设，充分发挥村级信息员职责，更好地加强队伍建设，夯实监管基础，组织乡镇食安办协管员、村级食品药品信息员进行食品安全知识分片培训。通过培训，提升了乡村两级基层协管人员食品安全知识和法律法规理论水平，为促进和织牢食品安全网格化监管打下了坚实理论基础。（赵 裕）

【认真履行职责 强化市场监管】 2016年，郊区食品药品监督管理局按照“谁许可，谁负责”的原则，从“受理、审核、验收、许可”等环节层层把关，凡不符合“食品经营许可证”“食品加工小作坊许可证”等许可要求的，坚决不予许

可，切实提高企业经营准入门槛。全年共受理、办理“食品经营许可证”227个、“食品加工小作坊许可证”32个。（赵 裕）

【扎实开展日常监管和专项整治】 2016年，郊区食品药品监督管理局坚持“以日常监管深化专项整治，以专项整治强化日常监管”的有效监管模式，围绕群众关心的热点、难点问题，突出重点部分，狠抓关键环节，严厉查处违法违规行为。同时，有针对性地开展专项整治，在食品药品重点环节、重点品种、重点区域扎实有序地推进，取得了明显成效。全年共开展食品药品安全“冬季行动”专项治理、食品生产加工小作坊专项检查、酒类专项整治、春季学校食堂食品安全专项检查、酒类销售市场百日专项整治、打击冷冻肉品走私集中行动、食品药品安全大检查、食品药品安全风险隐患大排查大整治、食品销售环节食品安全专项整治、打击购销“回收” 药品专项整治、疫苗专项检查、药品经营企业GSP认证跟踪检查、医疗器械经营企业和使用单位监督检查、医疗器械体外诊断试剂经营企业专项检查、保健食品化妆品专项整治等食品药品安全专项检查和整治。尤其是食品生产环节被市局授予“全市食品生产监管先进单位”称号。（赵 裕）

【积极开展快速检测业务】 2016年，郊区食品药品监督管理局为彻底改变本区食品安全执法监管的眼看、鼻闻、手触的传统手段，利用国家配套资金12万元，公开招标采购了6套快检箱、2台快检仪，对食品中40余种有毒有害物质进行检测。对47家餐饮单位和食品流通单位、29个食材品种，进行了15个项目182份样品的快速检测，特别是在党代会、全区“两会”期间，对食品安全进行了快检手段重大保障。快检手段的全面铺开，极大地提升了监管能力和食品安全保障能力。（赵 裕）

【强化宣传教育工作】 2016年，郊区食品药品监督管理局把营造社会共治的宣传工作和提高经营者食品安全知识水平、提升守法经营意识、落实主体责任意识作为重要目标任务紧紧抓在手上。结合“3·15”消费者权益保护日、食品安全宣传周、乡村庙会等宣传活动，通过设立咨询台、摆放宣传展板、发放宣传手册等形式，开展食品安全法律法规及食品安全知识宣传活动。共发放餐饮服务管理和食品安全方面的法律法规书册1000余册、合理用药及健康知识宣传册2000余册，接受群众提问500余人次，得到了群众的一致好评。5月17日上午，义井食药监站工作人员深入杨家庄乡黑土岩村，开展送“法”下基层宣传活动。向现场群众发放新《中华人民共和国食品安全法》资料20余本，食品药品安全宣传资料500余份，并就村民提出的食品药品安全问题进行了解答。（赵 裕）

【努力完成假日保障任务】 2016年，郊区食品药品监督管理局为确保节假日、重大活动期间的食品安全，积极控制食源性疾病以及食物中毒事件发生，强化保障意识，提高对重大活动、节假日期间的监管力度。履职尽责，圆满完成了区“三节”活动、中高考、区党代会、区人大政协“两会”、义井教堂平安夜等重大活动的饮食安全保障任务。通过制定方案，签订食品安全承诺书落实责任，进行事前指导、全程监督，利用快检手段对承担接待任务餐饮单位的食品原料进行现场检测等措施，确保了重大活动、节假日期间餐饮服务食品安全。（赵 裕）

【加强小作坊监管工作】 2016年，郊区食品药品监督管理局按照《山西省食品加工小作坊管理办法》相关规定，对全区食品生产加工小作坊散、乱、脏、差的现状进行全面排查，彻底改造。要求“四规范一提升”，即规范证照管理、规范进货渠道、规范生产过程、规范销售行为，提升经营者“尚德守法”的食品安全自律意识。督促改造完成30家小作坊，其中，豆制品类6家，面包蛋糕类6家，肉制品类7家，方便食品类7家，调味品类1家，其他3家，在全区初步形成了区域性典型示范带动的良好格局。（赵 裕）

【抓好建章立制工作 共治农村集体聚餐】 2016年，郊区食品药品监督管理局根据国务院食安办《关于进一步强化农村集体聚餐食品安全风险防控的指导意见》在全市率先出台了《阳泉市郊区农村集体聚餐管理办法》。《管理办法》明确：各乡镇人民政府承担属地管理职责，乡镇食安办承担农村集体聚餐审批工作，根据乡镇食安办的审批通知书，派驻乡镇食药监管站到承办现场开展现场监管工作。村级信息员是食品安全的直接管理人员，集体聚餐举办者和承办者是食品安全的主体责任人，加工制作人员是食品安全的直接责任人，充分发挥区、乡、村三级监管网络作用，有效利用社会共治的合法手段，进行全面管理。专门印制了《阳泉市郊区农村集体聚餐告知书》2万份，通过各乡镇食安办发放到各村各户。同时，在郊区电视台黄金时间开辟专栏，进行为期一个月的集中宣传。全区开展了186例农村集体聚餐审批监管事项（荫营61户，河底30家，义井19户，平坦12户，李家庄41户，西南舁16户，杨家庄5户，旧街2户）。为保障农村地区食品安全起到了积极作用，收到良好的社会效果。（赵 裕）

【积极推进信息化建设】 2016

年，郊区食品药品监督管理局按照省、市局安排，积极推进食品药品信息化建设工作。年底，互联网食药安全执法监管信息平台开发完成；服务器租赁和执法终端政府采购全部完成。IP地址已通过工信部审核，开始试运行，本系统架构共包括：基础层、数据层、平台层、应用层、访问层。主要由行政监管系统、日常监管系统、网络化监管系统、抽验管理系统、移动监管系统、从业人员管理系统等多个模块组成。运行正常后，将于国家、省、市监管信息化平台对接，有效提升食药监管能力。（赵 裕）

安全生产监督管理

【概况】 2016年，郊区安监局在区委、区政府的正确领导和市主管部门的精心指导帮助下，继续强化“发展决不能以牺牲人的生命为代价”的红线意识，牢固树立“以人为本、生命至上、安全发展”的理念。建立健全安全生产责任制，深入开展安全生产专项检查，推动依法治安，狠抓预防治本，夯实基层基础，加快改革创新，圆满完成了全年目标任务。年内该局直管行业领域煤矿、非煤矿山、危险化学品、烟花爆竹、冶金等均未发生死亡事故，地方煤矿百万吨死亡率为零。（梁红霞）

【履行岗位安全生产职责】 继续完善应急预案，制定《岗位安全生产监管职责告知卡》和《岗位安全生产职责告知卡》，发放率达100%和95%以上，安全生产“一岗双责”责任书签订率达100%。从6月开始，深入开展了“部门一把手话安全”访谈活动，每天邀请一位部门“一把手”在郊区电视台谈行业安全生产工作总体情况、安全生产监督责任落实情况、安全生产重点工作方法举措和公众应知应懂的相关知识，以强化安全发展理念，提升全民安全素质。（梁红霞）

【遏制重特大事故工作】 下发了《阳泉市郊区人民政府关于印发〈阳泉市郊区实施标本兼治遏制重特大事故工作方案〉的通知》（阳郊政发〔2016〕26号），为推进工作、确保实效，成立了遏制重特大事故工作领导组，负责统一领导、协调指导全区遏制重特大事故工作。负责制定本行业领域工作方案和三年工作规划。开展本行业领域安全风险和重大隐患辨识排查工作，并研究上报一批保护生命重点工程项目。（梁红霞）

【开展安全乡村 安全乡镇创建】 2016年全区有179个村达到省创建安全乡村监管体系建设基本标准，并通过乡镇检查验收、区安委核实审查，分五批命名为“安全村”，命名率100%。8个乡镇全部达到了省创建安全乡村监管体系建设基本标准。（梁红霞）

【区级企业达到省级标准化建设要求】 2016年，区安监局直管行业有5个煤矿企业达到了省二级标准，3个非煤矿山企业、30家加油站达到三级标准化企业。（梁红霞）

【职业病防治专项治理取得新进展】 重点加强对全区煤矿、非煤矿山、加油站、加气站、危化品生产经营企业和民爆器材储存单位的动态监控。全区共检测企业59家。按照劳动用工“五个统一”管理制度相关要求，进一步规范企业劳动用工管理，稳步实现企业劳动用工管理规范化。按照职业卫生“三同时”工作要求，积极推进全区涉及职业危害的企业进行申报备案的专项活动。全区有涉及职业危害企业共65家，接触人数660人。煤矿企业从业人员总数为3572人，井下从业人员1942人，主要职业病危害因素为煤尘、矽尘。全区煤矿从业人员基本达到合同签订率、煤矿用工备案率、培训合格率、参加社会保险率、从业人员年检率“五个百分之百”。（梁红霞）

中国共产党阳泉市郊区委员会

重要会议

【区委八届六次全会】 2016年1月30日，区委八届六次全体（扩大）会议在区政府一楼东报告厅召开。会上，区委书记苏秀瑞作了《崇尚实干 勇于担当 为实施“五大战略”促进富民强区而努力奋斗》的工作报告。报告的指导思想是：高举中国特色社会主义伟大旗帜，全面贯彻党的十八大和十八届三中、四中、五中全会精神，坚持以马克思列宁主义、毛泽东思想、邓小平理论、“三个代表”重要思想、科学发展观为指导，深入贯彻习近平总书记系列重要讲话精神，坚持发展是第一要务和抓好党建是最大政绩，按照中央“五大发展”的新理念和省委“六大发展”的新要求，大力实施产业强区、拓城靓区、综改活区、民生安区、实干兴区“五大战略”，着力在转方式、调结构、促改革、惠民生、补短板、强治理上形成突破，努力打造生态宜居新城，建设现代城郊强区。 （李志强）

【中国共产党阳泉市郊区第九次代表大会】 2016年8月10日至12日中国共产党阳泉市郊区委员会第九次代表大会在区政府一楼大报告厅召开，出席会议代表377人。会上，区委书记王明厚作了题为《牢记使命勇担当 真抓实干谋发展 为实现富民强区全面建成小康社会而努力奋斗》的工作报告。大会选举产生了中共阳泉市郊区第九届委员会委员32名，候补委员7名，常委9名。 （李志强）

重要活动

【“两学一做”学习教育】 根据中央、省、市委安排，从2016年4月起，在全区各级基层党组织和广大党员中扎实开展“学党章党规、学系列讲话，做合格党员”学习教育。制定了《关于在全区各级党组织中开展“两学一做”学习教育的实施方案》，成立了“两学一做”学习教育协调小组，全面统筹负责全区学习教育活动。活动中，区委常委班子带头，以上率下，先后组织了讲党课、“四讲四有”、学系列讲话解决若干问题等专题研讨，开展了“百百千万”教育培训和“六上六进”活动。开展了红歌赛、辩论赛、演讲赛、知识竞赛、党规党纪测试、“手抄党章、党章剪纸”“党员先锋行”等活动。据统计，全区各级党组织共开展集中学习1200余次，举办各类培训27次8000余人次。针对性解决了宗旨意识薄弱、先锋模范作用发挥不好等6大类400余个问题。通过学习教育，广大党员干部进一步坚定了“四个自信”，增强了“四个意识”，特别是核心意识和看齐意识，切实做到在思想上拥戴核心、政治上维护核心、组织上服从核心、行动上紧跟核心，始终做政治上的明白人。 （李志强）

重大决策

【实施产业强区战略 着力形成多元产业体系】 依托区位优势，聚焦阳泉市民的餐桌消费，以发展无公害蔬菜、优质果品、特色养殖为重点，以建设“一区四园”为目标，打造品牌，注重质量，扩大规模，培育龙头，完善市场体系，强化基地建设，努力构建以餐桌农业、精品农业、特色农业为核心的现代城郊农业发展新格局。在积极推动传统产业优化升级的同时，大力发展战略性新兴产业，切实做好煤与非煤两篇文章。要加快打造产业园区，对307复线小微企业集聚区、河底新材料工业园、西南异耐火产业区、河底京昆商贸物流园、荫营万亩综合产业示范园、东区工业园等6个工业园区，尽快完善园区配套政策与园内基础设施建设，提升园区承载能力，促进产业集群化、集聚化、集约化发展。牢牢把握资源型城市转型发展契机，加快发展家政服务、物流、乡村旅游等第三产业，努力形成大众创业、万众创新的生动局面。 （李志强）

【实施拓城靓区战略　有效提升城镇化建设水平】　坚持“让生活更美好、让经济更繁荣、让环境更优美”的城建理念，以“新城、新区、新镇、新村”为抓手，进一步加快城乡统筹发展步伐。紧紧围绕3平方公里的新城起步区，重点推进恒大帝景、阳泉职业技术学院、规划馆、大西庄保障房、桃坡保障房等项目建设。按照《荫营北区概念性规划》要求，继续完善路、气、水、暖等基础设施，重点支持老虎沟、下荫营、南窑庄、上千亩坪、下千亩坪等镇区10村因村制宜、因地制宜，采取采煤沉陷区治理、棚户区改造或城中村改造等政策措施，加快推进城镇化，努力建设集行政、商贸、文教、居住、物流、生态为一体的低碳绿色“新荫营”。各乡镇要进一步加快中心集镇建设步伐，立足比较优势，大力发展特色产业，科学定位集镇功能，真正实现特色发展、协同发展。按照“四美两宜”，即家园美、田园美、生态美、生活美和宜居宜业的总体要求，围绕全区确定的美丽宜居示范村的七种类型，因地制宜，分类指导，抓好宜居示范工程建设。（李志强）

【实施综改活区战略　不断激活经济社会发展内在活力】　科学制定《阳泉郊区2016—2020年转型综改实施方案》，细化分解中央和省、市委作出的改革部署，确保每项改革任务都能落到实处。深化财税金融改革，进一步规范政府债务管理，严格举债程序和资金用途，严控新增债务，建立和完善政府债务风险预警机制。继续抓好下放行政审批事项的承接落实，进一步优化和再造审批事项流程，切实推进行政审批提速增效。按照要求，对民生服务事项，能下放到乡镇的要及时下放。要加快推进并联审批工作和领办代办服务进程，进一步缩短审批时限，提高审批效率。严格土地资源管理，全面落实国家耕地和基本农田保护政策，圆满完成新增造地和基本农田整理任务，确保全区耕地总量不减少。（李志强）

【实施民生安区战略　努力提升人民群众幸福指数】　坚持守住底线、突出重点、完善制度、引导舆论的基本思路，扎实推进各项民生工作。要认真抓好精准扶贫，以7个乡镇、27个贫困村、19个非贫困村作为主战场，创新体制机制，激发内生动力，采取超常措施，拿出过硬办法，举全区之力打赢脱贫攻坚战。把2016年作为“惠民政策宣讲年”，在全面贯彻中央和省、市各项惠民政策的基础上，多办一些让老百姓看得见、摸得着、得实惠的实事好事。时刻绷紧安全生产这根弦，消除各类隐患，防止重特大事故发生。认真落实“三会一书”信访工作法和“六包一”教育稳控措施，严格执行《区级领导信访接待日制度和约访、下访制度》，促进全区信访稳定工作再上新水平。（李志强）

【实施实干兴区战略　以转变作风的新成效促进新发展】　认真贯彻省、市“冬季行动”安排部署，在全区深入开展以“马上就办、真抓实干”为主题的干部转变作风、工作提升效能活动。特别是紧紧围绕“郊区激情文化建设”、信访纠纷矛盾排查化解、重点工程项目协调推进等十大攻坚战役，严格执行公开身份、公开行踪、公开承诺的“三公开”制度，秉持“用100%的激情、100%的努力，达到100%的成效”的理念，充分利用一切时间，调动一切积极因素，整合一切资源要素，知行合一，说干就干，积极投身区委、区政府既定的各项目标任务上来。人大、政协围绕产业转型、城镇化建设以及综改任务等一系列重大课题，充分发挥监督、服务和保障的职能。统战部门加强区工商联、侨联、民族宗教团体等组织建设，开展特色活动，把各方面人才和智力集聚起来，围绕“五大战略”，为促进全区经济社会发展凝心聚力，发挥优势。加强督查领导，健全督查机构，配强督查力量，紧贴中心抓督查，创新机制抓督查，强化考核抓督查，切实提升督查工作实效。（李志强）

纪检监察

【概况】　2016年，郊区纪委监察局在区委、区政府的正确领导下，深入贯彻中共十八大、十八届三中、四中、五中、六中全会和习近平总书记系列重要讲话精神，认真落实十八届中央纪委四次、五次、六次全会和省、市、区纪委全会精神，以“两个责任”落实为抓手，紧紧围绕“三转”要求，以开展“专项整治”活动为载体，认真贯彻“三严三实”要求，严格监督执纪问责，全区党风廉政建设和反腐败工作取得明显成效。全年，“四种形态”问责208人次，其中第一种形态144人，占比69%，第二种形态49人，占比24%，第三种形态7人，占比3%，第四种形态8人，占比4%；共立案51件、结案49件，处分党员、监察对象64人，撤职以上重处分15人，移送司法1人，对腐败分子形成了强有力地震慑。（邓建刚）

【市纪委领导到郊区督查“春季行动”工作】　3月25日，市纪委领导一行3人，到郊区纪委就加大谈话函询处置力度，减少问题线索存量的“春季行动”开展情况进行督查。（邓建刚）

【严格责任追究强化问责力度】　区纪委不断加大问责力度，以问责倒逼主体责任的落实，先后对区人社局原分管领导因所属部门慢作为进行追责，给予诫勉谈话；对区教育局分管领导，因白泉中学原校长违反财经纪律进行追责。全年，共严肃问责党组织35个，其中通报26个、检查9个，问责党员领导干部31人。其中行政警告1人、诫勉谈话6人、通报23人、批评教育1人。（邓建刚）

【调查研究活动】 结合开展扶贫领域专项治理活动，由区委常委、纪委书记郗文保亲自组织开展调研，起草了全区《涉农惠民政策资金风险点防控调查分析报告》，通过对全区7类122项涉农惠民政策资金进行深入调研，排查出98项6个重点环节168个风险点，并及时提交区委常委会研究，制定出台了《关于进一步加强涉农惠民领域政策资金廉政运行的指导意见》。在此基础上，配合市纪委深入剖析河底镇苇泊村低保、五保和临时救助信访案例，对不符合政策规定的41户进行了及时纠正，给予党政纪处分4人，并在全市通报的基础上，责成河底镇和区民政局分别在全镇和全区范围进一步开展深入排查和整改。（邓建刚）

【“两个专项治理”活动】 郊区纪委积极落实上级“两个专项治理”精神，出台方案，抽调专人组成监督检查小组，于5月16日召开全区“两个专项治理”推进会，下发《加强扶贫领域监督执纪问责工作方案》。全区各乡镇各部门经过自查自纠，地毯式排查，纪检监察机关重拳出击，不断加大扶贫领域和矿产资源开发领域监督执纪问责工作力度，在全区上下形成了强大合力，有效遏制了群众身边的不正之风和腐败问题。共起底排查中共十八大以来反映扶贫领域涉纪问题线索22件，立案16件、查否了结6件，28人受到党政纪处分，其中党内警告9人、党内严重警告12人、留党察看3人、撤销党内职务2人、开除党籍1人，行政警告1人。共排查2013年后发生在矿产资源开发领域的问题线索35件，办结32件、办结率为91.4%，其中立案16件，处分党员干部19人，其中给予党内警告7人、党内严重警告8人、留党察看1人、开除党籍3人（1人移送司法），初核查否18件，谈话函询1件。当年，省纪委转办38件群腐信访件，已办结31件、办结率为82%。查办涉及侵害群众利益案件14件，处分党员干部23人，并按照“一案双查”对4个单位、5人进行了责任追究。（邓建刚）

【吴纪平到郊区调研】 8月17日，市委常委、纪委书记吴纪平就贯彻落实8月16日市委常委（扩大）会议精神及贯彻落实省委“一个指引、两手硬”的重大思路和要求、落实“两个责任”、执纪审查、惠民政策落实、解决发生在群众身边的腐败问题等工作进行调研。吴纪平先后深入平坦镇党员教育中心、石板片村、桃林沟村和荫营镇实地走访，并在荫营镇召开座谈会。明确要求区纪委重点就涉农惠民政策资金执行过程中针对侵害群众利益的腐败易生环节开展调查分析，并找出风险防控的有效切入点。（邓建刚）

【“重信重访和越级访”专项治理活动】 郊区纪委认真贯彻落实8月25日市纪委“治理重信重访和越级访”的专项工作会议精神，出台《关于在全区纪检监察机关开展重信重访和越级访治理“百日攻坚”活动的实施方案》，于8月29日召开动员大会进行安排部署。针对市纪委交办的22个目标任务，确立了“双三级”包案方式（由纪委主要领导全面负责，案结分为“三级”、事了分为“三级”。案结“三级”包案由区纪委包案领导、包案常委、室主任、负责人、办案人员组成，区直纪检组协助包案；事了“三级”包案由乡镇党委书记为主体责任人，乡镇包村领导为具体责任人，村包案领导为直接责任人组成），对任务进行分解细化，责任到人，构建起了“党委负主责、纪委具体抓、两级齐动手、层层抓落实”的工作格局。10月底前，全部完成市纪委交办目标任务。其中：初核查否5件、谈话函询了结2件、立案15件，党内警告7人、党内严重警告6人、撤销党内职务1人、留党察看1人、开除党籍1人、诫勉谈话1人、给予批评教育1人、移送司法1人。（邓建刚）

【开展环境问题整改纪律督查】 认真贯彻落实11月23日省委省政府环境保护督察组阳泉动员会精神，于11月29日出台《阳泉市郊区环境问题整改监督工作方案》，成立了环境保护问题整改工作纪律督查组，对照区政府《整改实施方案》27项整改措施及27个责任部门，分成3个工作组，明确任务要求，对照责任清单，认真开展督查。在推进立行立改的同时，区纪委监察局高度重视涉及环境保护的问题线索处置情况，对2013年后的涉纪环保问题线索和纪律审查情况进行了摸底排查，并按照“五账工作法”要求，着手建立环保问题线索台账，优先处置环保问题线索，为打赢全区环保问题整改攻坚战发挥了积极作用。（邓建刚）

【深挖细查纠“四风”】 2016年，郊区纪委持之以恒把重要时间节点当成作风建设的前沿阵地，坚持以韧劲治惯性，始终保持狠刹“四风”问题的高压态势，充分协调公安、税务、工商、交警、旅游等部门，全方位、立体化、多角度开展监督检查。全年共组织开展12次明察暗访，检查乡镇和区直部门覆盖面100%，检查超市、酒楼、旅行社及旅游景点73家（次），乡镇纪委检查农村137个、站所75个。共发现问题线索6类55条，查处问题13件、20人，给予党政纪处分15人、组织处理5人。曝光4批次10件11人。其中省纪委通报1件1人；市纪委通报1批次3件3人；区纪委通报2批，6件7人。严肃查处了旧街煤业公司领导干部借出差之名旅游案、上千亩坪村党总支书记公款旅游案、和泰煤业副总公车私用等典型案件，不断释放越往后执纪越严的强烈信号。（邓建刚）

【区委巡察组成立】 5月26日，区委召开常委会议，成立阳泉市郊区区委巡察工作领导小组，通过《中共阳泉市郊区区委关于建立郊区巡察制度的意见》和《巡察工作实施办法》，建立巡察工作“一长两员三库”，为巡察工作提供了强有力的组织保障。6月20日，根据市编办《关于成立中共阳泉市郊区区委巡察工作领导小组办公室的批复》，区委成立巡察工作领导小组办公室，为巡察工作领导小组日常办事机构，设在区纪委机关，规格为正科级，行政编制5名。同时，区委设立3个巡察组，每组配备专职人员2名。（邓建刚）

【区委开展首轮巡察】 5月31日至6月30日，区委巡察办从人才库中抽调18人，成立首轮3个巡察组，分别对平坦镇、区农委、杨家庄乡、区经信局、旧街乡、区卫计局6个单位开展为期1个月的首轮巡察。此次巡察共开展个别谈话202人次、发放测评表275份、调查问卷134件、抽查个人事项18人、接待群众上访64人次、受理来信来访94件。共发现问题线索29条，涉及32人，其中科级干部2名、一般干部5名，村支主要负责人19名、其他人员6名。巡察移交乡镇纪检部门问题线索29件，移交其他部门问题线索17件，巡察利剑作用充分显现。（邓建刚）

【乡镇纪委换届工作圆满完成】 2016年，乡镇纪委换届工作顺利进行，全区8个乡镇新选举纪委委员32名（其中专职18名、兼职14名），8个乡镇纪委书记系统内交流3名，系统外交流5名，有效充实了纪检监察队伍，切实提高了战斗力。（邓建刚）

【规范乡镇廉政教育中心建设】 为不断加强对农村基层干部的教育管理，着力提升乡镇纪委的监督执纪水平，区纪委出台《关于乡镇廉洁教育中心规范化建设的方案》，要求各乡镇要加强廉洁教育中心规范化建设，于12月底前，建成区级1个“少数型”和平坦镇、河底镇、杨家庄乡3个“重点型”廉政教育中心，以及其余5乡镇5个“常态型”谈话点并陆续投入使用。（邓建刚）

【宣传活动】 8月2日、3日，配合市纪委在全区举办《中国共产党廉洁自律准则》《中国共产党纪律处分条例》宣传漫画展，全区副科以上党员干部参加画展，受到深刻的教育和警醒。中秋、国庆期间，区纪委监察局向区、乡（镇）、村三级800余名领导干部发送廉洁短信，提醒广大党员领导干部勤俭过节，过廉洁节，在全区营造了清正廉洁的良好氛围。（邓建刚）

【警示教育活动】 积极发挥“身边人，身边事”的教育影响力度，将案例资源转化为教育资源强化反面典型的警示作用。郊区纪委分别于8月19日、8月25日组织150余名重点领域、关键岗位的工作人员旁听了阳泉市郊区医药药材公司破产清算领导组组长王某涉嫌贪污案，阳泉第一监狱第二集训监区主任科员、一级警督王某涉嫌受贿一案，现场接受“身边人、身边事”预防职务犯罪警示教育，发挥查办案件的治本功能。（邓建刚）

【监察体制改革试点工作】 11月，郊区监察体制改革试点工作全面启动，在区委的直接领导下，区试点工作小组办公室紧紧围绕“转隶开局、平稳过渡、逐步深化、规范高效”的要求，以“构建集中统一、权威高效的监察体系”为目标，从“严”着手抓“转隶”，从“细”思谋推“融合”，有序推进全区监察体制改革试点工作。（邓建刚）

【王明厚调研区纪委监察局工作】 12月12日，区委书记王明厚到区纪委监察局调研监察体制改革相关工作，区委常委、政法委书记张斌武，区委常委、组织部部长梁敏，区检察院检察长严志勇等一同调研，区纪委班子成员、相关科室负责人参加调研座谈。（邓建刚）

【程会元严重违纪案】 程会元，男，汉族，1969年9月出生，2010年7月加入中国共产党，2012年至2014年任河底镇程庄村党支部书记、村委会主任。经查，程会元违反组织纪律和违反工作纪律，擅自决定村里重大事项，签订占地补偿协议，私自收取3笔占地补偿款5.5万元等。2016年3月22日，区纪委给予程会元开除党籍处分，涉嫌犯罪问题线索移送司法机关处理。（邓建刚）

组织工作

【概况】 2016年，郊区区委组织部认真贯彻落实中共十八大精神，以思想建设、组织建设、作风建设、制度建设为抓手，各项工作全面推进，成效明显。在全区组织开展了党的群众路线教育实践、学习讨论落实、“三严三实”、“两学一做”学习教育等活动，全区党员干部的政治意识、大局意识、核心意识、看齐意识进一步增强。开展了基层党建“五大提升”工程，推进非公企业和社会组织党组织覆盖，持续整顿软弱涣散基层党组织，延伸推广民事代办工作法、联村党委、“六议两公开”等工作法；制定《农村干部管理办法20条》《村级组织权力责任清单》，建立农村干部档案，配备农村专职纪检委员，修订《农村离任干部生活补贴办法》；构建机关干部、村委主任九项承诺，党员底线红线承诺，村民遵守村规民约承诺等全员承诺监督体系，形成了以法治区和以德治区相结合的管理机制，夯实了基层基础，强化了基层保障。建立干部日常谈心谈话制度、干部选拔任用纪实制度、区乡村三级干部管理办法，乡镇干部“住读”制度、干部下乡住村“吃派饭”“工作日志”管理等，全区党员干部作风明显转变，干部的权力和行为得到有效约束。郊区承办了全市“六权治本”现场会，“六议两公开”经验被充分肯定，并被市委发文推广。（郭润明）

【开展“两学一做”学习教育】 2016年，全区上下扎实推进学党章党规，学系列讲话，做合格党员的“两学一做”学习教育。突出抓好学习培训，开展“百百千万”集中教育培训和“六上六进”活动，由区委书记带头，县级领导干部讲党课28次，区直部门、乡镇党员领导干部讲党课180多场次，各级党委、党支部集中学习1200余次。举办了党支部书记培训班、离退休党支部书记培训班。区委中心组开展了“讲政治、有信念”“讲规矩、有纪律”“讲道德、有品行”等专题研讨和习近平总书记“七一”重要讲话专题学习。突出抓好主题活动。组织了“两学一做”知识竞赛、党规党纪测试、演讲比赛、“忆党史，颂党恩”主题党日、“手抄党章、手剪党章”展览，红歌比赛、党员“底线红线定规矩、对标定位找差距”承诺等主题活动，评选表彰出50个优秀基层党组织、100名优秀共产党员、50名优秀党务工作者。举办了“迎国庆、促发展”“两学一做”学习教育主题辩论赛和先进事迹报告会。突出抓好典型引领。以党支部为单位开展“党员先锋行”主题实践活动，打造党员示范岗和党员服务队。大力宣传一次性交纳2500元党费的老党员李洪照，临终前托付儿子上缴520元党费的老党员张魁福，以及热心公益事业多年的老党员高延寿的先进事迹。围绕抓党建促发展，开展“百名干部入企服务”工作，由县级领导带队，成立42个入企服务小组，146名区直部门领导干部分批包点为26家规模以上企业和16家其他企业提供服务，全力促进经济企稳回升。（任 玮）

【区乡换届工作】 2016年，郊区认真贯彻省委、市委关于县乡领导班子换届工作会议精神，围绕“四个好”总体目标，落实“五类主体责任”，严格执行“四个凡提”和“六查制度”，突出抓好干部人事安排；采取“四必谈、四必看、四必训”措施，加强换届纪律风险防控，确保了整个换届风清气正、平稳有序、圆满成功。5月16日至6月1日，8个乡镇全部召开党代会和人代会，选举产生了新一届乡镇领导班子，共调整103人，提拔43人、重用13人、交流47人，有乡镇工作经历的干部100人，占到97.1%，选任的16名乡镇党政正职全部具有乡镇工作经历，平均年龄由换届前的41.3岁降低为38.8岁，乡镇领导班子全部为大专以上学历，其中大学本科及以上学历干部76名，占比92.7%；共配备党外干部5名，与上届数量持平；妇女干部12名（包括1名乡长），比上届多配备3名；“三类人员”22名（其中乡镇事业编制人员13名，村干部2名，大学生村官7名）。4月10日至22日，先后召开了区第九次党代会、区政协九届一次会议和区人大十八届一次会议，党代表377名、政协委员177名、人大代表163名，共选出了32名区委委员、33名政协常委、32名人大常委、15名纪委委员、44名出席市第十二次党代会代表，其中，区委常委9名，区政协、区人大班子各5名，区政府班子7名（区长、常务副区长为区委常委）。（董建华）

【“三公开”活动】 年内，在全区集中开展的“马上就办、真抓实干”为主题的“激情文化建设”活动中，重点在乡镇和区直机关干部中全面推行公开身份、公开行踪、公开承诺的“三公开”活动。公开身份，就是工作期间全部佩戴胸卡，亮明身份、职务和联系方式；公开行踪，就是以工作日志的形式，记录每天的工作计划、工作任务、完成情况、工作备忘、经验心得；公开承诺，就是依据岗位职责，面向群众公开履职承诺。“三公开”活动，实现了干部工作全过程严格自律，全过程留有痕迹，全过程接受监督。以公开促自律，以公开促监督，以公开促管理，是郊区从严管理干部的又一举措。（郭润明）

【干部管理】 年末，为深入推进“马上就办、真抓实干”为主题的冬季行动，进一步强化工作落实，郊区在全区科级干部中推行了“工作日志”管理制度。填报内容包括每日工作任务、工作计划、完成情况、工作备忘、经验心得，月初要制定计划，月末认真总结。工作日志每月一审，实行县级包乡镇领导、分管领导，单位领导，组织部，纪检委四级审阅制度。区委督查室通过下乡巡查、随机抽查、调查了解、现场复核等形式，不定期检查《工作日志》记录情况，对记录不认真、不真实、不清晰等情况进行通报；《工作日志》作为干部是否忠诚老实的重要评判标准，作为干部实绩考核的重要印证资料，作为掌握干部一贯表现、近距离识别干部的重要依据，与干部道德测评、奖惩激励、评先评优、提拔任用相挂钩，干部管理的精细化与日常化水平进一步提高。（郭润明）

【“五大提升”工程】 2016年，开展了转变作风、提升效能为主题的基层组织建设“提升工程”。首先是开展组织功能提升工程。开展了软弱涣散村级组织整顿工作，17个软弱涣散村中15个村具备了销号条件。拓展延伸“联村党委”，共组建9个联村党委，通过联组织、联资源、联发展，发挥出良好效益。开展了“双百干部下基层，激情干事抓落实”活动，下派200名科级干部，督促推进各村“六议两公开”的落实。区委收集整理编印《惠民手册》发放到全区农户手中。其次是开展主干能力提升工程。组织对400余名农村“领头雁”进行党的政策、党纪党规专题培训；各乡镇以集中培训、以会代训、邀请授课、村书记讲课等方式对农村“两委”主干进行培训。第三是开展党员素质提升工程。各乡镇、各系统围绕中共十八届五中全会、《廉政准则》以及中央、省、市大政方针及全区三干会精神，分行业、分类别培训60批1.2万余人。第四是开展治理机制提升工程。制定了《村民自治规范化指导标准》《农村村级组织权责清单》《“六议两公开”会议记录本》《“六议两公开”动议事项审批表》，出台乡镇“六权治本”工作方案，建设政务公开、民事代办、民事调处、干部教育“四个平台”，推广“六带工作法”“一线工作法”“三公开工作法”三套工作法，实现“六权治本”向乡村延伸。第五是落实保障机制提升工程。以严格执行“一定五有”政策为重点，充实完善农村干部档案，对符合享受补贴政策的337名农村离任老干部发放补助金132万元。（张晓东）

【党员承诺活动】 在“两学一做”学习教育中，郊区全面开展党员行为底线红线承诺，定规矩、明标准，进一步加强党员自我教育、自我管理和自我约束。一是全员覆盖。承诺范围包括干部党员、机关党员、农村党员、企业党员、离退休党员、流动党员，实现了党员承诺全面覆盖，不留空白。二是针对性强。依据党员类型的不同，从理想信念、组织观念、道德品质、为民服务、工作实绩五个方面分别确定承诺内容。如对农村党员，就将不听信、不传播、不散布对党不满言论，不损害党组织形象以及不信仰宗教，不参与宗教活动作为底线承诺的重点内容；对于机关党员，将对待群众冷横硬，服务态度较差以及在急难险重任务中推、拖、躲造成群众利益受损为底线承诺的重点内容。全区党员以签字背书的形式签订承诺书，确保党员严格遵守党章党规，与违纪违规行为划清界限。三是效果明显。区委组织部将党员承诺与党员日常表现、党费缴纳、民主测评、评优评先相结合，增强了党员承诺的自觉性和主动性，全区党员懂规矩、守纪律、知敬畏的意识进一步增强，在党爱党、在党言党、在党忧党、在党为党的氛围进一步浓厚，党员的党性意识和表率作用得到有效发挥。（张晓东）

宣传工作

【概况】 2016年，全区宣传思想文化工作围绕中心、服务大局，突出重点，求真务实，取得了新的进展、新的成效。组织开展“六上六进”理论宣讲，深入开展专题研讨，不断加强意识形态领域工作；举办“走基层、看项目”集中采风活动，积极开展主题策划报道，围绕全区重点工作、重点项目开设专栏、专题、专版，对外宣传实现重大突破，对内宣传凸显工作亮点；文化文艺面向基层，“三节”活动、“群星风采”等群众性文化活动广泛开展，特色文化村建设起步良好，文艺工作影响力不断提升；精神文明建设紧扣主题，道德讲堂全面铺开，学雷锋志愿服务活动深入推进，爱国主义教育与乡村旅游融合发展，核心价值观教育由点到面，实现突破，精神文明建设工作成绩突出。（魏志清）

【“六上六进”讲党课活动】 2016年，为进一步推进“两学一做”学习教育深入开展，组织开展了“六上六进”讲党课活动，围绕中共十八届五中、六中全会精神、习近平总书记“七一”重要讲话、“两学一做”学习教育、省市区党代会精神等内容，组织一批理论功底扎实、实践经验丰富的党员领导干部、专家学者、先进模范、党代表、党支部书记、理论骨干走上讲台，进机关、进学校、进社区、进乡村、进企业、进军营，全面开展形式多样的讲党课活动。共开展不同层面的理论宣讲200余场次，及时为基层送去理论指导。（魏志清）

【意识形态领域工作】 年内两次召开区委常委会对全区意识形态工作进行专题研究部署，讨论通过了郊区《党委（党组）意识形态工作责任制实施方案》，形成党委统一领导、党政齐抓共管、宣传部门组织协调、有关部门分工负责的工作格局。同时，下发了《关于建立意识形态领域形势分析研判机制的通知》，成立了研判领导小组，明确了研判的内容、分工、方式等；建立了《研判、上报、通报制度》《汇报、报告、述职制度》《检查考核制度》等三大制度，意识形态领域工作得到加强和改进。（魏志清）

【理论学习】 2016年，为深入推进“两学一做”学习教育，组织区委理论学习中心组成员重点围绕“四讲四有”“学习贯彻系列讲话，解决若干突出问题”“学习习近平总书记‘七一’重要讲话精神”等专题内容，紧密联系个人思想工作生活实际，认真撰写发言提纲，深入开展专题研讨，交流心得体会，深化理论学习。全区各级各部门中心组相应开展研讨交流，注重丰富形式，强化学习效果。（魏志清）

【“两学一做”学习教育辩论赛】 2016年9月，为进一步引深“两学一做”学习教育，引导广大党员争做“四讲四有”合格党员，与区委组织部、区委党校联合举办了“迎国庆、促发展”全区“两学一做”学习教育主题辩论赛，各乡镇、各系统积极组队参赛，充分展示了全区党员干部团结进取、蓬勃向上的精神风貌。（魏志清）

【外宣工作】 2016年，《人民日报》记者调查栏目整版刊登了题为《山西阳泉郊区织密权力“围栏”选好管严乡村干部 乡村治理：这里的“村官”撑起一片天》的深度报道。随后，山西卫视头条播出《深入推进“六权治本”：阳泉郊区——乡村治理“让民做主”》，并配发晋语时评：《这里的“村官”撑起一片天》。反映郊区转型实践的文章《新常态下，阳泉郊区转型的实践与探索》在国家级刊物《财经界》上发表，反响强烈。（魏志清）

【对内宣传】 围绕工程项目、“冬季行动”、安全生产、扶贫攻坚等重点工作先后开辟了“聚焦重点工程”“四季行动在郊区”“惠民政策解读”“精准发力，精准扶贫”等电视、报纸专栏，使重点工作发稿量占到新闻节目发稿总量的75%以上。《郊区新闻》共播发新闻1346条，为配合重点工作，先后开辟专栏21个，其中《百姓聚焦》播出43期，《乡村记事》播出7期，《民生直通车》播出7期，为有关部门制作专题片4部。精品打造成绩突出，有6件作品分获省级、市级广播电视奖。对《郊区周刊》的整体策划、稿件处理、编排流程、标题新闻等进行了大幅度调整和改进。邀请市报社、阳泉日报驻郊区记者站专业人员对编辑部采编人员进行了为期两周的业务培训和工作指导，大大提高了业务人员的“实战能力”，并严格执行新闻稿件“逐级审核制”“领导调研、重大活动通稿制”，新闻采访报道的规范性、实效性得到进一步增强，报纸整体水平实现跃升。（魏志清）

【“走基层、看项目”采风活动】 4月12日至21日，郊区区委宣传部、区新闻办组织市、区两级媒体记者举办了为期十天的“走基层、看项目”集中采风活动。由区委常委、宣传部长田进勇亲自带队，各新闻媒体主要负责人及新闻记者20余人，相继走进两路整治、西上庄煤电一体化、阳大铁路指挥部、青岛光伏发电、垃圾焚烧等省市重点工程建设现场深入采访，亲眼看见项目建设的火热场景，亲身感受到郊区广大干部群众干事创业的浓厚激情，深切体会到郊区百姓淳朴的民风和“舍小家为大家”的大局意识。在《阳泉日报》头版头条刊发新闻特写《满腔热情鼓干劲》，在郊区电视台、《郊区周刊》分别开辟“走基层看项目”专栏，形成浓厚宣传舆论氛围。（魏志清）

【庆祝建党和红军长征胜利活动】 2016年，为庆祝中国共产党成立95周年暨纪念红军长征胜利80周年，郊区举办了合唱比赛、影视作品展演、有奖征文、知识竞赛、红歌演唱会、书画展等形式多样的系列纪念活动。“我们的旗帜”——阳泉市郊区庆祝中国共产党成立95周年暨纪念红军长征胜利80周年演唱会以三代人的真情讲述为编排，按照时代脉络回顾了中国共产党的光辉历程，缅怀革命先辈的丰功伟绩，传承和弘扬长征精神和以爱国主义为核心的民族精神。同时，也唱出了郊区人民在党的领导下建设富饶、幸福、美丽新郊区的火热情怀。重温历史，同心同行，“唱响主旋律、永远跟党走”合唱比赛以激昂的歌声唱出了全区党员干部凝心聚力共谋发展的坚定决心和团结奋进、自强不息的精神风貌。全区共17支代表队1500余人参加了合唱比赛。“弘扬长征精神 传承红色记忆”纪念中国工农红军长征胜利80周年中国画特邀作品展特邀请市、区画家40多人，创作国画作品56幅，以艺术的形式抒发了对红军长征精神的崇高敬意，表达了对革命先烈的缅怀之情，在全区上下引起强烈反响。（魏志清）

【“三节”活动亮点纷呈】 “三节”期间，作为集中性“三下乡”活动的重要时间节点，郊区开展了迎春书画展、送春联下乡、国学讲堂、文艺汇演、民间艺术展演等形式多样的群众性文化活动。在春节前夕举办了“焕发激情·凝聚精神”文艺创作汇报展演，活动以晋剧、评说、歌舞、曲艺、小品等多种表现形式，展示了郊区艺术家们精湛的技艺，艺术家协会高新的创意，精彩纷呈，高潮迭起，为观众献上了一场全新的视觉盛宴。元宵节期间，在荫营东西大街举办的“激情郊区闹元宵”民间艺术展演和“三下乡”集中活动，各乡镇41个精品节目和文化、科技、司法等15个部门组织的100多个版面和“笨鸟”自行车、异上苹果等20余种旅游科创产品进行了展示，全市近5万名群众观看了演出和展览，极大丰富了市、区人民群众的节日文化生活，提升了人气，激发了活力。郊区“激情郊区 百花迎

春”春节群众文艺汇演的31个节目获市级金奖4个，银奖4个，铜奖6个，获奖节目总数继续保持县区第一。（魏志清）

【“群星风采”活动向基层延伸】 2016年“群星风采”广场文化活动以“唱响中国梦，齐颂家乡美”为主题，共组织开展了40余场专场演出，每场演出节目有20余个，吸引观众近3万人次。年内，广场文化活动将重心下放到基层，由乡镇村举办，鼓励自编自演、自娱自乐，提高了老百姓的参与度。河底镇固庄村将传统庙会改为家庭才艺大赛，变请戏班子唱戏为村民登台展示家庭才艺。家家出节目，户户展才艺，全村216户村民连续5天共表演10场，不仅丰富了村民文化生活，而且促进了家庭和睦。荫营镇三泉村在庙会期间举办了阳泉“民艺杯”民间文艺展演暨三泉村社火文化节。展演中，社火武架、划旱船、威风锣鼓、腰鼓、媒婆娶亲、花环方队等各种民间文艺节目轮番上演，丰富了村民的业余文化生活，也使得“社火”这一传统文艺表演形式得以传承发展。（魏志清）

【特色文化村建设工作】 按照因地制宜，搭建平台，滚动发展的要求，持续推进特色文化村建设，取得明显成效。相继开展了三都村“两学一做”书法展、文化惠民下基层走进石卜咀村、“深入生活、扎根人民”文艺惠民活动暨三泉村迓鼓村授牌仪式、“走进郊区 美丽旧街”摄影展等系列活动，特色更加鲜明，新村不断涌现。1月19日，石卜咀村被阳泉市文联命名为“阳泉书法之村”，成为继三都村之后，全市第二个市级书法村。4月22日，三泉村被授予“阳泉迓鼓之村”。同时，立足旅游和文化建设融合的要求，大力挖掘咀子上村、辛庄村、南沟村等村的爱国主义教育资源，推动红色文化特色村建设。建设了咀子上异上乡村记忆展览馆、南沟村狼峪红色纪念馆、辛庄红色抗战遗址，并围绕红色文化进一步完善了游览线路，丰富了游览内容，开发了一系列文化衍生品，促进了旅游和文化的融合发展。（魏志清）

【文化融入助力乡村旅游】 成功举办了西南舁乡咀子上村第四届民间文化艺术街头活动、旧街乡山西阳泉户外运动大会暨醉美旧街乡村文化旅游节、平坦镇后峪村翠枫山“粽香浓情，端午童游会”活动、荫营镇辛庄村第四届文旅雅集暨首届河灯节活动、杨家庄乡庙岭村扶贫一家亲暨乡村旅游启动仪式等一系列活动，为扩大乡村旅游的影响力发挥了重要作用，实现文化与旅游经济的互动发展。选推了陶塑堆塑技艺堆花土釉陶工艺制品研发项目、咀子上农耕实景剧——《岁月·歌谣》等14个文化产业项目申报“山西省‘十三五’时期文化产业重点项目库”项目，为文化产业发展争取更多的政策支持。（魏志清）

精神文明建设

【文明创建工作】 到2016年底，全区共有1个单位即阳泉二监获国家级文明单位；3个村即桃林沟村、小河村、枣园村获国家级文明村；4个单位即阳泉一监、郊区国税局、郊区公安消防大队、荫营供电公司获省级文明单位；5个村，即义东沟村、大西庄村、山底村、固庄村、汉河沟村获省级文明村；郊区法院等28个单位获市级文明单位；下千亩坪村等28个村获市级文明村。（魏志清）

【道德讲堂下基层】 2016年，道德讲堂全面铺开，强势推进。以区级道德讲堂为示范，乡村道德讲堂为拓展，积极构建面向百姓的核心价值观教育平台。重点开展了“双百干部下基层，道德讲堂进农村”活动，精选相关视频和文字资料，指导包村干部结合农村实际开展村级道德讲堂，全区大部分村都实现了道德讲堂全覆盖。（魏志清）

【承诺工作】 为了加大社会主义核心价值观的宣传力度，2016年又创新性地提出“家庭承诺制”，要求各家各户将善言积德、忠孝敬亲、家风家训等内容上墙公开承诺，并将这一做法在全区179个行政村全面推开，达到全覆盖，形成了弘扬社会主义核心价值观的浓厚氛围。（魏志清）

【精神文明建设工作】 2016年，在全市农村精神文明建设现场会上，郊区作为精神文明建设工作先进县区作了经验交流，桃林沟村、汉河沟村、固庄村作为典型村也都进行了经验交流。河底镇东南沟村党总支书记宋根栋入选“2016年山西好人榜”。（魏志清）

政法综治

【概况】 2016年，在区委、区政府的正确领导下，全区政法综治工作以引深平安郊区、法治郊区、过硬队伍建设为主线，着力抓好维护社会稳定、强化社会治安防控、化解社会矛盾纠纷三项重点，为实现富民强区、全面建成小康社会创造了平安稳定的社会环境。郊区荣获全国“六五”普法先进县区称号，并再次被省综治委授予“省级平安县区”称号，成为全市唯一连续4年获得该荣誉的县区。（葛晓广）

【落实综治责任】 区委、区政府高度重视政法综治工作，将综治工作纳入党委、政府重点工作范畴，不断强化综治责任的落实。区委主要领导多次强调政法综治工作；区委常委会议定期研究解决政法综治经费投入、人员编制等问题；区乡村三级层层落实综治目标责任制，构筑了纵横交错、覆盖全面的综治责任网络；不断加大综治责任查究力度，对工作不力的3个乡镇在全区范围进行了通报批评，起到了明显的警示作用。 （葛晓广）

【维护稳定打击犯罪】 完善联动管控机制，加大对“法轮功”“全能神”等邪教组织的防范打击力度，深入开展反分裂斗争，不断抵御宗教渗透活动。G20峰会前，排查一名疑似暴恐人员并及时上报处置。排查涉疆涉藏等各类重点人员20名，逐一落实稳控措施；上报反恐信息236条、维稳信息155条、反邪教信息73条，确保了全区政治稳定和社会安定。扎实开展以深化打黑除恶、推进治爆缉枪、铲除黄赌毒为重点的“三大战役”，有效整治治安乱象。2016年，共立刑事案件741起，破276起，破案率37%；立治安案件1515起，查处1223起，查处率80.73%，实现了刑事、治安案件“双下降”。 （葛晓广）

【排查整治治安隐患】 深入开展以实现“三提升、三到位、三个坚决防止”为工作目标的社会治安风险隐患大排查大整治活动，坚持“条”上牵头抓、“块”上统筹抓、牵头单位直接抓、配合单位共同抓，全区共排查社会治安风险隐患350件，全部整治完毕，整好率达到100%。 （葛晓广）

【构建防范网络】 以公安民警力量、基层派出所、公共视频监控网为主，以治安管理员队伍、农村警务室、农村视频监控网为辅，以平安志愿者队伍、农村治安联络点、校企商铺等社会视频监控网为辐射，建立了“三为主、三为辅、三辐射”的治安防范长效机制。投资10余万元，为100名治安管理员、110个农村“治安联络点”统一配置了装备和器械。立体化、动态化的治安防范网络初具规模。 （葛晓广）

【规范信访秩序】 落实信访联席会议、定期接访、领导包案等制度，强化信访案件的接待、教育、疏导、化解、稳控措施，尤其依法加大对进京非正常上访的打击力度，全区信访秩序逐步好转。2016年，郊区发生进京非访3人次，进京非访比2015年（50人次）、2014年（76人次）分别下降94%、96.1%。尤其在中共十八届六中全会、全国“两会”、省党代会期间，实现了“零非访”目标。 （葛晓广）

【法治宣传】 为适应加快推进法治建设的需要，郊区成立了区委法治建设领导小组，由区委书记担任组长，并下设办公室，落实编制、机构，制定《2016年法治建设工作要点》，协调指导全区法治建设工作的开展。加强宣传力度，与报社共同编辑每月一期《法制专栏》，在李荫路等4条主干道制作了8条巨幅宣传标语，在2个中心广场的电子显示屏上全天候播放法治宣传片，举行了《中华人民共和国反间谍法》万人签名活动，和省电视台共同制作了“法眼”栏目，以案说法，正面报道。通过多层次、全方位的宣传教育，有力推进了法治郊区建设。 （葛晓广）

【自身建设】 结合“两学一做”学习教育，引导政法干警牢固树立“四个意识”特别是核心意识和看齐意识；开展“把纪律挺在前面”和“严肃纪律、整顿作风、树立良好形象”专项活动，先后4次组织全区政法干部参加“政法干部学习讲座”视频授课，进一步提高政法队伍整体素质。在全市政法系统第八届“双十佳”评选表彰活动中，郊区公安分局刑事侦查大队被评为“阳泉市执法为民模范集体”，郊区检察院侦查监督科科长魏振泽被评为“阳泉市杰出政法干警”。（葛晓广）

统战工作

【概况】 2016年，区委统战部按照中央、省委、市委统战工作会议要求，自觉围绕中心，主动服务大局，统一战线各领域工作呈现出蓬勃发展的局面。按照中央和省、市委统战工作会议精神要求，成立了全区统一战线工作领导小组。组长由区委书记担任，成员由统战系统各部门及区直有关单位参加．同时，制定了领导小组职责和工作制度。（梁世钟）

【工作会议】 3月4日，区委召开全区统战工作会议。会议系统总结了2015年统战工作，对2016年统战工作做了具体安排部署。区委书记作重要讲话，明确要求全区统一战线要发挥自身优势，把握工作重点，在凝聚发展合力上有新突破，在促进非公有制经济发展上有新贡献，在招商引资上有新作为，在深化团结上有成效，在党外代表人士队伍建设上有新亮点，全面加快郊区转型升级步伐。（梁世钟）

【学习培训】 5月，《中国共产党统一战线工作条例（试行）》颁布后，郊区统一战线迅速行动，认真学习贯彻。一是区委常委会就进行了专题学习，带头学习宣传和贯彻落实统一战线政策法规。二是先后印发了《关于认真组织学习〈中国共产党统一战线工作条例（试行）〉的通知》《关于认真学习领会习近平总书记“3·4”重要讲话精神的通知》《关于全区统战系统认真学习习近平总书记“七一”重要讲话的通知》以及《关于在全体党员中开展“两学一做”学习教育的实施方案》《关于在全区党外代表人士中开展“双学一跟”活动的实施方案》等文件，统一安排各项学习教育活动，做到学习教育有部署、有计划、有内容、有特色。三是把“两学一做”“双学一跟”活动与学习中央、省、市系列重要会议和系列领导讲话精神相结合，组织开展了形式多样、生动活泼的学教活动，全区统一战线提高了认识，统一了思想，形成了团结干事、积极向上的良好氛围。（梁世钟）

【建言献策】 进一步挖掘统一战线人才荟萃、智力密集的优势，整合力量，组建建言献策小组，开展更专业化的建言献策活动；不断完善工作机制，建立“直通车”，区委统战部专题向区委、区政府报送提出的意见建议。聚焦“两会”，开展“走基层、献良策、比贡献”活动，两会期间，党外人大代表、政协委员共提交提案议案、建议150件。（梁世钟）

【服务基层】 由区委统战部搭建平台，将统战成员的特长和农村的实际需求有效结合起来，按照自主开展活动、自主发展队伍的原则，在全区统战成员中成立科教文化、法律咨询、农业技术和医疗卫生4支志愿者服务队。在活动中，志愿者服务队进农村、进学校、进厂矿，用真诚的服务赢得了群众的信任；用过硬的本领，服务了农村的发展。活动的开展，扩大了统战工作的影响，初步形成了关注、理解、支持统战工作的氛围，进一步扩大、夯实了统战工作的群众基础。志愿者服务队成员达到82名，全年共有组织地服务基层52次，服务群众8700余人次。区委统战部志愿者医疗服务队在区劳模会上被授予“先进集体”荣誉称号。（梁世钟）

来信来访

【概况】 2016年，区委、区政府坚持把信访稳定作为重要工作来部署、安排和推进，省交办和市排查的信访积案全部化解，信访总量持续大幅下降，赴省集体访和进京非正常访明显减少。全区信访总量3123件（人）次，其中，集体访112批次2088人次；个体访346批次849人次；来信（含网上信访）186件。（孔贵红）

【及时调处省、市交办案件】 在2016年开展的信访积案化解专项治理活动中，省交办8件，市交办25件，共33件。省、市交办案件全部化解，走在了全市前列。（孔贵红）

【手机微信访上线运行】 根据《国家信访局2016年政务公开工作实施方案》（国信办发〔2016〕10号）文件要求，在完善信访平台的基础上增加手机信访、微信信访功能。通过微信信访、手机APP信访等方式，实现“网上受理信访事项、全程接受上级监督，及时反馈VB案例结果，主动获取群众评价”的工作模式，增强了工作透明度，提高了工作效率。信访人可以通过本级网上投诉受理平台网站，下载手机信访APP客户端，通过打开安装好的手机客户端软件进行网上信访事项投诉。11月，郊区手机微信信访平台已全面开通。（孔贵红）

【信访工作获得表彰】 2016年郊区信访局被评为全省律师参与化解重点信访案件工作先进单位；2016年郊区信访局局长张魁福被评为二十国（G20）领导人杭州峰会期间信访维稳工作先进个人。（孔贵红）

党校工作

【围绕中心工作，开展干部培训】 2016年共举办科级干部、农村干部及其他干部培训班6期，培训1700余人。举办全区农村领头雁培训班1期，培训440余人；举办宣传系统“两学一做”培训班1期4场次，共43人受训；举办机关工委“两学一做”培训班1期4场次，共96人受训；举办全区基层党支部书记培训班1期，374人受训；举办学习贯彻落实中共十八届六中全会精神暨省市区党代会精神科级干部和优秀年轻干部轮训班2期，共有620余人接受培训。（吴淑先）

【专题宣讲】 2016年，区委党校教师主要围绕党纪党规、中共十八届六中全会精神、“两学一做”专题教育、党史党章、省市区党代会精神等主题到全区69个单位进行宣讲，共宣讲75场次，受众3521人。（吴淑先）

【科研成果】 2016年，区委党校组织2名教师围绕农村基层党组织建设进行调研，纂写《30年红旗为何不倒，新星是如何兴起的》调研报告；组织教师围绕城乡一体化建设开展调研，撰写《创新发展新理念、率先打造城乡统筹示范区》。另有《党校姓党，党校为党》《浅论讲规矩守纪律在当前我党事业中的重要作用》均获市委党校征文二获奖。《纪念长征精神，争做合格党员》在《阳泉论坛》上发表。《对新形势下做好预备役部队思想政治工作的几点思考》荣获山西省思想政治工作优秀研究成果二等奖，《做好阳泉郊区农村党员思想工作的几点思考》《充分挖掘课程资源，让传统文化在青少年中扎根发芽》荣获山西省思想政治工作优秀研究成果三等奖。《抗日战争的胜利与中国梦的实现》在《阳泉论坛》上发表。《深入开展廉政警示教育切实 加强党风廉政建设》在《先锋队》杂志上发表。（吴淑先）

【设施建设】 2016年，区委党校先后为教职员工购置了2台笔记本电脑和3台台式电脑，以及录音笔、音箱设备、图书等，为教职工

更换新式办公桌椅8套，为图书室添置新式书柜6个。 （吴淑先）

党史编研

【市级党史教育基地挂牌】 2016年，郊区党史办在充分挖掘党史资源的基础上，积极指导各村申报党史教育基地。经多方考证，下荫营革命烈士陵园、东村革命烈士陵园、义东沟一二九师抗日动员会议旧址等3处被列为阳泉市第三批党史教育基地。这些爱国主义教育的重要阵地为全区进行革命传统教育发挥了重要作用。 （云 霞）

老干部工作

【概况】 2016年，郊区区委老干部工作以离退休干部党组织建设为抓手，以开展为党的事业增添正能量活动为主题，以组织开展老干部公开承诺、“两学一做”学习教育、“同心共筑中国梦”志愿服务、文化才艺作品展示、学习宣传先进典型等“五个一”活动为载体，不断创新工作方式，丰富工作内容，整体工作取得新进展。全年组织大规模走访慰问2次，慰问离退休老干部共计2006人次，慰问资金达30余万元；帮扶特困离退休干部36人，帮扶资金3万元。组织开展大型老干部文体活动4次，参加的离退休干部达240余人次。组织离退休干部健康体检2次，参加体检的干部达1521人次，体检经费支出达24.5万元。2016年6月，区委老干部局党总支被评为全区先进基层党组织。 （张理义）

【老干部公开承诺活动】 在全区组织开展了以“传递正能量、传播好声音、传承好作风”为主要内容的老干部公开承诺活动，全区1932名离退休干部普遍签订了《老干部为党和人民的事业增添正能量承诺书》（以下简称承诺书）。《承诺书》由区委老干部局统一印制，按照各单位离退休干部人数统一发放，一式三份，老干部个人、老干部所在单位党组织、区委老干部局各留存一份，区委老干部局统一建立了全区离退休干部承诺档案。《承诺书》内容包括爱党爱国、遵纪守法、传承社会公德、家庭美德等内容，传递正能量，传播好声音等内容。通过公开承诺活动，把“为党和人民的事业增添正能量”转化成为全区每一名老干部的思想和行动，成为全区广大离退休老干部的人生价值取向。 （张理义）

【“两学一做”学习教育活动】 各离退休干部党支部按照全区统一安排，认真组织所属党员开展“两学一做”学习教育，全区有420余名离退休干部党员参加了手抄《党章》活动。区委老干部局举办了离退休干部党支部书记专题培训班，就如何开展好“两学一做”进行了专题培训，组织离退休党支部书记和发挥作用好的离退休干部代表就如何开展好增添正能量活动进行了讨论交流，培训班上受省委老干部局表彰的离退休干部先进个人高积孝介绍了自己的先进事迹。在纪念中国共产党建党95周年之际，各离退休干部党支部组织党员集中观看了纪念建党95周年大会实况转播，组织开展了重温入党誓词等活动。（张理义）

【老干部活动丰富多彩】 5月27日组织县级退休干部参观调研“六权治本”和乡村旅游后，10月9日又组织县级退休干部调研了杨家庄乡国新能源建设项目；区人大组织离退休干部座谈会，就人大工作征求老干部的意见建议；区政协组织所属支部离退休党员到旧街乡南沟村进行视察调研，为南沟村发展红色旅游建言献策。各单位根据所属老干部的特长爱好和身体状况，积极创造条件为老干部发挥作用搭建平台，离退休干部中有的担任协会组织员、有的担任网络宣传员、有的担任民事调解员、有的担任文艺组织员、有的担任技术传授员、有的担任关心下一代辅导员等，他们各尽所能，发挥余热，竭力为党和人民的事业增添正能量。区人大常委会原主任余惠章退休后组建了老年书画研究会，坚持每年举办一次传递正能量的主题书画展；区人大常委会原副主任张世温退休后积极组建赛鱼夕阳红老年文艺社团，10余年义务为周边群众演出文艺节目；区医院原党委书记李庆广退休后发挥声乐特长，10余年义务教授社区群众唱红歌，带头组建一支近60人的中老年歌友团；区妇联原副主席张静退休后带领50余名中老年妇女成立了中老年舞蹈队，常年开展舞蹈学习和排练，逢年过节义务为群众演出；区政法委原副书记王存寿热心交通事故纠纷调解工作，近3年接待群众咨询300余次，成功调解交通事故纠纷292起，其中疑难案件87起。区委老干部局积极支持涉老社团开展活动，全年用于支持涉老社团开展活动的资金达3万余元。老年大学通过组织迎新春送春联、举办迎“七一”文艺演出、举办欢度国庆才艺展示等大型集中活动，展现了广大离退休干部“莫道桑榆晚，为霞尚满天”的时代风采。在《迎“七一”·永远跟党走》文艺演出中，区老年大学116名学员表演了大型健身秧歌《颂党恩》、大型情景剧《绣红旗》等18个自编自导自演的文艺节目。滨沟离退休干部党支部举办了《纪念红军长征胜利80周年主题书画展》。开发区离退休干部党支部在重阳节期间组织所属党员和属地群众参加趣味文体比赛；观象台党支部组织老干部党员为老干部困难户送温暖，增进了党员与社区群众的感情。（张理义）

【学习宣传活动】 为使全区广大

离退休干部学有榜样，赶有目标，区老干局在全区组织开展了先进离退休干部评选、学习、宣传活动，选树了在参与社会事务、构建和谐家庭、传承优良作风、带动社会风气等方面做出突出贡献的20名先进离退休老干部典型予以大力宣传表彰，并在《阳泉日报·郊区周刊》上专版刊登他们的先进事迹，号召全区广大离退休干部向他们学习。他们中有退休15年，带领群众发展苹果核桃产业的原区林业局局长高积孝，有带领群众养蜂致富的原区司法局局长赵计成，有笔耕不辍的原区文联主席郭俊卿，有10余年帮助地方村镇编纂史志不停歇的原区地方志办公室主任马根全，有10余年照顾病患妻子的原区工商联合会会长白升渊等。通过这些先进典型的选树、宣传，在广大离退休干部中积极营造向先进典型学习，与先进典型看齐，以实际行动为党的事业增添正能量的浓厚氛围。 （张理义）

区直工委工作

【概况】 2016年，区直机关工委党建工作一直沿用中共阳泉市郊区直属机关工作委员会。下设机关工会、机关团委、机关女工委，统一负责区直机关的党建、工会、青年团及女工工作。截至年末，区直机关工委共计管辖1个党委、4个党总支、31个党支部、769名党员。区直机关工委在区委的正确领导下，在区委组织部的具体指导下，结合自身工作实际，和所属基层党组织围绕“服务中心、建设队伍”的机关党建两大核心任务，积极发挥机关党组织“引领、服务、监督、协调、保障”职能作用，努力提高机关党建工作水平。 （郝文杰）

【学习教育活动】 一是精心组织，科学部署。区直机关工委制定了《中共阳泉市郊区区直机关工委“两学一做”学习教育工作方案》。6月13日，区直机关工委召开“两学一做”学习教育动员大会。为确保“两学一做”学习教育活动扎实有效推进，成立了“两学一做”学习教育领导小组和3个“两学一做”学习教育督导小组。二是积极开展各项活动，不断引深学习教育成果。开展“组织找党员，党员找组织”的“双找双查”活动。通过“双找双查”，进一步摸清了党员底数，理顺了组织关系，健全了党员信息库，确保了每一位党员都纳入有效管理。6月28日，区直机关工委组织全区119名年轻党员在区委党校会议室开展了“纪念党的生日，践行两学一做”主题党日活动。活动中，全体党员重温了入党誓词，高唱《没有共产党就没有新中国》，区委党校教师为大家讲授了《践行“四讲四有”做合格党员》党课。“七一”前夕，出台了《建党95周年系列活动方案》。通过书写党章誓词、书记讲党课、开展专题研讨、主题实践等形式多样的活动，不断引深“两学一做”学习教育。开展“两学一做”专题微党课、微视频征集活动。优秀作品通过网站、微信、微博、多媒体设备展播等方式推广。三是采取多种形式检验学习成果。对百名党务干部、百名年轻党员干部、百名专业技术人员党员干部开展专题教育分类集中培训。截至7月底，组织全体党员进行3场专题培训。6月14日、7月20日、9月2日、10月25日，区直机关工委组织党员分别开展“讲政治、有信念”“讲规矩、有纪律”“讲道德、有品行”“讲奉献、有作为”4场“四讲四有”专题讨论。四是实践与座谈相结合，确保活动取得实效。为把“两学一做”落实到具体行动中，组织全体党员干部于6月24日上午到江正大街、11月17日到307复线黄沙岩段开展爱国卫生义务劳动活动。 （郝文杰）

【党建工作】 一是认真学习《中国共产党廉洁自律准则》（以下简称《准则》）和《中国共产党纪律处分条例》（以下简称《条例》）。年初，统一购置《准则》和《条例》读本，发放至每一名党员手中。组织100余名机关党务干部对《准则》和《条例》进行了专题培训，并组织432人参加市纪委举办的知识竞赛活动。二是严格党内生活。出台了《区直机关工委2016年党的工作要点》，要求从严落实“三会一课”制度，从严落实双重组织生活制度。三是落实目标考核。区直机关工委秉承“抓好党建就是最大政绩”的理念，在反复征求各基层党组织意见的基础上，出台了《2016年区直机关党建工作考核细则》，坚持一级对一级负责，进一步明确责任，落实责任，追究责任，形成齐心协力抓党建的合力，谋新路、出实招，切实把党建工作抓实抓好、抓出成效。 （郝文杰）

【基层组织建设】 一是基层党组织书记述职评议。年初，工委对所属36个单位的基层党组织书记就党建工作进行专项述职，面对面接受与会人员评议。述职评议让每位书记在相互比对中看到差距和不足，学到好经验好做法。二是优化基层党组织设置。在基层党组织换届中，机关工委根据所属机关基层党组织的实际情况，结合各单位业务，优化党组织设置。积极探索实践由本部门党员主要负责人兼任党支部书记的做法，将支部工作与业务工作有机结合，强化了部门主要负责人的主责意识。年底有20个基层党组织完成换届。三是增强基层党组织内在动力。6月初，工委举办了第13期入党积极分子培训班，全区14名预备党员和73名入党积极分子参加培训。2016年，按照发展党员“十六字”方针，认真落实发展党员票决制、预审制和公示制等措施，发展新党员5名，预备党员按期转正14名，确保了党员队伍的纯洁性和先进性。四是提高基层党组织党建工作水平。通过组织参与激情郊区闹元宵区级民间艺术展演、千名职工登高健步走活动、“弘扬法治精神，放飞青春梦想”主题征文比赛活动、第三届职工羽毛球比赛、参观《铭记历史、勿忘国耻》——郊区纪念抗战胜利70周年史料展、纪念红军长征胜利80周年大合唱等活动发挥党建带团建、妇建、工建的桥梁纽带作用，有效提高了机关党建工作水平。五是严格党费清查收缴。重点对2008年4月以来机关党员缴纳党费情况进行核查，机关工委所辖基层党组织全部完成党费核查补缴工作，补交党费276851.3元。（郝文杰）

【党代会议】 8月4日，区直机关工委召开中共阳泉市郊区直属机关工作委员会第四次代表大会。会议以无记名投票方式，采用差额选举的办法，选出了出席中共阳泉市郊区委员会第九次党代会党代表53名。（郝文杰）

对台工作

【概况】 2016年，郊区共有台属5户，其中4户为历史原因去台人员亲属，1户为涉台婚姻亲属。区台办通过“三抓”，扎实做好各项对台工作。一是抓自身建设，确保“两学一做”取得成效。注重学习原文原著，认真组织学习党章党规、习近平总书记系列重要讲话等学习内容。建立健全各项制度，结合台办工作实际，进一步完善了《接待台胞台属制度》《台办工作人员守责》等规章制度，并确保各项规章制度落到了实处。按照“学习先进典型、查摆工作差距、制定争创目标、争当时代先锋”的要求，组织党员干部走基地、看示范、学先进、做先锋、比贡献，着力提升了台办党建工作整体水平。二是抓涉台教育，确保涉台教育有序推进。区台办加大政策宣传力度，集中编印了《涉台教育实用手册》2000本，并发放到各乡镇、各部门和台胞台属家中，详细了解对台工作的一系列方针政策。春节、中秋传统节日期间，广泛开展了走访慰问台胞系列活动，并发放了米、面、油等慰问品。三是抓交往交流，确保涉台事务高效快捷。切实加强交往交流中的政策管理，坚持将联络、交友和招商等工作寓于接待服务之中，对到郊区探亲、旅游、考察的台胞，认真做好申报、验证、登记和服务工作，进一步严格接待纪律，建立方便、高效、快捷的台事体系，以“优秀素质、优质服务、优质环境”为核心，保证了接待工作不偏离党的对台方针政策原则，较好地把宣传、了解、沟通、互信、合作融于接待中，从而深化了接待工作的内涵。（郝文杰）

关心下一代工作

【概况】 郊区关工委在区委、区政府的正确领导下，在上级部门的指导下，认真贯彻执行党的路线、方针、政策，以邓小平理论、“三个代表”重要思想和科学发展观、习近平总书记系列重要讲话精神为指导，紧紧围绕“急党政所急、想青少年所需，尽关工委所能”的服务宗旨，以关心青少年健康成长为重点，与时俱进、讲求实效、扎实推进关工委工作。2016年，下设基层（乡镇、系统、企业、学校）关工委76个，吸收老干部200多人。（张晋芳）

【教育辅导活动】 11月8日，郊区关工委聘请国家二级心理咨询师、阳泉市“12355”青少年服务平台心理咨询专家吴媛老师为郊区中小学生心理健康教育带来精彩的讲座。吴媛以教育部印发的《中小学心理健康教育指导纲要》为指导，围绕开展中小学心理健康教育的原则、开展中小学心理健康教育的途径与方法、怎样上好心理教育课、如何建立心理辅导室、心理咨询的要求、密切联系家长共同实施心理健康教育等内容，结合自身实践经验，进行了生动具体的阐述与精彩的讲解，并与听讲老师开展互动。11月22日，吴媛到郊区河底小学开展小学生团体心理辅导活动，全区心理辅导教师观摩学习。（张晋芳）

【“中华魂”读书活动蓬勃发展】 6月，在省“中华魂”主题教育20周年表彰活动中，郊区组委会获“优秀组织奖”；张晋芳获辛勤耕耘奖，曹丽仁获爱心奉献奖；东村中学付嘉敏以《书中自有成长美》为题代表阳泉市参加省电视演讲赛获初中组三等奖；桃苑学校白艳锋撰写的《让心找到回家的路》被评为优秀征文稿，2篇稿件均被省“中华魂”读书教育活动组委会选入，汇编于《花绽生机》一书，郊区组委会经验材料《真情关心下一代　催读融铸中华魂》选用在《书蕴奇香》一书，在全省范围交流推广；苇泊小学张旭、文苑小学刘天骄获省“中华魂”（践行核心价值观、凝聚中华正能量）读书演讲小学组三等奖。2016年7月，在全国“中华魂”（践行核心价值观、凝聚中华正能量）表彰活动中，郊区组委会获“先进集体奖”；文苑小学刘天骄获读书演讲小学组一等奖；葛俊花、任涛海、张晋芳三位教师被评为“全国优秀辅导员”；张晋芳与刘天娇2人赴北京参加表彰暨夏令营活动；东村中学付嘉敏、玉泉中学张琛分获读书演讲初中组、青年组二等奖；河底学校赵嘉、桃苑学校白艳锋、荫营中学李腾分别获读书演讲小学组、初中组、青年组三等奖。2016年12月，在阳泉市“中华魂”（遵纪守法、从我做起）主题教育活动中，郊区组委会获“优秀组织奖”；文苑小学、荫营二中获“集体优胜奖”；荫营二中余舒雅获读书演讲初中组二等奖；东村小学曹慧娴、河底中学刘恒瑞、荫营中学李腾分别获读书演讲小学组、初中组、青年组一等奖；文苑小学刘天娇、孔艺萱、育英小学郭美玲、郭嘉怡分别获小学组、组合组三等奖；区关工委主任要宜为再次被评为“优秀组织者奖”；区教育局曹丽仁、团区委高连富被评为“先进工作者”；文苑小学侯俊青、东村小学刘晓丽等6人被评为市“优秀辅导员”。（张晋芳）

老促会工作

【概况】 2016年，郊区老区建设促进会在上级老促会的指导下，在区委的正确领导下，在区政府的大力支持下，认真贯彻落实中共十八届三中、四中、五中全会精神，紧密围绕全区的中心工作，按照区老促会工作职责，积极配合区直有关单位和部门，在扶贫攻坚、改善民生、社会建设、全民健身等领域开展调查研究，撰写调研报告，为领导决策提供了方便。3月，区老促会组织人员对郊区人民医院“血液透析”项目进行再次跟踪、监督调研，并将该项目承诺落实情况向上级老促会汇报，认真履行了区老促会对该项目的监督职能，得到上级的一致好评。持续关心民生问题，6月初，组织有关人员对温河水源进行明察暗访，并将查访结果向有关部门提出治污建议。8月，区老促会配合市老促会对市定重点贫困村进行复核调研，调研结果并向有关部门反馈意见，并就重点贫困村的复核现状向区委、区政府提出了加强移民搬迁的促进意见。（段小明）

阳泉市郊区人民代表大会常务委员会

综　述

【概况】　2016年，阳泉市郊区第十八届人民代表大会第一次会议，全区应选第十八届人民代表大会代表166名，实际选出163名，空缺3名。163名代表中，男性108名，占代表总数的66.3%；女性55名，占代表总数的33.7%；中共党员98名，占代表总数的60.1%；非中共党员65名，占代表总数的39.9%；干部59名，占代表总数的36.2%；农民78名，占代表总数的47.9%；文教、卫生等各类技术人员18名，占代表总数的11%；其他方面也都有适当的代表。代表中具有大学本科以上学历的71名，占代表总数的43.5%；大专文化程度的30名，占代表总数的18.4%；中专及高中文化程度的34名，占代表总数的20.9%；初中以下的28名，占代表总数的17.2%。代表中年龄在35岁以下的9名，占代表总数的5.5%；36岁至55岁的132名，占代表总数的81%；56岁以上的22名，占代表总数的13.5%。区十八届人大代表中保留了65名区十七届人大代表，占39.9%，保持了人大工作的连续性。　（贾黎平）

【重要会议】　8月19日至22日在郊区政府大报告厅召开。应出席会议的代表163名，实际出席160名，列席人员125名。会议听取和审议了代区长武建功作的《区人民政府工作报告》和《阳泉市郊区国民经济和社会发展第十三个五年规划纲要》，区人大常委会主任王梦贺作的区人大常委会工作报告，区人民法院代院长梁庆作的区人民法院工作报告，区人民检察院代检察长严志勇作的区人民检察院工作报告，区发展和改革局局长作《2015年国民经济和社会发展计划执行情况与2016年国民经济和社会发展计划（草案）的报告》，区财政局局长作的《2015年财政预算执行情况及2016年财政预算（草案）的报告》，并作出了相应的6个决议。会议选举产生了阳泉市郊区第十八届人民代表大会常务委员会主任、副主任、委员；选举产生了阳泉市郊区人民政府区长、副区长；选举产生了阳泉市郊区人民法院院长和阳泉市郊区人民检察院检察长。会议共收到代表提出的建议、批评、意见共140件。　（贾黎平）

主要工作

【履职情况】　根据宪法和地方组织法的有关规定，阳泉市郊区人大常委会围绕党和国家的中心任务，对本行政区域的政治、经济、教育、科技、文化、卫生、城建、环保等各个方面的重大问题，及时召开会议进行了审议。全年共举行了7次常委会会议，听取和审议区“一府两院”工作报告8个，作出决议和决定3项，任免国家机关工作人员48人次。　（贾黎平）

【建章立制】　2016年，是区乡两级人民代表大会换届选举之年，是“十三五”规划起步之年，也是区十八届人大及其常委会依法履职的第一年。常委会积极推进民主法治建设，在建立完善人大工作制度的同时，高度关注司法体制改革和基层民主政治建设，致力促进依法行政、公正司法，维护社会政治稳定。重新修订《区人大常委会议事规则》《区人大常委会组成人员守则》《区人大常委会主任会议议事规则》，同时制定出台了《区人大专门委员会工作规则》《区人大常委会人事任免办法》《区人大常委会会议审议意见的形成和处理办法》《区人大常委会讨论决定重大事项的规定》，连同《区人大常委会关于规范性文件备案审查的办法》共8个工作制度，一并汇编成册。针对乡镇存在问题和不足，制定了《关于加强乡镇人大工作和建设的实施意见》。在司法体制改革工作中，先后深入区人民法院、区人民检察院就司法体制改革情况进行专题调研，组织座谈提出

建议。（贾黎平）

【围绕经济发展加强监督】 区人大常委会重视推进供给侧结构性改革，高度关注民生保障和改善，积极创优经济社会发展环境，聚焦人民群众最关心、最直接、最现实的问题，有效发挥了监督、服务和保障作用。建议区人民政府要大力推动“十三五”规划建设实施，一抓到底，抓出成效，通过打造产业园区，搭建好招商平台，争取东部沿海地区加工贸易产业转移落地，对现有重大项目做好跟踪服务，科学合理地引导产业发展，优化产业结构和部局，有力推进电子商务发展等措施来促进经济转型升级；进一步构建政府主导、部门分工负责、多方联防联控的工作格局，提高监管系统的运行效率，定期开展督查活动，采取联合执法、定期通报、行政约谈、挂牌督办等综合措施来防治大气污染，改善生态环境；在乡村清洁工作调研中区人大常委会提出了要继续加大督查力度，对行动迟缓的乡镇、村给予公开曝光，相应加大乡村清洁工程在乡镇年度目标责任考核中的权重系数。（贾黎平）

【依法履职】 区人大常委会紧紧抓住事关全区改革发展稳定、关系人民群众切身利益和社会普遍关注的重大问题依法行使重大事项决定权，自觉把区委的主张和人民的意志有机结合，严格法定程序做好人事任免工作。区人大常委会出台了《关于做好全区区乡两级人民代表大会换届选举工作的实施意见》，作出关于区乡两级人民代表大会换届选举的决定、成立阳泉市郊区选举委员会的决定、各乡镇换届选举委员会组成人员的决定，切实加强了对换届工作的指导和衔接，认真组织专题培训，充分发扬民主、严格依法办事，促进了换届选举风清气正、规范有序、如期完成；在推进财政规范高效运行工作中，区人大常委会建议区人民政府要认真研究“营改增”变动情况、资源税严格流失问题，采取措施积极应对；在提请任命人员工作中，严格履行任前法律考试、供职发言、专题询问、酝酿讨论、任免表决、宪法宣誓等程序，始终坚持党管干部和人大依法任免的有机结合，严格人事任免程序。（贾黎平）

【发挥人大代表作用】 区人大常委会始终把代表工作放在重要位置，尊重代表主体地位，完善机制，搞好服务，为代表依法履职提供支持和保障。新一届人大代表选举产生后，常委会及时对当选代表进行履职培训，学习人民代表大会制度及相关法律法规知识，提高代表依法履职的能力；常委会特别重视代表联系工作，把经常性的走访联系代表与常委会专项工作视察调研、人代会前的联系代表活动结合起来，保持了与乡镇人大和人大代表的密切联系；以乡镇为平台，及时建立新一届市、区、乡三级代表活动小组，按照经常化、制度化、规范化的建设要求，基本实现了有活动场所、有活动制度、有活动计划、有活动档案，进一步推进了代表小组的工作。（贾黎平）

阳泉市郊区人民政府

重要会议

【安委会议】 1月28日，郊区政府召开2016年安委第一次全体（扩大）会议。会议通报了2015年全区安全生产工作情况，安排部署2016年安全生产工作及“两节”“两会”期间的重点工作。市安委副主任、市安监局副局长何文斌应邀出席会议。（梁洁斌）

【三级干部暨表彰大会】 2月25日，郊区三级干部暨2015年度先进集体劳动模范表彰大会隆重召开。会议的主要任务是：全面贯彻落实中共十八大和十八届三中、四中、五中全会精神，深入学习习近平总书记系列重要讲话精神，按照中央和省、市经济工作会议和区委八届六次全体（扩大）会议要求，认真总结2015年工作，安排部署2016年工作，动员全区各级干部紧紧围绕全面建成小康社会目标，强化责任担当，务实高效干事，努力实现“十三五”经济社会发展的良好开局。会上，区委副书记、区长韩加政作了题为《围绕全面小康 强化责任担当 为实现“十三五”良好开局而努力奋斗》的工作报告，对2015年和2016年全区工作分别作了全面总结和安排部署。（梁洁斌）

【廉政工作会】 4月27日，郊区政府系统廉政工作会议召开。会议总结2015年区政府系统党风廉政建设和反腐败工作，安排部署2016年重点任务。区长韩加政出席会议并作重要讲话。（梁洁斌）

【环保综治工作会议】 6月21日，全区环境保护综合整治工作会议召开。会议通报了全区1—5月大气和水环境质量情况，对全区下一步环境保护综合整治工作和环境保护综合整治督查工作进行了安排部署。（梁洁斌）

【交通安全会议】 7月3日，全区道路交通安全紧急工作会议召开。会议深刻汲取近期发生的“6•22”“6•28”两起重大道路交通事故教训，认真传达落实市委书记陈永奇在两起事故现场调研时的指示要求，对加强道路交通安全工作进行安排部署。（梁洁斌）

【政府全体（扩大）会】 10月8日晚，区政府召开全体（扩大）会议，传达学习9月30日省政府全体（扩大）会议精神和代省长楼阳生的重要讲话精神，传达学习市长董一兵在10月8日市政府全体（扩大）会议上的重要讲话精神，并就贯彻落实会议精神，做好当前各项工作进行全面安排部署。区长武建功作重要讲话。（梁洁斌）

【政府常务会议】 11月8日晚，区长武建功主持召开区政府常务（扩大）会议，学习传达贯彻中共十八届六中全会精神和省第十一次党代会精神，分析全区1—10月份经济运行情况，并就产业集聚区建设、重点工程项目推进、易地扶贫搬迁、环境保护、安全生产、打击私挖滥采、民计民生等各项重点工作进行全面安排部署，要求各级各部门要忠诚担当、务实有为，攻坚克难、全力冲刺，奋力实现年初确定的经济社会各项任务。12月15日，区长武建功主持召开区政府常务会议。研究全区采煤沉陷区治理项目2017年计划、城中村改造有关事宜、阳大铁路拆迁及猪头垴整体搬迁有关事宜、全区安全生产工作和环保工作，听取了全区2016年主要指标完成情况及2017年预测，原则上通过了《阳泉市郊区妇女儿童发展“十三五”规划》。（梁洁斌）

主要工作

【概况】 2016年面对复杂严峻的经济形势和艰巨繁重的发展任务，区政府在省、市和区委的正确领导下，团结带领全区广大干部群众，认真贯彻中共十八大和十八届三中、四中、五中、六中全会精神，深入学习贯彻习近平总书记系列重要讲话精神，按照省委“一个指引、两手硬”重大思路和市委“四个定位”战略部署，坚定不移推进供给侧结构性改革，坚定不移实施创新驱动战略，攻坚克难，奋勇拼搏，实现了下半年好于上半年的目标。生产总值一季度、上半年、三季度增速分别为0.9%、1.3%、2.3%，全年完成82.6亿元，增幅达3%；公共财政预算收入完成4.24亿元，增速比市调整任务高出2.1个百分点；工业经济彻底扭转了持续下行的颓势，规模以上工业增加值连续7个月实现正增长，全年完成15.4亿元，年末增幅达2.2%。特别是继续拿出1000万元支持农业惠民，农村和城镇居民人均可支配收入分别达12815元和23549元，同比增长5.7%、6.1%，在全市排名第二和第一位。2016年，区政府主要是以深入开展“六大活动”为主线，抓了以下工作：

一是项目建设大起底。全年共实施项目118个，完成固定资产投资96亿元，增长6.1%。其中：实施一产项目22个，完成投资7.22亿元，温室大棚、果品和中药材种植面积进一步扩大，肉蛋奶产量稳步提升，青岛昌盛2万千瓦光伏农业、中天玫瑰园等项目进展顺利；实施二产项目41个，完成投资47亿元，坡头、神堂煤业转为生产矿井，国新能源煤层气液化调峰项目当年建设当年完工，力宇煤层气发电项目竣工投产，西上庄2×66万千瓦低热值煤发电、荣光2×1.5万千瓦垃圾发电、德诚2.5万吨玻璃纤维及“光伏领跑者”等项目有序推进；实施三产项目55个，完成投资41.84亿元，恒大新城、平阳路、漾泉大道二期等房地产和基础设施项目推进有力，桃林沟桃河民俗文化园、翠枫山景区整改等乡村旅游重点工程圆满完成。

二是园区发展大启动。认真贯彻省、市开发区创新发展大会精神，高起点、高标准规划了40平方公里的荫营开发区，启动了苇泊高新技术装备制造园建设，现已形成平台面积600余亩。同时，千亩坪农业产业园、西南舁耐火产业集聚区建设取得新进展。招商引资迈出新步伐，全年签订百万元以上经济技术合作项目34项，签约总金额161.3亿元，总投资35亿元的天津镁奥镁合金汽车轮毂、总投资200亿元的中美京哈医院山西医院等项目顺利签约，并完成了公司注册等前期工作。

三是重点工程大扫障。以阳大铁路、西上庄电厂、生态新城和义井“两路”综合整治等“四大拆迁”为重点，全年共拆除民宅、厂房等各类建筑31万平方米，有力保证了市各项重点工程的有序实施。同时，全力打造生态新城，珍宝园小区、冯家庄新村完成回迁，漾泉大道一期、二期等重点工程进展顺利；倾力建设魅力荫营，启动了207国道改线、荫营河治理等工程，完善了主城区道路、管网、大型车辆分流等设施，江正大街被评为省级“城市保洁示范街”；大力实施安居工程，重点推进8个棚户区（城中村）改造和6个采煤深陷区治理项目建设，全年新开工保障性住房3838套，建成2600套，分配公租房201套，综合排名全市第一。

四是安全隐患大排查。坚持“安全第一、预防为主”方针，持续深入开展重点行业和领域安全大检查行动，地方煤矿百万吨死亡率保持为零。特别是面对2016年汛期50年一遇的强降雨，全区上下齐心协力、众志成城，投入应急、抢险、救援和灾后重建等费用3000余万元，全区未发生一例伤亡事故，受到了省、市的表扬。严打非法采矿，查处各类案件22起，其中移送司法机关3起，刑事处罚3人。全力维护稳定，深入推进“法治郊区”和“平安郊区”建设，荣获全国“六五”普法先进县区称号，并连续三年被评为“省级平安县区”。

五是人居环境大整治。认真贯彻落实省、市环保专项整治部署要求，办理回复上级转办案件138件，立案查处违法企业28家，移送司法机关2件2人，问责处理党政干部74人，有力促进了环境保护责任落实和环境质量稳步提升。同时，生态修复继续加快，投资3000万元，完成高速公路、重点景区林带建设2.83万亩。人居环境加速改善，创建省市级美丽宜居示范村5个、区级36个。2016年，全区二级以上优良天气达247天，比上年增加29天，空气质量排名全市第一。

六是“放管服效”大提升。圆满完成“两单两图”编制工作，全面推开“两随机、一公开”工作机制，积极取消行政审批事项4项，使政府管理进一步实现了规范化、高效化。狠抓金融振兴，累计为64家企业发放助保金贷款2.16亿元，金土耐火等“新三板”后备企业上市工作稳步推进。加快科技创新，全年申请专利442件，有效发明专利达19件，中创陶粒等3家企业被认定为国家级高新技术企业。大力发展民营经济，深入开展“百名干部进企业”活动，帮助企业解决生产经营问题56条。全面落实“降成本”政策措施，共为企业减负1.34亿元。认真做好农村土地承包经营权确权登记颁证工作，完成率达98.3%，全市综合排名第一。（梁洁斌）

人事管理

【概况】 2016年，全区不断深化人事工资收入分配制度，完善人才培养机制，加强公务员、专业技术人才和技能人才队伍建设。（史志璞）

【公务员队伍建设】 认真开展2015年度考核工作，优秀率全区控制在15%以内。全区行政机关单位39个314人参加考核，评出优秀人数41人，优秀率13.06%，年度考核未定等次的15人，年度考核不称职2人（因受处分）。对2015年招录的15名公务员进行试用期转正考核。通过对被考核人的工作、学习、生活进行全面了解，重点考核的"德、能、勤、纪、廉"。新录用公务员试用期转正考核全部合格。同时为他们申请并下发在线学习账号。督促参学干部累计完成110学时的学习任务。认真执行县级以下公务员职务职级并行制度，对每个上报人员信息认真核实，确定参加民主测评人员。经过民主测评、考核、公示等程序，全年共有符合条件的17人晋升副科级职级。（史志璞）

【执行分配制度】 2016年，分两次审批乡镇工作补贴，共计审批乡镇工作补贴人数184人，月增资53860元。审批2016事业单位工作人员正常晋升薪级工资3437人；2016年公务员晋升级别179人和晋升档次714人；转正定级、调入人员工资确定、职务变动、岗位变动、技术等级变动等工资变动248人。审批公检法三季度加班补贴总额83万余元；审批岗位津贴、警衔津贴、纪检津贴、信访津贴226人。根据阳政办发〔2016〕135号文件精神，于12月15日前审批调整机关事业单位基本工资标准，涉及行政机关（含参公）人数为1051人，月增资33万余元；事业单位人数为3474人，月增资202万余元。从2016年1月起执行公务员和机关工人公车改革办法，增加相应人员公务交通补贴，标准为：处级每人每月1000元，科级每人每月625元，科员及以下（含工勤人员）每人每月550元，审批全区公车改革享受补贴人数1177人。（史志璞）

【管理工作】 2016年，全区共聘任专业技术人员81人，其中高级8人、中级37人、初级26人。根据《关于做好2015年全省机关事业单位工人技术等级岗位考核工作的通知》晋人社厅发〔2015〕5号文件要求，对符合报名条件的人员汇总，技师16人；高级工19人，中级工1人，初级工4人。研究制定了《阳泉市郊区2016年度事业单位公开招聘工作人员实施方案》，拟招聘事业单位工作人员87人。（史志璞）

机构编制

【党政同责 权责到人】 3月，区政府在区财政局召开了推行"党政同责、权责到人"工作管理模式观摩会。会议要求，以财政局内部管理模式为样板，在全区范围大力推行"党政同责、权责到人"工作管理模式。旨在厘清政府与市场、政府与社会以及部门之间的权责关系，强化权力责任的规范应用和监督问责，建立常态化、规范化、制度化的权责清单管理方式，真正把行政权力关进制度的"笼子"，为郊区实施产业强区、拓城靓区、综改活区、民生安区、实干兴区"五大战略"以及扩权强区和转型综改建设提供体制机制保障。为使这项工作落到实处、取得实效，区委下发了《关于推行"党政同责、权责到人"工作管理模式》实施方案。区审改办依据职责清单，按民生民计类、公共服务类、管理服务类三批分类推进，指导各相关单位完成"一图（流程图）两单（权力清单、责任清单）三制度（领导责任制、股室责任制、岗位责任制）"的制作，将权力清单细化到人，进一步明确责任，并完善"明责""定责""履责""考责""问责"等制度。（陈益廉）

【党群部门职责清单】 按照省、市、区委实施"六权治本"的工作部署，进一步明确党委部门之间、党委部门与政府部门之间的职权责任边界，促进党委部门和群团组织管理规范化、标准化、法制化，更好发挥区委各部门和各群团组织的作用，确保其充分而正确地履行职责，努力建设为民务实清廉高效的服务型机关，在全区党群部门中推行职责清单制度。基本内容包括主体业务、审批管理、监督检查、奖惩处分、指导协调、宣传教育、其他等7个类别。在此基础上，明确行使或履行各项职责对应承担的具体责任事项及问责情形，形成职责清单。同时对照工作环节编制运行流程图和廉政风险防控图。全区17个推行职责清单制度的党群部门，职责清单共计567项，其中，主体业务284项、审批管理25项、监督检查66项、奖惩处分32项、指导协调74项、宣传教育73项、其他13项。（陈益廉）

【简政放权 放管结合 优化服务】 2016年，区审改办按照《山西省人民政府关于落实国务院第一批取消62项中央指定地方实施行政审批事项的通知》《阳泉市人民政府关于落实省政府取消一批行政审批事项的通知》要求，对应取消行政许可事项1项。依据《山西省人民政府关于落实国务院第二批取消152项中央指定地方实施行政审批事项的通知》《阳泉市人民政府关于落实省政府取消一批行政审批事项的通知》精神，对应（晋政发〔2016〕17号）取消4项；对应（阳政发〔2016〕11号）取消1项。郊区涉及到取消、接收省市下放和改为属地管理的部门共9个：区环保局、区交通局、区农委、区文化局、区卫生局、区煤炭局、区食药局、区档案局、区工商分局。取消的30项。均为省、市级，未涉及区级部门，所以郊区实际上不存在取消的事项。接收省、市下放的6项。涉及接收省、市下放的部门为区煤炭局和区工商局。两个部门已全部接收。改为属地管理的218项。区环保局3项，区交通局106项，区农委26项，区文化局21项，区卫生局3项，区煤炭局3项，区工商分局11项，区食药局44项，区档案局1项。（陈益廉）

【“双随机一公开”工作】 2016年，推进“双随机一公开”（随机抽取检查对象，随机选派执法人员，及时公开查处结果）工作是简政放权、放管结合、优化服务的重要举措，是激发市场活力的重要抓手。按照国务院和省、市、区政府有关文件的要求，区审改办负责区级所属具备行政执法主体资格机构随机抽查事项清单的制定和报送工作。在制定随机抽查事项清单过程中，严格要求各部门各单位对照本部门本单位权力清单，和法律法规规章规定的检查事项、行政执法事项进行认真梳理，确保抽查事项不漏项、不多项，检查依据、检查主体、检查内容、检查方式、适用对象等要素齐全完整。在审核过程中，共查出漏报单位4个，多报单位8个，清理问题事项156条。随机抽查事项清单经区政府法制办审查后，初步确定郊区政府部门有22个单位共涉及重点抽查事项清单107项，并由各部门在本部门门户网站或自身平台及时向社会公布。（陈益廉）

【规范行政审批中介服务】 为进一步深化行政审批制度改革，加快政府职能转变，阳泉市郊区政府落实阳政发〔2016〕4号文件精神，对应清理规范的行政审批中介服务事项7项，不再作为区政府部门行政审批受理的必要条件。申请人可按要求自行编制项目申请报告，也可委托有关机构编制，审批部门不得以任何形式要求申请人必须委托特定中介机构提供服务；保留审批部门现有的项目申请报告技术评估、评审。区政府部门行政审批中介服务事项共计24项，其中发改局6项、环保局2项、安监局10项、水务局5项、林业局1项。（陈益廉）

【省督查组到郊区调研】 10月14日，省编办副主任韩红到郊区，就深化行政审批制度改革进行调研。市编办主任，区委常委、常务副区长梁海昌及发改、环保、编办等相关部门负责人陪同调研。在推进简政放权、放管结合、优化服务过程中，区审改办严格按照省委“六权之本”的总要求，坚持“法无授权不可为、法定职责必须为”的原则，使郊区行政审批制度改革工作呈现出“稳中求进、稳中求改”的良好局面。省督查组对郊区深化行政审批制度改革工作给予充分肯定，要求以提高效率为出发点，认真检验行政审批制度改革的成效；以便民服务为导向，悉心抓好行政审批制度改革的落实；以严格把控权力为要求，全面抓好权力清单和责任清单的推行；妥善运用行政权力，增强审批制度改革活力，加快产业转型升级。（陈益廉）

【统一社会信用代码工作】 根据《国务院关于批转发展改革委等部门法人和其他组织统一社会信用代码制度建设总体方案的通知》要求，从2016年1月1日起，质监部门不再办理区级机关、编制部门直接管理机构编制的群众团体（以下简称机关、群团）有关组织机构代码事宜，改为机构编制部门赋予其统一社会信用代码。截至2016年年底，郊区发放“统一社会信用代码证”的行政单位31家，群团3家。（贾晓燕）

【制度落实】 根据上级关于进一步加强实名制管理工作的要求，区编办严格审核实名制数据库信息，将实名制数据库信息与全区各部门（单位）数据库信息对接，各单位对本单位和人员信息进行自查，并将核实后的数据反馈至市编办，确保单位及人员信息的全面性和准确性。另外结合实名制数据库信息，进行“机构编制管理证”更新和年审工作，机构编制手续做到随到随办，同时与单位负责人进行数据核对，及时更新做到数据信息的一致性和同步性，使“机构编制管理证”工作更加规范化、科学化。（赵振英）

【建立协作配合机制】 2016年由区编委牵头，完善机构编制部门与纪检监察、组织、财政、人社、审计等部门的协作配合和联合制约机制，建立编制总量和财政供养人员只减不增的部门会商机制，形成控编减编和财政供养人员只减不增工作的合并。机构编制部门主要负责编制总量的控制和在总量内编制资源的动态调配；纪检监察部门主要负责对各级各部门执行机构编制政策法规和落实区委、区政府有关控编减编和财政供养人员只减不增工作要求的监督检查，查处违纪违法行为；组织部门研究解决超职数超规格配备领导、超范围分设党政职务、退二线干部在编不在岗和清理借用人员等问题；人社部门研究解决“吃空饷”问题和清理编外用人问题；财政部门严格按照招录招聘年度计划核拨人员经费，研究制定政府购买服务的具体办法；审计部门主要负责将机构编制管理情况纳入审计内容。发现问题及时解决，确保全区机构编制管理有序、规范。（赵振英）

【中文域名及网上挂标工作】 一是区编办继续大力宣传中文域名注册工作的重要性，积极推动完成对已经注册了中文域名的党政群机关和事业单位的续费工作，指导已注册中文域名网站的单位使用网络红页，完善其基本信息。二是全力开展网上挂标工作。根据中央和省编办文件精神，各有关部门和单位从加强国家网络安全和信息化工作，夯实互联网建设基础的大局出发，按照《党政机关网站开办审核、资格复核和网站标识管理办法》和《党政机关、事业单位和社会组织网上名称管理暂行办法》的要求，按时完成网上挂标工作，以保证各单位网站的正常运行和使用。截至2016年年底，郊区已有47家单位完成了挂标任务。（赵振英）

外事、侨务

【概况】 2016年，郊区继续大力推广APEC商务旅行卡，并为郊区一家耐火物流综合企业办理成功，为企业加强对外交往提供了极大的便利条件，增强了郊区在国际上的知名度。在对郊区归侨人员进行大摸底的基础上，为2名高龄归侨人员送去了免费体检卡，体现了郊区区委、区政府对归侨侨眷的深厚情谊。（梁洁斌）

方志编纂

【概况】 2016年，区地方志办以组织领导、机构设置、编研经费、办公条件、队伍建设“五到位”为抓手，在按时完成二轮区志编修任务的前提下，组织完成《阳泉市郊区年鉴》的编纂任务。在此基础上，重视方志“资政、存史、教化”作用的发挥。充分利用史志的丰富文化内涵，积极响应参与区委、区政府举办的各类纪念活动，提升活动的历史、文化品位；在区政府开展的友好城市缔结活动中，充分发挥区地方志资政宣传作用，通过志书让客商进一步了解阳泉郊区；选派业务骨干在全区中、小学开展校本课程开发实验，在机关干部中开设地情讲堂，广泛开展以热爱家乡为主题的爱国主义教育。（云　霞）

【基层修志势头良好】 2016年，区地方志办在完成本区的史志编修任务的基础上，积极加强对镇、村和部门志书的指导和服务，认真部署，整合力量，精益求精。《河底镇志》进入分编总纂阶段，《上五渡村志》已定稿，准备付梓出版。（云　霞）

【脱贫帮扶工作】 2016年，区地方志办合旧街乡打造保安沟生态旅游主体项目，结合所对口后山村实际，对该村健身步道进行提升，完善了沿途的路标、安全标识、指示标牌，修建了步道途中的简易厕所。同时，对该村的河道进行清理，维修了拦水坝，主体提升了生态旅游景点的景观效果。继续完善乡村清洁工程，对该村的残岩断壁和邻街墙面进行粉刷和道边及村周围的绿化，在村委会附近修建村卫生所。结合乡党委提出的民事代办制，配合村支“两委”人员为群众生产生活提供服务，及时掌握和宣传上级各部门的惠民政策，争取让老百姓能够及时合理享受国家的帮扶、救济、救灾政策。（云　霞）

档案管理

【概况】 阳泉市郊区档案馆成立于1971年，阳泉市郊区档案局成立于1985年。局（馆）合署办公，一套班子、两块牌子，履行全区档案事业的行政管理和区直机关、团体、企事业单位档案保管利用两种职能。内设办公室、业务指导股、档案管理股、档案编研股、信息技术股、现行文件利用中心为郊区政府直属事业单位。2016年，区档案局在全市档案重点工作考核中综合排名第一，并受到市局通报表彰。在全区年度目标责任考核中被区委、区政府评为“优秀”单位。郊区档案局（馆）位于荫营镇江正大街，郊区政府大楼东侧，总建筑面积5127.5平方米，是一座集郊区重要档案资料保管基地、中小学档案教育社会实践基地、爱国主义教育基地、现行文件利用中心、政府信息公开查阅中心、电子文件中心和政务会议中心“七位一体”的国家一级档案馆。（高新华）

【领导重视】 认真贯彻落实国家、省、市《关于加强和改进新形势下档案工作的意见》的精神。一是区委、区政府高度重视档案工作。健全建立全区档案工作领导体制和工作机制，区委和区政府明确理顺了档案工作的分管领导，并成立了全区档案工作目标管理领导组，同时把档案工作纳入了区农村土地承包经营权确权登记颁证工作、党史方志等领导组。区委书记王明厚、区长武建功等四套班子领导出席了由区档案局承办的郊区纪念中国工农红军胜利80周年、深入开展“两学一做”学习教育暨史昭清同志革命传统事迹报告会。区委副书记孙毅多次听取档案工作汇报，对档案宣传工作、重大活动、档案管理、档案干部队伍建设作出了批示；区委常委、副区长梁海昌，副区长赵旭到任第一时间就到区档案局（馆）调研指导档案工作，及时协调解决了档案工作专项经费等实际问题。二是主动作为，档案工作做到“三纳入”“两列入”。区档案局主动多次向区委、区政府主要领导和分管领导进行了专题汇报，档案工作做到“三纳入”，即区委、区政府已把档案工作纳入《阳泉市郊区国民经济和社会发展“十三五”规划》，纳入阳泉市郊区2016年度目标责任考核，纳入2016年区党代会《工作报告》《政府工作报告》之中。“两列入”即区委把档案干部和优秀年轻后备干部列入全区干部培养和选拔任用统一规划，区财政局把档案馆大楼运行管理专项经费、档案馆大楼建设配套经费等列入区级财政预算。区档案局又出台了《阳泉市郊区档案事业发展“十三五”规划》，这些都为郊区档案事业健康持续发展提供了有力的保障。（高新华）

【“三个体系”建设】 一是加强档案资源体系建设。区档案局继续贯彻落实国家档案局第9号令，按照《阳泉市郊区档案馆收集档案范围细则》和《接收名册》要求，加大民生和专业档案的接收力度，对满10年到期档案做到及时进馆。截至2016年年底，区档案馆接收进馆档案13248卷又4063件，馆藏档案资料达145127卷件。二是推进档案利用服务体系建设。区档案局（馆）加大民生档案资源的整合和开发利用，编辑印发了《民生档案利用指南汇编》，完善了档案查阅大厅，实行“一站式”“五心”接待服务。即“热心”接待每一位来馆查档的人民群众；“细心”为人民群众查阅所需档案资料；“尽心”为人民群众排忧解难；“耐心”向人民群众做好宣传解释；“虚心”接受人民群众的意见，赢得社会各界的一致赞扬和好评。截至2016年年底，区档案馆共接待查档利用者425人次，提供档案2115卷（件）、复印2234页。为全区各级领导决策、各部门化解矛盾纠纷、落实政策、编史修志、清产核资、公民个人养老、就业、离退休等提供了大量翔实可靠的原始依据，取得了良好的社会效益和经济效益。三是强化档案安全体系建设。区档案局继续建立健全“三位一体”的档案安全防范体系，制定和完善了档案安全应急预案，明确责任，完善制度，科学安全管理档案，配备专职人员24小时不间断值守巡查。10月，区公安消防大队在馆内进行了一次消防应急演练。开展档案鉴定控划和涉密档案处置工作。对馆藏到期的和一批无保存价值的23个全宗、8766卷会计、文书档案逐项进行了鉴定审核，共鉴定出待销毁档案527卷。对馆藏61个全宗的开放和控制档案进行了鉴定，鉴定出应开放档案3943件、控制档案4833件。对馆藏44个单位1986年至2006年的8637卷、20680件档案进行了涉、解密鉴定、造册，共鉴定出涉、解密档案2965件，其中207件属区级解密。加强重要传统馆藏档案、重要电子档案的异地备份工作，截至2016年年底，完成了馆内重要数据的核对挂接和整理编目，并开展异地异质备份，确保了档案实体安全和信息安全。加强档案馆库的日常管理和安全检查，对档案库房的墙体、防水及温湿度智能化一体设备进行了检查和维修，确保了档案和大楼的安全。（高新华）

【信息化建设】 2016年，郊区将“加快数字档案馆（室）建设”纳入区政府工作报告之中。按照省、市和区委、区政府的统一部署和要求，区档案局以构建方便人民群众利用的民生档案和开放档案信息资源共享平台为重点，整合各类档案资源，推动全区档案信息化建设进程。加大馆藏档案、资料的著录扫描工作，共录入机检目录156154条，全文扫描50527幅。铺设专线开通了阳泉郊区档案局网站，开设了档案法律法规、责任清单和权力清单等栏目，方便利用者网上查阅现行文件和开放档案，并可预约查询其他档案。围绕建设数字档案馆（室）目标，整合档案资源，继续增补民生档案数据库，使馆藏档案资料实现计算机管理。截至2016年年底，馆内存储档案资料目录71万条，全文扫描81.2万余幅。（高新华）

【“两个基地”建设】 区档案局重点打造全国中小学档案教育社会实践基地和全市爱国主义教育基地的品牌，以“6·9”国际档案日和档案馆开放日为宣传节点，以全区纪念中国共产党建党95周年、深入开展“两学一做”学习教育、纪念红军长征胜利80周年等活动为主线，以《阳泉兰台大讲堂》为平台，成功举办了“史昭清同志档案史料展”“阳泉市郊区纪念红军长征胜利80周年、深入开展‘两学一做’学习教育暨史昭清同志革命传统事迹报告会”“阳泉兰台大讲堂”两期三场，组织中小学开展爱国主义教育社会实践活动。特别是10月份纪念长征胜利80周年，区档案局承办的《事迹报告会》，得到了区委、区政府的高度重视，取得了良好的社会效益。此项工作在全市年终考核中被评为“年度具有创新意义的优秀单位工作”。（高新华）

【基层工作】 郊区档案局继续贯彻落实《山西省社会主义新农村建设档案工作示范县实施办法》，重点对汉河沟、牵牛镇和瀑里村等美丽宜居示范村开展了村级档案管理规范化和建档工作。加大全区农村土地确权登记档案工作的监督和指导，积极与区农业局、区经营办协作制定了区、乡、村三级土地确权档案的保管期限表，确保全区土地确权档案的规范化、标准化。围绕“精准扶贫”工作大局，加强和规范农村贫困人口脱贫工作档案管理。同时按照区委统一安排要求，区档案局积极深入平坦镇曹里村开展帮扶结对工作，选派一名业务骨干下乡包村，全局10名党员干部对口帮扶11户21人，并与平坦镇政府、曹里村村委三方共同签订了《2016年郊区脱贫帮扶承诺责任书》。按照《阳泉市郊区百名干部入企服务工作方案》文件精神，一名局领导于9月入驻神堂煤业有限公司进行帮扶，使该企业于10月顺利通过复工复产验收。区档案局加强对全区基层单位档案的监督指导，完成了区公安分局、计生局等15个单位的档案移交进馆任务，同时接收了荫营镇、河底镇、平坦镇、司法局和科技局5个单位的原生电子档案数据，并刻录光盘。强化档案人员的业务培训，先后对档案进馆、复检、新增8号令审批单位的档案员进行3次专题培训。贯彻落实国家档案局8号，完成了区食药局、区老干局、区地震局等22个单位的8号令审批工作，此项工作走在全市档案工作的前列。开展基层档案目标管理和复检工作，完成了荫营镇、河底镇等4家单位的复检验收。区档案局继续贯彻落实国家、省出台的《重点建设项目档案验收办法》和《山西省重大档案管理办法》及《阳泉市郊区重点建设项目档案管理登记办法》的规定，对郊区神堂煤业、坡头煤业、西上庄煤电一体化和阳大铁路等区重点建设项目进行监管和指导，采取主动介入，及时跟进的办法，确保各项档案资料的收集、储存、归档和验收；成功对郊区神堂煤业90万吨和坡头煤业45万吨两个兼并重组矿井的项目档案进行验收，为郊区煤炭企业的顺利转产提供了有效的服务。同时加大重大活动档案的监管，及时对《郊区庆祝中国共产党成立95周年暨纪念红军长征胜利80周年合唱比赛》资料进行了收集、整理。落实国家档案局10号令，完成区城乡建设发展总公司共4个企业的行政审批工作。此项工作在全市年终考核中评为“优秀”。 （高新华）

【重大活动】 区档案局以纪念“6•9国际档案日”为契机，结合纪念中国共产党建党95周年和“两学一做”学习教育活动等，积极采取有效措施，成立了纪念“6•9国际档案日”活动的领导小组，区委、区政府两办联合下发了《关于印发〈阳泉市郊区开展“6•9国际档案日”宣传活动的实施方案〉的通知》，吹响郊区纪念“6•9国际档案日”宣传号角。活动期间，以“档案与民生”为主题，开展了内容丰富、形式多样的“八个一”系列活动，即区委副书记、统战部长孙毅发表纪念“6•9国际档案日”电视讲话；举办《史昭清同志档案史料展》开展仪式；组织200名中小学生到区档案馆参观《史昭清同志档案史料展》展览并聆听《阳泉兰台大讲堂》——“知识就是力量”的讲座；结合“两学一做”活动组织全区八大系统党员干部参观学习《史昭清同志档案史料展》展览；在《阳泉日报・郊区周刊》刊登档案宣传专版；举办《阳泉市郊区纪念红军长征胜利80周年、深入开展“两学一做”学习教育暨史昭清同志革命传统事迹报告会》；编印《民生档案利用指南汇编》、各单位利用LED屏、网站、宣传栏等媒介宣传档案工作。区直各系统党委党员干部，部分中小学、企事业、农村及党代表、人大代表、政协委员等各界人士、群众约2000余人次走进郊区档案馆学习参观，受到各级领导及群众的一致好评。通过多种形式的宣传报道，大大提升了区档案馆的地位和档案工作的知名度。 （高新华）

【自身工作】 郊区档案局按照省、市、区委“六权治本”的要求，认真研究制定了区档案局的权力清单、责任清单、业务办理流程图、廉政风险防控表，明确了各股室及每个人的权力、工作职责，党员干部签订了履职承诺书，推进了档案部门政务公开，进一步规范了权力运行，做到“法无授权不可为、法定授权必须为”。继续贯彻落实《档案管理违法违纪行为处分规定》，对全区档案实现目标化管理的单位进行了档案年检抽查。进一步创新了监管方式，制定了《阳泉市档案局“双随机、一公开”实施细则》，建立全区随机抽查对象名录库，规范了档案部门的执法监督检查。 （高新华）

扶贫开发

【概况】 2016年，郊区干部下乡办公室以习近平总书记关于扶贫工作系列讲话精神为指导，结合郊区扶贫工作实际，在精准扶贫、精准脱贫上下更大功夫，真正做到扶持对象精准、项目安排精准、资金使用精准、措施到户精准、因村派人精准、脱贫成效精准。通过扶持生产和就业发展一批，通过移民搬迁安置一批，通过低保政策兜底一批，通过医疗救助扶持一批等措施，实现贫困人口精准脱贫的目标。 （石仲梁）

【落实帮扶责任】 区四套班子领导定点帮扶23个贫困村，第二十七批工作队员和84个区直事业单位定点帮扶27个贫困村和19个非贫困村，全区2500余干部职工结对帮扶2297户贫困户，做到了区领导、区直事业单位与贫困村，党员干部职工与贫困户结对帮扶工作全覆盖。 （石仲梁）

【重点工作】 一是在产业扶贫工作方面，落实贫困村、贫困户栽植各类果树2779.83亩，发展蜜蜂养殖522箱，涉及19个村，贫困户699户，一般户259户，享受扶贫专项补助379万元。二是教育扶贫工作方面，根据文件要求，落实贫困户家庭的贫困大学生10名，落实贫困户的贫困中职、中技、高职学生100名，享受政策性补助大学生每人5000元，中职、中技、高职学生每人2000元，共计25万元。三是易地扶贫搬迁工作方面，完成2015年易地扶贫搬迁工程，涉及平坦镇南山、张家岩、马家坡3村383户，868人，工程建筑面积7.45万平方米，总投资21560

万元，于2016年11月中旬完成回迁工作，争取省、市专项补助经费607.6万元，区政府专项经费173.6万元，并完成后续产业果树种植项目，3村共计栽植900亩，争取省专项资金243万元，区专项经费45万元。通过实施产业就业扶贫、易地扶贫搬迁、教育扶贫等积极措施，2016年市委、市政府下达郊区脱贫任务1000人，实际完成1423人，其中产业就业扶贫完成376户、877人，易地扶贫搬迁完成211户、546人。（石仲梁）

招商引资

【项目引进】 2016年，郊区共引进百万元以上经济技术合作项目34项，签约总金额217.3亿元，协议利用外资217.3亿元，完成市下达任务151亿元的143.9%，其中第一产业项目3项、第二产业项目18项、第三产业项目13项。2016年，市下达省外民企入晋项目签约任务136亿元，郊区共引进省外民企签约项目21个，签约总金额151.8亿元，完成任务的111.6%。（郭鹏飞）

【招商活动】 2016年，郊区组织参加了“对接京津冀融入环渤海”（北京）招商推介会、第十二届中国国际耐火材料及工业陶瓷展览会、“对接粤港澳·携手珠三角”招商推介会、“对接京津冀融入环渤海”（天津）招商推介会、阳泉市引进技术专场（上海）对接会、中国（重庆）国际投资暨全球采购会、2016中国（太原）国际能源产业博览会、两岸休闲观光农业与特色农产品行业合作交流座谈会等市级以上展会平台活动，借助展会平台展示郊区形象，同时进行招商引资环境、政策宣传，积极为本地企业与客商建立联络，搭建起了招商引资、项目对接、产业合作、资源积累、学习交流的平台。充分运用“会前走出去，会中展形象，会后请进来”的方式，积极联系及邀请有意向的企业、客商来郊区考察洽谈，谋求合作。在各类展会期间，区招商局还适时在展会平台上推广宣传郊区的“名优特精”产品，为企业寻求合作，为产品打开市场。发挥亲情招商优势，促使资金回流。2016年2月14日，郊区举办了“情系家乡，亲情招商，共谋发展”招商引资座谈会，邀请40多位郊区籍优秀在外人才共同为家乡的发展出谋划策，贡献力量，多个项目在会议期间达成合作意向，总投资7.2亿元。元月21日，郊区参加阳泉市“对接京津冀融入环渤海”（北京）招商推介会并做主旨推介，会上郊区在文化旅游、新能源、城市环境综合服务等领域签订了总投资额22亿元的项目合作协议。3月20日，郊区组团参加“对接粤港澳·携手珠三角”招商推介会及阳泉·深圳“双创”经验座谈会并做主旨推介，会后与多家深圳、香港企业对接交流。4月14日，郊区参加阳泉市“对接京津冀融入环渤海”（天津）招商推介会并做主旨推介，会上郊区与多家北京企业在新能源、城市环境综合服务领域签订了合作协议，项目总投资额10亿元。4月20日，郊区参加阳泉市引进技术专场（上海）对接会，会上郊区与多家企业在制造业、新能源领域签订了合作意向书，总投资额6.8亿元。

9月6日至9日，郊区组团参加了2016中国（太原）国际能源产业博览会，郊区的立博线缆、昌盛日电、元昌伟业、兴边富民、力宇新能源等6家企业会上充分展示了新能源、电力设备、矿用设备等相关产品，受到观展客商的一致好评。9月18日至22日，郊区组团赴上海、杭州，对耐耐云商科技有限公司、唐镇电子商务创新港、张江高科技园区、小马创业村、中国建筑上海设计研究院有限公司、苏州启芯信息技术有限公司、上海航天机电科技有限公司、杭州锦江集团、杭州西奥电梯有限公司开展招商考察对接活动。10月15日，郊区锦丰种植有限公司、融昇园生物科技有限公司、三来食品有限公司、康乃馨生物化妆品有限责任公司4家企业负责人参加“两岸休闲观光农业与特色农产品行业合作交流座谈会”。并前往北京西南郊水产冻品市场、新发地中央批发市场食用菌批发区、通州区永乐店镇食用菌产业园等地参观考察。11月13日至14日，郊区招商引资考察团赴江苏省扬州市开展招商考察对接活动，考察团一行先后前往江苏荣镁轮毂有限公司、扬州市金威机械有限公司、扬州峰明金属制品有限公司、扬州市工业园区、扬州英谛（瑞）车材实业有限公司、江苏扬力集团公司考察，重点推进年产2万吨镁合金材料加工和年产500万只镁合金汽车轮毂项目。（郭鹏飞）

行政审批

【概况】 郊区行政审批服务中心以优化经济发展环境、服务全区经济“五大战略”发展为目标，以深入开展“两学一做”学习教育活动为契机，以“规范、高效、廉洁、便民”为原则，以提高办事效率和便民服务为宗旨，以加强干部作风、效能政府建设为重点，不断创新办事机制，逐步从单一的行政审批型向综合便民服务型转变。2016年，进驻中心大厅9个部门窗口：区工商分局、区发改局、区国土分局、区卫计局、区食药局、区文体局、区残联、区住建局、区环保局。中心大厅办理行政许可事项2086件，非行政许可事项221件，另接待企业和群众各种咨询800余人次；全区所有涉及单位办理行政许可事项4905件，非行政许可事项2677项，管理服务事项19479件，共计27061件，办结率100%。以上事项的办理均未接到投诉，基本做到了群众满意。（史晓丽）

【标准化建设工作】 中心按照“在管理上求创新、在服务上求突破”的工作思路，不断推进政审批服务中心标准化建设力度，努力打造廉政勤政的典范、为民服务的基地、政府形象的窗口。按照“将标准化涵盖中心服务每一个环节和细节”的目标，遵循“有人就有工作标准、有事就有管理标准”的原则，严格执行日4次签到、不定时查岗的考勤制度，出台完善了各项考勤规范制度，编制了具有中心特色的服务标准4项，构建窗口对外服务标准体系，规范整合窗口项目流程，形成以服务质量标准为核心，服务管理标准和服务工作标准为支撑，覆盖服务全过程的标准化体系，做到了“岗岗有标准，步步有规范”。上半年，按照全区开展的“六权治本”（升级版）的方案要求，中心开展了“马上就办，切实转变工作作风；真抓实干，努力提升工作效能”活动。利用每周的晨会对窗口工作人员提出新的服务理念，要求全体干部职工“六做到、六杜绝、六一样”：一做到服务主动热情，杜绝冷若冰霜，受理、咨询一样热情；二做到告之清晰明白，杜绝模棱两可，生人、熟人一样和气；三做到办件准确高效，杜绝拖拉延误，忙时、闲时一样耐心；四做到处事廉洁公正，杜绝吃拿卡要，干部、群众一样尊重；五做到全程跟踪服务到位，杜绝折腾群众，大件、小件一样对待；六做到承诺言而有信，杜绝言毕无果，来早、来晚一样接待。同时，在行政审批服务中，要求做到“五查五看”：一要查审批时限，看是否存在超时限审批效率低下问题；二要查工作质量，看是否存在服务态度差、墨守成规、推诿扯皮问题；三要查收费依据，看是否存在擅自设立收费项目、提高收费标准问题；四要查审批范围，看是否存在超越法定职权范围实施审批、继续审批已取消的审批事项问题；五要查设定条件，看是否存在随意设定审批条件、擅自增加审批事项问题。围绕办事企业和群众的需求，完善服务功能，不断提高工作效率和服务质量。以出色的工作和良好的精神树立“服务窗口”新形象。（史晓丽）

【便民服务中心工作】 为进一步深化行政审批制度改革，加强乡镇政务服务平台建设，贯彻落实省、市、区委“六权治本”工作要求，区行政审批服务中心于3月24日至28日对全区8个乡镇便民服务中心及村级便民服务中心和代办点建设运行情况开展调研。荫营、杨家庄、河底、西南舁、李家庄、义井、平坦、旧街8个乡镇均成立了便民服务中心，对民生服务类事项实行集中办理、联合办理、统一办理或代理，保证群众不出乡镇就能办结。荫营镇、河底镇便民服务中心在组织、场地、进驻、管理制度等方面较规范、运行情况较好；其他乡镇便民服务中心受场地条件所限，进驻事项少，运行相对受限。全区现成立 122个村级便民服务代办点。村级便民服务代办点大多在各村村委会办公室办理代办事项，均设有专职或兼职代办员，代办事项以城乡居民医疗保险、城乡低保、大病救助、计生服务、户籍管理服务、农业补贴、代办各类证件、信用卡、代缴水费电费为主。荫营镇三都村便民服务中心通过加强组织领导、人员设施配备、内部管理等方面的努力，村便民服务中心最大限度地为群众办事提供方便，真正把便民服务中心建成凝聚民心的“施政”窗口、“办事”窗口和“形象”窗口，建成密切党群关系、干群关系的重要桥梁和纽带。（史晓丽）

民族宗教事务

【概况】 郊区民族宗教事务局为区政府工作部门，行政编制4个，在职工作人员3人。内设办公室、民族股、宗教股。全区有回族、满族、蒙古族、壮族、藏族等21个少数民族族别，483人。全区有佛教、道教、天主教、基督教4个宗教，依法批准的宗教活动场所6个，其中佛教3个、基督教1个、天主教1个、道教1个。（余香红）

【民族宗教工作】 按照“属地管理、分级负责、区域协作、上下联动”原则，进一步完善“三级网络”和“两级责任制”。一是根据人员变动情况，及时对全区民族宗教工作协调领导组进行调整，加强了对民族宗教工作的领导，形成了各部门对民族宗教工作齐抓共管的良好局面。二是召开全区民族宗教工作会议，会上分别和8个乡镇，阳泉一监、二监签订了2016至2017年民族宗教工作目标责任书。（余香红）

【服务工作】 按照市局统一安排，区宗教局为回族、维吾尔族等具有清真饮食习惯的10个少数民族群众发放肉食补贴（标准为42元／人•年），共116人，4872元，做到了应发尽发。认真贯彻落实《中国公民民族成份登记管理办法》，做好民族成分更改工作。本着实事求是、服务群众的原则，为2名符合条件的群众办理了民族成分变更。

认真贯彻落实《山西省清真食品监督管理条例》，年初对清真食品生产经营企业（户）进行了摸底核实，加大监督管理力度，规范其清真食品生产经营活动。目前全区仅有清真饭店1家，从业人员9人，其中少数民族2人。按照“十个一”的标准完善了少数民族服务中心的建档工作，撰写少数民族调研报告1篇，全面开展辖区内少数民族和新疆籍人员摸底工作，协调相关部门为少数民族争取扶持资金2万元。为构建准确高效的信息化安全管理体系，提高安全管理效率，按照省、市宗教局要求，结合郊区实际情况，投资1.2万余元，率先在安全管理的重点宗教活动场所——圣泉寺安装安全管理远程监控设备。依托远程监控系统，当即发现、快速反应、妥善处置，使现场安全管理得到更有力地控制，实现了监督管理与现场“零距离”对接。区政府召集相关部门召开专题会议4次研究整顿工作，区宗教局督促辛兴村、圣泉寺加快对万佛楼北、元辰殿、大雄宝殿外附建筑、万佛楼三层及北面危房拆除工作，共动用工程车辆5台，拆迁危旧房屋5660多平方米，倾倒建筑垃圾7170多吨，继续做好寺院人员的清理工作，共清理并妥善安置7名僧尼。为进一步落实区政府圣泉寺整顿专题会议精神，加快圣泉寺文物建筑的保护修缮恢复，区宗教局积极主动牵头多方协调，会同平坦镇辛兴村引进资金恢复老寺院。9月18日，圣泉寺老寺院修复工程正式开工，工程建设严格按照文物保护工作要求，修旧如旧，恢复原貌，修建面积480平方米，投资180余万元。11月28日，老寺院修复主体工程基本完工。（余香红）

【宗教慈善周活动】 根据国家、省、市宗教局要求，区宗教局积极引导宗教界人士于9月下旬开展以“慈爱山城·五教同行·帮贫助困”为主题的宗教慈善周活动。其间宗教界人士共捐款1.9万元，资助困难学生家庭14户。（余香红）

【办实事好事】 区宗教局主动加强与上级部门沟通协调，积极帮助宗教活动场所争取资金支持25万元，确保场所安全。其中王兰寺5万元，圣泉寺20万元。与林业部门协调为寺院争取松柏树等苗木4000株，并督促寺院进行种植，其中圣泉寺2000棵、王兰寺1000棵、五龙庙1000棵，推动了寺院生态绿化建设。按照“保护合法，制止非法，遏制极端、抵御渗透、打击犯罪”的原则，配合公安国保部门做好抵御渗透工作，查处违规留住僧人寺院2处，提前介入稳妥处置非法宗教活动1件，接待来信来访19件，35人次，办结率100%。为西南舁乡代家庄村少数民族拴平养殖场争取帮扶资金2万元。（余香红）

中国人民政治协商会议阳泉市郊区委员会

综　述

【概况】　2016年，是郊区全面深化改革、加快转型发展的重要时期。阳泉市郊区政协在中共阳泉市郊区区委的正确领导下，在市政协的指导下，区政协常委会以马列主义、毛泽东思想、邓小平理论、“三个代表”重要思想和科学发展观为指导，深入贯彻中共十八大精神和习近平总书记系列重要讲话精神，牢牢把握团结和民主两大主题，紧紧围绕区委、区政府的中心工作，认真履行政治协商、民主监督、参政议政三项职能，齐心协力谋发展，尽心竭力惠民生，凝心聚力促和谐，为推动全区经济平稳快速发展、促进社会和谐稳定做出了积极的贡献。（李润平）

【重要会议】　2016年8月21日在郊区政府大报告厅召开。大会应到委员177名，实到166名，会议由王振杰主持。大会听取并审议了《政协阳泉市郊区第八届委员会常务委员会工作报告》《提案工作报告》和《政协阳泉市郊区第九届委员会第一次会议提案审查委员会关于提案征集和审查情况的报告》，审议通过了《政协阳泉市郊区第九届委员会第一次会议政治决议》，审议通过了《政协阳泉市郊区第八届委员会常务委员会工作报告》。王振杰当选为政协阳泉市郊区第九届委员会主席，杨济才、刘金文、李秀芳、齐敏芝当选为政协阳泉市郊区第九届委员会副主席，张志刚当选为政协阳泉市郊区第九届委员会秘书长，并选举出27名政协阳泉市郊区第九届委员会常务委员。（李润平）

主要工作

【会议协商】　区政协常委会紧紧围绕中心工作，不断构建全委会议全面协商、常委会议专题协商、主席会议重点协商的格局，以政协各类会议为平台，开展协商讨论，积极建言献策，提出了许多真知灼见。一是加强全面协商。全委会议期间，委员们围绕郊区“一府两院”工作报告、十三五规划和财政预决算报告进行了深入协商讨论，提出了针对性的意见和建议。二是加强专题协商。围绕西上庄煤电一体化等重点工程进展情况进行协商，促进项目有序推进；围绕政协换届工作开展协商，确保了全委会的顺利召开；围绕一二三产融合发展进行专题协商，针对性地提出建议意见。三是加强重点协商。先后就“两学一做”学习教育、精准扶贫、专项调研视察、机关制度建设、提案督办、主席分工等相关事宜进行深入协商，对政协全局性、常规性的相关事务进行民主决策，有力地推动全委会确定的各项任务的顺利完成。（李润平）

【视察　调研】　区政协常委会坚持把搞好视察调研作为履职尽责的重要抓手。按照精心选题、注重实效的原则，结合政协全年工作部署及省、市政协相关要求，先后组织委员100余人次开展各类调研7次，分别就全区经济运行、城中村改造、民营经济发展、农民持续增收等工作进行了专题调研，形成专题调研报告4篇，提出各类意见、建议20多条。同时，还积极组织委员对重点工程、新农村建设、农村人居环境改善等涉及民计民生的事项进行专项视察，跟踪问效。特别是在9月下旬，由政协主席王振杰带队就全区一、二、三产业融合发展的发展现状、存在问题开展专题视察调研，通过采取实地调研、座谈讨论、常委会专题讨论等方式，针对性地提出了8条建议并报送区委、区政府，为党政决策提供有益参考。（李润平）

【积极参与经济建设】　在做好自身工作的同时，区政协常委会积极参与到全区的各项工作之中。班子成员在完成信访维稳、精准扶贫、干部入企服务等重点工作的同时，还参与了环境保护集中整治、西上庄煤电一体化、207国道改线、职业中学搬迁、关王庙文物保护等全区重点工程项目建设任务，做了大量卓有成效的工作；区政协常委、各专委会也都组织协调各自联系的部门和委员积极投入到全区经济建设和社会发展上来，通过专题调研、反映提案和社情民意、走访座谈等方式，为各项工作有序推进献计出力。（李润平）

【提案办理】 提案是人民政协履行民主监督职能最直接、最有效的方式之一。区政协常委会坚持把提案工作放在全局工作的重要位置，不断加大提案的征集和办理力度，严把提案立案审查关，切实注重解决问题，防止提案办理重答复、轻落实，对重点提案进行重点督办。政协九届一次会议期间，共收到经济建设、科教文卫、环保交通、劳动社保、党群统战等4大类173件提案，立案154件，涉及财政、住建、教育、卫生、民政、食药等37个职能部门承办，并及时会同区委办和区政府办，对委员提案进行联合交办。11月下旬，由政协主席、副主席带队，各专委主任参与，联合区委办、政府办以及相关提案人，深入到13个承办重点提案的单位和提案比较集中的单位，通过集中座谈、会审评议、媒体跟踪等形式对134件提案进行了集中督办，督办率达87.6%。到2016年年底，154件提案已基本办复完毕，已经解决或基本解决的65件，建议采纳率达88.3%，委员满意和基本满意率达96.2%。（李润平）

【社情民意】 坚持把畅通渠道作为反映社情、传递民意的切入点和着力点。一是构筑社情民意信息工作平台。先后建立郊区政协公众平台、社情民意工作交流微信群、短信联系平台、在《玉泉山》杂志上开设政协专栏等，进一步加强同委员的交流，畅通了信息渠道。二是组建社情民意信息员队伍。继续加强委员社情民意信息管理工作，加大社情民意培训力度，将一批年龄小、学历高、有见地的委员充实到区政协社情民意信息员队伍当中，更好地收集、整理、上报社情民意。三是抓好社情民意报送。充分利用全委会议、委员座谈、网上报送、特邀信息员报送等渠道，广辟信息来源，多方收集社情民意，将一些重要的意见建议和带倾向性、苗头性的社会舆情，及时真实地通过社情民意通道予以反映，促进了问题的解决和落实。全年共向全国、省、市三级政协上报社情民意信息55条，有效发挥了政协信息直通车的重要作用。（李润平）

【有效开展重点监督】 始终把关注民生、履职为民作为政协民主监督的工作出发点。积极参与全区重点项目、产业融合、农民增收、城中村改造等各项监督检查活动，充分发挥政协的监督职能；组织政协委员发挥民主监督员作用，积极参加区直部门和法检两院的绩效考评、听审案件、征求意见座谈会等活动，促进相关部门作风转变和效能提升；各专委会也加强同对口联系部门的沟通，列席对口部门的重要工作会议，收集工作信息，提出建议意见，有效增强对部门工作的事前、事中监督。（李润平）

【团结联谊聚合力】 区政协常委会十分重视联络联谊工作，不断加强与各方面的合作共事。主动与省、市政协联系工作，接受上级政协工作指导和检查，积极参加省、市政协的座谈会、报告会等各种会议，配合完成省、市政协的各项调研任务，增进与上级政协的交流和联谊；积极邀请各界人士参与政协重点调研视察、重要协商议政活动，认真听取和反映他们的意见和建议，促进并加强各民主党派、工商联、人民团体、无党派人士和各族各界人士的合作，积极为他们知情参政、建言献策创造了良好的条件和宽松的环境，形成了广开言路、畅所欲言、求同存异、体谅包容的浓厚氛围；区政协各专委会切实做好与对口部门的沟通联系，组织相关委员加强同财政、经信、发改、税务等经济部门的工作交流，经常深入教育、医疗、卫生、民政、人社等民生部门，为委员知情明政、更好地履职创造了条件；不断加强与省内外兄弟县区政协的联络联谊交流，前往河北省吴桥县就民俗文化产业发展进行了考察学习，进一步拓宽了政协工作的视野。（李润平）

【深入基层办好事】 按照区委精准扶贫安排，区政协领导及机关党员干部积极深入包点联系村河底镇河南村开展扶贫帮困活动，了解实情，提供服务，帮助河南村解决实际困难。重阳节期间，区政协机关组织农业、科技、医疗、卫生等相关部门前往河南村开展“四送一帮扶”活动，为到场群众发放各类资料500余册，赠送村委会电脑、文件柜、档案盒等办公用品，还为30多名村民进行了义诊。中秋、元旦、春节等节假日，区政协班子成员分别带队前往包点帮扶村对困难群众进行走访慰问，为他们送去了米面油等生活用品，受到了群众的好评。此外，区政协机关还经常走访慰问基层委员，在春节前夕组织开展为委员所在企业送春联活动。（李润平）

【注重协调保稳定】 充分发挥政协联系面广、包容性强的优势，通过提案、社情民意、公众号、微信群等渠道，及时了解反映群众关注的热点、焦点和难点问题，及时反馈给党委、政府及相关部门，将矛盾化解在萌芽状态，切实做好协调关系、化解矛盾、理顺情绪、凝聚人心的工作，为维护和谐稳定的发展环境履职尽责。区政协班子成员在完成区委安排每周一的大接访的基础上，每周三、周五在区信访中心轮流坐班接访，圆满完成重要节点的区级重大接访任务，并多次深入所包乡镇进行信访维稳，有效促进了全区经济社会的和谐稳定。（李润平）

【征集文史显特色】 区政协积极启动《留住乡愁》系列丛书（包括《方言篇》《村情篇》《乡愁篇》）的编纂工作。先后组织召开3次专题会议，成立了编委会，制定了编纂方案，对该系列丛书的编纂工作进行了科学规划、细致安排。6月20日，区委统战部以政协文史委为依托组建成立了郊区统战乡村文史服务队，并在河底镇中佐村举行了成立授旗仪式，文史委协助中佐村、三都村进行中国传统古村落考证和申报，整理相关文史资料、碑碣史料、非遗资料共计40余万字，建立了中佐冶铁历史展馆、三都农耕文化室，协助关家峪村进行红色旅游开发、建设河底公墓、设计碑亭、撰写碑文，并向市林业局争取回绿化苗木1000余株。（李润平）

【注重理论学习】 始终把理论学习作为加强自身建设的重要任务来抓，采取外出学习、集中培训、定期学习多种形式开展理论学习，坚持在全委会、常委会、主席会、机关会等会议上安排时间学习，先后组织各种培训讲座、集中学习和座谈会等10余次。特别是结合“两学一做”学习教育，会同区委组织部、统战部共同组织区政协常委及部分委员赴延安进行以党的革命历程、延安精神、新时期党建为内容的理想信念培训教育，使他们受到更加深刻的党性锻炼和党纪教育，进一步增强了理论自信。（李润平）

【开展专题教育】 按照中央、省、市、区委相关要求，紧紧围绕“学党章党规、学系列讲话、做合格党员”这一主题，在区政协机关深入开展“两学一做”专题学习教育。先后开展集中学习、专题讨论、手抄党章展览、主题党日重温入党誓词等活动，召开机关党总支专题组织生活会和领导班子民主生活会，每个党员都积极参加活动，对照党员标准查找自身问题，切实做到真查真改、立行立改，进一步巩固了群众路线教育实践活动和“三严三实”专题教育成果，树立了区政协党员的崭新形象。（李润平）

【加强沟通联系】 继续加强同基层委员的联系，出台了《政协阳泉市郊区第九届委员会关于加强同委员联系的若干规定》，建立“三环联动”、走访看望委员、培训学习等制度，了解委员的生产生活情况，听取委员的建议意见。与此同时，区政协还创建了公众号、微信群、短信等信息平台，进一步密切同广大委员的沟通交流，畅通委员的履职渠道，激发委员履职热情。区政协围绕发展这个中心，组织相关委员积极开展形式多样的跨界别、跨乡镇的联组调研、专题调研和小组活动，真实反映基层的民情民声，为党政决策提供参考。（李润平）

【严格委员管理】 注重委员的日常管理，制定完善了《委员履行职能考评办法》《委员工作守则》等6项制度，建立健全委员履职情况考核、激励机制，把委员参加会议、培训学习、视察调研、建言献策等情况作为考核内容，年底对委员进行履职考核，对每位委员作出评价，并向其所在单位及时反馈。对模范履职和在本职工作中贡献突出的委员给予表彰，对缺乏政协工作责任感、不履行委员职责的，采取教育、约谈、劝退等方式给予处理，真正做到“优进劣出”。（李润平）

【突出廉洁自律】 始终把党风廉洁建设放在重要位置，明确党风廉洁建设责任人，确保党组主体责任落实到位。结合“两学一做”学习教育对党风廉洁的相关要求，认真学习《中国共产党章程》《中国共产党纪律处分条例》《廉洁自律准则》等党规党纪，带头遵守中央八项规定和廉洁自律的相关规定，健全完善机关各项制度，重大事项坚持集体讨论、个别酝酿、会议决定，从制度上保证了党风廉洁建设的相关规定落到实处。（李润平）

民主党派

中国国民党革命委员会

【概况】 民革阳泉市郊区支部是在原先民革固庄煤矿支部和民革荫营煤矿支部合并后组建成立的。民革市委在郊区设立民革固庄煤矿小组和民革荫营煤矿学习小组。1987年12月28日召开民革荫营煤矿支部成立暨第一次党员大会，选举产生了民革荫营煤矿支部第一届委员会，叶德根任主委，王忠任副主委，王爱贞任委员。1994年5月10日，召开民革荫营煤矿支部第二次党员大会，选举产生了民革荫营煤矿支部第二届委员会。倪小舫任主委，王爱贞任副主委，王忠任委员。至2010年有5名党员。1988年11月17日召开民革固庄煤矿支部成立暨第一次党员大会，选举产生了民革固庄煤矿支部第一届委员会。吴逸锋任主委，赵哲夫任副主委，有2名党员。2011年1月经民革市委批准，原民革固庄煤矿支部和民革荫营煤矿支部合并组建为民革郊区支部。2011年1月5日，民革郊区支部召开第一次党员大会，选举产生了民革郊区支部第一届委员会，赵海润当选为主委，石旭、蔺成富当选为副主委，吴晓文当选为委员。2016年6月29日，民革郊区支部召开第二次党员大会，选举产生了民革郊区支部第二届支部班子。石旭当选为支部主委，吴晓文当选为支部副主委，张江（女）、李秀云（女）当选为支部委员。截至2016年年底，共有党员14名。（石　旭）

中国民主同盟

【概况】 2016年4月，民盟郊区支部换届，选举产生第二届民盟郊区支部，选举杨玉明为主委、组织委员王育红、宣传委员敦梅，共有盟员7名，其中有市人大代表1名、区政协委员4名。2016年，按照《民盟郊区支部组织机构及职责》《民盟郊区支部学习制度》的要求组织进行支部活动，积极履行参政议政、民主监督职能，为社会发展献科学发展之计，谋改善民生之策，做构建和谐之事。在阳泉市漾泉大道建设、S239改线工程等事项调研活动和专题会议中，提出真知灼见，做到言之有理、言之有据、言之可行。杨玉明委员撰写的《关于整治荫营大街马路市场的建议》被作为区政协的重点督办提案；《关于推进落实阳大铁路郊区站建设的建议》得到许多政协委员的共鸣，形成联名提案；《关于在行政执法机关配备“法学人士”的建议》作为市政协会的提案，得到市有关部门的重视。敦梅撰写的《关于加强传统历史文化遗产保护和利用的建议》得到区有关部门的重视。杨玉明撰写的《关于推进农村旅游公路建设情况说明》、敦梅撰写的《阳泉郊区传统村落的保护开发与利用》给区委、区政府决策提供了依据。敦梅撰写的《尽快发展现代服务业，培育新的战略性支柱产业》《关于旅游开发与文物保护关系的浅析》理论文章受到有关部门的关注，其中《关于旅游开发与文物保护关系的浅析》被华北旅游论坛采纳。（杨玉明）

中国民主建国会

【概况】 中国民主建国会是中国共产党领导的多党合作和政治协商制度中的参政党，主要是由经济界人士组成，具有爱国、革命的光荣历史，民建阳泉郊区支部于1995年成立。支部成立后，认真履行参政党职能，坚持与经济界紧密联系，努力发挥会的特色。坚持与时俱进，在自我教育中不断提高会员素质。2002年4月、2007年8月，经过两次支部换届，分别由韩万明、刘美英担任主任委员。2008年开始开展了学习型支部的创建活动。以“六有三上墙”（六有：有场地、有主题、有内容、有交流、有记载、有实效。三上墙：建会宗旨上墙、参政议政情况上墙、参加活动出勤上墙）为内容，广泛深入农村、深入企业开展调研，不断引深政治交接活动成果，致力于将支部打造成为一个自我教育的学校、团结互助的集体、参政议政的桥梁、培养人才的基地。一大批事关经济建设和社会发展的优秀提案和社情民意，受到全国、省、市政协采纳和表彰，得到民建市委和郊区区委的肯定，还被民建中央授予全国先进基层组织光荣称号。2012 年 8 月，基层组织换届，成立了郊区总支部。王建中任总支主任委员，刘美英、王晓东、董军利任总支副主任委员。下设一、二两个支部，担任市（区）人大代表 3 人、市（区）政协委员 14 人、区政协常委 2 人，由刘美英、王晓东担任支部主任委员。（刘美英）

【民建阳泉郊区总支庆祝中国共产党成立 95 周年】 2016 年 6 月 29 日下午，民建阳泉郊区总支组织会员结合“双学一跟”，在郊区统战成员活动中心举行“听党课、学会章”庆祝中国共产党成立 95 周年活动。邀请区委统战部领导专题讲授“习近平为党员干部做人做事划出的四条底线”的党课，课题联系实际，贯连党史，结合时政，深入浅出，清晰地再诉了法律底线、纪律底线、政策底线和道德底线，强化了会员们的政治意识和底线思维。随后又专题学习了《中国民主建国会章程》，讨论交流如何做一名“新形势下的合格民建会员”。最后，集中学习了习近平总书记在全国劳模代表座谈会上“实干才能梦想成真”的讲话精神，大家纷纷表示要抢抓机遇，凝聚合力，为实现两个“一百年目标”做出新贡献。（刘美英）

中国民主促进会

【概况】 民进阳泉市荫营支部成立于 2004 年 6 月，有会员 15 名，均为大学文化，平均年龄 42 岁。支部有市人大代表 2 名，市政协委员 2 名，区政协委员 5 名，区政协常委 2 名。荫营支部先后荣获“全国民进先进基层组织”“2014 年度山西民进先进基层组织”“阳泉市民进先进基层组织”等荣誉，闫冰被评为“2014 年度山西民进先进个人”。张兆平被评为阳泉市郊区“劳模标兵”。（闫　冰）

【学习活动】 年内，民进荫营支部通过集体组织学习与会员利用多种平台自学相结合的办法，先后组织和参加各种学习培训活动 16 次，集中学习了习近平系列讲话精神、统战理论知识、民进会史，会员撰写统战论文 12 篇，使会员的政治意识、大局意识、核心意识、看齐意识明显增强，保证了会员与中国共产党思想上同心同德、目标上同心同向、行动上同心同行的正确方向。（闫　冰）

【参政议政】 全体会员在做好本职工作的同时，积极参加组织活动，主动深入调研，反映社情民意。支部中的 5 名政协委员积极参加“两会”，认真撰写提案，参加议政发言。任涛海的《关于在新城建设保护传承优秀传统文化的调研报告》得到了市委书记、市政协主要领导的重要批示。会员闫冰、闫爱娟撰写的社情民意信息被全国政协和省政协采用。支部先后组织会员参加各种学习培训活动 6 次，撰写统战论文 4 篇。通过视察调研、撰写提案、反映社情民意信息等活动，不断提高自身的参政综合素质，不断强化社会服务能力。（闫　冰）

【社会服务】 年内，民进荫营支部主动帮助中佐村、三都村进行传统古村落的整体策划和开发利用，同时，挖掘史料，精心组织，协助编写完成了《阳泉市郊区政协志》《河底镇志》《固庄村志》《李家山村志》，编辑出版了《石刻档案》《山西争矿运动史料》《留住乡愁》等 100 万字的文史资料。组织会员在春节前开展“服务下基层，新春送春联”活动，邀请市书法家和阳泉美术院等 6 名老师为柳沟村义写春联 300 余幅，受到村民的普遍欢迎。还配合荫营镇进行“中国梦荫营美”摄影大赛，为 100 余幅摄影作品配诗作文，制作了图文并茂的摄影专辑。2016 年 7 月，荫营支部邀请民进市委和区统战部，联合三郊、东村、燕龛三个支部，组织了关家峪河底烈士陵园和刘备山景区开发调研活动，还针对郊区创业就业存在的问题组织了精准调研，向区委统战部提交了 3000 余字的《阳泉郊区创业就业情况的调研报告》。（闫　冰）

中国农工民主党

【概况】 2016 年 11 月 6 日中国农工民主党阳泉市郊区二院总支部换届，选举史振慧任主委，史丽清、刘永玲任副主委，史海英、王克昌、史永义、史海明任支部委员。总支部下设 3 个支部，二院一支部、二院二支部及综合支部，共有党员 24 名，其中高级职称 6 名、中级职称 13 名、初级职称 5 名。总支部主委史振慧被推荐为农工党山西省第七届代表大会代表、阳泉市第十五届人大代表、阳泉市郊区政协第九届委员会常委，史丽清、刘永玲、王克昌、史海明为阳泉市郊区政协第九届委员会委员。（史振慧）

【思想建设】 2016 年，郊区农工党总支部，多次组织全体党员认真学习中共中央总书记习近平系列重要讲话精神，学习贯彻中共十八届三中、四中、五中、六中全会精神等相关内容，围绕学习、统一思想，多次进行座谈会召开，不忘初心，牢记使命，回忆历史，传承爱国、民主与科学精神，进一步坚定走中国特色社会主义道路的信心和决心。

（史振慧）

【参政议政】 年内，农工党阳泉市郊区党总支，紧紧围绕中共郊区区委、区政府的中心工作，积极主动做好本职工作，为郊区的社会发展做出了许多努力。参政议政是本党委的一项重要工作。2016年，郊区政协农工党“020”委员，提出提案9件，内容包括社会服务、公共卫生、城乡一体化建设等方面。这些提案为推进区委、区政府的科学决策发挥了不可或缺的作用。（史振慧）

【社会服务】 综合支部主委、玉泉中学教师刘永玲于3月份组建“同心”合唱团，发展到60余人，积极参与大型公益演唱活动。7月到旧街乡南沟村表演，9月参加郊区区委主办的纪念红军长征胜利80周年合唱比赛，12月到平定东回镇七亘村表演。（史振慧）

【爱心活动】 继续参加市区妇联组织的“春蕾桥，帮扶学童社会公益活动”及医院组织的“精准扶贫，定点帮扶”活动。（史振慧）

九三学社

【概况】 九三学社阳泉市郊区支社于2016年6月6日举行第二次社员大会，选举产生支社主任委员李玉霞、支社副主委赵联祥、参政议政委员傅阿荣、学习宣传委员姚素琴、社会服务委员张三虎。截至2016年年底，郊区支社共有社员9名，其中：市政协委员1名、区人大常委1名、区政协常委1名、区政协委员4名。（李玉霞）

【建言献策】 支社主委在九届一次政协会上，提交了“政府搭台，银企唱戏，让小微企业步入经济发展的快车道”“关于重视地下管网系统建设的建议”等3份提案。积极履行参政议政职能，提出了“关于规范村级财务管理制度的建议”“加大政府补贴 发展可持续农业”“发展农村电商 助推精准扶贫”“保护资源环境还需坚决杜绝一次性用品”“大力发展职业教育，为实体经济打造人才基地”“加强金融扶持，促进小微企业发展”“创新农业经营体制引导土地有序流转”等社情民意；社员张三虎在区人代会上提出“关于牵牛山煤业整合后对股东和村民生活问题”“完善残疾人社保制度，提升残疾人自我价值”等多件议案；社员付阿荣上交了“关于在城市增设公用停车场的建议”等多件提案，与此同时，上报了“关于整顿中小学校考试纪律的几点建议”等多条社情民意。（李玉霞）

【慰问老社员】 2月2日，九三学社郊区支社春节前走访看望支社退休老社员田本华。市政协副主席、社市委主委李天祥、副主委乔泉生、张巧花、郊区区委常委、统战部部长张斌武以及支社部分社员一同慰问。慰问中，主委李天祥介绍了社市委2015年的主要工作和成绩，询问了田老的身体和生活情况，鼓励她要与病魔做斗争，争取早日康复并送上了春节慰问品，祝愿她过一个祥和的春节。（李玉霞）

【开展“双学一跟”活动】 郊区支社按照九三学社阳泉市委的统一安排部署，区委统战部《关于在全区党外代表人士中开展“双学一跟”活动的实施方案》的有关要求，出台了九三学社郊区支社“关于开展‘双学一跟’活动的工作方案”。主要内容是学习讲话、学习作风、跟党奋进；四个阶段分别是学习教育、对照交流、主题实践、总结提高，这次活动的开展主要是是为了引导支社社员识大体、顾大局、讲政治、尽责任。（李玉霞）

【参加市委统战部活动】 6月23日，郊区支社参加了市委统战部党支部“迎七一”主题活动。活动中，固庄村党支部书记、村委会主任、九三学社社员张三虎介绍了固庄村推进乡村管理制度化、民主化、规范化的先进经验。大家对村支两委靠规矩办事，用制度规范党员和村民的做法留下深刻印象。随后，参观了九三学社郊区支社活动室，了解了党外代表人士“双学一跟”活动开展情况。（李玉霞）

社会团体

阳泉市郊区总工会

【概况】 2016年，阳泉市郊区总工会在编人员14人，聘用制工作人员8人。区总工会所辖8个乡镇工会联合会，8个系统工会工作委员会，4个直属企业工会。全区职工45620人，工会会员45309人。在郊区区委和市总工会的正确领导下，在郊区政府的大力支持下，坚持以“职工为本，主动依法，科学维权”的中国特色社会主义维权观，开展了卓有成效的工作。认真抓好《中华人民共和国工会法》和山西省实施《中华人民共和国工会法》办法和《中华人民共和国劳动法》的宣传教育，提高了全区工会干部队伍的自身素质；积极按照“六有”和“一条例五规范”进行指导开展规范化建设活动，涌现出一批省、市、区级基层工会先进“职工之家”和先进个人；采取多种形式开展职工文体活动，丰富和活跃了职工群众的文化生活；积极开展“五小竞赛”活动，并在竞赛中取得丰富的成果；关心困难职工生活，深入开展“春送岗位、夏送清凉、金秋助学、冬送温暖”的四季服务活动，体现了党和政府对困难职工的关心和温暖；积极组织企事业单位开展安全生产“安康杯”竞赛活动，郊区总工会曾连续获得全市“安康杯”竞赛优秀组织单位。一批基层工会被评为市级“安康杯”优胜单位，为推进郊区经济、社会发展做出贡献。（王俊珍）

【帮扶援助活动】 郊区总工会采取有效帮扶措施，积极维护职工的合法权益和特殊利益。依托困难职工援助中心，坚持“春送岗位、夏送清凉、金秋助学、冬送温暖”四季活动，为全区困难职工送去党和政府的温暖。2016年“两节”期间，筹集送温暖资金463000元，慰问困难职工342人，其中生活救助372200元，帮扶人数200人，医疗救助90800元，帮扶人数42人。春送岗位，年初配合人社局组织开展了春季招聘活动，近百人签订了就业意向协议。夏送清凉，2016年7月，对19家企业的职工送去了白糖、绿豆、蜂蜜等价值106560元的防暑用品，共计1665份。金秋助学活动中，为53名品质兼优、家庭困难的考生进行了资助，共计181000元。（王俊珍）

【全力推进女职工爱心妈咪小屋建设】 2016年继续创建郊区妇幼、荫营镇卫生院、西南舁卫生院3个“爱心妈咪小屋”。其中荫营镇卫生院妈咪小屋获市四星级妈咪小屋，郊区妇幼、西南舁卫生院妈咪小屋获市三星级妈咪小屋、“全省示范”妈咪小屋。“爱心妈咪小屋”的创建，得到了大家的一致好评。它给女职工提供了方便，让她们在单位也能感受到家的温暖。同时提升了工会“以人为本”的管理理念和人性化服务思想，满足发展女职工的需要，从而激励每一位女职工奋发向上、幸福成长。（王俊珍）

【文体活动群众性】 2016年4月，区工会组织开展了全区职工第三届庆“五一”职工健步走活动，参与职工人数1600多人，连续三年来参与人数逐年增加，创历史新高。10月，举办了第三届职工羽毛球比赛，参与职工人数200多人。举办了“庆祝建党95周年暨念红军长征胜利80周年”合唱比赛，参与比赛单位17支队伍，人数2000余人，各基层工会也举办了广场舞、篮球赛、趣味运动会等形式多样的活动，把更多的职工群众吸引到工会工作中来。（王俊珍）

【丰富职工文化活动】 2016年，区总工会不断扩大职工书屋建设的覆盖面，新建全国职工书屋2家，配备图书4000余册；开展了迎新春送春联活动，组织书法爱好者深入13个村工会及企事业单位，为职工送去春联6000余幅，送“福”字1000余个；在全区开展国学国情大讲堂活动，邀请市专家为全区200

余名职工进行专题讲座。举办“书香三八”读书征文活动，全年共选送12篇作品参赛。推进“培育好家风——女职工在行动”主题实践活动，在广大女职工中开展“写家书·传亲情”活动，通过基层女职工的积极参与，共选送35篇亲情家书，10个读书微视频。（王俊珍）

【女职工维权活动】 2016年，签订和续签了《女职工权益保护专项集体合同》，对女职工的合法权益和特殊利益保护，进行了明确的规定。开展单亲特困女职工帮扶，12余名单亲特困女职工受到资助，资助金额6000元。2016年女职工特病保险，投保279人，金额5580元，其中1人获得经济补偿。（王俊珍）

【基层组织建设】 2016年，区总工会推进“六有”工会建设，增强基层工会活力。以“乡镇工会创示范，基层工会增活力”活动为载体，切实推进乡镇工会组织结构、运行机制和管理机制创新，着力打造以乡镇工会为枢纽，行业工会为纽带，村工会和企业工会为基础的“一体化”工会工作体系，坚持分类指导、示范带动、创建引领、整体提升，推进全区工会组织规范化建设；推进模范职工之家建立，培育选树一批典型，如裕盛源农产品开发公司、庞大汽贸集团股份有限公司阳泉分公司等作为区“六有”工会选树典型，各乡镇工会分别选树一些典型，以点带面，使基层工会转起来活起来，不断增强职工之家的吸引力和凝聚力。（王俊珍）

【“工会组建月”活动】 在全市的“工会组建月”活动和“农民工集中入会”活动中，区总工会高度重视，多措并举，全力推进工会新建工会和农民工入会行动。区总工会对全区正常运行企业进行摸底了解，对25人以上企业没有单独建会的建立工会，并重点推动在建项目、保安公司、农业合作社、物业服务等农民工相对集中的企业建立工会，做好农民工入会工作，并严格按照“三报告、两报告、一宣誓”的建会程序组建工会。2016年新增工会组织18个，新发展会员836人，农民工入会746人，并把新增的工会组织和会员录入全总和省总数据库。（王俊珍）

【队伍建设】 2016年是乡镇换届年，8个乡镇的工会主席按照程序进行了选举，全部都是高配。对于到届期的工会组织依法依规进行换届，郊区国税局、郊区城乡发展公司进行了换届工作，区总工会给予指导和帮助，按照程序选举出了新一届的工会委员会、经费审查委员会和女职工委员会。2016年，全区各级工会共配备了专职工会干部23名，区总工会聘用的社会化工会干部12名，兼职干部800多名。区总工会对全区工会社会化工作者实行一年一考评一签合同，促进社会化工作者的工作。与此同时，区总工会对新上任的工会主席进行了培训，提高他们的政治素质、政策和业务水平，使他们都能安心做、懂得做和积极做好工会工作，真正发挥各级工会在管理、维权、促进地方和企业经济发展中的应有作用。2016年是省总工会确定的“素质提升年”，为提升各级工会干部履职能力，组织区工会干部参加市总组织的培训学习6期12人次，组织基层工会干部参加省总工会干部培训10期50余人次，组织企业、村工会干部参加区总工会组织的培训学习5期400余人次。（王俊珍）

【经费收支工作】 2016年，郊区总工会持续抓好工会财务、工会经费管理，不断优化工会经费支出结构，对乡镇以及规模以上企业工会经费的扶持力度持续增加，制定出台了职工福利发放制度，对工会经费分类进行审计监督。积极开展对本级工会经费预算执行情况的审计工作，严控“三公”经费开支，充分发挥工会经审工作预防、抵制腐败滋生的重要作用，促进本级工会收好、管好、用好工会经费。（王俊珍）

共青团阳泉市郊区委员会

【概况】 2016年，团区委在区委和团市委的正确领导下，立足“组织青年、引导青年、服务青年和维护青少年合法权益”四项基本职能，紧紧围绕党政中心工作，克服困难、主动担当，各项工作开展更加务实有效，有效满足了青年现实需求。（王紫燕）

【宣传活动】 一是持续开展“红领巾德育教育”和“青少年素质提升”宣讲活动。结合培育和践行社会主义核心价值观、纪念长征胜利80周年等活动主题，开展宣讲17场。二是开展主题团日活动。“学雷锋日”到来之际，团区委于3月4日上午在郊区荫营广场举行了“弘扬雷锋精神志愿行动”启动仪式，各志愿者服务队在荫营镇区对车站设施及周边绿化带进行了清洁整治活动，全区各级团组织也分别开展了以“学习雷锋精神”为主题的志愿服务活动。“五四”青年节期间，团区委在荫营二中举行新团员集中入团仪式，增强了团员青年的政治荣誉感和组织归属感；乡镇团委和区直机关团支部分别开展了入团仪式、18岁成人仪式、校园文化艺术节等丰富多彩的活动。在党的95岁生日到来之际，团区委结合上级团委的工作安排，积极在全区优秀青年党员中开展“青年之声·红色传递”和我为社会主义核心价值观代言活动。三是网络新媒体建设不断加强。团区委于10月开通了微信订阅号，进一步延伸了团区委联系团员青年的手臂；召开“青年之声”建设工作推进会，积极利用网络3.0平台与团员青年互动。四是积极组织团员青年开展以“保护母亲河”为主题的环境保护实践类活动，团区委组织全区团干部在刘备山种植侧柏600余株，各直属团组织开展各类环保实践类活动50余场次。五是选树优秀青年典型，发挥优秀青年的示范引领作用。荫营镇三都村田俊丽获评2015年度“感动山西”十大人物、全国“诚实守信好青年”。（王紫燕）

【基层组织建设】 一是在基层团组织建设方面，严格按照上级团委关于三级团组织换届工作的相关要求，在规定时间内圆满完成了全区三级团组织换届工作。二是进一步扩大团组织的覆盖面，全年建设非公有制企业团组织30家，新建企业技术创新小组20个，进一步发挥了团组织在企业和员工之间的润滑剂作用，青年职工服务企业发展的能力不断增强。三是进一步强化团员发展和管理。严格按照上级发展团员的相关要求，合理有效地控制入团比例，有效地增强了共青团的“先进性”要求和团员青年的政治荣誉感。四是严格落实团中央关于团干部“1+100”联系青年的要求，区乡两级团干部明确了需要加强联系的各类青年。五是开展区乡两级团干部读书交流活动，团干部服务经济社会发展的能力不断增强，团干部队伍建设扎实推进。六是召开返乡大学生座谈会，广泛征求全区共青团工作的建议和意见，进一步延长了联系青年的手臂。（王紫燕）

【服务青年】 元宵节期间，团区委在郊区体育馆前集中开展就业创业服务等“三下乡”活动，通过政策宣传、用工信息发布、创业贷款指导等方式，一定程度上推动了青年就业创业工作。持续开展发放青年创业贷款工作，全年发放创业小额贷款2039.5万元；同时加强与市邮储银行的联系，积极推荐有贷款需求的创业青年与市邮储银行对接，全年为创业青年发放邮储农业创业贷款1200余万元；与区财政局金融办的沟通联系更为紧密，进一步明晰了贴息贷款等相关贷款政策，为进一步做好创业帮扶工作提供了政策支持。加强青年创业竞赛活动，在开展青年创新创业大赛的基础上，积极推荐优秀的创业项目参加市、省级大赛，田俊丽同志的“阳泉市凤舞野山鸡养殖”项目获市级大赛三等奖、团区委“共青农场”项目获省级大赛现代农业（电子商务）组三等奖，青年创新创业的氛围更加浓厚。在团市委的帮助下，“希望工程”等品牌工作影响力进一步提升。全年为23名困难大学新生争取到了希望工作助学金，团区委自助开展“真情助困”活动，为家庭困难、品学兼优的18名困难学生提供了共计9000元的“真情助困”资助款；积极为8名家庭困难的小学生争取希望工程奖学金资助，5名家庭困难的学生与爱心人士结对子，分别得到1500元的资助。联合阳泉市义工联合会积极为河底镇小西庄小学、西南舁乡大西庄小学捐赠价值2万余元的学习用品和图书；争取点爱基金的支持，为东南舁小学捐赠电脑五台；积极争取壹基金等公益力量，为郊区97名贫困儿童发放“壹基金爱心包”，价值3.5万元；在“六一”儿童节前夕，团区委为李家庄小学送去慰问金2000元；联合阳泉市爱之翼志愿者服务队，为西南舁乡孔南庄村、代家庄村幼儿园送去价值3000元的学习用品；争取省青基会支持，为河底镇东南舁小学捐赠1万元建设校园图书室；4月16日，团区委组织郊区脑瘫及残疾青少年到市康复医院进行了筛查救助，已有11名青少年进行免费手术矫正，收到了良好的社会效果。（王紫燕）

阳泉市郊区妇女联合会

【概况】 郊区妇联内设办公室、宣教部、妇女发展部、权益工作部、家庭和儿童工作部以及区政府妇女儿童工作委员会办公室；人员编制5名，在编人员2名。2016年，区妇联深入开展基层组织优化、妇女创业就业、妇女维权保障、儿童救助帮扶、家庭教育等工作，特别是借群团改革的东风，村妇代会全部改建成妇联，乡镇妇联组织区域化建设全面启动，区妇联积极构建了专、挂、兼相结合的干部队伍新格局；同时，圆满完成了全区妇女儿童“十二五”规划终期评估和“十三五”规划的编制，各项工作都取得了明显成效。郊区被授予“实施中国妇女、儿童发展纲要国家级示范县区”、阳泉市“实施妇女儿童发展“十二五”规划先进集体”。（刘媛媛）

【举办女性创业成果展】 2月23日，在郊区区委、区政府隆重举办文化、科技、卫生“三下乡”活动之际，郊区妇联在区体育馆隆重举办女性创业成果展，集中反映全区妇女“大众创业、万众创新”的业绩和成果，同时也为全区“三下乡”活动助了力添了彩。活动现场，展品异彩纷呈，五彩斑斓，汇集展示了布艺、编织、干花、剪纸、刺绣等5大类1000余件作品。来自全区各行各业的妇女们看成果，学技能，既受到感染，更受到激励。（刘媛媛）

【召开表彰会】 3月4日，郊区纪念“三八”国际劳动妇女节106周年表彰会暨区妇联七届三次执委扩大会召开，会议表彰了在郊区经济社会发展中涌现出的先进集体和个人。（刘媛媛）

【举办联谊会】 3月7日，由区妇联主办，区女企业家协会、家庭助廉协会承办的“激情郊区、魅力女性”女企业家庆“三八”联谊会在郊区妇女儿童活动中心举行。会上，区政府副区长赵素卿向全区妇女姐妹们致辞。联谊会在舞蹈《共筑中国梦》中拉开帷幕，各界妇女欢聚一堂，以歌舞、小合唱、舞蹈、戏曲唱、T台秀、四句半、小品、表演唱、舞蹈瑜伽、配乐朗诵、独唱、评说等形式庆祝自己的节日。特别是区妇联表演的小合唱《咱妇联的人》把整场表演推向了高潮，展现了全区妇女昂扬向上的精神面貌，唱响了建设激情郊区、打造魅力女性的信心和决心。（刘媛媛）

【宣传活动】 3月15日，区妇联会同区卫生计划服务中心及各乡镇妇联，在郊区体育馆前举办了“美丽郊区・巾帼先行”启动仪式暨三八维权周宣传活动。活动中，区妇联通过广播、现场发放倡议书等方式向全区各级妇女组织、广大妇女姐妹及家庭提出“美丽郊区 巾帼先行”的倡议，号召广大妇女姐妹积极参与到乡村清洁工程活动中来，为郊区“环境卫生整治、美丽宜居创建”贡献自己的力量。此外，区妇联在活动中设立咨询台向过往群众发放讲解相关法律知识。（刘媛媛）

【省妇联到郊区调研】 为了保持和增强妇联组织的政治性、先进性、群众性，深入推进妇联组织和妇联工作的改革创新，更好联系和服务妇女群众，3月22日，由省妇联党组副书记、副主席李菲带队到郊区开展综合调研。在参观了区妇女儿童活动中心并翻阅资料后，李菲对区妇联开展的各项工作给予充分肯定，同时，希望郊区妇联把围绕大局、发挥优势作为妇女工作的立足点，充分发挥妇女在促进经济发展方面的重要作用，结合本地特点搭建平台、发挥作用，积极寻求妇联工作的最佳切入点和结合点，促进妇女创业就业，实现妇女工作新跨越。（刘媛媛）

【爱心捐赠活动】 10月9日（农历九月初九——重阳节），区妇联携手社会各界爱心人士走进西南舁敬老院与老人们共度九九重阳节，并举办了捐赠仪式，为老人们送去节日的温暖和关怀。活动现场，阳泉市惠丰源商贸有限公司、智道易购阳泉运营中心等10家爱心企业代表，向西南舁敬老院捐赠面、油、鸡蛋、牛奶等价值3000元左右的生活用品，西南舁敬老院院长代表西南舁敬老院接受捐赠，并代表老人们对前来捐赠的爱心人士表达了谢意。（刘媛媛）

【省妇联主席张葆到郊区调研】 12月9日，省妇联主席张葆一行到郊区就基层妇女儿童工作进行检查指导。先后深入到河底镇固庄村、荫营镇三都村进行了检查指导，仔细询问了两村妇女儿童发展情况，亲切地与基层妇女干部交谈，认真听取基层对进一步开展好妇女儿童事业的意见与建议。在三都村凤舞野山鸡养殖场，张葆同入选“中国好人榜”的田俊丽夫妇进行了亲切交谈，详细了解了凤舞野山鸡养殖场的养殖规模、经济效益和带动农村妇女增收的有关情况，希望“中国好人”田俊丽要继续发挥半边天的引领带动作用和个人的名人效应，创新工作思路，做大做强野山鸡养殖产业，带动更多农村妇女姐妹增收致富。（刘媛媛）

阳泉市郊区科学技术协会

【概况】 郊区科学技术协会，简称区科协，成立于1984年9月。设主席1名、副主席1名、专职工作人员2名。根据会章规定，由会员代表大会选举19名委员组成协会委员会，闭会期间行使代表大会职权。区科协下设郊区农展馆和8个乡镇基层组织。2016年，全区有各种科学技术学会、协会、研究会40个。（李 娜）

【科普宣传】 2016年郊区文化科技卫生“三下乡”活动在郊区荫营广场举办。区科协、区科技局、区卫生局、区文体局等多家单位参与了活动。活动现场，区科协利用科普大篷车，为参观群众播放地震逃生、蔬菜种植等科普视频频；筹备了科普新科技、安全生产、种植养殖技术、环境保护等各类科普展板16块；向过往群众发放了《埃博拉病毒防治》《理性看待转基因》《科普知识宣传读本》等科普图书500余册，深受群众欢迎。在学雷锋纪念日来临之际，为了更好地弘扬雷锋精神，郊区8支志愿者服务队在荫营广场举办“服务郊区激情文化建设 弘扬雷锋精神志愿行动”启动仪式，并深入街道积极开展志愿服务。活动现场，区科协科教文化志愿者服务队清理了公交车站等候亭张贴的小广告，将候车座位擦拭干净，清扫了周围绿化带的垃圾等，得到了广大群众的好评。在“5・12”汶川大地震纪念日来临之际，为了切实提高全民防灾减灾意识，区科协在荫营广场举办了“5・12防灾减灾日”科普宣传活动。活动现场，区科协利用LED显示屏播放了《科学应对地震灾害》《纪念“5・12”汶川大地震》防灾减灾系列宣传片，发放了《居民日常安全应急指南》《理性看待转基因》《埃博拉出血热公众防护问答》等科普书籍。郊区科技周活动启动仪式在杨家庄乡黑土岩村举行，活动的主题是“创新引领 共享展”。活动现场，区科协筹备了高新技术、种植养殖技术等各类科普展板16块；向过往群众发放了《养蜂技术推广》《理性看待转基因》《常见病预防》等科普图书、科普挂图500余册。9月20日，区科协在荫营广场举行“全国科普日”暨第十三届“科普三晋”系列活动。活动的主题是“创新放飞梦想 科技引领未来”。活动现场，区科协拉横幅、披绶带、摆展板、设展台，通过发放宣传单、知识手册进行咨询服务，开展科普宣传活动。向过往群众发放了科普挂图、科普图书600余套（册）。区科协全体人员耐心解答群众提出的问题，得到了广大群众的好评。（李　娜）

【科普惠农】　一是“中国科普·乡村e站”建设工作走在全市前列。“科普e站”是将学习实用技术、接受专家远程视频培训、购买粮油百货和生产资料、销售自产农产品等结合起来，为农民提供实用技术学习和远程互动培训，以及开展即时信息查询、农村电商创业、专家在线服务。年内，区科协已建设成锦丰中药材、牧森林场、佳和蜂业3家科普e站。二是紧紧依托基层农技协，开展科普惠农培训工程。开办大棚种植、核桃种植、中药材种植等各类培训5场，培训农民600余名。按照“一村一品、一乡一业”的格局，培育出了一大批“田秀才”、土专家。使农民掌握1～2项实用技术和经营管理知识、为农村培养了一批留得住、用得上、有知识、懂技术、会管理、善经营的新型农民。聘请山西农大教授，深入田间地头，举办新型防雹网、套袋、果树修剪及病虫害处理培训班，增强了果农的防灾减灾意识，提高了果农的种植积极性。河底镇曹家掌的佳禾蜂业专业合作社举办多次蜜蜂养殖培训，深入田间地头，带动周边50户农民养殖致富。三是郊区牧森林场科普示范基地初步形成。以绿色农业经济林种植（仁用杏、金银花、连翘、苹果等）为整个产业发展的基础，经过精深加工再将下脚料加工成全混饲料，规模养殖羊、鸡、鹅等家禽、家畜；随即将牲畜粪便集中收购，生产有机肥料，再用于发展绿色农业种植循环往复，从而构成一个以发展“绿色有机无公害食品”为核心的农业循环经济产业生态链。（李　娜）

【青少年科技创新】　2016年，区科协会同区教育局组织全区中小学参加了阳泉市第31届青少年科技创新大赛，全区共报送1000余件，在此次大赛中，本区作品脱颖而出，取得了骄人的成绩。5月31日，“六一”儿童节到来之际，区科协到李家庄中心小学开展“六一”儿童节慰问活动。参观了学校的图书室、科技活动室等，并与教师、同学进行了亲切的交流，还给少年儿童送去了慰问金，寄予教育工作者殷切期望，给予小朋友美好祝福。为支持科技创新工作，区科协出资6万元为义井中学、牵牛镇中心小学建设“校园科技馆”。（李　娜）

阳泉市郊区工商业联合会

【概况】　阳泉市郊区工商业联合会又称阳泉市郊区总商会，内设主席（会长）1名，常务副主席（副会长）兼党组书记1名，专职副主席（副会长）1名，秘书长1名。兼职副主席和副会长25名，下设8个乡镇商会，共有企业会员300多户。（秦瑞生）

【“冬季行动”】　2016年2月，郊区工商联按照省委办公厅、省政府办公厅《民营经济“待批项目”大起底活动工作方案的通知》精神及“冬季行动”的要求，迅速组织发改局、经信局、国土局、环保局、工商局、规划局、财政局、招商局、中小企业局等职能部门在全区范围内开展民营经济“待批项目大起底”活动，推进民营经济项目审批进程。通过摸底，郊区待批项目共46个，其中，区发改局民营经济待批项目18个，区环保局民营经济待批项目12个，区规划局民营经济待批项目10个，区国土局民营经济待批项目6个。（秦瑞生）

【扶贫工作】　2016年10月郊区工商联按照省、市工商联精准扶贫的安排部署，根据区委、区政府的工作要求，积极动员全区非公经济力量参与“百企帮百村”精准扶贫行动。坚持“义利兼顾、以义为先、村企合作、互惠共赢”的原则，以民营企业为帮扶方，以建档立卡的贫困村为帮扶对象，以签约结对、村企共建为主要形式，先后深入5个乡镇27个贫困村走访、调研，全面摸清贫困村的所想所需并进行汇总；深入企业，积极开展民营企业扶贫帮困情况摸底调研，并传达了上级相关扶贫精神，然后根据民营企业的帮扶意愿，采取双向选择的方式结对子，同心合力打赢精准脱贫攻坚战。力争到2020年，帮助全区27个贫困村1913户4366人全部脱贫。至2016年，已有4个企业率先在县区中签订了帮扶协议书，已经成功对接，为全市帮扶工作的顺利开展，起了个好步、带了个好头，得到了上级工商联的表扬和肯定。同时对已经确定的帮扶项目，加强跟踪督促，确保项目真正落到实处，力争精准脱贫取得实效，确保真扶贫、扶真贫。9月22日，阳泉市锦丰药林有限公司总经理王雪，在全省的“千企帮千村”精准帮扶结对阶段总结大会上，作为民营企业方作了经验交流发言，深得与会人员肯定。（秦瑞生）

【理想信念教育活动】　2016年4月郊区工商联以“守法诚信、坚定信心”为重点开展理想信念教育实践活动。2016年11月邀请不同行业、具有代表性的企业家和市工商联有关领导、区委领导面对面进行交流座谈，畅所欲言，增进政企互信，推动党政部门和非公有制经济人士经常性联系，促进建立新型、健康的政商关系。12 月 21 日邀请山西日本能源润滑油有限公司副董事长宋东升为非公有制经济人士讲授《中小微企业上市融资面对面》及《中层员工的素养》，引导企业走创新发展之路，坚定企业发展的信心。2016 年 12 月郊区工商联工作围绕“两个健康”主线，即非公有制经济人士的健康成长和非公有制经济的健康发展，做好思想政治引领工作。邀请市委党校李青魁教育长为非公有制企业家对十八届六中全会精神进行了解读，引导广大非公经济人士热爱祖国、热爱人民、热爱中国共产党，积极践行社会主义核心价值观，切实用习近平总书记的讲话武装头脑、指导实践、推动工作。（秦瑞生）

【第六届会员代表大会】 2016 年12月21日郊区工商业联合会（总商会）第六次会员代表大会在区政府西报告厅召开。市工商联主席（商会会长）赵素卿以及市、县（区）统战部、工商联有关领导出席了会议。大会听取审议了区工商联第五届执行委员会工作报告，审议通过了《区工商业联合会（总商会）第六次会员代表大会关于第五届执行委员会工作报告的决议》，选举乔国强为郊区工商联（总商会）第六届执行委员会主席（会长），选举王存钧等 13 名同志为郊区工商联（总商会）第六届执行委员会副主席，选举马艳军等 12 名同志为郊区工商联（总商会）第六届执行委员会副会长。（秦瑞生）

阳泉市郊区文学艺术界联合会

【概况】 郊区文联内设办公室、组联部、编辑部，业务股室 3 个，在岗工作人员 4 人，成立于 1993 年 12 月 28 日。编制 6 名，其中设主席 1 名，专职副主席 1 名。文联下设文学、戏剧曲艺、音乐舞蹈、书法美术、摄影影视 5 个协会。2011 年 10 月，郊区文学艺术工作者联合会更名为郊区文学艺术界联合会。到 2016 年，郊区文联已发展到 8 个艺术家协会。分别是作家协会、书法家协会、美术家协会、摄影家协会、音乐家协会、舞蹈家协会、戏剧家协会、曲艺家协会，其中作家协会又下设两个学会，分别是诗词曲学会、楹联学会。（葛小鹃）

【文联协会建设】 1 月 26 日，书协 20 名会员参加阳泉市迎春书画展，成为阳泉市入展人数最多的县区。7 月 12 日，音乐家协会举办了庆祝中国共产党成立 95 周年暨纪念红军长征胜利 80 周年演唱会，活动以“弘扬主旋律·唱响中国梦”为主题，唱出了郊区人民热爱中国共产党、缅怀革命先烈，建设富饶、幸福、美丽新郊区的火热情怀。舞蹈家协会组队参加了市老干局组办的广场舞大赛，获优胜奖；参加了“豪门杯”阳泉市第二届老年人体育健身大会健身秧歌比赛，获优胜奖；参加了阳泉市“巴马健康杯”中老年广场舞大赛，获最佳创意奖。12 月 13 日，组织区各协会主席、副主席参加市文联学习贯彻习近平总书记在全国十次文代会、九次作代会重要讲话精神会议，系统学习了习近平总书记在开幕式上的重要讲话精神。（葛小鹃）

【文联活动】 元旦期间，区文联在郊区政府一楼大厅举办“写生——阳泉郊区”作品展，共展出优秀作品 120 余幅，记录和表现了郊区优秀的民居建筑、秀丽的自然环境、朴素的民情民风。年初，开展“送万福送欢乐”惠民活动，先后走进平坦镇坡头村、石卜咀村、荫营镇三郊村、三都村、西南舁乡大洼村、保安煤矿及区直单位送春联 5000 余幅，深受广大人民群众的欢迎。春节期间，区文联在郊区政府一楼大厅举办了“阳泉市郊区 2016 喜迎新春书法精品展”，展出优秀书法作品 60 余幅。区文联组织艺术家协会成员深入荫营镇三泉村、西南舁乡王家庄村、平坦镇石卜咀村开展“深入生活、扎根人民”采风创作活动，创作反映当地特色的作品 100 余幅。4 月 22 日，区文联联合阳泉市文联在荫营镇三泉村举行文艺惠民活动。同时授予三泉村阳泉市“迓鼓村”称号。5 月 18 日，与石卜咀村在市文化中心联合举办“谁不说咱家乡好”文化庙会活动，通过艺术形式让庙会成为传承文化、宣传推介的有效载体。5 月 23 日，联合市文联在河底镇关家峪村举办纪念毛泽东同志《在延安文艺座谈会上的讲话》发表 74 周年“情系阳泉·走进关家峪”采风笔会活动，为村创作书画作品 30 幅。6 月 30 日，为迎接中国共产党建党 95 周年，与区委组织部在郊区政府一楼大厅举办了“学党章、抄党章、铭记党章”硬笔书法作品展，共展出优秀作品 600 余幅。7 月 18 日，区舞蹈家协会在三都村举办第四届健身广场舞大赛，三都村组织 13 支参赛队伍，基层舞蹈队伍进一步壮大。10 月，郊区文联举办“弘扬长征精神 传承红色记忆”纪念中国工农红军长征胜利80周年中国画特邀作品展，展出优秀作品 56 幅。同月，区文联、区曲艺家协会深入荫营镇三泉村开展“送欢乐到基层”九九重阳文艺惠民活动，深受村民欢迎。11 月 25 日，举办了“唱响主旋律，积聚正能量”文艺培训班。邀请著名作家侯讵望主讲，全区文艺工作者 100 余人参加培训。（葛小鹃）

【文学刊物】 2016 年郊区文联编辑印刷《玉泉山》文学刊 2 期，刊载小说 4 篇（4 万字），诗歌 5 篇，散文 6 篇，剧本 12 篇，记录 1 篇，故事 3 篇，对宣传郊区、了解郊区、助推发展起到了积极作用。编印《玉泉山》党建特刊《创新 探索 实践》。全书共分6个篇章，分别为创新篇、探索篇、实践篇、专题篇、舆论篇、人物篇，全方位叙述了郊区近三年来的党建工作，是一本具有现实指导意义和参考价值的基层党建文汇。（葛小鹃）

【文学创作】 区作家协会主席郭彦清的小说《楼·院》获阳泉文联评出的优秀小说奖；副主席荆卓然出版诗集《小鸟是春天的花朵》、散文集《桃花打开了春天的门窗》，11月参加首届全国大学生牡丹文学奖荣获该项诗歌奖。（葛小鹃）

【书法创作】 区书法家协会会员姚宝华、王世丽的作品入展山西省第五届群众书法展，14人作品入选本次展览。（葛小鹃）

【美术创作】 区美术家协会会员张俊的2幅工笔花鸟画入选山西省工笔画作品展；郑守梅的国画作品获得国家级展览“一带一路”全国书画名家百米长卷创作工程成就奖、“一带一路”全国文化建设发展贡献奖；于芳的国画作品《锦绣家园》在全国第四届“书香三八”活动中荣获书画三等奖；付永刚的国画作品《春日》在第21届“兰亭序”全国书画摄影大赛中获金奖，国画作品《吉祥牡丹》参加第十届奥林匹克国际青少年书画大赛中获教师组二等奖，国画作品《牡丹》参加“庆祝建党95周年迎‘七一’颂党恩”阳泉市校园书画大赛中获教师组“优秀奖”（最高奖），国画作品《和谐》参加“东方美”全国书画大赛美术作品获银奖；赵瑞的水彩画作品《同学》参加上海、大连、阳泉三市职工美术作品联展，国画《山野苍茫》参加阳泉盐城国画作品联展，油画《古村写生》参加“漾泉古韵”2016油画学术邀请展；任小军的钢笔画作品《母亲》参加阳泉美术院建院30周年美术作品展；张兴贤创作的沙画作品《长征》被中央电视台《新闻联播》报道。（葛小鹃）

【“温润乡村”艺术滋养行动】 2016年，郊区文联利用庙会之际，组织各个艺术家协会深入到河底镇关家峪村、荫营镇三泉村等，为村民“写家书 传家训”、送“全家福”、戏曲品赏、广场舞教学、曲艺晚会、激情大家唱等，为广大村民送去了丰盛的精神文化“大餐”。使艺术家真正深入生活、扎根人民，服务乡村、服务人民，以“文艺塑造力、文艺影响力、文艺推动力”，推动和实现农村文化艺术事业的发展和繁荣。“温润乡村”艺术滋养行动被阳泉市委宣传部授予2015—2016阳泉市十佳文化工作。（葛小鹃）

【文艺汇报展演活动】 1月18日，举办“焕发激情·凝聚精神”文艺汇报展演活动，各文艺家协会用不同的艺术形式表达了对祖国和人民的热爱以及美好生活的赞美。（葛小鹃）

【打造文艺特色村】 1月19日，石卜咀村被阳泉市文联授予“书法村”称号。至此，郊区已成功打造两个书法村。（葛小鹃）

【举办首届社火文化节】 8月19日，联合阳泉市民间艺术家协会在三泉村举办首届社火文化节。参加活动的有平定武迓鼓表演、西南舁的民俗表演和三泉村14支民俗表演队，民间艺术得以进一步发扬光大。（葛小鹃）

【扶贫工作】 区文联联合区招商局、区旅游局、市政策研究室深入平坦镇侯家山村开展精准扶贫帮扶工作，在深入分析贫困村民致困的原因下，共同探讨了脱贫致富的方法，并针对该村的发展情况，提出了切实可行的脱贫措施和建议，并对下一步精准扶贫做好初步计划，确定从产业扶贫、就业扶贫、教育扶贫等方面分步推进，逐步帮助贫困户脱贫致富。（葛小鹃）

【获得荣誉】 区文联被省作家协会授予2016年度“文学活动优秀奖”。在阳泉市庆祝建党95周年迎“七一”·颂党恩校园书画大赛暨展览中，区文联被阳泉市教育局、阳泉市文联评为优秀组织奖。（葛小鹃）

阳泉市郊区残疾人联合会

【概况】 郊区残联内设办公室、综合业务股室2个，人员编制2名，在编人员2名；下辖残疾人就业服务所直属单位1个，人员编制5名，在编人员4名；成立区残联残疾人托养中心1个；为乡镇（矿）残联选聘残疾人专职委员10名。2016年，郊区残联深入开展残疾人康复、就业、教育、文化、体育、维权等重要工作，积极落实各种惠残助残政策，大力推进残疾人“两个体系”建设，全面推动全区残疾人事业与经济社会协调发展。2016年9月，国务院残疾人工作委员会授予区残联理事长郭俊红全国残疾人工作先进个人。（郭俊红 王 军）

【服务残疾人】 为深入贯彻落实中共中央、国务院关于残疾人事业的新部署新要求，实现全国残疾人基本服务状况和需求信息数据的及时更新和有效反馈，加强残联工作信息化建设提高残疾人事业基础管理水平，进一步加快推进残疾人小康进程，区残联认真开展郊区更新工作，对全区持证残疾人进行入户调查登记工作，8月底前全面完成调查，全区应调查残疾人6968人，入户调查6561人，电话调查88人，入户率98.68%，查无此人11

人、已搬迁23人、空挂户33人、外出25人、死亡227人，调查结果已录入全国残疾人基本服务状况和需求信息数据更新工作系统。年内，进行残疾人状况及小康进程监测，对实现全面建成小康社会总目标及残疾人同步小康目标具有十分重要的意义。区残联坚持科学态度，严格贯彻监测工作方案，按照规定的程序和技术要求，完成了监测员培训、监测对象名录核对、底册编制等项任务，并在荫营镇和河底镇入户调查，全面展开残疾人状况及小康进程监测工作，本次共监测150户，经过区残联严格审核把关，按时完成上报工作。3月中旬，区残联邀请市格尔眼科医疗队深入各乡镇开展白内障免费筛查，筛查中，市格尔眼科医生针对疑似白内障患者进行了视力检查、眼底检查等相关检查，并向他们讲解白内障防治注意事项。此次筛查全区共有200余人参加，从中筛查出适宜手术的白内障患者100人，5月底为他们免费实施了白内障复明手术，手术取得圆满成功并收到良好的社会效益。（郭俊红　王　军）

【维修改造工程完工】　区残疾人康复中心于2010年5月依托河底卫生院成立并开展残疾人康复工作，承担着全区残疾人肢体训练、矫形手术，以及白内障复明术项目，为全区残疾人提供了就近就便的优质服务，受到了广大残疾人好评，但是该中心楼体老化、格局配置不适应等问题也日益突出，为此，区残联积极协调区卫计局将康复中心维修改造纳入到区政府为民办实事当中，区政府投资300万元进行维修改造。通过对该中心进行设施改建、设备更新、人员培训等一系列升级改进，使该中心综合服务实力进一步增强，全区残疾人康复工作效能得到进一步提升。（郭俊红　王　军）

【救助工作】　区残联出台了《2016年郊区残联贫困残疾人康复救助项目实施方案》，对14周岁以下贫困肢体残疾儿童康复训练、贫困白内障患者实施复明手术、贫困精神残疾人住院救助、贫困精神残疾人服药救助、贫困残疾人免费配发辅助器具等工作进行了周密安排，有条不紊组织实施。2016年共完成"阳光家园"机构托养56例；省彩票公益金项目免费服药任务75例，免费住院7例，开展0至6岁肢残儿童康复训练5例；区财政资助贫困精神病患者免费服药52例，贫困精神病患者住院救助21例，免费发放辅助器具80件。按照阳泉市残联《关于做好2015年度国家彩票公益金辅助器具适配服务项目低视力助视器接收工作的通知》文件精神，郊区接收低视力助视器96件，救助人数40人。按照阳泉市残联《关于做好2015年度省彩票公益金贫困残疾人康复救助项目辅助器具接收工作的通知》文件精神，郊区接收功能轮椅20辆、带坐便轮椅30辆、助行器等辅助器具160件。这些辅助器具都于年底前统一发放到残疾人手中。为了解决郊区重度残疾人长期护理难题，结合郊区实际制定了《阳泉市郊区重度残疾人护理补贴实施办法》。2016年度护理补贴全部发放到位，发放金额206万元，共有1934名残疾人享受补贴，其中省级56.4万元、市级74.7万元、区级74.7万元。春节和助残日期间，区四大班子主要领导和市残联领导先后深入到乡村贫困残疾人家中进行走访慰问。2016年全区共慰问残疾人贫困户42户，共发放慰问金、慰问品价值3.1万余元。尤其是进入夏季后受强降雨影响，郊区部分残疾人家中出现屋顶漏水、房屋倒塌。区残联高度重视，多次组织工作人员深入实地查看残疾人家庭受灾情况。救助受灾残疾人家庭3户，根据受灾程度送去500～1000元不等的慰问金，与他们共同应对突发灾害。为50名走不出家门的贫困重度残疾人每人送去价值100元的康复体育器材，并进行康复体育方法、康复体育服务家庭指导；为20名孤残儿童发放了500元助学金和价值100余元的学习用品。结合山西省彩票金助学项目，积极调查摸底，为王小果、黄素玲2名资助对象争取省残联资助资金，每人补助3000元。积极主动与教育部门联系，完善6至14周岁三类残疾儿童少年入学情况档案，实名登记未入学残疾儿童少年接受义务教育20名，同时还对辖区内2000年至2016年残疾儿童进行登记完善，为进一步落实残疾儿童受教育奠定了坚实的基础。（郭俊红　王　军）

【协调员培训】　11月，区残联举办了2016年度村级残协专职委员、康复协调员培训班，为期3天，来自全区8个乡镇的60余名基层残疾人工作者参加了培训。培训内容主要包括社区康复、精神病防治、视力残疾的康复、简易手语等专业知识。（郭俊红　王　军）

【技术培训】　2016年，区残联开展残疾人技能培训工作，5月份区残联成功举办了全区首届残疾人电子商务创业技能培训班，邀请电子商务方面的专家授课，为期2天，50多位残疾人参加了培训学习。8月，区残联举办了一期西式面点培训班，为期7天，对41名残疾人进行了免费培训。年内，全区实际培训人数570人（就业技能培训150人、农村实用技术培训420人）。（郭俊红　王　军）

【就业工作】　6月，郊区残联与阳泉市残疾人就业服务部联合举办了残疾人就业专场招聘会，此次招聘会在阳泉市残疾人就业服务部举行，阳泉亿安达新材料有限公司进场招聘，此次招聘会共提供从事办公室、化验室、门卫、绿化、生产线等10余个岗位，吸引了30多名残疾人前往应聘，其中6名残疾人当场与用人单位达成就业意向。2016年，区残联完成了对全区按比例安排残疾人就业企业残疾人就业情况的年度审核，对申报年检的企业就业残疾人的残疾人证、就业证、用工合同、工资以及各项保险等逐一检查核对，有效维护了残疾人劳动权益，全年共验收企业16家，这些企业按比例安排残疾人就业共77人。同时还实现个体就业和自主创业25人、灵活和居家就业50人。全年完成残保金征收407万元。（郭俊红　王　军）

【扶贫工作】　区残联作为扶贫领导组成员单位之一，积极落实扶贫工作，先后出台了《阳泉市郊区农村贫困残疾人行业扶贫规划》和《郊区残疾人联合会2016年农村贫困残疾人扶贫计划》，对贫困残疾人开展扶贫工作。2016年，区残联积极和扶贫办对接，认真梳理名单，严格建档立卡，共建档立卡贫困村27个，建档立卡贫困残疾人204人、非贫困村19个、贫困残疾人101人，197人享受惠残政策扶持。根据《关于进一步加强全区干部驻村精准扶贫工作的实施意见》文件精神，7月区残联工作人员深入旧街乡旧街村，对13户贫困户进行上门评估，并根据区残联工作职能特点，提出为残疾人提供精准、精细、个性化的扶贫方案，为家庭无障碍改造服务，为精神病患者提供用药和住院治疗救助，为行走不便的残疾人提供上门办证服务，为属于低保对象的重度残疾人申请护理补贴，为有需求的残疾人适配无障碍产品和辅助器具。为发挥好基层党组织的先锋队作用，继续开展农村基层党组织助残扶贫工程，全年完成10户农村基层党组织助残扶贫结对任务。（郭俊红　王　军）

【残疾人机动轮椅车燃油补贴】　2016年共发放残疾人机动轮椅车燃油补贴1560元，受益残疾人6人。此项优惠政策是国家燃油税改革以来，为完善残疾人社会保障，改善残疾人民生、维护残疾人权益专门针对残疾人这一特殊群体出台的一项重要举措。（郭俊红　王　军）

【文体宣传工作】　3月3日是我国第十七个“爱耳日”，区残联与区人民医院一同开展爱耳护耳预防保健宣传。5月15日是第二十六次全国助残日，区残联联合区教育局、卫计局、妇联等部门在郊区文化广场举办郊区第二十六次“全国助残日”庆祝活动。6月6日是第二十一个全国“爱眼日”，区残联邀请市格尔眼科医疗队为群众进行了视力检查、眼底检查、宣传爱眼用眼常识。7月，区残联在区托养中心组织开展了残疾人文化活动周活动。7月20日是第十次“全国特奥日”，区残联在固庄煤矿社区组织12名智障残疾人参加特殊奥林匹克活动。（郭俊红　王　军）

法 治

公 安

【概况】 2016年，郊区公安分局在区委、区政府和市公安局的坚强领导下，以维护社会稳定为重点，服务经济发展，狠抓队伍建设，强化打防力度，充分发挥公安机关的职能作用，打造亲民爱民公安队伍，有力地保障了全区的政治稳定和社会安定。全年共接到各类报警11869起，立刑事案件741起，破276起，刑事现案破案率37%；命案发7起，破7起；八类社会危害严重的案件立31起，破22起，破案率71%；破获积案11起，破获外地案40起，刑事案件破案绝对数327起。惩治处理各类犯罪嫌疑人535人，其中刑拘151人，提请逮捕83人，取保候审120人，监视居住15人，起诉122案192人。打掉团伙11个，抓获涉案成员46名，破案37起；抓获各类逃犯70人。其间立治安案件1515起，查处1223起，查处率81%，治安处罚311人（其中治安拘留222人）。（闫建书）

【牢牢把握维稳工作主动权】 区公安分局以维护全区政治安全稳定为中心工作，立足全区大局，牢牢掌握斗争主动权，安排安保应急值班备勤人员，以扎实的工作主动适应维稳形势的新变化和新特点，圆满完成了李小鹏省长到阳泉调研期间警卫安保、G20杭州峰会和太原论坛安保、全国人大常委会副委员长张平和省委书记骆惠宁到阳泉考察调研期间警卫安保以及各个重要时间节点的安保工作任务。全区没有发生任何集体上访事件和重大治安、消防等突发案（事）件；排查筛选涉疆涉藏等各类重点人员20名，逐个落实动态稳控措施；排查上报各类情报信息1420条（其中国保信息956条、反恐信息236条、维稳信息155条、反邪教信息73条），为上级和领导决策提供了可靠依据；密切关注辖区单位内部不稳定苗头、特殊群体的动态，全力预防并化解了66起群体性事件；开展社会风险隐患整治排查，统一组织消防、治安等部门对全区重点行业场所进行了大检查；开展矛盾纠纷大排查大整治工作，有效杜绝了安全隐患，确保了全区政治安全稳定。（闫建书）

【强力推进“三大战役”】 省厅、市局安排部署“三大战役”后，区公安分局强化领导、强化措施、强化落实，大力推进“三大战役”深入开展，为全区“十三五”开局和“平安郊区”建设创造了安全稳定的社会治安环境。不断深化打黑除恶斗争。坚持“属地管理、主动进攻”的原则，加强对高危人群、重点行业、重点领域的涉黑涉恶线索排查梳理，对发现的案件，组织精兵强将，快侦快破，坚决铲除各类黑恶势力，坚持有线索必查、有举报必查的原则，有效控制黑恶犯罪增量，不断营造“打黑除恶”斗争的浓厚氛围。打掉黑恶犯罪团伙1个，抓获团伙成员4名，侦破刑事案件5起，2015年侦办的3起涉黑恶案件全部判决。坚决铲除“黄赌毒”。摸清本地“黄赌毒”重点地区和场所，针对不同场所“黄赌毒”违法犯罪的特点，研究确定最佳查处方式，最大限度提高打击效能，努力做到发一破一，“三大战役”中共查处黄赌毒案件73起，其中刑事案件13起（涉赌1起、涉毒12起）、治安案件60起（涉赌5起、涉毒55起）；捣毁聚众赌博窝点1个，缴获赌资6789.5元，缴获冰毒0.02525公斤；惩治各类违法犯罪分子94人（涉赌21人、涉毒73人），其中刑拘11人（涉赌1人、涉毒10人），取保1人，强戒10人，治安拘留55人（涉赌4人、涉毒51人），罚款17人。持续推进治爆缉枪行动。根据枪爆犯罪的新规律、新特点，深入开展民爆物品、枪支弹药专项整治行动，强化多部门协同作战，堵塞了漏洞，消除了隐患，确保了安全，实现了“不流失、不炸响、不打响”的目标。

召开了全区涉危涉爆单位安全工作会议，与辖区22家涉危涉爆单位签订了2016年度安全管理责任状。清查收缴枪支7支、子弹4发、雷管11129枚、炸药9280.4公斤、导爆索574米、航空炸弹6枚，炸弹1枚、手榴弹4枚、黑火药0.351公斤、管制刀具4把、弩1把。排查整治枪支弹药从业单位2家，爆炸物品从业单位90家，涉爆从业人员388人。（闫建书）

【扎实开展“夏季严打”行动】 区公安分局按照“六打八整治”的部署，积极排查整治各类治安隐患，严厉打击“盗抢骗”，严厉打击集资诈骗、非法吸收公众存款等严重经济违法犯罪活动，加大了追逃、追缴犯罪资金力度。严厉打击严重暴力犯罪，组织开展破案攻坚会战，侦破严重暴力犯罪案件5起，打击处理2人，抓获逃犯2人；积极开展打击“盗抢骗”专项行动，创新机制、创新打法，加强分析研判和串并侦查，立“盗抢骗”案件91起，破33起，打击处理7人；严厉打击涉毒违法犯罪，共查破涉毒案件29起，缴获毒品0.00282公斤，打击处理32人（其中刑拘4人、治安拘留26人、强戒2人）；严厉惩治经济违法犯罪，夏季严打期间，立电信诈骗案8起，破1起；立网络诈骗案14起，破2起；破非法吸收公众存款案1起，切实维护了全区经济秩序。7月13日，局刑侦大队充分发挥“紧急止付”平台的作用，积极为群众止付被骗款，成功紧急止付电信诈骗款58500元；严厉打击涉及民生领域突出犯罪活动，重点打击群众关注度高，对群众健康影响大的违法犯罪问题，立食品药品2起，破2起，打击处理1人。强力推进整治，从严查改隐患，创新社会管理提效能，摸排高危重点人员69人（其中刑释解教58人、肇事肇祸精神病人3人、其他重点人员8人），检查重点行业8次；重点整治城乡接合部20次、“城中村”28次、治安复杂村3次、大型商场5次、集贸市场10次、其他场所20次；深入开展了治爆缉枪、危爆物品整治等专项行动，检查涉及枪爆物品单位51家，发现整改隐患5处。清查收缴雷管7395枚、炸药136.4公斤、导火索574米、炸弹1枚、手榴弹4枚、枪支1支，管制刀具1把；组建了网络舆情引导队伍，强化了专业技术手段建设，封堵删除有害信息8条，落地查人3次；推进消防安全专项整治，检查单位518家，发现整改火灾隐患828处，处置有效火情4起；出动警力345人次，检查公共安全场所及内部单位63家，寄递物流62家，发现整改隐患2处；出动警力4321人次，盘查可疑人员2808人次，盘查可疑车辆796车次，打击现行违法犯罪396起，抓获现行违法犯罪嫌疑人147人。（闫建书）

【强势推进“平安阳泉一号”行动】 全市部署开展“三打两收两控一整治”（平安阳泉一号）专项行动后，区公安分局坚持民意导向、问题导向，紧紧围绕辖区突出治安问题，以禁毒工作为主线，以大收戒大管控为抓手，以提升群众安全感和满意度为工作目标，精心组织、周密部署、全警参与，取得明显战果。全局打掉黑恶势力团伙1个，抓获犯罪嫌疑人4名，破获刑事案件5起；破获严重暴力案件3起，抓获犯罪嫌疑人3人；破获“盗抢骗”案件7起，抓获犯罪嫌疑人10人；破获涉毒刑事案件3起，抓获犯罪嫌疑人3人（刑拘2人、取保1人）；查处涉毒治安案件16起，治安拘留10人、强制戒毒4人、社区戒毒2人。收缴航空炸弹6枚。查扣挖掘机3台，发现查封私挖煤炭坑口1处。（闫建书）

【建立健全社会面管控机制】 区公安分局切实加强治安突出问题整治，坚持突出问题整治和基础工作长效机制建设同步推进，深入推进警务实战化、“一深化三整治”、保障重点工程建设等，进一步完善了立体化的社会治安防控体系。以“打得赢、防得住、控得牢”为实战目标，多项举措，贴近实战。强化扁平化指挥调度建设，不断规范“110”值班接处警、实战指挥、视频调度、信息研判等工作；强化应急处突，充分发挥巡警大队作用，坚持值班备勤和街路面巡逻相结合、车巡和步巡相结合、定岗巡逻和机动巡逻相结合，实现动中备勤；以战代训、以战促训，按照实战标准开展演练，不定期参加统一清查整治行动和开展街路面武装巡逻，进一步提升应急处置能力和实战水平；进一步推进“天网工程”建设，以构建和谐郊区为总目标，通过两年两期建设，共投入资金350万元，完成4个监控平台和331个监控点的建设，建成一个集分局指挥中心与荫营、河底、杨家庄、西南舁4个基层派出所为一体的三级监控平台。同时，进一步加大网侦、刑侦等侦查技术设备投入，筹集资金为一线警种配备、更新现场执法记录仪、指纹采集系统终端等。多种措施积极构建社会治安打防管控新模式，全力维护全区社会治安稳定。按照“打黑除恶专项斗争深化年”的安排部署，坚持“黑恶必除、除恶务尽，打早打小、露头就打”的原则，加大线索排查力度、加大重点人管控力度、加大案件侦办力度、提高案件办理质量，进一步形成和保持打黑除恶高压态势。深入开展社会治安风险隐患整治，进一步加强社会治安防控体系建设，持续开展社会治安风险隐患大排查大整治活动，重拳打击涉毒、涉枪涉爆、“黄赌”等违法犯罪；进一步完善网格化管理，加强社区警务工作，推动警力下沉；积极发展新形势下群防群治工作，组织各种社会力量，引导保安行业、单位内保组织参与，努力形成全民巡防的格局。深入开展执法突出问题整改，进一步提升执法公信力，开展执法不规范问题的检查整改，加强日常考评和执法巡查；深入开展纪律作风整顿，进一步加强公安队伍建设，突出抓好思想政治建设，开展纪律作风整顿。抽调30名警力主动服务，保障“两路”建设的拆迁、整治工作；巡警大队抽调专人成立警务室，配合漾泉大道施工；平坦派出所抽调专人组成警务室，配合西上庄电厂工程建设；河底、荫营、李家庄三个派出所按照属地原则，严防严打净化阳大铁路工程建设的周边环境；惩处了扰乱重点工程的违法嫌疑人5名。（闫建书）

【全面深化户籍制度改革】 按照分类实施、稳步推进的原则、取消了农业户口与非农业户口性质区分，统一登记为居民户口，全区共有户籍人口101534户、200552人。全面放开城镇落户限制，凡郊区政府驻地镇和其他建制镇有合法稳定住所（含租赁）的人员，本人及其共同居住生活的配偶、未成年子女、父母等，可以在当地申请登记常住户口。全年在郊区建制镇以合法稳定住所申请落户的共39户，117人。切实加强实有人口管理，常住人口重点推进18周岁以上无相片人排查清理和无户口人员的户口登记等两项工作，重户注销3人，18周岁以上无相片人员排查比例达99.99%；摸排出无户口人员90人，解决22人，未解决68人（其中不符合计划生育政策的8人，未办理出生医学证明的13人，未办理收养手续的事实收养46人）。流动人口重点推进规范实施居住证，深入开展流动人口服务管理，建立居民身份证异地受理、挂失申报和丢失招领等三项工作。严格按照《居住证暂行条例》（国务院令第663号）和《山西省流动人口服务管理办法》，积极主动为流动暂住人口办理“居住证”，持有人近2万人，“居住证”持有人在郊区可享有上学、异地高考、考取驾照、申办因私出入境证件等公共权利，助推郊区城镇化建设。同时，对派出所流动人口协管员进行了专题培训，提升管理意识和应用水平。加强对流动人口中在逃人员、吸毒、制贩毒、肇事肇祸精神病人、违法犯罪人员和新疆籍流动人口核查比对工作，核查率和在控率均达100%。按照《阳泉市公安局关于建立居民身份证异地受理挂失申报和丢失招领制度的工作方案》，区公安分局11个户籍服务窗口全部开通了挂失申报、丢失招领业务，设立了10个省内居民身份证异地受理点。截至2016年年底，已受理居民异地身份证43个，对1041个居民身份证进行了挂失。（闫建书）

【努力推动公安便民服务在线的提档升级】 紧紧围绕建设服务型政府的新要求，推进民生警务、亲民公安建设的深入开展。开通了“公安便民服务在线”平台，在线为群众办理行政审批和公安业务。全年回复各类咨询求助61件，共发布便民公告、案件快递等信息999条，其中回复局长信箱信息14条，网上信访5条，业务咨询30条，民生诉求8条，办事预约4条，网上满意率达100%。（闫建书）

【强化执法办案场所规范使用】 执法办案部门在办理治安案件、刑事案件，开展讯（询）问时必须在执法办案场所内进行；完善采集信息流程，规范办案区台账，全程同步录音录像，做好音像资料的备份工作；强化窗口单位管理，树立“窗口无小事”的观念，要求服务窗口做到零投诉，要求民警执法过程中举止端庄、行为规范。（闫建书）

【持续推进执法考评工作】 将公安执法工作全部纳入程序化、规范化、法制化轨道，确保严格、公正、理性、平和执法；落实责任体系，完善个案监督和执法过错责任追究制度，建立个案执法监督和执法过错责任追究机制，健全个案监督程序，确保执法过错责任追究制度严格落实。（闫建书）

【坚定不移地开展“四项整治”行动】 制定下发了《关于深入推进“四项整治”活动专项督察实施方案》，明确了指导思想、督察内容、方法步骤和工作要求，局纪委和督察部门坚持开展督察活动，将各项工作措施细化在日常工作中。结合分局工作实际，将2016年以来省厅、市局关于执行中央“八项规定”、反“四风”冬季行动、节假日督察检查和典型案例通报等内容的9份文件及时进行了转发，有力地推动了“四项整治”工作的进展。认真解决影响警民关系及队伍中存在的“软、懒、散”“稀、拉、松”“冷、硬、横”“脏、乱、差”等问题。（闫建书）

【扎实开展重点警种和窗口单位专项整治工作】 “一把手”亲自主抓，对整治方案、目标任务、工作重点、责任分解等环节亲自过问、亲自把关，制定下发了《2016年进一步引深重点警种和窗口单位突出问题专项整治活动实施方案》，治安系统还单列制定了《治安系统继续引深突出问题专项整治活动的实施方案》，明确了整治重点、工作方式和工作要求，逐级进行了动员部署。坚持问题导向，抓早抓小，所有问题全部建账自查，按照“五个必查”要求，对2014年9月至2016年受理的涉及七个重点警种的全部举报线索（含自受理、“12389”举报平台受理、上级批转等渠道）逐一进行登记造册，全局受理涉及重点警种举报线索共计22件，全部如实建立台账，并逐件进行了查处。所有涉及民警人人进行剖析。全局进一步创新工作措施，通过边改边整、边整边改，不断发现问题、解决问题，不断强化班子建设、队伍管理、工作制度、纪律要求，切实做到有章可循、整齐划一。重点警种民警坚持问题导向，以执法执勤活动、日常管理和户政窗口服务群众为重点，以人民群众反映强烈的问题为突破口，认真查找自身存在的问题和不足，全部写出自我剖析报告，逐人签订了承诺书。同时，对重点警种和窗口单位的廉政风险点集中进行了排查梳理，列出了廉政风险清单。（闫建书）

【全力保障维护公共安全领域的稳定大局】 落实各项社会治安措施。加强重点单位安保与涉爆单位的管理，分局统一安排部署辖区重点单位安保工作，并与重点单位签订了安全管理责任状；开展了民爆物品安全生产大检查并与辖区各涉危涉爆单位签订了安全管理责任状，强化督促、指导、检查、巡防力度，确保安全隐患得到迅速整改。严格措施，消除隐患，全区没有发生涉枪涉危涉爆事件，收缴枪支弹药、炸药等，努力推动辖区民爆物品安全管理工作迈上新台阶。抓好消防安全工作。各单位坚决克服盲目乐观、松懈麻痹思想，把消防安保工作摆在重要位置。加强行业部门协作，加大对人员密集场所、易燃易爆企业、高层建筑、娱乐场所等重点单位场所的抽查力度和频次，确保了全区没有发生重大火灾事故。认真实施网络安全清查监管。采取摸底调查、自查、组织技术检测和执法检查方式，掌握了全区重点行业主管部门组织开展网络安全工作情况和安全责任制落实情况，信息系统运营使用单位工作落实情况，重要信息系统、工控系统防护情况。通过检查全面提高网络安全保障能力和防护水平，切实履行公安机关网络安全监管职责。24小时对QQ群、本地贴吧、论坛、各大网站、博客、微博进行巡查，共上报情报信息310条，公安部采用1条、省厅采用84条，涉全省舆情3期，共完成导控任务42次18860条，落地查证6起，稳控网上重点人员6人。切实强化公安监所安全管理。深入开展看守所思想纪律作风专项整顿活动，深刻汲取外地监管场所发生的各类事故教训，及时消除隐患，严格落实各项安全管理制度，确保了监管场所和监管队伍的“两个安全”，实现连续28年安全关押无事故。（闫建书）

【全面提高公安队伍的整体素质和实战本领】 以加强队伍建设为保障，着力提升公安机关凝聚力和战斗力。始终把公安队伍建设摆在重要位置，努力打造人民满意的公安机关，为圆满完成各项工作任务提供保障。一是坚持从严治警，践行“两学一做”。抓好个人自学与集中学习相结合，制定学习时间计划表，每名党员民警认真撰写学习笔记和心得体会；抓好边学边查边改，紧密结合工作实际，把学习教育与查摆问题结合起来，把学习教育与边查边改结合起来，建立健全防止“四风”反弹长效机制；加强督查指导，定期或不定期地对各单位学习教育开展情况进行督查，及时掌握学习教育进展情况，确保学习教育达到预期效果。二是坚持执纪问责，推进“把纪律挺在前面”专项活动。坚持勤教育，抓好学纪这个基础环节，加强思想政治工作，紧密结合“两学一做”学习教育，组织广大公安民警认真学习党章党规、系列讲话等；坚持强监督，抓好守纪这个预防环节，开展“六权治本”推进工作，扎紧纪律规矩“笼子”，形成不能腐的长效机制；坚持严执纪，抓好用纪这个监督环节，坚持对腐败问题“零容忍”，推进了全局执纪程序化、规范化、制度化、标准化、精细化。三是坚持问题导向，深入开展“一整治五排查”行动。按照“两个责任”“一岗双责”查落实，严守“五个必须”，做到“五个决不允许”。各单位和民警个人写出剖析报告和承诺书，对照进行整改，分局纪委、督察、法制部门全程督察问题的整改落实，做到整改有目标、推进有措施、落实有责任、完成有时限，实施项目化整改。四是进一步落实“两个责任”，不断加强班子和队伍建设。在2015年制定“两个责任”清单的基础上，不断细化落实措施。在全局党风廉政建设会议上，局党委书记和班子成员、各科所室队长分别签订了责任状，将党风廉政建设任务和“两个责任”在工作目标、落实措施、责任追究等内容上层层加以落实。局党委一班人紧紧围绕全区中心工作，以服务大局、确保稳定为己任，以落实“两个责任”为重点，认真学习《中国共产党廉洁自律准则》《中国共产党纪律处分条例》，勤政敬业，团结协作，求真务实，做了大量工作，取得了一定成绩。五是坚持从优待警。坚持严管厚爱，认真落实从优待警政策，注重人文关怀，保护好民警工作的积极性、主动性。坚决查处了张德及其亲属妨害公务案及李瑞锋及亲属妨害公务案等暴力袭警违法犯罪案件，坚决打击阻挠民警正当执法违法犯罪行为，保障了民警的合法权益。落实民警年休假制度、开展庆国庆合唱比赛等一系列措施保障民警劳逸结合，更好地投入到工作中去。（闫建书）

【快速侦破“1·6”突发命案】 2016年1月6日17时许，区公安分局接到群众报警称：在阳泉市郊区平坦中学附近马路上躺着一名有外伤且已死亡的年轻男子，身份不明。该案发生在“两节”安保和冬季严打整治期间，性质恶劣，社会影响极大，引起市、区两级公安机关高度重视，市政府党组成员、市公安局局长尚建军对案件侦破作出重要指示，要求迅速启动命案侦查工作机制，采取有效措施，全力侦破此案。市公安局副局长李宝祥立即带领市局刑侦、技侦、网安等部门民警亲临现场指导案件侦破。区公安分局局长、政委、分管副局长等领导迅速组织侦查、技术、法医等相关人员第一时间赶赴现场，全力开展案件侦破工作。首先，办案民警经现场勘验，从死者身上携带的一部手机入手调查，不放过任何一个细节，确认该男子名叫苗某某（15岁，阳泉市郊区旧街乡路家庄村人），系刀伤导致死亡。其次，迅速调取现场周边及路口沿线视频监控，发现一辆红色出租车出没过现场，并以此为突破，寻找案件侦破的蛛丝马迹。三是从被害人的交往人员和社会关系进行走访摸排，特别从苗X生前女友荆某入手，获取了重大线索，案件取得突破性进展。通过对获取的相关信息细致分析、综合研判，甄别筛选，及时准确的确定了参与作案的一名骨干成员荆某，并于当夜在平坦镇官沟村将犯罪嫌疑人荆某抓捕归案。办案民警一鼓作气，乘胜追击，循线追踪，通过审讯荆某，又确定了其他4名犯罪嫌疑人的真实身份，立即采取架网布控、蹲点守候等措施实施抓捕。2016年1月7日11时许，抓捕民警果断出击，在开发区平坦垴村八中附近将主要犯罪嫌疑人白某某、盛某抓获归案。随后另两名犯罪嫌疑人高某某、裴某某在公安机关的强大威力下到区公安分局投案自首。经侦查查明：犯罪嫌疑人荆某因得知前女友荆某与被害人苗某谈恋爱，便对苗某怀恨在心，并与苗某在QQ上相互对骂。苗某也不甘示弱，威胁荆某，扬言要殴打荆某，引起荆某的不满和愤怒，荆某随即产生教训苗某的念头。2016年1月6日17时许，犯罪嫌疑人荆某在获知苗某到平坦中学见其前女友荆某的情况后，便纠集犯罪嫌疑人高某某、白某某、盛某、裴某某在平坦中学校门外公路上对苗X进行殴打。白某某用随身携带的刀具捅伤苗某致其当场死亡。犯罪嫌疑人白某某（男，15岁，住郊区河底镇西沟村）、高某某（男，15岁，住郊区平坦镇南山村）、盛某（男，16岁，住阳泉市居馨花园5组团）、裴某某（男，15岁，住阳泉市矿区如意庄14楼）、荆某（男，16岁，住阳泉市矿区如意庄14楼）因涉嫌故意伤害致死罪均被刑事拘留。（闫建书）

【成功破获“1·12”命案】 2016年1月12日12时许，区公安分局接到阳泉二监安保人员李某报案称：一名叫杨某的男子在固庄煤矿矿区一路边副食摊位旁摔倒后死亡，抬回家中后发现其胸口有一处刀伤。接警后，区公安分局领导高度重视，局长、政委和分管副局长带领侦查、技术、法医等相关部门民警在第一时间奔赴案发现场，全力展开案件侦破工作。经调查了解：1月12日10时许，死者杨某在固庄煤矿矿区一路边摊位旁突然摔倒在地，后经“120”确认死亡。当时现场围观人员和“120”医生以及死者家属因杨某当时无明显外伤和血迹，均误以为是心血管类疾病突发病故，随即将死者抬回家中筹备后事。家属在为死者准备装殓寿衣时才发现其左侧胸前有一细小刀口，于是报警。办案民警到达现场后，正值中午，死者倒地附近副食摊主均已收摊回家，未能及时找到现场目击证人。经法医初步勘验，死者伤口在心脏位置，死者受伤后应该行走不远，初步判断死者倒地位置应该是案发第一现场就近；从刀口的形状、大小分析作案凶器是一把尖锐、锋利的刀具；经现场实地调查，案发时，除其他副食摊主外，现场的副食摊位上有两名羊肉摊主，羊肉摊主具备刀具的条件，办案民警立即对羊肉摊主进行仔细摸排。同时，固庄矿派出所民警在调查中了解到，市场羊肉摊主之一的杨某森父亲曾于案发后骑摩托车到派出所附近徘徊，形迹反常。从此线索入手，通过综合分析，细致研判，果断确定羊肉摊主之一的杨某森有重大作案嫌疑。当日下午，立即将杨某森控制到案，但杨某森拒不交代。侦查员加大外围证据的搜集调取力度，提取了其作案所用凶器，最终，在铁的证据和事实面前，犯罪嫌疑人杨某森放弃狡辩和抵赖，如实交代了犯罪事实。经侦查查明：2016年1月12日10时许，受害人杨某来到犯罪嫌疑人杨某森肉摊买羊肉，埋怨杨某森的肉太贵且肉质不好，于是双方发生口角。犯罪嫌疑人杨某森认为杨某出言不逊，有损自己形象，影响了自己的生意，遂对杨某怀恨在心，随手从肉摊上拿起割羊肉的刀将杨某捅伤，杨某受伤行走不几步遂倒地死亡。犯罪嫌疑人杨某森（男，18岁，山西忻州忻府区人）被刑事拘留。（闫建书）

【快速处置涉毒人员恶性寻衅滋事致人死亡案】 2016年1月12日上午9时许，区公安分局接到报警称：荫营镇三泉村村委会有人持木棒砸物伤人。接警后，荫营派出所民警迅速赶赴现场处置，将正在寻衅滋事的犯罪嫌疑人王某亮当场控制。经侦查查明：犯罪嫌疑人王某亮在近一个星期之内多次溜冰吸毒，导致吸食毒品过量，产生幻觉，于2016年1月12日上午8时多，驾驶一辆银色本田轿车故意撞坏三泉村村委会办公楼大门后闯上二楼，将正在二楼的该村办公人员和前去办理社保卡相关手续的三泉村村民撵下楼，并用汽车撞下来的大门门框砸碎楼道门窗玻璃，砸坏办公室的电脑显示器、打印机等办公用品。村民姚某龙无故被王某亮用门框打伤，昏迷不醒，被送往阳泉市第一人民医院抢救无效于1月14日下午死亡。另一村民甄某忠也被当场打伤。犯罪嫌疑人王某亮，男，36岁，荫营镇三泉村人，2012年因犯开设赌场罪和故意伤害罪被郊区人民法院数罪并罚合并执行有期徒刑一年又八个月，缓刑三年，因涉嫌寻衅滋事罪和故意伤害（致死）罪被刑事拘留。（闫建书）

【区公安分局破获恶意透支信用卡犯罪案件】 区公安分局通过连续3个月摸排调查、研判分析、上网追缉、追踪布控、全力出击，一举侦破高某堂、王某鱼恶意透支信用卡犯罪案件，涉案价值48万余元，并将涉案2名犯罪嫌疑人悉数抓获归案。2015年12月以来，区公安分局经侦大队陆续接到中国工商银行阳泉市郊区支行等单位报案，嫌疑人高某堂、王某鱼等在工商银行办理牡丹信用卡后，恶意透支合计48万余元，经银行工作人员多次催收，均未履行还款，涉嫌信用卡犯罪。接警后，区公安分局经侦大队先后调取了两名嫌疑人在银行的全部留存资料和逐笔交易流水等资料，顺线排查了两嫌疑人在多家企业、商贸公司的消费记录，证实该两名嫌疑人涉嫌信用卡犯罪。参战民警根据获取的线索和资料，经过多次分析研判，先后对高某堂、王某鱼两名犯罪嫌疑人的轨迹进行了沿途追踪布控，同时开展上网追缉。历时三个月，终于锁定两名犯罪嫌疑人落脚于武汉市，并在武汉市洪山区厂前肖家湾61号将两人抓获。经侦查查明：犯罪嫌疑人高某堂于2012年在工商银行阳泉分行申请办理牡丹贷记卡一张（最高透支额度30万元），于2014年6月14日开始透支，截至2015年8月25日，该卡逾期334天，透支逾期未偿还本息合计人民币338687.11元。犯罪嫌疑人高某堂透支后工商银行郊区支行工作人员曾多次催收，截至抓获时仍分文未予偿还。犯罪嫌疑人王某鱼（与犯罪嫌疑人高某堂系夫妇关系）于2012年在工商银行阳泉市郊区支行申请办理牡丹贷记卡一张（最高透支额度15万元），于2014年5月5日开始透支，截至2015年8月25日，该卡逾期334天，透支逾期未偿还本息合计人民币143848.26元。犯罪嫌疑人王某鱼透支后工商银行郊区支行工作人员曾多次催收，截至抓获时仍分文未予偿还。该两名犯罪嫌疑人已被刑事拘留。（闫建书）

【成功破获涉案价值500余万元诈骗案】 在全省公安机关开展的打击"盗抢骗"犯罪专项行动中，区公安分局充分发挥职能作用，成功破获涉案价值500余万元诈骗案。2016年4月12日，区公安分局接到被害人梁某军报案称：其被一名叫孙某的外地人骗取现金500余万元。接警后，区公安分局立即组织开展侦破工作。侦查人员一方面围绕被害人及相关证人进行调查取证，固定证据。另一方面对犯罪嫌疑人孙某进行上网追逃，掌握其活动轨迹。2016年5月3日，根据相关信息综合研判，确定了嫌犯孙某在太原的藏匿之处，随即，侦查人员果断出击，在太原市小店区武宿机场生活区东川酒家将其抓获归案。经侦查查明：自2013年9月至2015年8月期间，犯罪嫌疑人孙某冒充其为山西欧罗福环保能源有限公司实际控制人，声称其在孝义环保电厂项目遇到资金困难，需要融资，并以高额回报为诱饵，先后多次从被害人梁某军处骗取共计500余万元。犯罪嫌疑人孙某（男，34岁，安徽省合肥市人）因涉嫌诈骗罪被刑事拘留。（闫建书）

【攻克跨省电信诈骗案】 在集中打击整治网络违法犯罪专项行动中，区公安分局坚持打击与宣传相结合，精心安排、周密部署，顽强拼搏、锐意攻坚，不断保持对辖区网络电信诈骗的高压态势。刑侦大队充分发挥主力军作用，立足辖区现案，远赴江西南昌市、上饶市等多地，转战数千公里，成功破获系列电信诈骗案件二十余起，涉案金额达两百余万元，抓获犯罪嫌疑人吴某苟，追回诈骗资金七万余元。2016年7月份，区公安分局刑侦大队相继接到阳泉市郊区河底镇两起诈骗报案。侦查员分析案件特征发现：被害人都是与一名自称"李强"的男子以微信聊天的方式交往，当双方关系发展暧昧后，该男子便以发放慈善捐款为名，让被害人先行交付保证金及公证费骗取被害人钱财。接到报案后，区公安分局高度重视，立即安排侦查员先期查证受害人汇款去向及分析案件的地域性特征，综合分析确定诈骗团伙位于江西省境内，随后远赴江西侦破案件。抵达江西后，刑侦大队侦查员立即兵分两路，一路侦查诈骗电话的相互信息，一路围绕相关银行卡逐级落实被骗款项去向，分赴江西省上饶市余干县、鄱阳县等地调取各银行有关银行卡明细及取款、转款监控视频约1万余小时。历经二十多天，结合天网追踪取款人轨迹与实地跟踪分析，认真研判比对，最终确定取款人的体貌特征及交通方式。在掌握大量证据的情况下，侦查员经过连续多日的秘密跟踪，于8月29日晚上在余干县某宾馆内将犯罪嫌疑人吴某苟抓获。在其位于江西余干县周桥小区的另一住处内查获用于电信诈骗活动的银行卡8张、身份证7张、POS机3台及相关取款凭证、便条。犯罪嫌疑人吴某苟在大量的证据面前，交代了自己的犯罪事实。经侦查查明，犯罪嫌疑人吴某苟伙同一名叫"老王"的人购买大量的银行卡和POS机，于2016年

4月起，利用POS机刷卡消费、转账、取款等方式实施诈骗活动。被害人遍布全国各地，涉及诈骗资金共计200多万元，目前已扣押诈骗赃款7万余元。犯罪嫌疑人吴某荀（男，46岁，江西余干县江埠乡前坊后坊村人）于2016年9月30日经阳泉市郊区人民检察院批准被执行逮捕。（闫建书）

【快速破获一起恶性杀人案】“平安阳泉一号”专项行动中，区公安分局刑侦大队充分发挥职能作用，立足辖区现案，与派出所所队联合，协同作战，于11月5日快速破获一起恶性杀人案件。2016年11月5日，区公安分局接到市局指挥中心指令：2016年11月5日16时许，阳泉市郊区义井镇河下村72号发生一起故意杀人案。接报后区公安分局迅速启动命案侦破机制，刑事侦查技术人员会同义井派出所民警第一时间赶赴现场，兵分三路开展侦破工作。一路由义井派出所民警保护现场，实施警戒；一路由刑事技术人员对案发现场进行细致勘查，提取物证；一路由刑侦五中队侦查员围绕现场周围对案情进行调查走访，查明真相。经现场勘查，调查走访，锁定了犯罪嫌疑人张某伟并将其成功抓获。经侦查查明：2016年11月5日16时25分许，犯罪嫌疑人张某伟在阳泉市郊区义井镇河下村72号家中，因家庭琐事和其父张某发生争执，后张某伟采用电线勒其父张某脖子的方式，将被害人张某杀害。犯罪嫌疑人张某伟（男，30岁，住郊区义井镇河下新村）因涉嫌故意杀人罪已被刑事拘留。（闫建书）

【成功破获一起命案隐案】在“平安阳泉一号”专项行动中，区公安分局立足现案，不断深挖细查，在办理一起涉毒案件时，发现一起隐匿多年的故意伤害（致人死亡）案件重要线索，并循线追踪，一举破获一起命案隐案，抓获犯罪嫌疑人5名。2016年11月5日凌晨，旧街派出所在办理王某江涉毒案件时得到一条重要案件线索称：旧街村无业人员赵某鑫曾于几年前伙同他人将一拾荒人员打死后掩埋。接到该线索后，区公安分局领导十分重视，指派刑侦大队立即赶赴旧街派出所调查，通过走访相关知情人，确定此案真实存在。通过进一步侦查，成功锁定犯罪嫌疑人赵某鑫和荆某铭。区公安分局随即将此案受理并立为刑事案件。侦查员连夜赶赴太原，架网布控，蹲点守候，于11月6日在太原市MUSE酒吧将犯罪嫌疑人荆某铭抓获归案。11月7日，将正在阳泉市行政拘留所羁押（由于吸食毒品被行政拘留）的犯罪嫌疑人赵某鑫转为刑事拘留。犯罪嫌疑人王某、任某杰、苗某斌随后也被传唤至公安机关接受讯问。经审讯，荆某铭、赵某鑫如实供述了二人于2010年夏天的一天凌晨在阳泉市郊区旧街乡和寿阳县交界处的晓庄煤场内将一拾荒人员打伤致死后又伙同犯罪嫌疑人王某、任某杰、苗某斌将死者掩埋至附近河道的犯罪事实。经侦查查明：2010年八九月的某天凌晨，犯罪嫌疑人赵某鑫在郊区旧街乡和寿阳县交界处的晓庄煤场内，发现一名拾荒陌生男子在房间内生火，其驱赶不成就叫来朋友荆某铭帮忙，在驱赶过程中双方发生争执。赵某鑫手持火柱、荆某铭手持铁锹棒对拾荒者头部、腹部、腿部等处实施殴打，将其打倒后抬至一门房内。次日下午，犯罪嫌疑人赵某鑫、荆某铭又联系苗某斌、任某杰、王某前往煤场门房内查看，发现陌生男子已经死亡。犯罪嫌疑人赵某鑫遂决定将尸体掩埋，后与荆某铭等人在离煤场二三百米远的河滩树林中挖了一个埋尸坑，当日晚上犯罪嫌疑人赵某鑫伙同荆某铭、苗某斌、任某杰、王某将尸体抬到提前挖好的坑内掩埋。犯罪嫌疑人赵某鑫（男，25岁，郊区旧街新店村人）、荆某铭（男，27岁，郊区旧街乡旧街村人）因涉嫌故意伤害（致人死亡）罪已被刑事拘留；犯罪嫌疑人任某杰（男，23岁，郊区旧街乡新店村人）、王某（男，24岁，郊区旧街乡新店村人）因涉嫌毁灭、伪造证据罪被刑事拘留；犯罪嫌疑人苗某斌（男，21岁，郊区旧街乡新店村人）因在案发时未满16周岁，未采取强制措施。（闫建书）

检 察

【概况】2016年，郊区人民检察院认真贯彻落实中共十八大、十八届三中、四中、五中、六中全会精神，坚持以习近平总书记系列重要讲话精神为统领，主动适应经济社会发展新常态，全面履行法律监督职责，深入推进司法体制改革，积极配合搞好监察体制改革试点工作，各项检察工作取得了新的进步。共批准和决定逮捕各类刑事犯罪69件86人，提起公诉184件253人，决定不批捕62人，不起诉25人。共查办职务犯罪6件11人，其中贪污贿赂案件5件9人，渎职侵权案件1件2人，为国家挽回经济损失60余万元。对公安机关应当立案而不立案的监督立案5人，不应当立案而立案的监督撤案2人。提出刑事抗诉4件8人，受理各类民事行政类案件59件，对民事行政审判活动违法提出监督意见被采纳22件。共受理群众举报、控告、申诉案件33件，对3名刑事被害人实施救助共发放救助金2.3万元，收到案结事了人和的效果。以提高执法公信力为抓手，扎实开展“两学一做”学习教育活动，推进高素质检察队伍建设。深入推进司法体制改革，着力构建公正高效权威的检察权运行机制。共有17名德才兼备的检察官进入员额队伍，司法体制改革

迈出坚实一步。2016年1月，荣获“全省科技强检先进院”荣誉称号，是全市唯一获此殊荣的基层检察院。（史保龙）

【市院刑事执行检察局对郊区看守所进行节前安全检查】 2月2日，市院刑事执行检察局检查组一行对郊区看守所进行节前安全检查。先后查验了看守所监区内监室的门窗、铺板、放风场护栏等基础设施以及在押人员的监管环境和生活用品，并与部分在押人员交流谈心，了解他们节日期间的需求，敦促他们认真改造，争取早日回归社会。岳虎平处长要求，要制定好节日期间应急预案做好防范措施，加强对食品安全的监管，要从采购环节做起，切实保证在押人员食住安全。要切实落实好值班制度，把握重点环节、重点部位，杜绝各种事故的发生，确保度过一个祥和喜庆的节日。（史保龙）

【郊区检察院与区农委共同开展扶贫领域职务犯罪预防工作】 郊区检察院紧紧围绕中央扶贫开发重大决策部署，立足扶贫领域职务犯罪基本特点，以专项工作为抓手，率先加强与扶贫开发部门协作配合，并积极与区农委联合制定了《关于我区在扶贫开发领域职务犯罪工作中加强联系配合的实施方案》，建立了扶贫开发领域预防职务犯罪领导小组，制定了联席会议制度，形成了预防扶贫开发领域职务犯罪工作“上下统一、内外整合、总体统筹”的工作机制，有力保障了扶贫政策和资金的落实到位。（史保龙）

【加强党风廉政建设工作】 郊区检察院召开党风廉政建设和反腐败斗争工作大会，对2015年党风廉政建设和反腐败斗争工作进行总结，对2016年党风廉政建设工作进行安排部署，要求全院干警一定要清醒地认识到检察机关党风廉政建设和反腐败工作的严峻性和复杂性，正视自身存在的突出问题，切实增强政治意识、忧患意识、责任意识，从三方面大力加强自身党风廉政建设和反腐败工作：一是充分认识检察机关开展党风廉政建设和反腐败工作的重大意义，切实增强推进检察机关党风廉政建设和反腐败工作的责任感和使命感。二是把党风廉政建设和自身反腐败工作贯穿检察工作全过程，扎实推进检察机关自身反腐倡廉各项工作。三是加强组织领导，确保党风廉政建设和自身反腐败工作落到实处。同时强调：做好党风廉政建设和反腐败工作意义重大、使命光荣，全院干警一定要振作精神、坚定信心、扎实工作，以严明的纪律、昂扬的斗志和优良的作风，不断推进党风廉政建设和自身反腐败工作取得新的成效，努力开创反腐倡廉建设工作新局面。（史保龙）

【召开“权力不可任性”主题警示预防教育大会】 为深入贯彻落实区委、区政府关于开展“冬季行动”的要求，强化渎职犯罪警示预防教育，促进依法行政、公正执法，3月29日，郊区检察院组织区直机关负责人召开以“权力不可任性”为主题的渎职犯罪警示预防教育会议。会上播放了渎职犯罪警示预防教育专题片《权力不可任性》，并对省院出台的《关于充分发挥渎职侵权检察职能作用，依法服务和保障我省经济社会发展的意见》征求了与会单位的意见。2012年至2015年，郊区检察院共立案侦查渎职侵权犯罪案件10件11人，其中，大要案6件7人，占立案数的60%，均做出有罪判决。区国土局、国税局负责人作为代表分别作了表态发言，表示要从思想上强化对权利的敬畏，牢固树立审慎用权的理念，坚决防范权利滥用，正确履职，依法行政，杜绝渎职。此次会议使全区国家机关工作人员充分认识渎职犯罪的严重性、危害性，让广大党员干部在警示预防教育活动中受警醒、明底线、知敬畏，在服务全区经济社会发展中不失职、不渎职，努力营造“马上就办，真抓实干”的良好氛围。（史保龙）

【王文燕荣获全省检察机关“优秀通讯员”优秀奖】 经过一个月的网络投票和第二轮的评委评选，郊区检察院王文燕的作品《制度+科技 保障律师权益》从入选的50名“优秀通讯员”中脱颖而出，获得全省检察机关“优秀通讯员”优秀奖。她也成为全市检察机关唯一一名获得该奖项的通讯员。（史保龙）

【郊区检察院开展第十八个“举报宣传周”活动】 2016年6月20日至24日，郊区人民检察院开展了以“加强举报人保护，惩治群众身边腐败”为主题的“举报宣传周”活动，重点宣传党中央和国家关于惩治和预防腐败的方针政策和法律法规，检察机关查办和预防职务犯罪工作的重点与成效，检察机关保护、奖励举报人的工作制度和贯彻落实情况。检察人员在郊区荫营广场现场接待了群众，向群众宣传举报的正确方式和途径，以及保护奖励举报人的法律法规等，并对群众提出的问题一一作了解答。活动现场设置宣传板块16块，发放宣传资料和宣传手册2000余份，提供法律咨询20余人次。“举报宣传周”期间还出动5辆宣传车到各乡镇进行巡回宣传，对提升检察机关自身素质，增强人民群众法治观念、激发人民群众举报热情起到了积极的促进作用。（史保龙）

【多措并举扎实推进“两学一做”学习教育】 郊区检察院将“两学一做”学习教育作为一项重要的政治任务，高度重视，精心组织，认真贯彻落实市院、区委关于开展

"两学一做"学习教育部署要求，以"学"为基础，以"做"为关键，不断丰富内容，突出特色，推进学习教育深入开展，取得了阶段性成果。一是超前谋划，摸清底数，迅速部署，推动活动高效起步，确保"两学一做"稳步推进。二是精心组织，周密部署，通过结合实际全面安排部署、统一认识筑牢思想基础、分解任务细化落实责任，确保"两学一做"落到实处。三是上下联动，筑牢基础，领导干部率先垂范，发挥党组织源头活水作用，确保"两学一做"全面覆盖。四是搞好结合，突出特色，实现活动与"新郊区"建设相结合、与检察文化建设相结合、与检务督察工作相结合，确保"两学一做"融入日常。（史保龙）

【落实"基层民事行政检察工作推进年"专项活动】 郊区人民检察院民事行政检察工作在全市检察业务模拟考核中成绩突出，上半年，原裁判改变数1件，息诉1件，对审判程序中的违法行为的监督11件，各项考核指标在全市基层院中名列前茅。为更好地做好后半年工作，院党组对民事行政检察工作提出新要求，要主动出击，寻找案源，以开展两个专项活动为契机，积极开展民事行政检察工作，消除考核业务中的短板和弱项，力争均衡推进民事行政检察工作。（史保龙）

【积极助力民营经济发展】 为落实最高检、省市院《关于充分发挥检察职能依法保障和促进非公有制经济健康发展的意见》《关于充分发挥检察职能依法保障和促进科技创新的意见》，实现全区检察机关保障和促进非公有制经济健康发展的责任目标，郊区人民检察院及时出台了关于加强保障和促进民营经济健康发展的实施方案，并成立了保障和促进民营经济发展工作领导小组，推动此项工作有效开展。方案制定了关于保障和促进民营经济的考核评分标准，将有关落实区委、区政府关于加快民营经济发展的有关要求、有关政策精神及重点业务工作等有措施见实效的举措纳入考核指标。该项实施办法将为进一步服务全区非公有制经济发展提供有力的法律保障。（史保龙）

【着力打造清上加亲检企关系】 在"检察开放日"活动中，郊区人民检察院邀请下千耐火、三来食品、中创陶粒、鑫盛瓷业、桃林旅游等15家全区规模以上非公有制企业相关负责人到院座谈，就检察机关如何服务和促进民营经济持续健康发展征求意见和建议。座谈中，各企业参会人员积极踊跃发言，就各自企业当前发展所遇到的问题进行了深入交流，认为目前存在普法力度不足、维权成本较高、行政执法部门手续繁琐等问题，建议检察机关加强普法力度，拓宽民营企业的维权途径，协调各行政执法部门为民营企业松绑，为改善服务民营企业的工作提供了宝贵意见。郊区检察院将从法治环境，刑事职能，内部管理等层面，为非公经济的发展提供法律保障。（史保龙）

【部署司法体制改革工作】 按照《阳泉市郊区人民检察院司法体制改革试点工作实施方案》《阳泉市郊区人民检察院检察官首次遴选工作业绩考核方案》，郊区检察院就司法体制改革工作方面进行部署，要求强化组织领导，提升认识高度，充分发挥党组织领导作用，确保司法体制改革顺利推进。要求强化思想工作，传递组织温度，引导干警正确理解改革，真心拥护改革，坚决支持改革，积极参与改革，为司法改革措施的完善和落实提供强大的思想保障。要求强化统筹兼顾，推动改革进度，正确处理好检察工作和司法体制改革的关系，既要做好手头工作，又要推进司改工作。（史保龙）

【认真开展执法检查工作进行五落实】 11月30日，郊区检察院召开党组会专门就加强和规范检察执法执纪工作进行研究部署，着力从五个方面推动和促进执法检查工作的深入开展。一是进一步落实工作部署执行情况。二是进一步落实执法规范化工作。三是进一步落实党风廉政建设责任。四是进一步落实社会对检察工作意见。五是进一步查找执法工作突出问题。（史保龙）

法 院

【概况】 2016年，区法院在区委、区人大和上级法院监督指导下，在区政府、区政协和社会各界关心支持下，紧紧围绕"努力让人民群众在每一个司法案件中感受到公平正义"的目标，坚持党的领导，狠抓执法办案，践行司法为民，推进司法改革，从严管理队伍，各项工作取得了新的进步。全年共受理各类案件2475件，较上年上升16.8%。审结、执结案件2249件，结案率为90.9%。（王拉寿）

【刑事审判工作】 区法院积极参与平安郊区建设，依法打击各类犯罪，切实维护郊区长治久安和社会大局稳定。全年受理刑事案件253件，审结232件，判处罪犯272人。依法审结故意伤害、强奸等暴力犯罪案件27件，维护人民群众人身安全。审结贩卖、运输毒品等犯罪案件11件，着力遏制毒品犯罪高发态势。审结危险驾驶、交通肇事等犯罪案件50件，有效保障公共安全。审结各类诈骗、"两抢一盗"犯罪案件46件，积极保护群众生命财产安全。审结贪污、贿赂、渎职等职务犯罪案件10件，严惩发生在群众身边的腐败，推动反腐斗争的开展。审结轻微刑事案件36件，服判息诉率达100%。审结涉未成年人刑事案件5件，加强未成年人刑事司法保护，通过“圆桌审判”、适用非监禁刑、犯罪记录封存、回访帮教等方式，最大限度地挽救失足未成年人。审结其他刑事案件47件。（王拉寿）

【民商事审判工作】 区第九次党代会、第十八届人代会第一次会议对全区经济社会发展作出全面部署，区法院围绕党委、政府工作中心，聚焦大局，保障大局，为郊区发展提供有力的司法服务和保障。全年受理民商事案件1079件，审结969件，涉案标的额24.8亿元。依法审结民间借贷纠纷案件121件，规范引导民间资本健康运行。审结股权纠纷、企业破产等案件7件，促进企业优胜劣汰和产业结构调整。审结买卖、租赁、担保、技术合同等案件512件，规范引导区域市场经济秩序，促进大众创业、万众创新。审结劳动争议案件98件，促进发挥劳动力和资本要素的最大效能。审结婚姻家庭纠纷、人身损害赔偿等案件310件，弘扬家庭美德，维护合法权益。严厉打击虚假诉讼，切实维护司法公正和诉讼诚信。实施全面、全程、全员调解，民商事案件调撤率为56%，促进矛盾纠纷有效化解。（王拉寿）

【行政审判工作】 2016年受理行政案件83件，审结73件。认真落实行政审判相对集中管辖，依法审理城区和盂县一审行政诉讼案件。坚持保障群众合法权益与推进依法行政并重，撤销、确认行政行为违法14件，行政机关败诉率达19.2%。建立健全行政纠纷综合协调机制，行政案件撤诉率达11.7%。促进行政权力公开透明运行，依法审理涉政府信息公开案件5件。开展“行政审判司法建议”专项活动，分析行政机关个案败诉原因，提出司法建议8条。落实行政机关负责人出庭应诉制度，全年有10件案件系行政机关负责人出庭应诉。（王拉寿）

【执行工作】 全年受理执行案件980件，执结895件。形成大执行工作格局，构建“党委领导、人大监督、政府支持、政法委协调、法院主办、部门配合、社会各界参与”的综合治理大格局，形成解决“执行难”的合力。建立执行指挥中心，充分运用信息技术，通过网络执行查控系统，查询被执行人存款、车辆、房产、股权2000余次，捕捉到有价值线索300余条。加强联合惩戒机制和信用体系建设，加强与公安、工商、税务、银行等职能部门的联动措施，将60余名被执行人纳入失信黑名单，并在多种媒体上向社会公示。加大威慑执行力度，依法采用拘留、罚款、扣押、查封、冻结等强制措施，先后对30案30人采取司法拘留措施，一大批“骨头案”得以执结，“执行难”的现状明显改善。（王拉寿）

【司法为民】 认真贯彻立案登记制，加强立案释明工作，做到一站式服务、一次性告知。大力推进规范化建设，加强诉讼引导、诉讼风险提示、法律咨询服务，引导当事人理性表达诉求。开辟诉讼“绿色通道”，对老幼病残孕以及住在偏远地区的案件当事人，实行上门立案、网上立案、预约立案等。强化诉前调解、诉调对接，降低诉讼成本，方便群众诉讼，共办结诉前调解案件80件。同时强力推进司法公开，依托数字法院业务应用系统，实现了从立案到审判、执行、信访的全过程公开，杜绝暗箱操作。全年，在中国裁判文书网公布裁判文书641份，做到了应公开尽公开。充分发挥科技法庭全程录音录像功能，开展庭审直播3次。积极同新闻媒体建立良性互动关系，通过多种媒体宣传法院工作，山西电视台公共频道先后对区法院立案、审判、执行工作进行了多集的专题报道，报道总时长达60分钟以上，在全省范围产生了良好的社会反响。（王拉寿）

【队伍建设】 突出学习教育，中心组开展专题学习研讨9次，院党组成员讲专题党课6次，到平定七亘村、郊区档案馆参加爱国主义传统教育2次。突出问题导向，制作问题清单，并明确整改措施及整改时限。突出整改立规，新建相关制度6项。突出党性锻炼，认真开好专题民主生活会，确保专题教育按期推进，落到实处。通过专题教育，干警理想信念更加坚定，政治意识、大局意识、核心意识、看齐意识不断增强。提升司法能力建设。共举办刑事、民事等审判方面的各类研讨会5次，积极组织干警参加上级组织的各种专题培训活动100余人次，4名干警取得了心理咨询师资格证书。切实强化调研工作，4篇法学论文在省部级报刊发表，完成了省高院重点调研课题并获奖，为党委、政府及上级法院决策提供了参考。加大文化建设力度。充分发挥法院文化导向、凝聚、规范、辐射作用，聘请国内知名文化公司，有针对性为区法院新建审判大楼进行整体文化设计。大力开展丰富多样的文体活动，先后举办多次读书活动、歌咏比赛、职工运动会等，干警的精神境界和道德风尚得到有效提升。（王拉寿）

【公安人员利用职务之便受贿被判刑】 2011年12月12日至2011年12月20日，时任阳泉市公安局矿区分局巡警大队副大队长的被告人张某某与闫某某到重庆市调查刘某甲、刘某乙（刘某甲哥哥）故意伤害案件的有关情况。12月15日，刘某乙为了使涉案受伤人员刘某丙、殷某某不被带回阳泉，在重庆市黔江区真友酒楼门口将2万元现金送给张某某，被告人张某某将该2万元收下。回到宾馆，张某某将此事告知闫某某，并将其中1万元分给闫某某。被告人张某某与闫某某未将刘某丙、殷某某带回阳泉，且在重庆期间及此后未对刘某丙、殷某某做任何调查取证。2012年2月29日，在刘某甲、刘某乙涉嫌故意伤害、寻衅滋事案移送阳泉市矿区检察院审查起诉的当日，刘某乙为了让作为案件主办人的被告人张某某在办案中对己方进行照顾，在阳泉市公安局矿区分局张某某办公室内，送给张某某现金3万元，被告人张某某将该3万元收下。

区法院经审理认为，被告人张某某作为国家工作人员，利用办理案件的职务便利，非法收受他人财物共计5万元，并将其中的1万元交付协助其办案的闫某某，为他人谋取利益，被告人张某某的行为构成受贿罪，依法应当惩处，公诉机关指控成立。依法判处被告人张某某犯受贿罪，判处有期徒刑两年又一个月，并处罚金十万元；被告人张某某受贿所得4万元予以没收，上缴国库。

这是最高人民法院、最高人民检察院《关于办理贪污贿赂刑事案件适用法律若干问题的解释》2016年4月18日实施后，区法院作出的第一例判决。（王拉寿）

司法行政

【概况】 2016年，郊区司法局以推进“法治郊区”建设为总目标，紧扣全市司法行政工作会议部署，全面落实区委全委会议和三级干部会议精神，紧紧围绕服务和保障全区转型综改、扩权强区和生态新城建设，认真履职，主动作为，创新工作，积极发挥司法行政职能优势，为打造生态宜居新城、建设现代城郊强区创造良好的法治环境。（侯丽敏）

【增强普法宣传力度】 为全面提升农民和农村干部的法治意识、维权意识，区司法局同宣传部联合精心打造了河底镇苇泊村普法一条街，将具有法治文化内涵的内容融入法治墙和路牌之中；紧密结合实际，着手更新区法治文化广场、普法橱窗宣传内容，增加“两学一做”教育知识，增强法治文化广场和法治橱窗的实效性；开展“美丽乡村，法治先行”宣传，积极参加全区“三下乡”活动，在下荫营村和上白泉村组织了农村有奖法律知识竞答，内容涉及农民关注的《中华人民共和国民法总则》《中华人民共和国婚姻法》《中华人民共和国继承法》等法律知识800多题，题型灵活多样，充分调动了群众参与的积极性。全年，组织各类法治宣传活动10次，展出版面50余块，免费向群众发放各类宣传品5000多份，利用普法微信平台开展普法宣传36期。（侯丽敏）

【普治并举推进依法治理】 2016年，区司法局在总结“六五”普法的基础上，积极开展“六五”总结表彰和“七五”启动筹备工作。在广泛征求各部门各单位意见和建议的基础上，经过多次修改，形成了《阳泉市郊区“七五”普法规划（草稿）》。着手编印了“七五”普法法律宣传资料。2016年，阳泉市郊区被中共中央宣传部、司法部、全国普法办公室授予2011—2015年全国法治宣传教育先进县区。（侯丽敏）

【社区矫正工作水平不断提高】 截至12月底，郊区累计接收社区服刑人员622人，解除488人，提请撤销缓刑收监执行13起，审前社会调查评估169起，在册服刑人员134人（其中：管制3人，缓刑129人，假释2人，暂予监外执行0人）。区司法局共接收社区服刑人员84人，已办理解矫100人，提请撤销缓刑收监执行5起，开展审前社会调查评估41起，对违反社区矫正管理规定的社区服刑人员警告24人，重新犯罪率为0，在重大节点开展集中教育培训7批次，对新入矫人员进行训诫警示教育123批次。（侯丽敏）

【加强对社区服刑人员管理】 截至12月底，全区在矫社区服刑人员134人，监控定位101人，各司法所每天进行人员定位及核查，及时掌握人员动态、人机分离和越界信息，确保对社区服刑人员及时有效管理。同时，为加强对社区服刑人员的考核管理，促使其按时报到，树立社区服刑人员的纪律和责任意识，郊区司法局社区矫正中心及其8个司法所全部执行面部指纹混合终端考勤系统。（侯丽敏）

【加大社区矫正宣传力度】 2016年，区司法局积极发挥司法行政工作的优势，加大对社区矫正的宣传力度，全局工作人员积极深入农村、企业、学校等地，累计发放宣传资料5000多份，印制《社区矫正实施办法》宣传读本3000多册，使人们对社区矫正工作从不甚了解到逐步了解，提高社区矫正的社会认知度，为社区矫正工作创造良好的社会环境。（侯丽敏）

【推进社区矫正工作规范化】 郊区司法局自开展社区矫正工作以来，始终把加强对社区服刑人员的教育、培训及公益服务作为重点，由各司法所组织社区服刑人员开展教育培训和公益服务，并在8个乡镇都挂牌建立了公益劳动服务基地。印发了阳郊司发〔2016〕9号文件，以文件的形式把乡镇对社区服刑人员的教育培训和公益服务时间固定下来，更好的督促司法所定期开展教育培训和公益服务工作，

进一步提高了司法所对社区服刑人员的监督管理能力。（侯丽敏）

【积极帮扶困难社区服刑人员】对于行动不便或因病等不能参加集中教育学习、不能到司法所报到的社区服刑人员，区司法局分管领导同乡（镇）司法所工作人员深入社区服刑人员家中进行面对面的教育谈话，实行上门帮教与重点帮扶相结合的方式落实监管；对于家庭困难的社区服刑人员，通过和民政部门及所在地积极沟通，已解决20多人的低保问题，保证其基本生活条件。对于无法解决低保问题的社区服刑人员，通过和村里协调，为其解决米、面、油等生活必需品，使其生活得到帮助。同时，加强对社区服刑人员进行心理疏导，鼓励他们积极面对生活，促使他们能够顺利回归和融入社会。（侯丽敏）

【充分发挥人民调解工作职能】积极开展“冬季行动”矛盾排查化解专项活动，充分发挥人民调解“第一道防线”作用，切实维护社会稳定。根据本地实际，认真分析当前形势，在全面深入排查可能影响社会稳定的矛盾纠纷和不稳定因素的基础上，与村民调主任了解，与村民座谈，利用两节活动期间及时发现可能存在的矛盾纠纷；与乡镇分管副职或包村领导了解，从中发现每个村的纠纷情况，有无矛盾发展趋势；利用《中华人民共和国人民调解法》的宣传为契机，走访企业或政府重点工程建设工地，了解与周边村民的相处情况，是否因占地、拆迁、补偿等问题存在矛盾纠纷，预防群体性事件的发生和矛盾纠纷的化解。同时，加强硬件建设，重点打造荫营司法所和杨家庄司法所，在充实内部硬件的基础上，着力在档案、制度等软实力方面下功夫，进一步完善了档案资料和规章制度，司法所的运行机制得到进一步健全，服务实力得到有效提升。截至12月，共接收矛盾纠纷285件，成功调解213件，涉及金额472.01万元，其中婚姻家庭纠纷47件、宅基地纠纷20件、邻里纠纷40件、合同纠纷11件、土地纠纷6件、机动车交通事故136件。起草调解协议195份，口头达成协议13份，较好地完成了上级交办的任务，充分发挥人民调解“第一道防线”作用。（侯丽敏）

【建立健全安置帮教工作机制】根据实际情况，坚持把“教育、感化、挽救”作为安置帮教工作的一项重要内容，积极探索刑释解教人员安置帮教工作新路子，及时制定“除隐患、强基础、保稳定”专项攻坚行动实施方案，充分发挥组织、领导、协调、督促的作用。区安置帮教办公室收到《刑满释放人员通知书》和《解除社矫人员通知书》后，及时登记并下发给各司法所，要求在一周内通知刑释解教人员家属，并积极协调有关部门解决安置帮教工作中的具体问题。每年对所有帮教对象进行摸底和调查，对回归的人员建立“一人一档”工作台账，分类列入、统一帮教，做到了底数清、情况明。对于因种种原因未到司法所登记建档的，到所在村委会、社区，与村、社区帮教小组责任人了解登记刑释解矫人员基本情况，确保帮教工作迅速跟上，做到不脱管、不漏管，认真落实帮教衔接管理工作。对重点帮教对象，定期不定期地上门了解情况，切实为他们解决生产、生活中的实际困难。建立重新犯罪备案预警机制，加强与相关部门的联系，列入重点人员的及时通报乡镇府、村委会和辖区派出所，掌握刑释解矫人员可能重新犯罪的动态，对有重新犯罪苗头的主动采取防范措施，有效地预防和减少了重新犯罪率。（侯丽敏）

【法律援助案件质量得到提升】区法律援助中心通过开展“一站式服务”“当好农民工的娘家人”“法律援助服务三项工作”等多项便民服务，积极为困难群众提供优质高效的法律服务。开通“5672148”法律援助热线和农民工法律援助“绿色通道”，配备了法律援助平台，为弱势群众提供及时有效的法律援助。开展法律援助进农村、进社区、进厂矿（企业）、进学校、进军营、进监所活动，明确以农民、农民工、未成年人、服刑人员、乡镇贫弱群体为法律援助宣传工作重点，使宣传工作更具针对性。继续坚持法律援助信息报送制度，法律援助信息案例及时向区司法局、市中心报送。采取各种办法提升法律援助办案数量，加强法律援助案件质量管理。开展法律援助案件数量质量网上监督，利用法律援助网络开展监督。同时还加大对法律援助工作人员的培训力度，定期组织各援助工作站人员参加法律援助业务培训和法律援助网络信息管理等技能培训，工作人员素质有了新提高。截至11月底，全区法律援助工作站共计15个，共接待法律咨询660人次，办理法律援助案件240件，其中刑事案件13件、民事案件227件。（侯丽敏）

军 事

阳泉市郊区人民武装部

【概况】 2016年，郊区人武部在省军区和军分区的坚强领导下，始终坚持以中共十八届三中、四中、五中全会精神和习近平系列重要讲话精神为指导，认真落实上级党委决策部署，以强化班子核心领导作用为龙头，以提升应急应战能力为中心，以确保部队安全稳定为底线，搞好统筹谋划，狠抓工作落实，高标准完成年度民兵整组、兵役登记、兵员征集、精准扶贫、岗位练兵比武等各项工作。 （经 亮）

【开展“两学一做”教育活动】 3月，人武部根据省军区、军分区“两学一做”学习教育指导意见，制定《郊区人武部“两学一做”学习教育方案》，制作了“两学一做”宣传版面。活动中，认真组织所属党员参加上级学习教育，每周进行一次集中学习，为每名党员购买《习近平总书记系列讲话重要读本（2016）》《中国共产党章程》《中国共产党纪律处分条例》等辅导书籍。全体党员主动写《党员承诺书》，重读党章、手抄党章，自觉接收群众监督。全体党员主动增强了政治自觉和行动自觉，人武部党委坚持将“两学一做”学习教育融入日常、抓在经常，引导全体党员坚持不懈筑牢信仰之基、补足精神之钙、把稳思想之舵。（经 亮）

【扎实推进民兵整组工作】 1月至4月，人武部扎实开展民兵整组工作。元旦、春节期间，抓住人员在位率高的实际，通过电话问询、实地走访对基干民兵队伍编组、人员落实情况进行抽查，人武部政委带工作组先后4次深入各乡镇、村庄检查整组落实，指导阵地建设。突出抓好应急力量体系建设，着力推进应急队伍体系化、专业化、规范化建设，编成以退伍军人为主要成员的市级森林灭火专业队、区民兵应急连和乡镇民兵应急排，共10支454人。同时，编组支援队伍9支、796人。夯实基层阵地建设基础，重点加强做好基层阵地硬件配套（电脑和必要的应急器材）和“一图三表三册四本”〔一块图板，体检表、政审表、外出人员登记表，人员花名册、出入转队人员花名册、集结点情况登记册，行政会议记录本、支部（党委）会议记录本、政治教育记录本〕等软件资料完善，基层“两部”（基层武装部和民兵营连部）建设全部达标，基干民兵连部达标率达100%。按照“统一制定计划、指定训练内容、分别组织实施”模式，各乡镇组织新入队240余人员进行以队列、体能为主的入队训练。编组成立了以百团大战纪念馆解说员为核心人员的狮脑山女子民兵班，并于3月29日正式举行了授旗仪式。 （经 亮）

【突出抓好军事训练】 年初开始，人武部以落实好《关于加强民兵训练的意见》为抓手，组织现役干部认真开展“日练百字、周标一图、月写一文”活动。6月20日至25日，组织全区新任专武部部长、部分民兵连长进行集中培训，先后邀请郊区党校校长、乡镇领导和交通局领导进行辅导授课。贯穿全年，积极备战省军区群众性岗位练兵比武竞赛，10月中下旬3批组织专武部部长、库管职工和民兵队员开展针对性强化训练，区常备应急分队队员史向东在省军区组织的比武考核中取得了民兵组第一名的好成绩。 （经 亮）

【高标准完成兵员征集任务】 4月至9月，按照“一季征兵、全年准备”的要求，不等不靠，主动作为，先后3次召开兵役登记工作推进会，为乡镇和“两矿”企业发放兵役登记通告200余份，组织应急分队到人口聚集区开展兵役登记宣传，发放宣传单2000余份。通过区电视台播出征兵专访，对年度征兵政策进行解读。采取封闭体检、三级联审、现场签字等措施，确保征兵体政审等过程中的公平公正公开，整个过程没有发生告状、上访等问题，高标准完成新兵征集任务。经随访，新兵在部队均能安心服役，未出现一例身体或思想退兵。（经　亮）

【开展精准扶贫】　年初，人武部在经费保障紧张情况下，党委决定拿出13万元投入扶贫帮困。经研究确定西南舁乡杜家庄村、西南舁乡八一希望小学和荫营镇东垴村卫生所为贫困帮扶对象。先后为杜家庄村修建蓄水窖30个，硬化果园部分道路；投入2万元为八一希望小学购买书桌、高低床等30余件套，改善办公、生活设施。人武部5名干部与6名贫困小学生建立结对帮扶，每年资助500元直至完成学业；邀请阳泉市第二人民医院专家对荫营镇东垴村卫生所医护人员进行心电图、急救和中医适宜技术等技术帮扶，有力提高了村卫生所的诊疗、护理水平。（经　亮）

人民防空

【概况】　2016年，区人防部门仍与区住建局合署办公，由区住建局代行政府人防管理职能，两块牌子、一套人马。郊区人防办设兼职人防干部1名。（赵刚平）

【防空应急机制】　区人防办建立完善应急预案，并按照省人防办《山西省人防军事斗争应急准备工作方案》要求，制定了《阳泉市郊区防空袭应急方案》和应急行动方案，提高全区人民应对突发事件和风险的能力。完成了年度全区人口疏散接受方案并签订了人口疏散双向责任制。（赵刚平）

【防空宣传教育】　区人防办利用荫营七月初二传统庙会、防空警报试鸣日、人防法律法规颁布纪念日等，在区大型广场、公园等公共场所举行防空知识宣传教育活动，印制《防空防灾知识小手册》读本、《山西省人民防空工程建设条例》，编印防空警报试鸣宣传单，制作宣传版等新式，广泛宣传人民防空知识。下半年重点宣传了全国第七次人防工作会议精神，认真贯彻落实了习近平总书记提出的“强化政治意识、大局意识、国防意识、责任意识，贯彻总体国家安全观，为建设强大巩固的现代人民防空体系作出新贡献”要求；开展自救互救教育训练，努力提高市民的国防观念和人防意识，真正使人防法律法规家喻户晓、深入人心。加强辖区内学校学生的人防教育，对中小学开设了“两防”教育课，在全区70余所中小学播放《防空防灾知识系列片》，丰富了全区学生的人防知识，人防教育覆盖率达100%。（赵刚平）

武警阳泉市郊区中队

【概况】　2016年，中队深入贯彻两级党委扩大会议精神，在支队党委的正确领导下，着眼有效履行职责使命，坚持“抓班子带队伍、强训练保中心、严管理正秩序、蓄内涵上质量，保安全谋发展”的工作思路，注重抓好班子队伍建设，充分发挥组织功能；注重加强训练水平提升，保证中心工作圆满完成；注重依法从严管理，确保四个秩序正规；注重建设特色警营文化，争取中队内涵建队水平再上台阶；注重安全这个保底工作，确保部队内部安全稳定。中队被总队表彰为先进中队，班长夏凯和李二科分别荣立个人三等功。（高晓宇）

【思想政治建设】　广泛开展马克思主义学习活动，以《马克思主义哲学十讲》和《党员干部学哲学用哲学十二讲》为教材，按照理论学习计划认真组织，严格落实每月两个半天的理论学习时间，确保学习质量。坚持把学习习主席讲话精神作为官兵坚定信念的根本抓紧抓实。扎实开展改革强军主题教育，开展了小报制作、板报宣传、体会交流、笔记展评、“我与改革同行”征文、主题演讲等配合活动，收到了良好效果。组织官兵观看了《邓小平百万裁军决策内幕》纪录片1—5集，每次看完都组织官兵谈认识、讲体会，通过思想的交锋，不断凝聚改革共识、强化改革意志、汇聚改革力量。持续抓好“两学一做”教育活动，为每名党员发放《中国共产党章程》、学习资料和应知应会手册，认真学习背记党章知识，在支队组织的党章知识竞赛中，中队取得了第二名的好成绩。开展党员承诺践诺活动，确保党员言出必行、言行一致。在查摆问题环节，梳理出党员身份弱化、上交党费不主动等20个具体问题，整改落实到人到事。通过佩戴党徽、把网络查勤哨定位党员示范哨等形式让党员亮出身份，强化党员意识，担起党员责任。（高晓宇）

【部队建设】　圆满完成固定目标执勤和“两会”、达沃斯论坛、北戴河暑期警卫、中共十八届六中全会期间“郝家庄”环京高速公路卡点备勤任务。严格落实湖北会议、古交会议相关精神，对应急枪柜启用流程、三人应急小组携装出动、罪犯进出监门警戒、网络查勤员履职等内容进行了细化规范；投资3600元采购2条助勤犬推动“犬防”效能发挥。在训练场地建设上，支队和驻地政府大力支持，修建攀登训练场、配发了擒敌训练器材20余件套，缩减菜地150平方米，改扩建训练场地400余平方米，训练场地建设100%达标。深入开展“学规范、用规范”和正规化管理规范化落实活动，狠抓一日生活制度落实，部署开展第十二个法律服务到基层活动，开展干部骨干依据条令和法规开展工作、战士依据条令法规要求履

职尽责活动，人治、权治现象逐步改善，运用法治思维和法治方式推动建设、开展工作、处理问题的习惯逐渐形成。 （高晓宇）

【后勤保障】 针对装备物资使用频率高，使用管理有脱节的现象，中队从装备物资管理教育入手，努力培养官兵爱装管装的自觉意识。根据自身实际，分工负责，做到物物有人管、件件有人理，中队“四小工”定期对装备物资进行集中维修。在现有条件基础上，积极发挥官兵自己动手的能力，开展了营区美化工作，共修整训练场地400余平方米，整理种植草坪130余平方米，维修铁皮柜、床铺、床头柜20余件，官兵以队为家的思想进一步牢固。各类装备物资在用率和完好率达95%以上，武器完好率达100%。发展种植、养殖业，大力开展农副业生产。在支队后勤处的帮带指导下，以“保障生活、改善伙食”为目标，注重加强管理、梯次合理搭配、科学种植养殖、确保生产效果。全年，因地因时制宜，不断丰富品种，共种植22种蔬菜，养猪2头，为中队创收近2000元，增强了中队自给能力，丰富了官兵的“菜篮子”。 （高晓宇）

阳泉市郊区消防大队

【概况】 阳泉市郊区公安消防大队成立于2005年7月，前身为阳泉市郊区消防科，隶属阳泉市消防支队和郊区公安分局领导，负责辖区单位的消防监督检查、火灾事故调查、行政许可、消防宣传等工作。2016年，消防队拥有执勤消防车5辆、全方位移动照明灯塔1台、17.5米高的训练塔、1200平方米的训练场、25名消防员和器材装备完善的消防队伍。营区占地面积12.6亩，建筑面积1570平方米，设有消防车库、晾衣场、通信室、器材室、学习室、活动室、荣誉室、综合办公室等14个库室。2016年，被山西省精神文明建设指导委员会评为年度文明单位，被市委、市政府评为抗洪抢险先进集体。 （葛 俊）

【不断增强核心领导和战斗堡垒作用】 2016年，郊区消防大队不断加强党支部班子建设，提高班子履职能力和水平。一是强化学习，努力建设学习型领导班子。郊区消防大队党支部以示范性基层党组织创建活动为契机，深入开展中共十八大，十八届三中、四中、五中、六中全会精神以及习主席系列讲话精神的贯彻学习，严格按照公安现役部队党建工作会议精神要求，积极开展改革强警主题教育和“两学一做”学习教育等各项活动，严格落实组织生活基本制度和基本环节，有效提升了组织生活质量，进一步筑牢了党建基础。二是坚持民主，发挥党支部核心作用。郊区消防大队一直坚持党支部集体领导制度，班子成员之间坦诚相见，在焦点、热点问题上大队党支部不搞一言堂和“暗箱”操作。在重大决策问题上，深入开展调查研究，广泛征集官兵意见建议，坚持原则，规范程序，集体研究，共同决策，班子成员自觉做到会上一个声音、会下一个调子，形成了良好的政治氛围，党支部集体领导核心作用明显提升。三是推进党务公开，浓厚民主氛围。在进行评先推优、重大经费开支及研究决定涉及官兵切身利益的重大事项时，做到条件、标准、程序、实施全公开，建立党务公开信息反馈制度，通过党务公开栏及时公开支部对决议决定的执行情况、阶段性工作完成情况以及党员群众对党务公开是否满意等情况，畅通了党员官兵参议渠道，调动了全体官兵参与部队建设的积极性。四是严格执行廉政制度，提高党支部公信力。大队党支部立足于建立一支政治可靠、思想过硬、作风优良的党员队伍目标，大力开展反腐倡廉教育，严格落实中央“八项规定”、公安部“三项纪律”等规章制度，强化党员干部的法制和廉洁自律意识，使党员干部遵纪守法，做执行党的纪律和廉洁自律的模范，充分发挥党组织的战斗堡垒作用和党员的先锋模范作用。（葛 俊）

【筑牢官兵思想政治防线】 郊区消防大队党支部按照“政治坚定、开拓创新、团结协调、廉政勤政”的要求，不断加强党风廉政学习教育的力度。制定大队廉政建设实施计划，明确目标和措施；加强学习教育，大队每月开展党风廉政教育，时刻警钟长鸣，随时给党员干部打预防针；严格执行《公安消防部队廉政教育暂行办法》，定期专题研究分析反腐倡廉问题，建立《领导干部廉政档案》，层层签订《党风廉政建设责任书》；以开展“讲党性、守规矩、存敬畏、敢担当”教育、消防执法领域突出问题专项整治和“秉公执法，人民公安为人民”教育活动为契机，针对执法办案、服务窗口等容易滋生违纪腐败的敏感岗位和薄弱环节，深入开展查摆剖析，大力强化党员领导干部廉政工作建设，彻底解决执法不严、办案不公的问题，最大限度预防和减少了腐败违纪问题的发生。 （葛 俊）

【全面消除火灾隐患】 郊区消防大队按照要求深入开展“3·15”消防产品宣传和质量监督抽查工作、大型批发市场消防安全专项整治、建筑外墙保温材料及灯箱广告消防安全专项整治、夏季消防检查、今冬明春火灾防控、医疗卫生机构等各类专项行动8次，重大节假日安保活动12次。在开展专项整治行动的同时，根据辖区火灾特点，联合公安、安监、工商、质检、住建、宗教、旅游、卫生等部门开展了消防产品专项整治、建筑外墙保温材料及灯箱广告、文物古建筑、旅游景点、医疗卫生机构等消防安全整治工作。全年，共检查社会单位1608家，发现火灾隐患2368处，整改火灾隐患2252处，发现和消除了一大批火灾隐患，确保了辖区消防形势的稳定。（葛　俊）

【不断提高民众消防安全意识和能力】 通过移动MAS短信业务平台向社会单位群发短信、在“双微”平台发布信息、在电影院电子屏幕上播放宣传片、发放宣传资料等不同方式加强消防宣传。2016年，郊区消防大队先后组织参加了文化科技卫生“三下乡”、“防灾减灾日”、“安全生产月”、“119”消防宣传月等消防宣传活动。同时，深入社会单位和农村开展消防知识培训，使辖区人民群众的消防安全意识大幅度提升。至2016年年底，共开展消防安全培训25余次，培训人员近5000余人，消防宣传8次，发放宣传资料6000余份，消防演练41次。（葛　俊）

【提升部队战斗力和凝聚力】 大力开展部队正规化建设。2016年，郊区消防大队严格按照正规化建设的标准和要求，配齐配全了专职消防队车辆和器材装备，并按照标准要求进行了备份，粉刷了大队库室墙面、维修了训练塔及配套设施等，加快了部队正规化建设步伐。严格执行条令条例和各项规章制度，认真组织开展安全防事故教育、安全形势分析以及纪律作风专项整治教育活动，严格落实一日生活制度，强化对重点人头、重点问题、重点单位、重点时段、重点环节的预见和防控能力，及早发现和消除隐患，确保了部队高度安全稳定。完成合同制消防员及文职雇员征招工作。大队按照年初与支队签订的重点工作目标责任书要求，积极向政府请示汇报，争取财政资金88余万元，落实合同制人员工资、保险等各项经费保障，圆满完成合同制消防员和文职雇员的招聘工作。健全大队战训资料，提高大队灭火指挥能力。为进一步完善大队各项基础资料，在原有基础上，大队专门抽调人员对灭火预案等进行制作和完善，制作完善《水源手册》，完成执勤备战基础数据、重大危险源录入统计工作，建立装备技术档案；针对各类重点单位特点，制定灭火预案并开展演练。（葛　俊）

【郊区政府专职消防队荣获“全国119消防奖”】 11月8日，公安部召开第三届“全国119消防奖”表彰会，郊区政府专职消防队从全省12个集体中脱颖而出，成为山西省唯一一家荣获“全国119消防奖”表彰的先进集体。（葛　俊）

【命悬一线　全力抢救被困人员】
2016年5月21日06时44分，指挥中心调警称郊区207国道河南口桥往西南舁上坡路段发生一起半挂车侧翻事故，事故造成2人被困车内，命悬一线。郊区政府专职消防队立即赶赴现场，经侦查发现，一辆满载煤粉的半挂车翻倒至路边，事故车辆车头严重变形凹陷，有两人被困，经现场医护人员确认其中一名被困者已失去生命体征，另一名受伤并被变形的驾驶室卡住身体无法动弹，呼吸相当困难，嘴里还不时发出痛苦的呻吟声，情况十分危急。指挥员立即下达命令：救援队员一组协助交警维护好现场秩序，对交通路段实施现场警戒，疏导过往车辆，并由专人与被困人员对话，稳定其情绪，便于救援工作的开展；另一组准备好相关救援工具全面展开救援行动。消防官兵利用破拆工具对整个变形部位进行破拆、扩张，最终将伤者从驾驶室中解救出来，并交由现场“120”医护人员。随后，指挥员协调交警联系吊车到场，将大货车拖住，利用车载牵引钢丝进行牵引，15分钟后大货车失去生命体征被困者被成功救出。（葛　俊）

【液化气罐着火专职队紧急救援】
5月23日17时07分，政府专职队接到指挥中心报警称：郊区荫营瑞丰大街口聚善缘饭店着火，情况危急。政府专职队接到报警后，迅速出动2车14名中队队员赶赴火灾现场组织扑救。

中队队员到达火灾现场后发现饭店内有两个液化气罐着火，玻璃门碎了一地，周围紧邻饭店，如不及时将火扑灭，旁边的饭店随时可能会受到火势和爆炸的威胁，形势万分危急。了解情况后，中队指挥员迅速命令战斗组利用水罐车单干线出一支水枪，对着火物体及液化气罐进行扑灭、冷却，并组织做好警戒。经过中队队员近二十分钟的紧张扑救，液化气罐被成功扑灭，并扑灭全部阴燃火种，同时，命令一名战斗员佩戴防护器材，将液化气罐提出至安全位置。随后在场队员对房屋内的物品进行细致清理，在确定已无任何危险后，中队队员收整器材，清点人员，返回中队。（葛　俊）

【“6·22”韩庄半挂车侧翻事故】
6月22日上午10时31分，郊区政府专职队接到指挥中心调警称：阳泉市郊区韩庄口有一辆半挂车撞到路边民房，致使民房倒塌，接到调警后中队立即赶往现场救援。
11时15分中队到达现场，特勤中队随即到场，经侦查发现：半挂车驾驶舱内被困一人，车头前轮下被压一人，车身第三个轮胎下被压一人，倒塌房屋内被困一人，整个现场一片废墟。十分钟后郊区大队教导员、大队长相继到场。根据现场情况，大队指挥员立即下达命令展开营救。将两个中队分为三组，两组消防官兵利用液压顶杆队坍塌的房顶预制板进行支撑，让后派精干人员进入废墟，先将驾驶员救出，然后队员徒手清理废墟中的石块，把埋压在废墟中的被困人员成功救出。另一小组将废墟顶部石块、砖头等杂物进行清理防止滑落避免被困者受伤，同时为救援人员提供安全救援环境。整个救援过程，队员不断安抚受困人员，稳定其情绪。经过一个多小时努力，成功将驾驶舱内车头前轮胎下以及房屋内的被困人员全部救出，其中车头前轮胎下被困人员救出时经现场医护人员确认已无生命体征，其余人员被现场“120”急救车接走送往医院，随后经过三个多小时的两个中队官兵轮番上阵利用轻型救援工具搜救废墟确定无被困人员后，中队收检器材，于16时50分返回中队。（葛　俊）

教育 科技

教 育

【开展《义务教育学校管理标准(试行)》改革】 2016年，郊区被确定为全省十一个《义务教育学校管理标准（试行）》实验县（区）之一，承担着印证标准、促进规范、改善治理、引领全省的实验任务。郊区紧紧抓住这一有利契机，以《管理标准》改革实验的全面推进为助力，全面提升义务教育学校管理水平，为促进教育现代化奠定基础。按照“以课题实验为基础，实现重点突破，全面铺开”的实验思路，确定了“推进教育公平、平等对待学生；提升育人质量、促进全面发展；提高师资水平、引领专业发展；保障师生安全、构建和谐校园”四大项实验内容。根据“重点先行、示范引领、逐步推广”的思路，围绕四大实验项目，组建4个实验项目组，确定21所实验先行校，各校根据实验内容，结合自身实际，确定各自的实验课题，真正将实验推进与学校实际工作结合起来，以课题研究促进学校发展，在实际研究中提取成功经验。通过一年的实践，实验工作取得了较好成效：义务教育学校管理水平极大提升，全区53所义务教育学校全部重新制定了《学校章程》，各项管理制度也得到了补充完善，学校管理做到了有章可循、有规可依；学校办学行为更加规范，在实验过程中，郊区紧扣依法治教、依法治校这一中心，进一步规范了办学行为；积累了适应本区教育发展的成功经验，21所实验先行校针对不同课题进行研究，总结了许多成功经验，为推动全区义务教育向更高水平发展奠定了基础。 （郭 江）

【全面深化义务教育办学模式改革】 2016年，郊区被确定为省级“义务教育办学模式改革”试点区。全区以推动义务教育优质均衡发展为目标，以优化教育联盟办学模式为着力点，全面深入推进义务教育办学体制改革。按照“相对就近、有序选择、优势互补、整体提高”的原则，全区组建了10大学区17个教育联盟的办学模式改革群体，同时制定出台了《关于构建以学区为中心推进联盟化办学模式的实施意见》《阳泉市郊区构建以学区为中心推进联盟化办学模式工作方案》等配套文件，建立完善了协作化发展“六大机制”（即管理互促、文化共建、教师交流、研训联动、质量共进、捆绑评价），推动形成一体化的联盟学校发展格局，走出了一条“以一校带多校、以一校带多点”的学校内涵发展之路。 （郭 江）

【积极改善办学条件】 2016年，郊区加大工作力度，进一步改善办学条件，完成了8所幼儿园新（改扩）建工程。其中省村级幼儿园新（改扩）建工程项目园2所（义东沟、苏家泉幼儿园），区级幼儿园新(改扩)建工程6所(北舁、燕龛、育贤、林里、泊里、实验幼儿园)。完成了苇泊小学加固工程。普通高中标准化建设工程深入实施。投入550万元为荫营中学、玉泉中学两所学校进行了仪器设备改造，两所学校通过了市级普通高中标准化建设验收。 （郭 江）

【为义务教育阶段寄宿制学校发放专项补助】 2016年，为缓解义务教育阶段寄宿学校经费不足的问题，郊区区委、区政府为7所义务教育阶段寄宿学校发放经费补助，共发放资金53万元，极大缓解了学校经费紧张的问题，对促进学校发展起到了积极作用。（史明杰）

【顺利完成中小学教师职称过渡】 2016年，郊区按照山西省关于职称制度改革过渡总体要求，积极建立与事业单位聘用制度和岗位管理制度相衔接，符合教师职业特点，统一的中小学教师职称制度，实行分类管理，执行新的职称（职务）评价基本标准，提高中小学教师职业地位。此次中小学教师职称过渡将原中学、小学、幼儿园等三个系列职称统称为山西省中小学教师系列，中小学教师职务分为高级职务、中级职务、初级职务，并增设中小学正高级教师。全区符合中小学职称制度改革过渡条件的教师共1933人，其中高中258人、初中635人、小学867人、幼儿园173人。2016年11月，全区中小学教师职称过渡顺利完成。（郑鸿富）

【生源地助学贷款突破1000万元】 2016年，区资助中心共签订贷款合同1716份，贷款金额1079万元。贷款人数较2015年增加321人，贷款金额增长23%，这也是郊区生源地助学贷款首次突破1000万元。郊区资助中心从开展生源地助学贷款工作以来，贷款总人数累计2751人，贷款合同5800份，申请贷款总金额3385万元，基本满足了每一位贫困学生贷款的需求。（荆　敏）

【成功申报“国培计划”项目县】 2016年9月，郊区正式成为国培项目县，期限2～3年。其中2016年度区教师进修学校通过采取优秀教师上研究课、市级名师开展示范课和外聘专家做微型讲座等形式，务实有效地完成了中小学11个学科和幼儿教育在内的送教任务，整个过程分为四个阶段：诊断示范、研课磨课、成果展示、总结提升，其间近800名乡村一线教师从中受益。在山西省教育厅组织的“2016年‘国培计划’非远程项目承训机构”评审中排名第四（全省共30个项目县）；同时教师进修学校还组织160名各学科乡村教师参加华东师大开放教育学院工作坊研修，1124名乡镇以下教师参加网络研修与校本研修整合培训。（张　惠）

【荫营联校在省幼儿园帮扶工作会上作经验交流】 10月25日，荫营联校作为山西省唯一的乡镇单位参加了山西省教育厅在孝义市举办的山西省优质幼儿园帮扶工作现场推进会，并在大会上作了题为《镇域联动教研　助力学前教育》的经验交流，获得了与会领导和兄弟单位的一致好评。“镇域联动教研”是以乡镇为组织单位，以镇内较强幼儿园为牵引，以园本教研为基础，发挥镇域协作优势，实施镇域内所有幼儿园强强联手、强弱帮扶，互利互惠，资源共享，促进学前教育质量整体提升的教研管理模式。镇域联动教研的特点是“基于镇域、在镇域中”，强调镇域资源共享，既独立自主工作，又实现片区内强弱帮扶、协调推进。（李素英）

【育才小学创建“鸿儒斋”名师工作室】 9月，为加强学校教学改革与研究，全面提高教学质量，育才小学结合现代办学理念，依托本校名师团队优势，成立“鸿儒斋”名师工作室，组织学科名师团队，全面引领校本、联片、联盟三大教研体系。有效促进了各学科高效绿色课堂的打造。促使各类名师通过不断学习、研究课堂、创新工作，提炼总结自己的教育教学经验，使名师团队自身综合素养得以进一步历练，并以此来带动全校教师专业化水平、学校内涵发展及学校品位的整体提升。学校李丽老师的录像课《运算定律的整理与复习》荣获国家级一等奖、优质课《找次品》荣获省级一等奖，张志琴、李丽、张慧云、张苗苗老师在市总工会组织的课堂教学创新大赛中获一等奖，同时被评为市级“教学能手”，吴艾花、史玮玮老师的课被评为市级“优课”，张志琴老师的《威尼斯的小艇》课成为市级观摩课。（郭文平）

【在省青少年科技创新大赛中获奖】 2016年4月16—17日，荫营中学科技社史昊伟、李书彬参加第31届山西省青少年科技创新大赛评审现场会。经过大赛主委会的严格评审，史昊伟同学的科技作品《基于Arduino单片机进行的城市交互性智能排水道、城市智能排水系统及环境绿色工作系统的研究》获得了一等奖；李书彬的科技作品《心率检测报警装置》获得了三等奖。（王卫星）

【在全国青年教师教学竞赛中获奖】 2016年12月，由中国教育学会小学语文教学专业委员会主办的全国第二届小学青年教师语文教学观摩活动在广东省广州市举行，代表山西省参加比赛的郊区教师蔺继福以《赵州桥》一课荣获了全国三等奖。蔺继福的获奖，不仅为郊区的教育事业赢得了殊荣，更实现了郊区语文教师打开国赛大门零的突破。（郭　江）

【育英小学进行“好习惯成就大未来”教育讲座】 1月8日，育英小学诚邀中国智慧工程研究会家庭教育研究员，国家专业人才库注册高级心理咨询师，全国养成教育研究总课题组研究员，感觉统合训练高级指导师仝慧琪教授来校进行了一次以“好习惯成就大未来”的教育讲座。讲座以“改变一个孩子，成就一个家庭。培养一批孩子，造福一方百姓”为理念，为全体教师和学生家长代表上了一堂生动而又富于教育性的一课。（高雅婷）

【育英小学开展“青少年自我保护法律知识讲座”活动】 3月18日，郊区育英小学诚邀阳泉市荫营地区人民检察院“绿荫布谷鸟志愿者法律服务队”的同志们为全校师生做了青少年自我保护法律知识讲座，从“如何遏制不法侵害”“暑期如何防范入室犯罪”“如何面对抢劫和抢夺”等六个方面入手，结合小学生的年龄特征和生活环境，细致入微地讲述了小学生自救自护的计策和逃生的办法。其间，志愿者与

孩子们的互动问答、互动体验，增强了这次法律知识宣传讲座的趣味性和实效性。（高雅婷）

科 技

【概况】 8月，阳泉市郊区科学技术局由原区科学技术委员会更名组建，是阳泉市郊区人民政府科技行政主管部门，为正科级建制，内设办公室、科技发展股、科普专利3个股室。2016年区科技局有行政编制8名，领导职数3名，实有在编人员7名。其中局长1名，副局长2名，纪检组组长1名，副主任科员1名，科员2名。2016年，区科技局认真贯彻落实中共十八大和十八届三中、四中、五中、六中全会精神，紧紧围绕区委、区政府的总体部署，牢牢把握“自主创新、重点跨越、支撑发展、引领未来”的科技发展方向，以提升企业自主创新能力和产业竞争力为突破，以促进区域创新体系建设为目标，积极寻准科技与经济发展的最佳结合点，强化科技支撑引领，提升协同创新能力，提高科技管理水平，为全区经济社会平稳健康发展提供了有力的科技支撑。（武存贵）

【科技项目管理】 围绕省委、省政府“转型发展、跨越发展”的中心任务，有效发挥科技研发经费的引导鼓励、杠杆撬动作用，积极参与省、市重大科技攻关项目，挖掘郊区特色经济，提升传统产业，促进企业经济增长的质量和效益明显改观。2016年，郊区承担省、市级各类科技计划项目15项，得到扶持资金82.6万元。组织三来食品、中创陶粒、宝鑫源农牧、金土耐火4家企业申报了省级科技项目，组织申报市级科技项目29项。区级科技项目55项，扶持资金800万元。（武存贵）

【科技活动周】 2016年，区科技局在杨家庄乡黑土岩村组织开展2016年科技活动周活动启动方仪式，活动周以“创新引领，共享发展”为主题，围绕宣传科技创新成果、开展特色科普活动、开放优质科技资源、倡导科学生活方式四个重点，在全区范围内广泛开展系列创新创业活动，向全区人民展示创新科技在生活中的应用，提升创新科技的日常利用率，共享创新科技的发展成果。（武存贵）

【培育科技型企业】 坚持“以高新技术企业为主导，民营科技企业、专利试点企业为补充”的科技型企业培育体系，坚持把加快科技型企业培育作为全区实现转型发展的一项重要工作，鼓励企业进行科技型企业认定，开展各种形式的科技创新活动，引进推广应用新技术，加大研发投入，合作建立科研机构，共享科研成果。2016年，推荐中创陶粒、元昌伟业、中嘉磨料磨具3家企业完成了申报高新技术企业，其中：中创陶粒得到了认定。培育推荐泊里炉料、元昌伟业2家企业申报省级民营科技企业；组织申报专利示范试点企业。针对部分企业对知识产权保护意识不强、积极性不高的特点，加强了对企业的走访指导工作，让企业了解知识产权的重要性，提高自主知识产权保护意识。经推荐，郊区的山西立博线缆有限公司、阳泉市亮焰燃气设备有限公司成功获得专利示范试点企业的认定。在此基础上，组织推荐立博线缆、纬图矿山、八方电气、中嘉磨料磨具4家企业申报了国家级知识产权优势企业。全区有高新技术企业6家，省民营科技企业24家，专利示范企业16家。（武存贵）

【构建协同创新体系】 构建以企业为主体、市场为导向，高校、研发机构、中介机构以及政府、金融机构等与企业一起构建分工协作、有机结合的创新链，形成有区域特色的协同创新体系。积极开展“企业进高校、专家进企业”的对接活动，引导鼓励企业与科研院所、大专院校探索开展多层次、高水平的产学研合作，强化协同创新能力。一方面，促进区5家食用菌生产企业（河底镇欣盛源、春满福、金麦穗农业有限公司、荫营镇山泉农庄、杨家庄乡金潭食用菌专业合作社）与省农科院食用菌研究所签订了产学研合作协议，亿源专业种植合作社与山西农大签订了产学研合作协议。另一方面，邀请到省农科院食用菌研究所专家来郊区考察指导食用菌生产技术，并与企业负责人和技术人员深入交谈，详细了解郊区食用菌种植基地生产、加工、销售等情况，并现场普及了病虫害防治、控温通风、反季种植等技术，赠送了200余册科技书籍。专家们表示愿意在食用菌新品种、新技术、新工艺等方面与郊区加强交流合作，建议菇农要创新思路，加强宣传，加快引进技术人才，提升食用菌产业的规模化、集约化、标准化水平，依靠科技支撑，打造自己的食用菌品牌，促进全区食用菌产业的快速、健康发展。全年8家企业分别与山西农大、省农科院、山西工程技术学院签订了“产学研”合作协议。（武存贵）

【组团参加省市引进技术专场（上海）对接会】 在对接会上，郊区考察团积极开展先进技术引进项目对接活动，分别与上海世兆新能源科技有限公司、中国电力新能源发展有限公司在新技术、新能源领域签订了总投资额达6.8亿元的合作意向书。其间，考察团对耐耐云商科技有限公司、中国电力新能源发展有限公司进行了考察。（武存贵）

【知识产权保护】 为进一步推进郊区专利工作，提高专利申请的数量和质量，促进自主知识产权保护和转化工作，区科技局举办了专利知识培训班，邀请了山西五维专利事务所专家就专利的基本概念、特点、种类，专利权的保护范围、期限、终止等方面的知识进行了深入的讲解。并与参加培训人员进行了互动交流，对专利申报过程中遇到的问题进行了详细解答与指导。积极开展专利服务企业行活动，邀请相关部门及专家深入企业进行实地专利申报指导服务，提升了企业专利工作意识，推动了科技成果有效转化。2016年，全区专利申请量397件，专利授权68件，有效发明专利19项，争取市级专利扶持资金8.34万余元，发放专利资助金25.01万元。　（武存贵）

【农村技术承包】　积极探索科技服务“三农”的有效途径，开展了科技特派员服务行动，为实现专业技术人才价值体现和科技成果转化、产业提档升级、人民群众致富共赢的“四个一”目标，即转化推广一批实用技术，发展壮大一批特色产业，建立健全一套服务体系，培养造就一批致富典型奠定了坚实基础。区科技局与各乡镇、区直有关部门密切配合，先后开展了蔬菜种植、果树栽培、农业技术、专利及知识产权保护、科技项目申报等科技知识培训20余场次，培训人数达2.2万人次。积极利用科技活动周、知识产权月等活动，发放科普宣传资料，赠送科技书刊，广泛开展各种科技宣传活动，努力营造全社会重视科技、支持创新的良好氛围。邀请省农科院果树研究所专家一行六人分别到旧街乡虎峪村、西南舁乡大西庄、王家庄村、河底镇五架山村等地进行了就玉露香梨、葡萄、苹果、樱桃等品种的种植技术考察指导，全区三个乡镇四个村的近百户果农参加了实地培训。

全区共组织申报农村技术承包计划13项，得到上级扶持资金3.6万元。其中种植业类4项，林果业类5项，养殖业类4项。种植业类有：特色莲藕种植技术承包、连翘的高产优产栽培技术推广、果园生草技术承包、优质双孢蘑菇生产栽培技术承包。林果业类有：根宝蘸根造林技术、红富士苹果夏季综合修剪技术、玉露香梨栽培技术承包、樱桃栽培技术承包、核桃种植示范场技术承包项目。养殖业类有：生猪科学化繁育集成技术承包、虹鳟鱼养殖基地技术承包项目、肉鸡养殖示范场技术承包项目、贵妃鸡林下养殖中的中药应用技术。　（武存贵）

【科技孵化器】　为进一步完善郊区科技孵化器服务功能，区政府组织区相关部门及部分企业负责人赴“上海小马创业村”“青岛农湾孵化器”等地考察孵化器建设情况，学习借鉴先进地区科技孵化器建设的先进经验和管理模式。聘请创业导师，开展创业项目路演，为企业在市场定位、营销策略、形象推广等方面提出发展性的意见和建议。同时，积极加强沟通交流，与阳泉市高新技术创业服务中心初步达成合作意向，借鉴其运行经验，整合各类创新资源，提升了万新科技孵化器的服务能力。由万新科技孵化器有限公司建设运营的郊区众创空间服务基地被认定为阳泉市首批众创空间。此外，积极帮助阳泉市农湾孵化器有限公司在本地的建设，已完成工商相关注册工作。随着两家孵化器的逐步建成运营，郊区将形成集工业、农业的孵化系统，为全区的中小微企业提供支持和服务。　（武存贵）

【科技成果推广】　2014年至2016年，全区三家企业共7项科技成果经专家评审、市科技进步奖评审委员会核准，获得阳泉市科技进步奖。其中：阳泉天隆工程材料有限公司的早强型高水充填材料获应用研究获一等奖、A型自应力硫酸盐水泥、SAC快硬高强胶凝材料获应用研究获三等奖。阳泉八方电气有限公司的矿用本质安全型直流电源获应用研究二等奖，矿用本质安全型超薄灯箱获应用研究三等奖。阳泉市林云绿化有限责任公司与区林业局共同承担的智能连栋温室穴盘育苗技术经省内专家鉴定达到国内领先水平，荣获阳泉市科技进步应用研究二等奖，太行山石质山地造林综合配套技术示范推广项目荣获阳泉市科技进步成果推广及产业化二等奖。　（武存贵）

防震减灾

【进一步完善机构建设】　成立了由区政府副区长段拥军为组长，区武装部政委封士进、区政府办公室主任史慧明、监察局局长赵红卫、民政局局长王文清、地震局局长王建荣为副组长，区直各相关部门参加的防震减灾工作领导组，领导组下设办公室，办公室设在区地震局。根据区委、区政府关于推行“党政同责、权责到人”工作管理模式实施方案精神，制定防震减灾方案，完成“一图、二单、三制度”工作任务。同时，结合区地震局实际，制定了机关效能建设制度，即首问责任制度、限时办结制度、服务承诺制、政务公开制、否定报备制度、效能考评制度、效能责任追究制度、监督反馈制度、工作补位制度等。　（王　瑛）

【强化日常监测与管理】　区地震部门扎实做好震情分析与监视跟踪，始终坚持24小时监测值班制度，实时开展震情监控工作。邀请省、市地震局专业人员对郊区选址地点进行测量测绘，最后确定区地震局锅炉房和荫营二中两个点为《国家地震烈度速报与预警工程》项目，并于年底前投入使用。同时，加强监测台站的运行管理，推进“一县一台”建设。6月3日，邀请市局专家到区荫营小庄村地震监测台站、台网进行检查。10月8日市地震局调研组一行到小庄村调研地电仪的运行情况。区地震局负责人就郊区地电仪安装、监测、运行情况进行了汇报。（王 瑛）

【严格审批制度规范抗震设计】 郊区继续强化抗震设防要求管理，深入开展《山西省建设工程抗震设防条例》和新一代《中国地震动参数区划图》的宣传贯彻与实施工作，通过组织多渠道、多形式的宣传，为全体防震减灾领导组成员单位发放新一代《中国地震动参数区划图》，推进了各行业抗震设计规范与新一代区划图的衔接。全年共审批12家建设工程。（王 瑛）

【完善应急预案全面排查隐患】 2016年，结合郊区气候变化、降雨量增加等因素，针对地震、地陷等地质灾害风险因素增加等情况，经区委、区政府以及地震、国土、水务等部门研究后，在全区开展了多次地质灾害隐患大排查，并对隐患较为突出的区域做出了相应的处理。同时，对全区8个乡镇及区直各相关部门的应急预案进行了相应修改。（王 瑛）

【履行监管职能确保抗震安全】 为切实做好建设工程抗震设防要求监督管理工作，郊区对于新建、扩建和改建的工程都要求必须严格执行各项设防条例，必须达到抗震设防要求。9月，开始对老旧房屋和基础设施进行抗震性能普查，依照相关政策法规对不符合抗震设防要求的上述设施勒令整改或拆除。继续深入农村开展地震安全防护工作，有计划、有针对性地开展震害预测、宣传、设防等基础性工作。并继续加强相关的监管工作，切实做到全区统筹，不留死角，将防震抗震工作落到实处。（王 瑛）

【广泛宣传演练提升实战能力】 积极组织开展“5·12”“7·28”防震减灾宣传工作，通过针对性宣传，提高重点区域、重点人群的防灾、减灾意识和能力。2016年全区申报了1所省级防震减灾科普示范学校、3所市级防震减灾科普示范学校。义井镇大阳泉村创建为农村民居地震安全示范工程。在全国第十五个安全月，郊区同山西煤销集团晋煤物流阳泉有限公司共同开展了地震应急疏散演练。7月26日，配合省市地震局进行地震速报演练。（王 瑛）

【精准扶贫工作】 根据区委、区政府的要求，积极组织党员干部到旧街乡入村入户、掌握村情、了解民意，实行接对子，精准帮扶。7月13日，区地震局及残联领导走访了旧街乡旧街村13户贫困户，针对精准扶贫工作和旧街乡书记进行了具体交流，扶贫工作取得了一定的成效，对特别贫困户进行进一步的帮扶工作。（王 瑛）

文体 传媒

文 化

【概况】 2016年，阳泉市郊区政府高度重视文化事业的发展，逐步加大对公益性文化事业的投入力度，努力构建区、乡、村三级公共文化服务体系，促进了文化事业的不断发展与繁荣。郊区在文化基础设施建设、队伍建设、群众文化活动开展、艺术创作、文化惠民工程、文化遗产保护和利用等方面都取得了显著成绩，极大地满足了居民群众的文化生活需要，全力推进“文化强区”建设。 （胡艳红）

【文化惠民活动聚人心】 为提高广大农民群众的文化素质，提升群众生活品质，让基层群众更好地享受文化发展成果。区文体广电局开展“送书下乡、文化惠民”活动，为郊区184个农家书屋补充更新出版物（含开发区托管的5个村），共计采购图书52个品种9568册；音像制品6个品种3128张；报刊1种184份，极大地丰富了农家书屋的藏书内容，拓宽了农民学习致富技能的渠道，满足了农民群众的精神文化需求。2016年实施电影放映工程，完成一村一月一场公益电影放映场次为2268场，为郊区6所寄宿制学校每所播放9场电影，播放爱国主义教育影片54场次，完成了全年的公益电影放映任务。 （胡艳红）

【基层文化建设取得丰硕成果】 郊区荫营镇任涛海家庭被国家新闻出版广电总局命名为第二届全国“书香之家”称号。 （胡艳红）

【阳泉市郊区文化馆免费培训活动卓有成效】 2016年，郊区文化馆继续加大免费开放力度，坚持按需培训、分类培训、注重实效三个工作原则，以“学得会、用得上、有实效”为出发点，坚持扩大免费开放培训门类，开设曲艺、声乐、瑜伽、广场舞、舞蹈编导、大众舞蹈、合唱、文化馆数字化管理培训等免费培训项目，组织开展各类文化艺术培训17期，参加培训人员达到了1000余人。培训人员范围涉及业余文艺团队、区直机关、企事业、学校、乡镇、农村等，不断拓展培训对象、延伸培训触角，满足了群众对艺术和文化的需求，丰富群众的文化生活，推动了群众文化发展。 （张蓉蓉）

【郊区文化馆免费开放群众文化活动与比赛大放光彩】 郊区文化馆以“开门办馆、文化惠民、坚持公益、保障权益”为宗旨，积极发挥“引导社会、教育人民、推动发展”的文化功能，不断拓宽活动渠道，丰富活动内容、创新活动方式，推动文化活动开展。2016年，区文化馆深入挖掘重大节庆活动和民族传统节日的文化内涵，让群众在潜移默化中学习革命历史，弘扬优秀传统文化，丰富精神文化生活。参与组织举办群众文化活动近51场，其中，郊区群众性文化活动共47场，郊区“激情郊区 百花迎春”春节群众文艺汇演、郊区（荫营镇）“激情郊区·闹元宵”民间艺术展演、郊区“群星风采”广场文化系列活动、《我们的旗帜》——阳泉市郊区庆祝中国共产党成立95周年暨纪念红军长征胜利80周年演唱会、阳泉市郊区庆祝中国共产党成立95周年暨纪念红军长征胜利80周年合唱比赛，活动规模大、内涵深、特色浓、节目精、参与广，以高度的文化自信唱响主旋律、传播正能量。组织参与市级文化活动比赛共4场，组织参加阳泉市2016年“百花迎春”群众文艺汇演、“梦圆群艺”阳泉市首届免费培训群众文化节目展演、组织参赛了阳泉市第二届曲艺大赛、“笑满山城”阳泉市首届搞笑大赛。郊区文化馆通过搭建学习互动、交流、娱乐的艺术平台，挖掘优秀作品，发现艺术人才，提升群众的艺术素养，活跃丰富群众的精神文化生活，充分展示郊区文化发展新成果，促进郊区文化建设。 （张蓉蓉）

【郊区文化馆群文创作硕果累累】 郊区文化馆鼓励区文艺编创人员、文艺爱好者深入基层体验生活，不断的创新、挖掘和拓展具有民族的、民俗的、民生的题材，创作出具有时代感、贴近群众生活、群众喜闻乐见的优秀作品教育群众、影响社会。2016年郊区文化馆主要以紧紧围绕全面深化改革、“中国梦”、“三个文化”实践及郊区激情文化建设主题进行创作，诗朗诵《诗画郊区》、小品《紧急碰头会》、迓鼓《迓鼓打出精气神》、河底鼓书《迁棚记》、小品《找工作》等紧扣时代主题、贴近人民群众感情的作品。张建英、郭晓宁歌曲联唱《乡音歌韵》荣获阳泉市“百花迎春”群众文艺汇演节目金奖；郭俊卿作词、李小明作曲，梁晓英、荆璐编排的赛兴秧歌《绿染赛兴满眼春》荣获阳泉市“百花迎春”群众文艺汇演节目金奖；郭俊卿编剧、李培军编舞的迓鼓《迓鼓打出精气神》荣获阳泉市“百花迎春”群众文艺汇演节目金奖和优秀创作奖；张建英、李健编排的舞蹈《花鼓情》荣获阳泉市“百花迎春”群众文艺汇演节目金奖；张秋成、张三虎创作，郭俊卿编剧，陈菲、高翔编导，李培军编舞情景剧《阳光之下》荣获阳泉市“百花迎春”群众文艺汇演节目银奖和优秀创作奖；李培军编创的歌舞说唱《告诉北京都挺好》荣获阳泉市“百花迎春”群众文艺汇演节目银奖；甄秉生编创的小品《买楼》荣获阳泉市“百花迎春”群众文艺汇演节目铜奖和优秀创作奖。（张蓉蓉）

【郊区图书馆组织开展全国科普日系列活动】 全国科普日期间，郊区图书馆组织开展以“创新放飞梦想·科技引领未来”为主题的全国科普日系列活动。通过在电子显示屏发布活动信息、活动主题，制作科普知识宣传版面，向到馆读者和过往群众普及科学知识、弘扬科学精神、传播科学思想、倡导科学方法，在全社会推动形成讲科学、爱科学、学科学、用科学的良好氛围；积极发挥图书馆科普教育阵地的作用，挑选一批科普图书在图书馆四楼阅览室举办专题书展，引导读者学习科学知识，掌握科学生活方式，促进全民科学素质跨越提高；树立“读者第一，服务至上”的服务宗旨和以读者为中心的服务理念，优化整合图书馆的文献资源以及各种服务项目，扩大图书借阅量，延长开馆时间，为读者营造舒适、宽松的人性化的借阅氛围。（薛文军）

【郊区图书馆组织开展“世界读书日”系列活动收到实效】 “4·23世界读书日”期间，郊区图书馆组织开展主题为“书香三晋·文化郊区”的阅读推广系列活动，积极宣传读书的意义，推动全民阅读工作的深入开展。设置宣传版面，介绍图书馆的职能和作用，传播读书的乐趣，倡导大家多读书，读好书，增强读书意识，提高文化素养；在馆内设立专架向读者推荐新采购的100余种图书，包括最新出版的文学艺术、医药保健、少儿读物等类型；联合郊区新华书店在图书馆（体育馆）大门东侧举办图书展销活动，优惠销售各类畅销书和学生学习辅导书，300余名各界群众参加了活动，销售各类图书200余册；在郊区上烟村小学举办了传统文化公益讲座，上烟小学的学生、老师和家长共40余人到场听讲；举办全区中小学生读书演讲比赛，演讲内容围绕“以书为友，快乐成长”主题，来自全区各中小学校的39名选手参加了比赛。（薛文军）

【郊区图书馆组织开展图书馆服务宣传周活动】 为深入贯彻落实李克强总理提出的“倡导全民阅读，普及科学知识，提高国民素质和社会文明程度”的精神，发挥图书馆作为阅读主阵地的作用，进一步拓展图书馆全民阅读工作的覆盖面和受众面，提高图书馆影响力。阳泉市郊区图书馆在2016年5月30日至6月5日组织开展了“阅读，从图书馆出发”为主题的图书馆服务宣传周活动。开展街头宣传活动。5月30日，在图书馆（体育馆）大楼门前摆放宣传版面，向过往行人发放宣传单，现场解答读者咨询。宣传倡导全民阅读的重要意义，介绍图书馆的服务职能和免费开放项目，吸引大众到图书馆阅读，推动全民阅读工作的深入开展。举办“馆店零距离，你选我来购”新书选购借阅活动。5月30至6月5日，郊区图书馆和郊区新华书店联合，将新华书店新进的畅销书、少儿图书搬进图书馆，让广大读者第一时间阅读到这些书籍。本次活动共购回150余种图书，包括小说、传记文学、历史故事、哲学著作、儿童读物，全部是新华书店最新的畅销书，很受读者欢迎。服务宣传周期间共有100余名读者参与“你选我购”新书选购借阅活动，现场外借新书70余册。（薛文军）

【郊区图书馆举办元宵节谜语竞猜活动】 为了弘扬民族传统文化，满足人民精神文化需求，丰富广大群众的节日文化生活，郊区图书馆举办了主题为“欢乐和谐过春节，文明喜庆闹元宵”的元宵节谜语竞猜活动。活动在郊区图书馆（体育馆）一楼大厅举行，从2016年2月20日（农历正月十三）至2016年2月22日（农历正月十五），为期三天，每天下午3点至5点，活动共设1000条谜语，正月十三至正月十五每天330条，每人每次限摘1条，现场猜谜，答对有奖，猜完即止。三天的猜谜活动中，共有各界群众和读者600余人踊跃参与活动，发放纪念品400余份。（薛文军）

【郊区图书馆再次受到山西省图书馆学会表彰】 山西省图书馆学会对全省各市县图书馆在2016年全民阅读活动中表现突出的单位进行了表彰，阳泉市郊区图书馆在2016年开展的全民阅读活动中，组织得力，富有创意，贡献突出，被评为“2016年全民阅读先进集体”和“2016年图书馆服务宣传周与科普宣传先进集体”。这是郊区图书馆连续四年受到省图书馆学会表彰。郊区图书馆按照“倡导全民阅读，建设书香社会”的要求，积极推动全民阅读和免费开放工作。在“世界读书日”“图书馆服务宣传周”和“全国科普日”等活动期间，组织开展了一系列形式多样的阅读推广宣传活动：组织街面宣传活动、开展新书推荐活动、举办国学大讲堂公益讲座、举办谜语竞猜活动、举办全区中小学生读书演讲比赛，开展“馆店零距离，你选我来购”新书选购借阅活动。通过这些活动，增强了群众的读书意识，弘扬了中国优秀的传统文化，丰富了群众的文化生活，营造了和谐的社会氛围。 （薛文军）

【郊区图书馆举办“近道入易”系列国学讲座】 2016年3月20日至12月25日，郊区图书馆联合郊区青少年活动中心举办了主题为“近道入易”系列国学讲座，邀请全国优秀教师、荫营中学的李丹霞老师讲授中国古代经典哲学名著《道德经》。每周日上午开讲，全年共举办33讲，郊区图书馆和郊区青少年活动中心的读者及群众1600余人到场听讲。通过宣讲国学经典，使优秀的传统文化得以继承和发扬，帮助大家运用哲学思想，解决现实生活中的问题，提高生活、工作、学习质量。（薛文军）

“非遗”保护

【概况】 2016年，阳泉市郊区非物质文化遗产保护工作按照文化部的统一部署，在省、市、区各级部门的正确领导下，在社会各界的大力支持和积极配合下，按照“保护为主、抢救第一、合理利用、传承发展”的保护工作方针，积极稳妥地推动郊区非物质文化遗产保护工作的开展，并取得了一些成果。 （张蔚然）

【建立区非物质文化遗产展厅】 2016年6月，郊区文化局建成郊区非物质文化遗产展厅，面积70余平方米。展厅内部分为视听区和展品区，视听区配备有电视、音响，循环播放介绍郊区非物质文化遗产项目，展品区展有珐花器、黑陶、砂货、铁货等非物质文化遗产代表性作品百余件。非物质文化遗产展厅收藏展示的品类大多是郊区具有代表性的非物质文化遗产作品，通过集中展示的形式体现郊区近年来非物质文化遗产保护工作的成果，进一步增强参观者的非物质文化遗产保护意识。 （张蔚然）

【第三批市级非物质文化遗产名录申报成功】 2016年6月，阳泉市郊区文化局、区非物质文化遗产保护中心申报的《阳泉民用铸铁技艺》《河下冯氏正骨》《瓦花制作技艺》《传统面塑》等8个非物质文化遗产项目，经阳泉市人民政府公布，成为第三批市级非物质文化遗产名录。 （张蔚然）

文化执法

【概况】 2016年，本区继续深入开展文化市场监管工作，严厉打击各类违法违规行为，全区文化市场繁荣发展，经营秩序平稳有序。全年共出动执法人员1797人次，检查经营单位599家次，下达责令改正通知书20份，查缴非法出版物55册，办理举报9件，督办4件，办理行政处罚案件8件。先后在“三节”“两会”、寒假、国庆、暑假等重大节日、重要节点组织开展各类文化市场、新闻出版专项整治行动10余次，组织开展了2016年“净网”“清源”“秋风”“固边”“护苗” 五大专项行动。同时，不断提高执法规范化、标准化水平，制定了《文化市场举报督办制度》《行政处罚流程图》《日常检查流程图》《举报办理流程图》；不断强化执法队伍建设。5至12月先后参加“省文化市场综合执法业务培训班”“市文化市场以案施训培训班”等上级部门业务培训共5次，参训人员8人次，集中学习了文化、演出、网络文化、新闻出版等领域的执法实务、先进地市执法经验。与经营业主签订《2016安全经营责任书》，组织开展法律法规和安全培训6次，受益人员109人次。 （刘丽琴）

【试行推广“双随机一公开”检查方式】 2016年8月，区文化市场综合行政执法队研究制定了《郊区推广文化市场“双随机”抽查，规范事中事后监管工作实施方案》。在郊区政府网公布了《随机抽查事项清单》《市场主体名录库》《执法人员名录库》，并按照方案组织开展双随机检查工作。局领导和执法队人员组成检查人员，摇号随机抽取检查对象，对“不放心”企业、城乡接合部、学校周边的文化市场经营主体、群众举报多违规行为高发的文化经营场所提高抽查频次和抽中概率，在重大节假日、寒暑假等重要节点，提高抽查频次和抽中概率，建立《双随机检查台账》，并及时将检查和处置结果报送市执法大队和“文化市场技术监管与服务平台”，确保“双随机”检查活动的公平、公正和公开。 （刘丽琴）

【实现文化市场安全生产ABC分级分类监管】 2016年12月，执法队制定《郊区文化市场安全生产ABC分级监管办法》，对52家经营单位逐一打分、定级，区别监管方式，其中25家打字复印店列入A级“放心”经营单位，6家接受过处罚和举报的网吧列入C级“不放心”经营单位，其余检查记录较好的21家企业列入B 级“较好”经营单位。分级后，建立文化市场“一户一档”基础数据库，实施信用分类监管，C级企业作为重点监管对象，通过加大检查频次和处罚力度对其监管，A级企业以自查为主抽查为辅，对于B级企业，主要通过随机抽查，排查隐患，通过建立文化市场安全生产A、B、C分级分类监管模式，强化了企业安全生产自查自纠意识，落实了经营单位的安全生产主体责任。（刘丽琴）

【规范权力运行提升服务质量】 郊区文化局依据法律法规，结合编制权力清单、责任清单以及规范行政审批行为等相关工作，对文化体育类公共服务事项进行全面梳理，列出目录并实行动态调整。以创业创新需求为导向，明确有关政策支持、法律和信息咨询、知识产权保护等服务事项，以公共服务公平、可及为目标，对所有文化体育类公共服务事项逐项编制办事指南，列明办理依据、基本流程、申请材料、办理时限、咨询方式等内容，并细化到每个环节。所有事项目录和办事指南等通过政府网站、宣传手册等形式向社会公开。（王忠生）

【三项措施提高行政许可工作服务水平】 2016年，郊区文化局加大服务力度，通过三项措施全面提高行政许可服务水平。一是按照相关管理规定和廉洁高效的原则，对行政许可事项进行受理、审核，然后提交局行政办公会议讨论决定，在规定时限内完成行政许可程序，并将许可结果及时反馈给当事人。在许可过程中，既坚持依法办事，又灵活机动。进一步完善公示听证办法，完善了“一门受理、统筹协调、规范许可、限时办结”的运作方式。对符合办证条件的，严格按规定时限办理，尽量为申请人提供力所能及的方便；对资料不齐全的，及时启用《“容缺受理”“容缺审查”制度》，除当面给予详细指导外，还出具《行政审批告知书》，以书面形式告知申请人需要提交的资料，让申请人能够及时、准确地补齐办证资料。二是结合机关行政效能建设，先后制定了《行政许可服务窗口超时默认制度》《行政许可监督管理制度》《窗口首问负责制》《一次性告知制度》《公开服务承诺书》《“容缺受理”“容缺审查”制度》等相关制度，将事前、事中、事后监督有机结合起来，促进了行政许可工作依法、有序开展。三是按照建设法治政府、阳光政府、廉洁政府、服务型政府的要求，进一步简化优化公共服务流程，提高公共服务质量和效率，方便基层群众办事创业，更好地推动大众创业、万众创新，郊区文化局推进简政放权的工作经验，经省文化厅报送省审改办，将汇编《深化行政审批制度改革，推行清单制度经验案例》集册，在全省推广。（王忠生）

体　育

【概况】 2016年是“十三五”开局之年，一年来，郊区始终以发展和繁荣体育事业为主线，以服从大局、服务经济建设为出发点，制定下发并大力贯彻《全民健身计划（2016—2020年）》，积极组织开展各项全民健身活动，进一步创新思路，整合资源，不断加强公共体育基础设施建设，全力推动全区体育事业发展打开新局面。（杨满喜）

【制定《阳泉市郊区全民健身实施计划》】 “十二五”期间，在区委、区政府的统一领导下，在各级政府、各有关部门和社会各界的共同努力下，郊区体育事业蓬勃发展，体育健身设施遍布乡村，公共服务体系基本形成，为提供更加完备的公共体育服务、建设体育强区奠定坚实基础。“十三五”时期，为进一步推进全民健身事业，更加广泛地开展全民健身运动，构建更加完善、惠及全区人民的全民健身公共服务体系，根据《全民健身条例》《全民健身计划（2016—2020年）》《山西省全民健身实施计划（2016—2020年）》精神，郊区文体局结合郊区实际，制定《阳泉市郊区全民健身实施计划（2016—2020年）》。计划从全民健康素质、健身场地设施，全民健身组织、全民健身活动等方面提出了发展目标，并为达到目标布置了营造全民健身文化氛围、完善全民健身服务设施、强化全民健身组织力量、促进全民健身均衡发展、加快全民健身多元融合、打造全民健身品牌活动等六项具体任务，为“十三五”期间全区的全民健身活动发展提供了行动指南。（杨满喜）

【打造区级群众体育品牌活动】 为丰富群众体育活动，大力推进《阳泉市郊区全民健身实施计划（2016—2020年）》，郊区文体局先后主办郊区迎新春乒乓球联谊邀请赛、郊区“户外一天”春季全民健身活动、2016年中学生篮球赛、郊区第三届登高健步走活动、郊区2016年羽毛球联赛、“8·8全民健身日”体育舞蹈、太极拳等展演活动、郊区2016年教职工羽毛球比赛、阳泉市郊区第三届职工羽毛球比赛，承办第二届山西省“阳泉桃花盛开杯”桥牌公开团体赛，致力于打造一系列区级群众体育品牌活动。体育活动丰富多彩，参与人数逾万人，参赛群众涵盖老、中、青三代，积极响应了国家“健康中国”的号召，体现了郊区“人人参

与、天天健身、天天快乐”的健康理念。（杨满喜）

【基层镇村群众体育活动遍地开】郊区文体局大力提倡基层镇村因地制宜、因时制宜的开展全民健身活动。一是“三节”期间的群众性节日体育活动。李家庄乡机关拱猪比赛、杨家庄乡桐花树村的扑克比赛、荫营镇三都村的农民运动会、东梁庄的体育趣味赛、下烟村的乒乓球和扑克比赛以及义井镇的迎新春拔河比赛等活动。二是重要节日的群众性体育活动。在“三八”国际妇女节之际，平坦镇北垴村举办了趣味运动会、河底镇举办了妇女体育活动等。三是旅游日期间群众体育活动，近年来随着郊区旅游的快速发展，体育活动也成为旅游业日的一大亮点，如：旧街乡第二届“文化旅游年”期间的钓鱼、自行车比赛；义井镇小河村2016年乡村旅游年的健步走、钓鱼、骑行表演；平坦镇“桃花节”期间的摩托人表演赛等体育活动。四是日常的群众体育活动。基层利用社会时节举办广场舞表演、拔河、体育运动会、趣味运动会、乒乓球、篮球等群众体育活动，同时还有极具地方特色的霸王鞭、迓鼓、舞龙舞狮、跑马昆等体育表演活动。五是基层社会体育团体的群众体育活动。郊区的乒乓球协会、羽毛球协会、篮球协会、毽球协会、太极拳协会、老年人体育协会等社会团体，共举办各类群众体育健身比赛和活动10余次。（杨满喜）

【体育工作成绩突出】3月18日，在阳泉市2016年体育工作会上，郊区文体局被评为2014—2015年度体育工作先进集体、2011—2015年度体育彩票销售优秀集体，旧街乡被评为支持体育事业先进集体，杨满喜、梁爱民被评为体育工作先进个人，张三虎被评为支持体育事业先进个人。（杨满喜）

【民间体育组织发展迅速】郊区文体局推动体育协会从无到有、从临时组建走向规范运行，相继成立了区老年体协、市体育舞蹈协会郊区分会、市太极拳协会郊区分会、区乒乓球、羽毛球、篮球协会等民间体育社团（区广场舞协会、区象棋协会正在筹建中）。积极发挥协会作用，组织举办郊区乒乓球联赛等赛事，人民群众参与热情空前高涨，各项活动、赛事覆盖范围不断扩大到全市，数万人参与比赛，逐步形成了“羽毛球俱乐部联赛”“全区乒乓球比赛”等品牌赛事。（杨满喜）

【完善体育场地设施】根据《关于2015年山西省公共体育设施进公园广场试点工程进行器材配置的通知》的文件精神，建设十五分钟健身圈，郊区文体局向西南舁乡东林尖村、河底镇东村村、平坦镇石卜咀村、魏家峪村和龙泉锦园社区、李家庄乡甄家庄村、荫营镇上白泉村、杨家庄乡黑土岩村发放了体育健身器材，每村发放篮球架1副、乒乓球台2张、健身器材12件；同时根据市体育局体育器材配送的要求，对全区乡镇、村的体育健身器材进行了摸底，并按照器材配送条件，填写并上报了《阳泉市全民健身项目申报表》。（杨满喜）

【启动体育产业专项调查】按照全国、省、市的要求，结合工作实际，科学安排，在时间紧、任务重、类别多的情况下，本区及时着手启动了辖区体育产业统计专项调查工作。本次调查范围以《国家体育产业统计分类》为基础，采用全面调查、抽样调查、典型调查以及部门行政记录相结合的方法，对体育管理活动、体育竞赛表演活动等十一个类别规定行业范围内的法人单位基本属性、从业人员、财务状况、生产经营情况等进行了全面调查。经过第一阶段对目录库总共70家、其他行政记录2家的不同方式调查、核实、统计、删减后，名录库创建单位基本情况统计工作已基本结束。筛选建立了名录库共22家，为全面完成此项工作奠定了坚实基础。通过相关体育产业统计专项调查统计数据，提供全面系统、真实可靠的统计信息支持，为体育产业的发展争取政策环境。（王忠生）

广播电视

【概况】在区委、区政府的坚强领导下，郊区广播电视台紧扣“努力走好‘三条路’、率先打造城乡统筹示范区”的主题，弘扬主旋律，凝聚正能量，讲好郊区故事，提升郊区形象，使新闻宣传工作取了新的成绩：《郊区新闻》节目共播发新闻1398条；为配合重点工作，先后开辟专栏22个；在市台开设的《郊区新闻》栏目播发98期；专题节目《百姓聚焦》共播出43期，《乡村记事》播出7期，《民生直通车》播出7期；有6件作品分获省级、市级广播电视奖；大力强化安全播出管理，确保实现了各套转播节目和自办节目的安全优质播出；精准扶贫工作取得阶段性成绩。（夏先贵）

【专栏开设】为配合全区重点工作，在新闻节目中先后开辟《区九次党代会报告摘要》《区委八届六次全会报告解读》《贯彻区三干会精神访谈》等22个专栏，使区委、区政府的重要决策深入人心；开辟《聚焦重点工程》《八件实事暖人心》专栏，促进全年目标任务的完成；开辟了《学讲话·见行动》《十八届六中全会精神解读》《脱贫攻坚进行时》《夯党建 惠民生》《双百千部下基层，激情干事抓落实》《聚焦“冬季行动”》《坚决打赢环保攻坚战》《安全生产在基层》等专栏，展现了全区经济社会的巨

大进步和发展变化。（夏先贵）

【市台窗口】 2016年，郊区广播电视台在市台开设的《郊区新闻》栏目共发稿98期，备受关注，反响良好。为进一步提高节目质量，还对外采记者开展摄像构图、用光等技能专业培训，提高了节目质量，为讲好郊区故事、展示郊区对外新形象做出了新的努力。（夏先贵）

【专题栏目】 郊区广播电视台以民计民生为主题，致力于栏目创新，在3月底推出新的专题节目《百姓聚焦》，每周一期，到年底共播出43期，主要播出“筑牢农村基层党建基石、产业富民、服务群众、精准扶贫，民主治村、美丽宜居乡村建设”等的内容深度报道，备受全区广大观众瞩目。（夏先贵）

【装备更新】 2017年，郊区广播电视台千方百计争取资金，先后购置了高清编码器、转换器、复用器、专业监视器、高清数字摄像机、调制器等高清数字设备，使采集、编辑、制作、播放各环节全部实现数字高清化，这在全市两级广电媒体中尚为首家。（夏先贵）

【安全播出】 安全播出是广播电视新闻宣传的生命线，郊区广播电视台大力强化政治意识和责任意识，严守宣传纪律，做到严格值机管理，严防非法信号干扰；加强设备管理，确保运行安全；强化播出管理，环环严格把关；确保了全国“两会”期间上级台广电节目的安全优质转播和全年自办节目的安全优质播出。（夏先贵）

【精准扶贫】 按照区委、区政府安排，郊区广播电视台包点精准帮扶西南舁乡西南舁村18户、38人的脱贫工作。台领导班子深入贫困户家中摸底调查，制定扶贫计划；采取以发展苹果种植为主、劳务输出为辅的方法，将包扶责任落实到每名党员头上。同时，克服资金短缺的困难，为该村捐赠4000元苗木款。到2016年年底，有10户22人脱贫，其余8户16人已有具体的脱贫措施。（夏先贵）

新闻报道

【概况】 阳泉郊区编辑部原为阳泉郊区报社，1991年4月成立，区委直属事业单位，2004年2月更名为阳泉郊区编辑部，主要职责是编辑出版区委机关报《郊区周刊》。设总编室、副总编室、记者室、编辑室、办公室、财务室等工作机构。《郊区周刊》原为《阳泉郊区报》，1990年创刊，周一刊四开四版综合性报刊，1991年省出版局批准为正式出版物。1994年增为周二刊，2002年1月增为周三刊。2004年1月，《阳泉郊区报》更名为《阳泉郊区》，由公开发行转为内部赠阅。2013年4月，《阳泉郊区》改扩版为对开大版的《阳泉日报·郊区周刊》，每周三出版，在全市范围内发行，期出版发行量2.3万份。报纸的版面设置为：一版为要闻版，主要刊登全区的重大决策、重要新闻，固定宣传栏目有“来自重点项目和重点工程的报道”“今日视点”“记者新观察”等；二版为综合新闻版，主要刊登全区各级各单位各部门、各方面工作经验性、典型性、进展性的新闻宣传报道，主要栏目有“短评”“曝光台”“舆论监督”等，并根据形势和工作的需要开设必要的宣传栏目；三版为文学副刊版，主要刊登区内外文学艺术爱好者及文化界人士的各类文学文章，主要栏目和陆续开办的栏目有“玉泉山”“七彩生活”“健康天地”“法制园地”“为您服务”等；四版为理论专刊、形象展示版和专页，主要刊登各级领导干部的署名文章，区、乡镇、村形象展示方面的内容，并设有“故乡风情”“人物故事”两个专栏，主要刊登区内历史文化、风俗人情以及社会和基层群众关注的热点、焦点的宣传报道。截至2016年12月31日，共出版2802期。改扩版为《郊区周刊》后，舆论影响力扩大，是全区主要的新闻媒体之一。（孙志强）

【报纸进行版面改革】 为适应宣传工作新形势的需要，阳泉郊区编辑部于2016年8月中旬对《阳泉日报·郊区周刊》进行版面改革。一是邀请市报社、阳泉日报驻郊区记者站专业人员对《郊区周刊》编辑部采编人员进行了为期两周的业务培训和工作指导。二是版面改革遵循“端庄大气、突出重点、统筹兼顾”的原则，重新设计更换了《郊区周刊》报头，对版面整体策划、稿件处理、编排流程进行了大幅度调整和改进。三是严格执行市委办公厅、市政府办公厅《关于改进作风、规范新闻报道的实施办法》，实行新闻稿件“逐级审核制”“领导调研、重大活动通稿制”、标题新闻等一系列新闻报道调整和改革，使报纸整体形象得以改观，新闻采访报道的规范性、实效性得到增强。（孙志强）

对外宣传

【概况】 郊区新闻办公室紧紧围绕区委、区政府中心工作、重点工作，积极接待上级媒体记者，组织开展外宣工作；协调全区重大新闻报道，统一宣传报道口径；组织进行突发事件的应对及新闻发布（建立新闻发言人制度）等，使舆论监督工作顺利开展。本部门的职能作用得到充分发挥，为全区经济社会又好又快发展营造浓厚的舆论氛围，有效提升了郊区良好的对外形象。（高　金）

【外宣工作成绩显著，有效提升郊

区对外形象】 2016 年，接待区外媒体记者 560 余人次，外宣总数达 1174 条。1 月 14 日，人民网刊登《小秤砣何以压千斤》；2 月 19 日，《人民日报》记者调查栏目整版刊登《山西阳泉郊区织密权力“围栏”选好管严乡村干部 乡村治理：这里的“村官”撑起一片天》；2 月 20 日，《山西日报》整版转载，2 月 21 日，省委书记王儒林作出批示，2 月 29 日，省委宣传部下发文件，要求省级媒体尽快推出系列报道，并配发本台评论。2 月 29 日，《山西新闻联播》头条摘要播出《这里的“村官”撑起一片天》。3 月 8 日，《山西经济日报·深度观察》专栏整版刊登《聚焦阳泉郊区转型发展：富民强区离我们有多远》；3 月 25 日至 27 日，《阳泉日报》要闻版连续刊登了郊区转型的探索与实践系列报道：《红旗村的示范》《“吏治风暴 3 加 2”正风肃纪》《创新注入新动力》。“走进山西看发展”—第十一届全国百家网络媒体山西行大型采访团、“中国民航带您看山西”采访团、山西农村广播、山西广播电视报新春走基层暨广播惠农全国“农广”小分队走村大行动，相继到郊区进行采访报道。 （高 金）

【把“记者节”主题活动作为提升记者素质的节点来打造】 开展《让初心照亮远方》的主题活动。拔河、绑腿跑等趣味运动，彰显团结就是力量；颁发《中国新闻奖作品选》专业书籍，建设学习型新闻队伍；首次表彰“优秀新闻工作者”，并请他们交流业务工作的点滴感悟，畅谈采编路上的酸甜苦辣。让大家始终不忘初心，牢记职责与使命，做“党的政策主张的传播者、时代风云的记录者、社会进步的推动者、公平正义的守望者”。 （高 金）

网络信息

【概况】 2016 年，郊区信息网络中心围绕电子政务发展新要求，进一步提升了政府网站建设、网络维护、信息公开平台建设、信息参考编发、网络舆情浏览等工作效能。国办对政府网站继续进行常态化监测，按季报通不合格网站，网站栏目更新更加常态化。加强了上网行为安全管理，确保了全年信息网络运行安全。 （马远航）

【网站整改】 3 月，对全区的政府网站进行摸底。之后，对照 5 个大类、22 个小类细项，进行认真自查，并不断适时测评，及时改正。通过 3 次大整改，经 4 次抽查，没有列为不合格的网站。网站增设政府权责清单一级栏目，并协调上传信息。开设“我为政府网站找错”入口，增设央网信息一级栏目。网站栏目更新更加常态化。（马远航）

【信息服务】 在网站栏目更新常态化工作中，完善日志登记，网站更新 3476 条，同比增长 7%。对信息公开平台的页面设置进行 3 次修改完善。特别是对重点领域的工作进行细化，推进规范化建设。全年信息公开 2900 条。坚持浏览网络舆情，实行零报告制度。全年编发《网络舆情摘编》252 期。加强与政府办、宣传部、纪检委的协同配合。全年编发《信息参考》20 期。对权威学者、部位官员言论持续关注摘编，力求传递新理念、新思路、新理论，服务决策参考。（马远航）

【安全管理】 按照公安网监、网信办的要求，完成信息关键基础设施的基本信息摸底，加强上网行为安全管理。采购机房拓展的光交换机、网口交换机、收发器和模块设施。同时，根据楼内办公室的调整，又对 MC 地址和 IP 地址进行一对一登记备案，确保全年信息网络运行安全。 （马远航）

卫生 计划生育

卫 生

【概况】 2016年，全区各级医疗机构230个，综合性医院7所，其中区级公立医院1所，为郊区人民医院（二级甲等），职工医院1所，厂矿医院2所，私立医院3所。全区共有乡镇卫生院8个，分院5个，村卫生所179个，社区卫生服务中心1个，社区卫生服务站3个，自愿戒毒所（民营）1个，厂矿、个人诊所23个。乡镇卫生院（含分院），职工共计219人，卫生专业技术人员199人，其中副高以上职称7人，中级职称65人，初级职称127人。拥有床位490张。村级医务人员共331人，其中执业（助理）医师以上67人、乡村医生262人、执业护士2人。（张 涛）

【医政药政工作规范开展】 医政方面，严格医疗准入管理。完成医师执业注册11人，变更注册67人，多点执业4人；完成了9个个体中医诊所（门诊部）登记注册发证工作。进一步加强医疗质量管理。配合市院感管理、血液透析、口腔门诊专项督导检查整治活动，对重点科室进行严格细致检查，并对整改情况进行跟踪督导，在全区开展了医疗机构出租承包科室和违规开展医疗技术排查工作，及时发现和纠正工作中存在的问题，确保临床用血安全。加强特色科室建设。确定李家庄乡卫生院、西南舁乡卫生院为试点单位。自2017年起逐步推开，力争用2～3年左右时间覆盖全区60%的乡镇卫生院。（张 涛）

【基层卫生服务能力不断提升】 继续开展二级以上医疗卫生机构对口支援乡镇卫生院工作，协调支援与受援单位签订支援协议，组织两方单位就项目开展情况进行了交流，使对口支援工作有条不紊地开展。着手建设群众满意乡镇卫生院，李家庄乡卫生院和荫营镇卫生院、杨家庄乡卫生院分别完成了国家级和省级群众满意的乡镇卫生院的申报。严格按照“省级招标、免费配送、乡镇管理、村医使用”的原则，为全区8个乡镇、65个村卫生室配备健康一体机65台，进一步提高了村卫生室的医疗服务能力。（张 涛）

【公共卫生服务均等化工作成绩突出】 市卫计委和市财政局联合对2015年度基本公共卫生服务项目实施情况进行了考核，郊区排名全市第一，并获得省级30万元、市级7.5万元的奖励。（张 涛）

【村卫生所建设工作基本完工】 2015年年底，全区167个村卫生所建设在招标后，于春节期间按时开工。经过近3个月的紧张施工，除去19个村卫生所因拆迁或新建等原因无法施工外，其余村卫生所改建工作基本完成。（张 涛）

【新农合工作有条不紊】 2016年，审核各乡镇卫生院门诊补偿费用、慢性病补偿费用共计149629人次，总费用750.95万元，补偿费用474.82万元。审核各定点医院1至10月份住院补偿垫付费用共计7453多人次，总费用6254.09万元，补偿费用2962.27万元。审核参合患者辖区外1—10月住院医药费用共计1062人次，总费用3001.23万元，补偿费用592.8万元。备案登记参合患者1—10月住院转诊急诊市外403人次，市级1119人次，急诊959人次。（张 涛）

【爱国卫生工作深入开展】 2016年，下发《阳泉市郊区2015至2017年农村改厕实施方案》《阳泉市郊区2016年农村改厕工作方案》，在对全区农村厕所进行了摸底的同时，强化责任，明确任务，广泛开展爱国卫生宣传活动。在荫营广场进行了“灭蚊防病，健康你我”为主题的场地宣传，发放宣传资料300余份，并进行了义诊。组织全区各单位统一开展了以“清洁家园，灭蚊防病”为主题的爱国卫生清洁行动，共出动职工4430人、清运车37辆，清理垃圾935吨，下水管道200余米，墙体小广告850余张，清理面积共计达19.13万平方米。（张 涛）

【积极开展健康扶贫工作】 10月23日，区卫计局制定并印发了《阳泉市郊区开展健康扶贫“五个一”活动实施方案》，为因病返贫的贫困户送一本健康手册、做一次健康体检、开一个治病处方、留一个医生电话、签一份服务协议书，开展了为期一周的健康扶贫集中活动。全区5个乡镇36个村，应入户数361户747人，实际入户235户371人。已进驻的村未完成117户353人，外出不在261人，不愿意体检73人，死亡19人。西南舁乡9户23人因修路断路，未能进村。（张 涛）

【精准扶贫扎实到位】 2016年，区卫计局对西南舁乡郊山村包户帮扶。以村卫生所改造工程为抓手，完成村卫生所屋顶改造工作，室内、门窗仍在修建中。拨款一万元为卫生所进行医疗器械支援，完善医疗设备。落实精准健康扶贫工作，为建档立卡的贫困户进行健康体检共计24户64人。卫计局党员、干部与郊山村村民进行一对一结对包户帮扶，更好地了解贫困户的情况，制定相应的帮扶措施帮助脱贫。党员还积极自发捐款5000元，慰问郊山村贫困户。（张 涛）

【监督执法力度不断加大】 重点抓好打击非法行医和学校卫生以及疫苗管理监督检查工作。至10月底，出动车辆32台次，出动监督员126人次，巡查员804人次。共检查医疗机构42家，巡查201家，提出监督意见书42份。对全区191个疫苗接种点进行全面整顿，督促指导接种点建立管理制度，组织专业培训。（张 涛）

【强化“四种意识”发挥“七大职能”】 区疾控中心以中共十八届五中、六中全会精神为指引，在政治上坚定信念，强化“四种意识”，在工作上务求实效，发挥“七大职能”，按照区委、区政府对本部门的工作要求，认真贯彻执行省、市卫生工作会议精神，遵循“以人为本，预防为主”的卫生工作方针，在重大疾病预防、基本公共卫生服务项目推进、各类突发公共卫生事件的应急处置、结核病防控、免疫规划建设、食源性疾病监测等方面都取得了良好效果。（马 鑫）

【狠抓传染病监测管理】 区疾控中心依据《中华人民共和国传染病防治法》，狠抓传染病监测管理工作，及时收集相关疫情信息，采取有效措施，控制传染病流行。同时，充分发挥传染病监测和网络直报系统作用，提高监测工作的准确性、敏感性、及时性，传染病报告及传染病发病率均达到国家要求。2016年共报告法定传染病1169例、其他传染病81例。其中法定传染病艾滋病3例、HIV8例、病毒性肝炎295例、麻疹1例、出血热1例、细菌性痢疾36例、乙脑1例、肺结核93例、猩红热23例、布病18例、淋病3例、梅毒87例、流行性感冒111例、流行性腮腺炎28例、急性出血性结膜炎2例、其他感染性腹泻375例、手足口病81例、黑热病3例；其他传染病中水痘66例、非淋菌性尿道炎3例、结核性胸膜炎7例、生殖道沙眼衣原体感染1例、尖锐湿疣3例、其他1例。全年共完成疟疾“三热”病人血检人数176人，完成全年血检人数的100%，均未发现阳性病例。完成1950—2015年疟疾防治情况汇总工作。

2月中旬与9月上旬，对辖区9所医疗机构的传染病管理进行了督导，对存在问题的医疗单位提出了整改建议。2016年全区范围内共发生18例布病病例与3例黑热病病例，中心均及时进行了相应的流行病学调查处理，疫源地消毒、消杀等处置措施。同时广泛开展布病、黑热病防治知识宣传教育，让群众充分了解，达到从源头上消除的目的。做到了疫情的规范有效处置。9月处理了荫营镇发生的一起乙脑疫情，按规定进行了初次报告、进程报告、结案报告。（马 鑫）

【艾滋病、梅毒防治工作扎实开展】 根据《山西省2016年中央补助艾滋病防治项目资金分配方案》的要求，由疾控中心责成两名艾滋病防治专业技术人员，深入到娱乐场所，对女性服务工作者进行艾滋病防治知识宣传及行为干预119人次，发放宣传资料390余份、安全套2100只。对管理的29名艾滋病病毒感染者和病人按要求定期随访80余人次，CD4的检测55人次，病毒载量检测9人，并对其管理人员进行了结核病筛查；对符合治疗的19名病人按要求进行规范化治疗。对辖区内109名羁押人员进行了HIV抗体筛查，同时接受自愿咨询检测206人次。对全区城市居民304人、农村居民314人、流动人口400人和在校学生400人分别进行梅毒知晓率调查，梅毒防治知识知晓率分别达88.49%、83.12%、92.25%、98.25%。暗娼调查80人，梅毒防治知识知晓率达93.75%。（马 鑫）

【有效保障中心冷链系统】 以山东“疫苗冷链事件”为鉴，全面加强中心冷链系统的规范管理，进一步完善了一类、二类疫苗的出入库登记及全方位管理工作。2016年全区共发放一类疫苗29419支（份），发放二类疫苗共1778支（份），疫苗管理到位，冷链运转正常。依据《疫苗流通和预防接种管理条例》相关规定，中心继续加强疫苗科学管理、冷链运转正常，在完善采购程序和疫苗发放、接收、贮存、运输的基础上，加强冷链设备使用的维护与管理，确保冷链设备的正常运转，保障各类疫苗安全。（马　鑫）

【脊髓灰质炎疫苗转换】 根据上级安排，全国从2016年5月1日起停用三价脊髓灰质炎疫苗，改用二价脊髓灰质炎疫苗和灭活脊髓灰质炎疫苗进行免疫接种。中心根据要求第一时间通知各乡镇于5月1日起停用，同时要求各接种单位就地封存三价糖丸疫苗做好回收销毁登记工作，全区各乡镇于5月8日全部交回封存三价糖丸疫苗10576粒。5月19日市疾控中心下发300支二价脊髓灰质炎疫苗，5月20日召开各乡镇脊髓灰质炎疫苗转换培训会议，培训二价脊灰疫苗转换程序安排及使用方法，要求各乡镇培训村级接种人员并掌握二价脊灰疫苗的转换使用方法。共下发840支。（马　鑫）

【加强慢性病管理】 郊区慢性病管理工作进一步规范化、科学化，各项慢性病管理工作扎实到位。2016年，高血压患者健康管理登记数27681人，健康管理数27128人，规范管理数26733人，管理人群血压控制数24094人；糖尿病患者健康管理数6635人，健康管理数6333人，规范管理数6175人，管理人群血糖控制数5070人；65岁以上老年人登记数21976人，健康管理数18121人。2016年辖区死因登记报告死亡总数1222人，规范报告人数975人。（马　鑫）

【心脑血管事件工作启动暨死因监测工作培训】 为了确保慢性病预防控制工作的顺利进行，进一步提高全区慢病防控监测工作的质量与内涵，提高区乡两级医疗人员的理论知识和操作技能，区疾控中心于2016年5月30在郊区玉泉宾馆举办心脑血管事件工作启动暨死因监测工作培训班。培训内容包括心脑血管事件报告、死因监测概述、根本死因确定规则等内容。阳泉市疾病预防控制中心慢病科主任吕崇义及史亚楠同志承担培训师资。来自全区各基层医疗机构的40余名慢性病工作人员参加了培训，本次培训使基层医疗人员对心脑血管事件的正确处理、科学处置能力得到提高。（马　鑫）

【地方病防治工作成效显著】 为了及时掌握全区居民户碘盐普及情况，动态评价人群碘营养状况及病情趋势，适时采取针对性防治措施和科学调整干预策略提供依据。区疾控中心制定《2016年阳泉市郊区碘盐监测方案》，开展全区5个乡镇4个行政村（居委会）300份居民户食用碘盐监测工作。碘盐覆盖率98.33%，碘盐合格率95.93%、合格碘盐食用率94.33%、碘盐中位数25.56mg/kg，并完成数据审核录入工作。（马　鑫）

【学生健康体检全面完成】 作为区委、区政府为民办实事之一的重要工作，区疾控中心高度重视，周密布置，组织相关人员于3月1日至5月6日，对全区59所小学、5所9年一贯制的1万余名在校学生，全部进行了健康体检，体检资料的汇总、反馈工作全部完成；10月10日至11月5日对全区7000余名初高中学生全部进行了健康体检，保质、保量完成学生体检工作任务。为预防学生常见病、多发病提供了第一手资料，同时为今后的学生体检工作提供了可借鉴的经验。（马　鑫）

【饮水质量监测】 按照省市生活饮用水卫生监测工作安排，根据郊区2016年度农村集中式供水监测方案，完成对全区8个乡镇、24个行政村、4所学校、6个城镇集中式供水单位2016年度枯水期、丰水期的水质监测检验工作，共检测水样72份。枯水期监测水样中19份水样合格，合格率为55.9%，15份水样不合格，不合格率为44.1%，不合格水样项次有总硬度超标11份、硫酸盐超标11份、溶解性总固体超标4份、总大肠菌群超标3份、耐热大肠菌群超标3份。丰水期监测水样中9份水样合格，合格率为26.5%，25份水样不合格，不合格率为73.5%，不合格水样项次有总大肠菌群超标19份、耐热大肠菌群超标19分、菌落总数超标1份、硫酸盐超标11份、溶解性总固体超标3份、总硬度超标11份。（马　鑫）

【标准化建设】 贯彻落实《关于妇幼健康服务机构标准化建设与规范化管理的指导意见》《各级妇幼健康服务机构业务部门设置指南》等文件，积极推进中心规范化建设，制订《绩效考核方案》，对科室进行了规范设置。规范了中心医用耗材及检验、消毒试剂采购、管理工作，制定了进货检查验收制度、领用制度、供应室消毒管理制度等，完善了医用耗材、试剂的进货手续、安全评价报告。严格执行国家有关规范、标准和规定，定期开展消毒与灭菌效果检测工作。对医疗器械清洗包装流程进行了重新规划、改造。及时建立完善了相关工作制度，加强业务培训，保证了管理和各项服务工作的顺利衔接，提高了服务能力。购置了五分类血液细胞分析仪、电子阴道镜数字成像系统、全自动生化分析仪等医疗设备，努力提高中心服务水平。（卫秀文）

【妇幼健康服务体系建设】 召开了2016年妇幼健康工作会议，各医疗卫生单位妇幼人员以及驻乡镇计生技术服务人员参加会议，明确了职责分工。制定了《阳泉市郊区妇幼健康优质服务示范工程实施方案》，积极开展工作，成立郊区孕产妇、新生儿救治中心，畅通转诊通道，有效降低孕产妇和婴儿死亡率。按照《阳泉市乡级妇女保健和儿童保健门诊规范化建设实施方案要求》，制定《阳泉市郊区乡级妇女保健和儿童保健规范化门诊建设实施方案》，指导荫营镇卫生院和河底镇卫生院积极创建乡级妇女保健门诊和儿童保健门诊，荫营镇卫生院儿童保健规范化门诊通过了省级评审。（卫秀文）

【妇幼健康人才队伍建设】 中心先后组织7名同志参加上级举办的培训班，进一步提升服务质量。其中，两名同志分别在省妇幼院、市第三人民医院进行了为期三个月的进修。同时，举办6期培训班，包括全区妇幼信息培训，避孕药具培训，妇幼卫生项目培训，孕前优生检查管理培训，预防艾滋病、梅毒、乙肝母婴传播项目培训，母婴保健计划生育适宜技术培训，共计260人次参加。（卫秀文）

【孕产妇保健管理】 孕产妇早孕建册991人，孕产妇系统管理914人，产后42天访视930人；全区孕产妇系统管理率85.42%，早孕建册率92.62%，产后访视率94.29%，对全区孕产妇健康管理项目进行了督导。开展孕产妇死亡、出生缺陷监测及“削峰”工程质控工作；制定了《阳泉市郊区危重孕产妇和新生儿急救转诊实施方案》，开展了危重孕产妇评审和新生儿死亡评审工作。（卫秀文）

【儿童保健管理项目】 强化和规范0～6岁儿童健康服务。新生儿访视1013人，0～2岁儿童健康管理3305人，3～6岁儿童健康管理4961人。中心对全区3913名在园幼儿进行了健康检查；新入园幼儿健康检查416人；幼儿教师健康检查668人。对全区0～6岁儿童健康管理项目进行了督导。（卫秀文）

【农村孕产妇住院分娩补助和增补叶酸预防神经管畸形项目】 农村孕产妇住院分娩补助476人，补助用款共14.28万元；发放叶酸1145人份，其中农村人口610人份、城镇人口535人份。（卫秀文）

【农村妇女宫颈癌检查项目】 制定《郊区宫颈癌检查项目实施方案》，召开郊区宫颈癌检查项目工作会议，安排2016年宫颈癌检查项目工作。检查人数共计2000人，结案2000人，阴道镜检查77例，病检37例，疾病例数314例，其中：生殖道感染145例，良性病变157例，宫颈病变12例，圆满完成全年任务。（卫秀文）

【预防艾滋病、梅毒和乙肝母婴传播项目】 孕期艾滋病、梅毒、乙肝免费检测各790例，艾滋病、梅毒均无阳性例数，乙肝阳性2例。孕期艾滋病、梅毒、乙肝免费咨询844人次。郊区所属医疗机构住院分娩产妇数638人，活产儿642人，艾梅乙检测率100%。梅毒阳性产妇数2人，乙肝阳性产妇数17人，阻断率100%。梅毒阳性产妇所生婴儿随访25人次。（卫秀文）

【孕前优生健康检查项目】 为了方便群众，将婚姻登记、照相、婚检、孕检等工作统一设在中心，使广大新婚夫妇在结婚登记时就可以享受到婚姻登记、照相、婚检、孕检、免费领取避孕药具等一条龙服务。全年完成700对1400人孕前夫妇19项检查任务，电脑录入700对1400人，查出病种11种，疾病人数119人，其中乙肝20人、梅毒1人、转氨酶高27人、贫血23人、促甲状腺激素低的9人、促甲状腺激素高的5人、肌酐异常2人、血糖高4人，都给予了相应指导。圆满完成全年任务。（卫秀文）

【降消项目】 积极开展三级预防工作，加强孕前检查工作，提高产前筛查、产前诊断和新生儿疾病筛查率，区人民医院和爱德生医院全年上报活产数543人，其中听力筛查322人；新筛505人，其中两项5人、三项214人、四项286人，并定期对全区新生儿疾病筛查工作进行督导。（卫秀文）

【妇幼卫生监测和年报】 2016年，全区住院分娩率100%，高危孕产妇住院分娩率100%，消毒接生率100%，产妇系统管理率85.34%，产后访视率90.92%，新生儿破伤风发病率为零，新生儿出生缺陷发生率90.25/万（其中神经管畸形发生率18.05/万），5岁以下儿童死亡率6.11‰，新生儿死亡率4.36‰，孕产妇死亡率为零。7岁以下儿童保健覆盖率98.65%，纯母乳喂养率80.33%。（卫秀文）

【健康教育、健康讲堂】 加强中心内部宣传阵地的管理，充分利用空间，更换中心内部宣传版面24块，积极宣传《中华人民共和国母婴保健法》、妇女儿童保健知识、妇幼卫生项目等知识，内容丰富、版面新颖。制作固定宣传版面12块、大型墙面喷绘1幅，在区崇文广场设置了生育文化宣传阵地。制作孕前优生、宫颈癌、艾梅乙项目、母婴健康素养宣传资料四种1.6万份、孕前优生项目宣传毛巾1200条、宫颈癌项目宣传毛巾2200条、艾梅乙项目宣传年画3000张、妇幼项目宣传年画7000张，及时发放到服务对象手中。与妇联、卫计局、计生协会等联合开展8次健康教育宣传活动，发放宣传资料8000余份。出台健康讲堂实施方案，举办30次健康讲堂，共计400余人参加，圆满完成工作任务。（卫秀文）

【医院建设】 2016年，郊区人民医院以开展“两学一做”学习教育为契机，全院上下同心协力，完成门急诊量89310人次，住院4809人次，完成各类手术1318例，医疗收入比2015年增长13.3%。神经内科被评为县级重点专科。医生施志燕、许大伟、韩永斌组队代表区人民医院在全市同级医院技能选拔赛上取得了医疗组第一名的优异成绩。5月3日医疗组代表阳泉市参加了全省医护岗位职业技能总决赛，获得全省二级医院团体三等奖，医生施志燕获得了个人三等奖。 （焦希敏）

【区人民医院一系列新技术、新项目陆续开展】 区人民医院妇产科在市级“名医工程”北京妇产医院吴玉梅主任的有力支持下，开展了腹腔镜下子宫肌瘤剔除术、子宫全切术18例；外科开展腹腔镜下胆囊切除术、肾囊肿术15例，名医工程引进山医二院骨科张志强主任开展了人工全髋关节置换术，填补了区人民医院手术空白；心内科进一步规范房颤病人的抗凝治疗，对急性ST段抬高型心肌梗死病人用瑞替普酶溶栓治疗代替传统尿激酶溶栓，大大提高了成功率；内科针对年老危重病人压疮护理使用康慧尔敷料保护创面，实现湿性愈合，配备无创呼吸机治疗二型呼吸衰竭病人均起到满意疗效。（焦希敏）

【区人民医院基础设施进一步完善】 2016年，区人民医院投资9万余元解决内科楼饮用水的问题，改善了水质，有效减少了浪费。投资13.9万元更新了职工接送车，投资260万元购置了心脏彩超、血液透析机等，投资1250万元（其中政府投资800万元、医院自筹450万元）购置磁共振大型医疗设备，填补了区人民医院大型医疗设备的空白，并与阳煤总院张保庆主任签署外聘协议，全程参与指导磁共振设备的检查、诊断，确保核磁设备有效安全运行。 （焦希敏）

人口与计划生育

【计生指标完成情况】 2015年10月至2016年9月，全区新出生1241人，其中男649人、女592人，政策内出生1192人，政策外生育49人，符合政策生育率达96.05%。自然增长率为-0.66‰，综合节育率达92.68%，长效节育率达87.78 %。 （张 涛）

【严格进行计划生育评优评先审核工作】 2015年10月至2016年10月，共审核各类人员2089人次。圆满完成2016年32351人2036.30万元的计划生育奖励资金的摸底上报工作。确定427名考生为2016年农村计生家庭子女中考加分对象。深入推进郊区“幸福家庭”促进工作，全区10户“幸福家庭”受市级表彰。 （张 涛）

【加强流动人口管理服务】 开展全区跨省流动已婚育龄妇女电子化婚育证明验证工作。截至2016年9月20日，全区应查验电子婚育证明831人，已查验669人，查验率为80.51%。联合区综治、公安、工商、人社、住建、民政等相关部门对义井镇义东沟村、阳泉二监和荫营镇老虎沟村进行了2次流动人口联合督查，共计检查流动人口350人，进一步掌握了流动人口工作进展情况，规范了管理。圆满完成2016年度全国流动人口卫生计生动态监测任务。完成了对荫营镇老虎沟村和矾窑村、三都村两个样本点40户流动人口的问卷调查工作。区、乡两级通过开展流动人口“集中服务月”活动，为流动人口提供均等化服务，共发放宣传资料3000多份，避孕药具800多盒，提供咨询服务500余人次，为流入已婚育龄妇女提供免费技术服务3000余人次，验证1300多人，全区流动人口免费技术服务率达87.5%。 （张 涛）

【计划生育技术服务】 普及避孕节育知识，推进避孕方法知情选择，落实免费计划生育基本技术服务，做好避孕药具发放工作。全年共施术764例，其中上环207例、取环345例、人流57例、药流153例、取皮埋2例；全年门诊接诊3468余例。避孕套发放8万只，避孕药发放1600板，避孕栓发放800盒。继续开展再生育指导，开展妇女病检查工作。 （卫秀文）

社会生活

民政

【社会救助体工作取得重大突破】 2016年，郊区社会救助体工作取得重大突破。一是城乡低保提标工作圆满完成。年末，郊区城保标准为452元/人·月（提标1.5元），农保标准268元/人·月（提标0.5元）。全区共有农保对象4134户7504人，支出农保金17361531元，城保对象3896户7187人，支出城保金26998094元。二是城乡医疗救助成效显著。年末，城乡医疗累计救助16382人，为城保对象（含60岁以上低收入人群）7237人代缴参保金99万元，为农村低保和五保对象8187人代缴参合金98万元，共支出救助金540万元。全区共救助城乡困难群众469人，共支出救助金764000元。三是农村留守儿童摸底排查工作有序开展。切实加强农村留守儿童、留守妇女、留守老人关爱保护及摸底排查工作。年末，确认全区8个乡镇留守儿童28人、留守妇女26人、留守老人44人。（史晓亮）

【全力做好自然灾害救助工作】 2016年，郊区先后两次遭受自然灾害，人民群众的财产严重受损，两次灾害共造成直接经济损失达16910万元。灾害发生后，区委、区政府高度重视，区民政局根据受灾情况及时组织、协调落实救灾经费，核实救灾款、物等救助灾民，保障灾民有饭吃、有衣穿。在做好防灾、救灾的同时积极开展防灾减灾宣传活动，5月12日在郊区体育馆门前广场举行“5·12”防灾减灾应急知识联合宣传咨询活动。通过宣传进一步增强了广大群众防灾减灾意识和能力，普及了防灾减灾知识和技能。（史晓亮）

【双拥优抚安置工作水平不断提高】 2016年，郊区积极开展双拥共建系列活动。春节期间，区委、区政府组成了慰问组，由区委、人大、政府、政协四大班子领导成员带队，深入到驻区部队以及重点优抚对象家中进行走访慰问，采取召开座谈会的形式与驻区武警部队官兵座谈，向他们介绍全区经济社会发展情况，倾听他们的意见和建议，了解重点优抚对象的困难。通过开展走访慰问，进一步密切了部队与地方的关系，增进军政军民之间的团结。与此同时，把落实双拥政策法规作为双拥工作的重中之重，确保各项政策法规落实到位。年内，为216名义务兵家属发放优待金8357426元，优待金标准达到了全市较高水平。年末，资金全部到位，足额兑现。全年共计发放各类抚恤补助资金近500万元，在发放资金的同时，11月完成全部优抚对象的提标工作。（史晓亮）

【社会福利事业向普惠型发展】 2016年，郊区社会福利事业向普惠型发展，孤儿基本生活及农村五保供养保障有力。全区44名孤儿发放基本生活补助金共计311220元。认真贯彻落实《农村五保供养条例》，重点对敬老院的管理规范上下功夫，加大了制度建设和入住率的提高，强化优质服务。按照市民政局部署，结合阳郊安字〔2016〕8号《阳泉市郊区2016年“安全生产月”活动实施方案》要求，6月10日至29日，对社会福利机构开展了消防大检查。年末，全区共有五保对象858户869人，共有敬老院8所，集中供养307人，集中供养率为35%，全区共发放分散供养金119.32万元，集中供养经费204.64万元，总计发放323.96万元。同时积极开展农村老年人日间照料中心建设，根据上级《关于做好全省2016年农村老年人日间照料中心建设工作的通知》，为切实解决好农村空巢、高龄老人的实际生活困难，对全区8个乡镇的50个村申报建设的农村老年人日间照料中心的选址场地、改建、新建项目进行了指导督查。（史晓亮）

【社会公共服务工作有条不紊】 2016年，郊区社会公共服务工作有条不紊。一是婚姻登记进一步规范，坚持依法登记，依法管理，秉公办事、不徇私情，着力提高婚姻登记质量。当年依法办理结婚登记1097对，离婚登记311对，补发结婚登记证475对，合格率达100%。二是地名普查工作有序进行，以第二次全国地名普查工作为契机，努力做好全区的第二次普查工作。（史晓亮）

【社会组织登记管理和监管进一步规范】 2016年，郊区进一步规范对社会组织登记管理和监管。以贯彻落实《社会团体登记管理条例》《民办非企业单位登记管理暂行条例》为重点，对全区登记的社会团体进行年度年检，民间组织登记管理工作无超出业务范围和活动地域现象。年末，全区社会组织共48家，当年新登记社团3家、民办3家。（史晓亮）

【阳泉市郊区社会福利养老中心如期开工】 阳泉市郊区社会福利养老中心是该区的重点工程，区发改局以阳郊发改字〔2014〕32号文批复阳泉市郊区社会福利养老中心项目可研报告，批复总投资1941.1万元，建设面积为6413平方米，计划床位151张，建设地址位于郊区荫营镇三郊村、杨树沟村接合部。2015年争取到中央预算内投资600万元。年内，项目选址、可研、立项、规划、设计、环评、工程造价等一系列前期准备工作基本完成，并进行主楼建设前的拆迁、挡墙、供电、供水设施建设等工程，完成项目投资约150万元，于12月底如期开工。（史晓亮）

劳动和社会保障

【社会保险提标扩面】 2016年，郊区社会保险提标扩面，服务模式不断创新，保障水平持续提升。全区企业参保人员7580人，征缴养老保险费6625万元。企业养老保险基金结余2亿元。全区事业单位参保人员为698人，征缴养老保险费642万元。全区城乡居民养老保险参保120865人，收缴保费1946万元，社会化发放率达100%。城镇基本医疗保险。该区城镇基本医疗保险参保51702人，征缴保费3664万元。共支付医保基金3617万元。全区工伤保险参保43302人，基金征缴717万元，支付基金132万元。全区生育保险参保22023人，基金征缴47万元，支付基金132万元。全区参保8136人，征缴基金357万元，基金支付161万元。发放稳定岗位补贴8.7万元。（郭秋忠）

【APP掌上社保应用系统首度运行】 为深化行政体制改革，建立政府服务新常态，按照“互联网+政务服务”要求，区人社局研发推广“阳光人社”手机APP社保掌上应用系统，让老百姓能通过该系统就近、及时、方便、精准办理并查询、监督业务开展。该系统依托云计算和大数据处理能力，完成对信息数据的整合。老百姓可以直接通过手机随时随地的网上缴费、查询和照片上传生存认证以及转账到就近银行，解决了领取不方便的问题。社保经办可以使老百姓足不出户、异地办理，不受地域限制，并且也解决了养老金多领、冒领危及社保资金安全的问题。全省手机APP应用系统工作现场观摩会也在该区召开，更为此项工作的推广夯实了根基。该系统已正常运行城乡居民养老保险网上缴费、待遇申报等功能。随着宣传的不断深入，手机APP掌上社保服务系统将被更加广泛应用和认可，手机APP掌上社保服务系统也将会更加完善，其应用前景将会更加光明。（郭秋忠）

【积极营造“大众创业 万众创新”社会氛围】 2016年，郊区着力夯实就业根基，积极营造“大众创业 万众创新”社会氛围。全区城镇新增就业人数2421人，城镇登记失业率为2.18%，低于市下达任务4.2%的目标。全区下岗失业人员再就业1612人，就业困难人员再就业607人，公益性安置就业困难人员163人，转移农村剩余劳动力2475人。通过各项优惠政策扶持创业人数249人，通过创业直接带动就业802人。创业培训236人，提供就业岗位633个，对全区676名求职者开展职业技能培训，城镇失业人员再就业培训212人，农村劳动力技能培训2020人，新成长劳动力培训106人。统筹做好“政府购买基层公共服务岗位”就业项目，2016年共招录19人。为有创业意愿的30名大学生申请了就业失业登记证。（郭秋忠）

【全力追缴拖欠工资，保障农民工合法权益】 2016年，郊区充分发挥机制保障作用，全力追缴拖欠工资，保障农民工合法权益。年初，为贯彻落实《关于全面治理拖欠农民工工资问题的意见》（国办发〔2016〕1号）文件精神，与相关部门沟通，制定检查方案，成立联合检查组，开展了建筑领域和煤炭行业的劳动用工专项执法检查。检查煤炭企业5家，涉及职工人数3512人；建筑项目7个，19家施工单位，涉及职工人数400余人。发现各类问题25条，执法检查组依法下达了整改改正决定书共10份，要求在规定期限内逐项逐条落实整改内容。全年共接到各类农民工劳动争议、工资纠纷及信访投诉举报案件286起，其中：劳动监察受理案件14起，劳动保障信访受理案件77起，劳动争议仲裁受理案件195起。涉案总人数超过了2167人，共解决和处置拖欠工资案件105起，涉及金额2779余万元。截至年末，劳动监察受理的14起案件已全部结案，结案率

100%，劳动保障信访受理案件已结案73起，结案率达95%，劳动争议仲裁受理案件已结案185起，结案率95%，剩余案件正在积极办理中。根据省市要求，区政府专门从财政抽调200万元资金作为区级农民工工资支付保障应急周转金。针对建筑行业层层转包，劳动用工管理混乱，拖欠农民工工资现象时有发生的现象和问题，区人社局与区住建局积极配合协调，率先设立了农民工工资保证金存储专用账户，全年储备农民工工资保证金980.69万元。共涉及10个建设工程项目，15户建设企业。（郭秋忠）

人民生活

【城镇居民可支配收入稳步增长】 2016年以来，面对经济下行、压力依然较大的不利形势，郊区区委、区政府认真贯彻落实省、市决策部署，主动适应经济发展新常态，积极应对经济下行压力，着力加强供给侧结构性改革，扎实推进稳增长、促改革、调结构，着力扩大就业，增加民生支出，经济社会发展在攻坚克难中奋力前行，城镇居民收支实现了稳步增长，但收入增速持续放缓的问题仍较突出。据国家统计局阳泉调查队及市监测中心抽样调查资料：2016年，全区城镇居民人均可支配收入23549元，比上年增长6.1%；农村居民人均可支配收入12815元，比上年增长5.7%。（邵树琴）

【消费结构日趋合理】 城镇居民在满足基本生存消费的同时，越来越注重生活的品质和自我的发展，旅游出行、接受再教育等越来越成为城镇居民享受生活的新选择。2016年，城镇居民消费支出中属于发展型消费的交通通信支出、教育文化娱乐支出、医疗保健支出位居八大类消费支出增幅前列，共计5018元，占生活消费支出的比重为45.1%，比上年的42.1%上升了3个百分点。与此相对应，2016年，全区城镇居民消费支出中属于生存型消费的食品烟酒、衣着和居住类支出5082元，占整个生活消费支出的比重为45.7%，比上年的49.4%下降3.7个百分点。（邵树琴）

【医疗保健支出快速增长】 随着城镇居民生活水平的不断提升，生活观念的逐步转变，防病治病的意识普遍增强。越来越多的居民由被动就医转变为主动预防，并进行健康投资，各类医疗保健器材和滋补保健品进入普通居民家庭，医疗保健消费持续较快速长。抽样调查资料显示：2016年全区城镇居民人均医疗保健支出为2005元，比上年增加774元，增长62.9%，增幅居八大类消费支出第一。（邵树琴）

【居住支出快速增长】 2016年，全区城镇居民人均居住支出1280元，同比增长12.4%，增速较快。其主要原因：随着人们对生存环境、生活环境的更高追求，以及房地产去库存政策的积极推动，家庭首套房房贷降低等利好一定程度上刺激了城镇居民的购房热情，由此带动了房屋装修支出的较快增长。2016年全区城镇居民住房维修及管理支出人均790元，同比增幅达59.2%。（邵树琴）

【耐用消费品消费呈现新特点】 随着生活节奏的加快，生活质量的提升，越来越多的城镇居民倾向于生活用品的方便智能。城镇居民耐用品消费出现四大变化：一是家用汽车拥有量大幅上升。截至2016年年末，全区城镇居民平均每百户汽车拥有量为33辆，比2014年增加18辆。与此同时，摩托车拥有量同比下降33%。二是计算机拥有量基本饱和，联网比例高。截至2016年年末，全区城镇居民平均每百户计算机拥有量为50台，比去年增加7台，城镇居民家庭信息化程度正不断提升。三是固定电话和移动电话拥有量此消彼长。截至2016年年末，全区城镇居民每百户固定电话拥有量为22部，同比下降21.4%；而移动电话拥有量为193部，微降2%，但比2014年的103部大幅增长87%。四是居民注重享受生活，空调和热水器拥有量明显增多。截至2016年年末，全区城镇居民平均每百户拥有空调器和热水器分别为22台和60台，比上年增长22.2%和25%。（邵树琴）

乡镇简况

荫营镇

【概况】 荫营镇地处太行山西麓刘备山下，地理位置优越，距阳泉市北6公里处，是郊区的政治、经济、文化、信息中心。李荫路、义白路、阳盂路、阳五高速公路和207国道、307国道、307复线等贯通全镇境内，交通十分便利。全镇总面积111平方公里，耕地面积3.6万亩，总人口7.6万人，其中，农业人口56700余人。镇辖38个行政村和3个社区居委会。

2016年，荫营镇设施农业进一步巩固提高。山头村盘活120亩土地；杨树沟亿源种植合作社积极与市直相关部门单位合作，创新性地开展土地领养、农家乐等乡村发展新模式，土地资源潜力进一步得到释放；三都村在原有设施农业的基础上，建成西红柿新品种试验示范区；以东古村“三和综合养殖有限公司”和三都村“凤舞山庄野生禽类生态养殖有限公司”为龙头，全镇新增规模养殖户11户，发展成效显著；辛庄村合作社管理模式和杨树沟村任义祥个人经营模式带动各村核桃产业科学发展，在已建成的万亩核桃基地的基础上，加强检查验收、管理抚育和技术指导等工作，农业科技发展水平不断提高；土地确权颁证工作稳步推进。荫营镇始终坚持走“工业强镇”之路，2016年重点投资项目22项。河坡电厂加气站、三和综合养殖、刘关张忠义文化特色旅游线、瑞德鑫耐火、刘备山绿化、山西深港产学研环保工程技术有限公司提标改造6项工程主体建设已完工。文化旅游方面，大力实施“刘关张”忠义文化整体开发。坪上村对刘备山进行了亮化、绿化，景区观赏性有了极大提升；上千村积极推进“张飞文化园”及千百绿生态农业园建设，努力实现旅游产品的提档升级；辛庄村围绕“红色”“绿色”“古色”科学规划布局，精心打造景点，景区品位进一步提升，被授予中国景观村落、山西省休闲农业与乡村旅游示范点荣誉称号；在市、区旅游节启动仪式及全区旅游推介会上，后沟村的翠枫山酒、东古村的黄历包手工艺品和辛庄村的绿色农产品广受好评，知名度的提升为广开销路奠定了基础。

2016年，全年税收完成1.46亿元，农村常住居民人均可支配收入13290元。（陈雅琴）

【两节丰富多彩】 2月，荫营镇举办丰富多彩的春节及元宵节文艺活动。20日，“激情郊区·百花迎春”春节群众文艺汇演在荫营镇下千村礼堂举办。23日，又与郊区联合举办2016年“激情郊区·闹元宵”民间艺术表演，丰富多彩的文艺表演，不仅丰富了群众的文化生活，也极大地调动了广大干部群众干事创业的积极性。（陈雅琴）

【三泉村举办阳泉“民艺杯”民间艺术展演暨三泉村传统庙会社火文化节】 8月17日，三泉村利用传统庙会，举办阳泉“民艺杯”民间艺术展演暨三泉村传统庙会社火文化节。作为非物质文化遗产项目的三泉迓鼓等民间艺术进行了表演。（陈雅琴）

【杨占利、田俊丽夫妇候选“感动山西”十大人物】 2016年年初，在山西省文明办指导，山西日报报业集团、山西广播电视台共同主办，山西晚报社、黄河电视台承办的2015“感动山西”十大人物投票活动中，荫营镇三都村山鸡养殖户杨占利、田俊丽夫妇入候选人名单。2014年，杨占利、田俊丽夫妇投资60万元，在阳泉市郊区荫营镇三都村承包6个蔬菜大棚，采用网圈的方式散养野山鸡，正当野山鸡临近出栏之际，几条流浪狗溜进养殖场，近3000只野山鸡被咬死咬伤，损失20多万元。事后，不法商贩找到夫妇俩，协商收购死鸡，想加工成熟鸡进行倒卖，挣昧心钱，夫妻俩听后，当即拒绝，他们这种诚实创业的做法，受到了社会各界的交口赞誉。（刘　晶）

河底镇

【概况】 河底镇位于太行山脉中段刘备山北麓，古称“青龙镇”，民国前属平定州，历史上就是州北地区重要的政治、经济、文化活动中心和商品集散之地。全镇总面积 110平方公里，辖32个行政村，总人口5.6万人（其中农业人口3.72万人），2016年有耕地2.9万亩、林地7.1万亩。境内矿藏丰富，有无烟煤、铝矾土、硫铁矿、石灰石、白云石、高铝黏土、耐火黏土、石膏矿、铁矿，尤以煤炭、铝矾土储量大、品质优。

河底镇是郊区第二大镇，自古就是连接平定、盂县的重要枢纽，207 国道、214省道贯穿境内，阳五高速、京昆高速交汇过境，交通发达，区位优越。镇政府所在地距阳泉市区 20 公里，距规划开发的新城区不足10公里，镇区中心距阳五高速入口7公里，距京昆高速入口不足1公里，地理位置优越，交通十分便利。河底镇历史悠久，文化深厚，文物古迹颇丰。有市级重点文物保护单位下章召村禅智寺、区级文物保护单位河底村通保观和天主教堂、牵牛镇村玉泉阁、苇泊村天齐庙、山底村玉皇庙、东村龙王庙、燕龛村甘泉寺等。燕龛村甘泉寺前的唐代古云杉，枝繁叶茂，形体高大，村西北岭梁有形成于2.4亿年前的古柏化石标本。位于温河北岸的天然溶洞年代久远，极富旅游开发价值。抗日战争时期，阳泉境内第一个抗日民主政权——平定（路北）县抗日政府于1937年11月在盂县上社成立，之后移驻河底村，办公地址三官庙。

近年来，随着农村基础设施的逐步完善，一批各具特色的乡村旅游项目快速发展。关家峪村围绕刘备山景区开发，深挖文化内涵，打造生态景观，率先列入“郊区一日游”精品旅游线路，是郊区十大旅游示范景区之一。燕龛、程庄、北庄依托自然山水、人文景观和良好的生态环境，通过植树造林、整治环境，形成“燕龛沟、捞儿山、北庄一日游”的郊区特色旅游线路。郊里村依托河底林场，成立“森达康农业开发中心”，坚持旅游开发和生态保护并重，修建环山道路、完善旅游设施、大搞造林绿化，为打造乡村旅游升级版奠定良好的基础。大河北村依托独有的温河水资源和传统农耕文化，开发出自然风光游和苹果采摘项目。（高彦明）

【王明厚到河底镇考察工作】 12月15日，区委书记王明厚到河底镇考察廉洁教育中心场所建设及运行情况。王明厚书记实地察看了廉洁教育中心警示谈话室（组织约谈）、诫勉谈话室（纪律约谈、警示教育）、纪律审查谈话室（纪律审查、调查问询）、信访举报受理室的建设情况，并查阅相关资料。王明厚强调，场所建成后要充分发挥其功能，要落实全面从严治党和“两个责任”，正确运用“四种形态”加强对党员干部的日常廉洁教育，营造崇廉尚洁、风清气正的社会环境，推动党风廉洁建设和各项工作的全面发展。（高彦明）

【省领导莅临河底镇指导农业普查工作】 12月2日，省农村处郭俊德副处长、李怀明主任一行莅临牵牛镇村指导农业普查工作。指导组在区、镇统计工作人员的陪同下，实地察看牵牛镇村农普办工作，听取村农业普查开展的工作汇报，并与镇、村农普工作人员进行座谈。李怀明在详细了解牵牛镇村农普工作的组织落实、划区绘图、清查摸底、宣传培训等工作后，对河底镇农业普查工作给予充分肯定，同时对下阶段工作的开展提出了要求。（高彦明）

【档案工作顺利通过省二级复验】 12月6日，市、区档案部门领导到本镇进行“省档案室二级”复验。验收中，检查组通过实地查看镇档案室的文书档案、会计档案、科技档案、声像档案、实物档案、专项档案、电子档案七类档案，对河底镇的档案工作给予肯定，并提出今后要把档案工作列入日常管理，要有人管，有人干，使档案工作再上一个新台阶。（高彦明）

【共青团河底镇第十四次代表大会圆满召开】 11月18日，共青团河底镇第十四次代表大会召开。全镇32个行政村，各直属中学及非公有制企业的团员代表，优秀青年等共计80余人参加。（高彦明）

【“四大片区”管理委员会正式揭牌成立】 11月11日，河底镇集约种植区管理会举行揭牌仪式。随后，本镇“四大片区”管理委员会陆续挂牌成立。2014年换届工作结束后，为了更好地服务基层，河底镇党委、政府积极探索区域化管理，根据区位优势、产业布局、资源禀赋和发展规划，将全镇分为“产业承载区、城镇集聚区、集约种植区、生态旅游区”4个管理委员会。各管委会在镇党委、政府领导下独立开展工作，实行“模拟一把手”运行机制，对辖区内的经济发展、安全生产、信访稳定和基层组织建设负总责。（高彦明）

【河底镇举办“群星风采 舞动河底”广场舞比赛】 9月14日上午，河底镇在镇文化广场举办广场舞大赛。全镇各行政村、驻地单位等共计25支队伍参加比赛。区文体局、工会领导及各界群众观看比赛。（高彦明）

【阳泉市第三届“最美家庭”表彰暨“平安文明家庭创建”推进会在固庄村举行】 8月25日，阳泉市第三届“最美家庭”表彰暨“平安文明家庭创建”推进会在河底镇固庄村举行。参加这次会议的有市委常委、市委副书记王旭明，市委办公厅副秘书长程会平，郊区区委常委、区委副书记孙毅，副区长赵旭，市妇联主席朱玉芳，市妇联副主席韩静等领导，以及各街道、乡镇妇联主席，全市52个“平安家庭”“文明和谐”“最美家庭”成员。（高彦明）

【河底镇实施机关干部竞争上岗】 6月18日，河底镇召开机关干部竞争上岗演讲大会。此次活动，旨在进一步激发机关干部的工作积极性和创造性，着力打造一支“讲政治、想干事、敢干事、能干事、干成事”的机关干部队伍，充分激励镇机关干部爱岗敬业、恪尽职守、开拓进取，加快河底镇“六大工程”又好又快发展。（高彦明）

【河底镇组织各党支部主干赴昔阳学习考察党建工作】 3月16日，河底镇组织各党（总）支部副书记四十余人组成学习考察团到昔阳县北渡海村、瑶湾村、洪水村先进党建示范点参观学习基层党建工作。通过采取现场讲解、多媒体展示、宣传展板、翻阅相关资料、座谈交流等方式，重点观摩学习了整顿软弱涣散村、党建示范点建设、各类资料台账建立、农村党建网格化管理、土地流转、村务公开问题等各方面的有效做法和成功经验。（高彦明）

【盛茂林到固庄村考察工作】 9月2日，省委常委、省委组织部部长盛茂林到固庄村就农村基层组织建设考察工作。（高彦明）

【河底镇辖区发生特大水涝灾害】 2016年7月18日至20日期间，河底镇遭受历史罕见的持续性特大强降雨，降雨量达到了300毫米以上，致使本镇洪涝灾害较为严重。此次洪涝灾害共4636户11114人受灾。紧急转移97户215人（其中集中安置23户64人、分散安置74户151人）；农作物受灾面积共405.47公顷（其中成灾面积322.05公顷、绝收面积83.42公顷）；倒塌房屋252户413间（其中倒塌农房224户379间），严损房屋273户473间（其中严损农房258户450间），一般损坏房屋3400户8593间（其中一般损坏农房3259户8402间）；造成直接经济损失3809余万元（其中农作物损失325.5万元、家庭财产损失1056万元、基础设施损失1258.5万元、公益损失1169万元）。（高彦明）

平坦镇

【概况】 平坦镇地处城郊接合部，是阳泉市典型的“城中之镇”。下辖38个行政村，国土面积179平方公里，总人口3万余人。2016年全镇公共财政预算收入实际完成2810万元；固定资产投资实际完成30.6亿元；规模以上企业增加值实际完成1.1亿元；招商引资实际完成15.46亿元。

区域内有丰富的生态资源、人文景观。翠枫山景区先后被评为国家AAAA级风景区、国家水利风景区、省级文明和谐旅游区及省级风景名胜区。官沟村被授予第三批山西省历史文化名村，入选第一批中国传统古村落保护名录。桃林沟生态园被誉为“都市人休闲、度假的后花园”，连续举办十届桃花节、采摘节，成功举办首届“冰雪节”，被确定为“省级休闲农业与乡村旅游示范点”，成为全镇第二个国家AAAA级风景区。

境内矿产资源丰富，形成了煤炭、化工、建材、农产品加工、房地产开发等五大产业。煤炭、化工是传统产业，2016年有主要企业49个，其中工业企业35个、农业企业8个、第三产业6个，知名企业有三来食品、太阳石煤矸石砖厂等，省级著名商标两个：桃林沟园艺中心的“桃林沟”及西河龙兴化工的“龙燊”。农民专业合作示范社有西辰马铃薯专业合作社、毅利源农民专业合作社等。

镇党委、镇政府按照“六权治本”的要求，并结合新形势下“两个责任”的落实、社会稳定等多方面的因素，组建了党员干部教育中心和社会综合管理中心，设立了民事调处大院，成立了政务公开中心。四个机构的成立切实推进了“六权治本”，真正做到了让权力在阳光下运行。（荆丽娜）

【翠枫山景区全面整改】 9月27日，翠枫山景区整改工作全面完成，正常开业。此次整改，主要是针对山西省旅游资源规划开发质量评定委员会提出的翠枫山景区存在旅游服务设施严重老化、卫生状况极差等六大问题进行的。镇、村、景区对此高度重视，积极组织人力物力进行补救和完善工作，各项整改工作有序进行。整改工作工程总投资约900万元，新建游客中心、售票厅、大门、游客平台各一座，新铺设景区道路2.4公里，新建水冲厕所2个，新修游客步道730米，安装生态厕所2个，修建河坝600米，对景区进行全面卫生整治和绿化，对工作人员进行规范化管理和培训。（荆丽娜）

【贫困村易地搬迁工作全部完成】 年内，平坦镇全部完成贫困村易地搬迁工作，易地搬迁共涉及7个贫困村，包括侯家山、石板片、小南沟、马家坡等村，共有贫困户485户、贫困人口1080人。（荆丽娜）

【全力做好防汛抗灾工作】 7月18日至20日，平坦镇遭受了强降雨天气，多处发生道路塌陷、堤坝冲毁、房屋损坏、山体滑坡等自然灾害现象。灾情发生后，镇党委、镇政府立即采取应急措施，紧急转移、安置人员280户，600多人。其中，集中安置120人，分散安置480人，解救被困人员11名，强制撤离民工20余人，全镇未发生一例人员伤亡事件。（荆丽娜）

【选举产生新一届领导班子成员】5月，平坦镇按照区委、区政府统一部署，进行换届工作。此次换届经过精心组织部署、严格换届纪律，通过选举，该镇组建了一支团结的新班子集体。班子集体共10人。其中，女性1人，占10%；30～40岁3人，占30%；40岁以上7人，占70%；班子成员平均年龄40.3岁。（荆丽娜）

义井镇

【概况】 义井镇地处城市近郊，西与市区接壤，东与平定县毗邻，南与开发区相依，素有“城中镇”美称。307国道、207国道、阳五高速、市南大东街、南外环路、义平路、义白路以及刚刚开通的广阳路和泉东路在本镇交汇成网，石太铁路、阳涉铁路穿境而过，地理位置得天独厚，交通条件四通八达。镇政府驻义东沟村，位于市南大东街。全镇总面积41平方公里，耕地面积7740亩，林地面积21277亩，辖14个行政村，总人口11.2万人，其中户籍人口20547人、乡村人口8356人，常住人口城镇化率72%，管辖14个行政村，其中6个村为典型的“城中村”，其余8个村为城乡接合部农村。一、二、三产业比重分别为5:35:60，经济与社会建设全面推进，是一个文明、富裕、和谐的宽裕型小康镇。

2016年，受经济下行压力影响，义井镇各项指标增速较去年均有所回落，但总体经济形势运行良好。全镇公共财政收入完成3123万元，完成年计划任务4531万元的68.93%，比2015年同期减少34.51%；固定资产投资完成73086万元，完成年计划任务87000万元的84.01%；规模企业增加值累计完成4097万元，完成年计划任务8130万元的50.4%；招商引资实际到位资金达92600万元，完成年计划任务90000万元的102.9%。项目储备任务100亿元，完成150亿元；项目签约任务14亿元，完成8.159亿元；项目落地任务10亿元，完成11.28亿元；项目开工任务6亿元，完成7.04亿元；项目建设任务7亿元，完成7.24亿元；项目投产任务10亿元，完成10.87亿元。

2016年，义井镇紧紧围绕“依托城市、接轨城市、培育市场、服务城乡、加快发展、富民强镇”的发展思路，城中镇经济产业结构日趋形成。工业上已形成以耐火、建材、煤加工和冶金等四大行业为主，各类企业同步发展的工业体系。该镇依托优越的区位条件，积极实施“大开放、大招商、大发展”战略，已成为各路商家投资的热土。农业产业化进程加快，围绕实现服务城市、富裕乡村的目标，着力实施“2+5”高效农业工程，逐步形成奶牛养殖、蛋鸡养殖、苗木花卉和蔬菜种植四大基地，每年为全市提供鲜奶80万公斤，鲜蛋125公斤，蔬菜425公斤，绿化用苗150万株，观赏性花卉20万盆。三产紧紧围绕城市提质扩容这一重大机遇，不断加快专业市场建设和房地产开发。至年底，全镇各类专业市场达8家，面积超过25万平方米以上。在不断推进城镇化进程中，有9个村实施新农村建设和商业楼盘开发，先后建起如意、恒大、嘉年华、义东沟东苑一区、二区、恒大新城、德业居、燕竹花园、鸿龙、义井新村、河下新村、南庄新村、西峪新村、圪台新村等基础设施配套，服务功能齐全，居住环境优美的住宅小区。新农村住宅楼建设完成70万平方米以上，商业房地产开发完成99.2万平方米，形成面积达30万平方米的底商集群。同时，以中国历史文化名村开发和狮脑山红色休闲旅游等为依托，逐步完善以小河评梅景区、大阳泉张穆故居和明清一条街、牛家峪休闲观光农业为主线的特色旅游业，不断丰富内涵，创优环境，提升品位，形成特色旅游。小河古村和评梅景区正在申报国家AAAA级旅游景区。（张莉军）

【积极配合完成市政重点工程】2016年，义井镇积极配合开展了两路环境综合整治、中环快速路拆迁及阳大铁路拆迁3项市政重点工程。两路环境综合整治包括南大街、义平路，共拆除各类建筑169处，面积67212.11平方米，绿化工程顺利进行。中环快速路拆迁工作，共拆迁约3.9万平方米，其中包括民宅178座、企业及小作坊1.1万平方米、坟墓1716座。阳大铁路正配合进行拆迁摸底。（张莉军）

【环境集中整治工作取得实效】2016年，义井镇结合全市开展的创建卫生城市、城乡环境卫生大整治活动，先后出台了《阳泉市城区义井镇创建省、国家卫生县区（乡镇）实施方案》《义井镇城乡环境集中整治行动实施细则》，结合全镇实际，以“六区六道”为重点，突出“一景一路两侧五峪”为整治重点，强化与住建、规划、环卫、城管等部门密切配合，组织开展多方位联合执法，强力推进各项工作。一是按照由易到难的原则对进村道路两侧及村委会周边的“四堆”、积存垃圾、河道垃圾进行清理；二是对南外环路义东沟段群众反映强烈的41处违章建筑、河下村1处、义东沟村4处、大阳泉村8处违章建筑、义平路路顺达汽修、南大街爱德生医院门厅等，共计56处违章建筑进行了拆除；三是对墙体“牛皮癣”进行清理，对进村道路两侧及村委会周边的墙体进行粉刷；四是对河下新小区，义东沟东苑、西苑小区，义井新村小区加强保洁，加强管理，打造新农村改造样板居住小区。至年底，清理四堆360处；书写悬挂宣传标语70条；拆除违章建筑56处，约2000平方米；清理乱堆乱放120处；清理积存垃圾226处，垃圾量2065吨；清理河道约1620平方米，垃圾396余吨；清理小广告1200余处；粉刷墙体2.2万平方米；黑臭水体清理53处；农业面源污染整改3处。（张莉军）

【一批住宅项目主体工程相继封顶】 2016年，义井村城中村（棚户区）改造工程、阳泉市国泰房地产开发有限公司万年花城小区续建项目、义东沟南苑小区续建项目主体工程相继封顶。义井村城中村（棚户区）改造工程计划投资1亿万元，建设规模4.3万平方米，累计完成投资10849万元，本年完成投资10141万元。阳泉市国泰房地产开发有限公司万年花城小区续建项目，建设规模9.9万平方米，总投资27800万元，全年完成投资4054万元，累计完成投资24744万元。义东沟南苑小区续建项目建设规模6.2万平方米，总投资1.5亿万元，累计投资10020万元。二期建筑面积2.2万平方米，计划投资6600万元，2016年完成投资2800万元。（张莉军）

【阳泉市德诚玻璃纤维有限公司年产2.5万吨玻璃纤维造纸棉续建项目准备试生产】 年末，阳泉市德诚玻璃纤维有限公司年产2.5万吨玻璃纤维造纸棉续建项目准备试生产。该项目2016年计划投资8200万元，当年实际完成投资10113万元，累计完成投资11971万元。已建成6条生产线。（张莉军）

【华龙超市、晋商银行入驻义井镇】 9月、12月，万隆国际先后引进华龙超市、晋商银行两企业入驻义井镇，并正式开张营业。两家企业共安置就业人数180余人，为该镇金融业、服务业发展增加了新的活力。（张莉军）

【“两学一做”工作扎实推进】 2016年，义井镇组织党员学习《中国共产党党章》、习近平总书记系列讲话、中共十八届六中全会和省、市、区党代会精神，观看《榜样》专题节目。组织镇党员领导干部培训20余次，普通党员集中学习6000余人次，各支部召开专题研讨活动50余次，领导干部到基层讲党课15次，支部书记讲党课20次，党员先锋行活动20余次，召开“学习贯彻系列讲话，解决若干突出问题”学习交流会18次，解决突出问题20余件。（张莉军）

【乡镇换届工作井然有序】 2016年，为了搞好换届工作，义井镇成立换届工作组织领导机构，召开换届工作动员大会，召集各支部书记、副书记培训党代表、人大代表选举工作。在整个换届工作中，程序严谨科学，组织把关严格，纪律贯穿始终，大力宣传引导，镇党代会、人代会换届工作保质保量按规定完成。党代会选举产生中共义井镇第十三届委员会委员11名，纪律检查委员会委员5名，出席区第九次党代会代表26名；选举产生出席区人大代表20名、出席镇人大代表57名；同时如期完成大会的各项议程。（张莉军）

【生态环境不断改善】 2016年，义井镇共创建美丽宜居示范村4个，其中：小河村为市级美丽宜居示范村，泊里、大阳泉、牛家峪村未区级美丽宜居示范村。美丽宜居示范村涉及人居环境改善重点工程16项，工程计划总投资9473万元，至年底，该项目工程已完成投资5598万元。（张莉军）

【文化旅游渐入佳境】 2016年，义井镇文化站和14个村的文化活动中心全部达到市级标准，各类健身场所成为人民休闲娱乐的好去处，极大地丰富了群众的精神文化生活；在发展旅游上，重点以小河、大阳泉两个历史文化名村的旅游开发与保护为引领，积极做大做强旅游产业，效果显现。小河村顺利通过国家AAA级景区的申报，积极打造升级国家AAAA级景区，石家花园入选“山西最美旅游村”行列，先后入选CCTV-4百集大型纪录片《记住乡愁》和《远方的家》，成为郊区乃至全市的文化名片，有利推动了全镇旅游业的蓬勃发展。（张莉军）

李家庄乡

【概况】 阳泉市郊区李家庄乡，地处阳泉近郊，区位优越，交通便利。全乡辖11个行政村，总面积16.3平方公里，总人口1.6万人，其中农业人口0.9万人。2016年，李家庄乡以转型跨越发展为主线，紧紧依托阳泉生态新城建设主场优势，压实责任，主动作为，着力抓好乡村两级班子建设、项目建设和城市化建设三项重点，注重把服务城市、融入城市、经营城市、成为城市的理念贯穿工作全局，顺利召开李家庄乡第十二次党员代表大会和第十三届人民代表大会，新一届乡党委、政府班子团结带领全乡广大党员干部和人民群众，经受住了各种风险和考验，紧密配合新城建设各项重点工程，顺利完成冯家庄和甄家庄整体搬迁工作，全面启动桃坡整村搬迁，积极动员余积粮沟村启动涉路搬迁工作，全乡经济社会、民生事业和“六位一体”考核在全区继续排名靠前，建设“城市李家庄”不断迈出新步伐。（左云霞）

【李家庄村举办山西省第21届农民象棋比赛】 4月18日至21日，

由山西省农业厅、山西省体育局、山西省农民体育协会主办的山西省第二十一届农民象棋赛在李家庄村举办，全省共12个代表队参赛，其中，太原、大同、忻州、晋中、长治、晋城、临汾、运城、阳泉9支市级代表队，静乐县、阳泉郊区共2支县级代表队，李家庄村代表队。李家庄村女子代表队夺得团体第六名。（左云霞）

【乡第十二次党员代表大会召开】 5月17日至18日，中共李家庄乡召开第十二次党员代表大会。会议听取并审议了中共李家庄乡第十一届委员会工作报告，审议通过乡纪委工作报告，选举产生十二届党委班子和纪委班子。会议明确今后五年的奋斗目标和主要任务，为全乡实现经济发展、社会发展和人民生活水平在全区的“三个领先”和初步建成“城市李家庄”的目标奠定了坚实的基础。（左云霞）

【乡第十三届人民代表大会召开】 5月30日至31日，李家庄乡召开第十三届人民代表大会，选举产生了新一届政府班子。会议要求，全乡经济社会发展要高举中国特色社会主义伟大旗帜，全面贯彻中共十八大和十八届三中、四中、五中全会精神，坚持以习近平总书记系列重要讲话为指导，以区委“五大战略”为统领，以转型跨越发展为主线，紧紧依托阳泉生态新城建设主场优势，压实责任、主动作为，继续抓好“三项重点”，按照融入城市、服务城市、经营城市的理念，全面推进建设“城市李家庄”进程。（左云霞）

【冯家庄新村落成】 6月，总建筑面积14万平方米的冯家庄新村基本完工，15日顺利启动整村搬迁工作，截至12月底，搬迁率达98%。（左云霞）

【甄家庄村回迁珍宝园工作全面完成】 7月，甄家庄村回迁珍宝园工作启动，年末全面完成。珍宝园占地190亩，建筑面积25.44万平方米，共建设高层住宅17栋和综合服务楼、幼儿园以及2个地下停车场，主要用于甄家庄村整体搬迁。该小区于2012年4月奠基，2016年11月竣工。（左云霞）

【实现日间照料中心全覆盖】 2016年，李家庄乡投资42万元，改造32间房屋，新增设84张床位，新建汉河沟、桃坡、大西庄、黄沙岩、余积粮沟、甄家庄等6村日间照料中心，实现了11个村的日间照料中心全覆盖。（左云霞）

【农村文化事业繁荣发展】 2016年，汉河沟村先后举办和承办“金猴献瑞，歌舞迎春”群众文艺汇演、“群星风采”广场文化专场展演、“我与祖国共奋进”趣味运动会等文化活动，并在阳泉市郊区纪念中国共产党建党95周年暨红军长征胜利80周年合唱比赛中获得全区一等奖。该村加快建设坩埚铁文化园，致力于发展乡村旅游业取得新成效。（左云霞）

西南舁乡

【概况】 西南舁乡位于阳泉市郊区东北部，北与盂县牛村镇相连，东与平定县岔口乡接壤，属三县区交界之地。平阳高速、207国道、杨白线、京昆高速四条公路穿境而过，区位优势十分明显。全乡占地面积57平方公里，农户5130户，人口12494人，耕地面积16835亩，果园11597.5亩。

西南舁乡以“果业提质、耐火转型、养殖做强、旅游做精”为发展思路，求真务实，艰苦创业，全乡呈现出经济运行平稳，社会各项事业稳步发展的良好态势。

西南舁乡农业把苹果种植作为促进全乡农民增收的主渠道和农业种植业结构调整的重头戏来抓，大力实施“三舁”果品战略，建设了万亩无公害果品基地，同时积极转变发展思路，以“果业提质”为目标，依靠精品示范园带动果品质量的提高。西南舁乡还大力举办苹果采摘节，在提高“三舁”品牌知名度的同时带动了果品销售。2015年，西南舁乡苹果采摘节期间销售苹果200万公斤，接待游客3万余人，实现经济效益和社会效益的全面丰收。

工业经济发展稳中求进。西南舁乡充分发挥“区位、资源”两大优势，狠抓平台打造。投资3000万元在东南舁大洼交界处建成了500亩工业平台。随着平台配套设施的逐步完善，西南舁乡将建设郊区首个以耐火产业为依托的招商平台，为全乡传统产业转型发展再次注入新的活力，也将成为本区工业经济的又一亮点。

乡村旅游项目步入正轨。该乡文化底蕴深厚。“舁上”文化由来已久，东南舁农耕文化、大洼的农家美食、西南舁的街头文艺等至今兴演不衰，咀子上村的“打台”表演与“农家广场”“官印山”“溶洞”等景点仍让人津津乐道、流连忘返，同时随着烈士纪念碑与“知青”大院的建成，本乡的旅游文化将迈上一个新的台阶，对全乡经济发展将发挥重要的作用。（高兵元）

【区委书记王明厚到西南舁乡进行调研】 7月31日下午，区委书记王明厚、区人大常委会副主任潘钰到西南舁乡进行调研。在西南舁乡领导陪同下，王明厚考察了大西庄养殖场、果园及恒源耐火材料厂。随后，听取了西南舁乡2016年上半年工作情况的汇报，对西南舁乡所做的工作给予了高度的肯定。王明厚强调，西南舁乡在后半年的工作中，要把“发展第一要务”与“党建第一政绩”结合起来，做到两手抓、两手都要硬。在做好各项重点工作和重点项目的基础上，继续做好汛期安全、207国道隐患排查、信访维稳等工作，营造一个良好的社会氛围，保证区级换届工作顺利进行。（高兵元）

【举办第四届苹果采摘节启动仪式】 9月29日，西南舁乡第四届苹果采摘节在市北山公园隆重开幕，区四套班子领导、区相关部门及西南舁乡两委班子全体成员出席了启动仪式。启动仪式由乡长刘德刚主持，乡党委书记侯秉戬致辞。在启动仪式期间，郭慧栋主持了“三舁”风采摄影展颁奖仪式，为获奖者颁发奖项。在此后，副区长段拥军宣布西南舁乡第四届苹果采摘节开幕。随后，西南舁乡还带来了精彩纷呈的文艺表演，市民朋友们一边观看文艺演出、参观摄影展，一边品尝苹果，气氛火热！此次苹果采摘节的顺利启动进一步拓展了该乡的苹果销路，使得“三舁”品牌的知名度进一步提升，对于把该乡打造成阳泉市的后花园和农民增收具有极大的推动作用。（高兵元）

【学习贯彻落实党的十八届六中全会精神暨省、市、区党代会精神干部培训班】 11月6日，西南舁乡按照区委的统一安排，成功举办学习贯彻落实中共十八届六中全会精神和省、市、区党代会精神干部培训班。全体领导班子、各行政村村支两委成员、机关全体干部、职工、企事业单位及非公有制经济党组织负责人共计70余人参加了培训。（高兵元）

【积极开展“两节”文化活动】 2016年“两节”期间，西南舁乡党委、政府高度重视，召集17个行政村分管文化工作的副书记研究安排两节活动。经过广大群众紧张有序地积极准备，西南舁乡的传统文化活动于东南舁村正月初十率先拉开“两节”活动的帷幕。各村在“两节”期间举办形式不同的文体活动，特别是东南舁村正月初十的“送瘟神”活动和西南舁村正月十七的“迎喜神”活动以其富有西南舁民间特色的节目形式吸引了来自十里八村的观众前来观看，既渲染节日的热闹和喜庆气氛，又极大地宣传了西南舁乡全力打造的“舁上文化”品牌。（高兵元）

【举办“魅力西南舁”广场活动展演】 6月20日，西南舁乡2016年“魅力西南舁”广场活动展演在西南舁村新农村文化广场顺利开幕，全乡17个行政村的19支队伍，300人参加了展演，区文体局以及相关部门领导观看了演出，现场观众热情高涨，此次活动进一步提升了人气，振奋了精神，传统文化活动得到了全面的推动，得到了赞许，得到了发扬。（高兵元）

【大洼村举办第二届民俗文化节系列活动】 6月27日至28日，是西南舁乡大洼村第二届民俗文化节，为了让全体村民享受到高品位的精神文化生活，大洼村按照区文体局关于开展“群星风采”活动的相关精神，开展了丰富多彩的系列文化活动。区文化馆、乡文化站对活动的举办进行了认真指导，全程参与。本届民俗文化活动的主要内容有大洼风采摄影展、群众文艺晚会、民间美食大赛、民俗文艺表演、惠民文艺演出暨《小村大梦》电视剧启动仪式等内容。（高兵元）

杨家庄乡

【概况】 杨家庄乡是郊区东部的一个农业乡镇，临近市区，东邻平定巨城镇，北靠郊区白泉工业园区，南接义井镇，西与李家庄乡、荫营镇的许多村庄为伴，207国道、义白路横跨本乡。全乡辖12个行政村，区域面积38.35平方公里，人口10428人。农户2583户，农业人口5700余人，全乡耕地6649亩，其中播种面积4500亩，林地5506.9亩。

2016年财税收入完成5363万元，同比增长261%。其中，国税完成3377万元，地税完成1986万元。公共预算收入完成2445万元。同比增长59%。其中，国税完成963万元，地税完成1482万元。规模以上工业总产值计划完成36066万元，实际完成57842万元，占全年任务的160.4%，同比增长94.2%。规模以上工业增加值计划完成4140万元，实际完成8015万元，占全年任务的193.6%，同比增长100.4%。固定资产任务88000万元，完成81853万元，占全年任务的93%，同比增长4.9%。

山西晋东新能有限公司阳泉煤层气液化调峰项目取得积极进展；山西通宝鑫能物流有限公司LNG加气站项目顺利完工；中庸科创公司空心微珠项目手续齐全，进行“三通一平”；阳泉市华骏机械有限公司年产5000台减速机项目开工奠基；庙岭30万只蛋鸡养殖项目，场地平整，规划、土地、备案已全部完成。

2016年农业项目累计完成总投资2300余万元。全乡12个行政村农作物种植面积共4551.16亩，其中玉米4061.82余亩，豆类199.5亩，马铃薯62.5亩，甘薯20.73亩，谷子种植206.61亩，涉及农户1775户。粮食总产量近140万公斤。栽植苹果等经济林237.05亩，蛋鸡存栏21万只，生猪存栏2580头，出栏约7700头，奶牛存栏11头，羊存栏950只。蛋产量240万公斤，奶产量6万公斤，肉产量70万公斤。（薛文瑞）

【城乡面貌持续改观】 2016年，杨家庄乡的环境卫生得到了较大幅度的改观；配套的环境清洁制度机制、保障体系、人员队伍都进一步完善并建立运行；相应的设施设备、机具物品大部分配置到位并发挥作用。主要街道沿线、重点村、商业集聚区、政府所在地等要害地块全部得到整治和保持。孙家沟、南杨家庄村、黑土岩3个村，取消所有的垃圾站点，做到了“集、运、倒”不间断流水作业；小西庄、白家庄、高垴庄等7个村开展“日清理日清运日清倒”三清式管理，实行“垃圾不过夜”标准；其余4个村开展“定期打扫定期收集定期清运”三定式管理，实行“垃圾不散置”标准。全乡的环境卫生面貌大为改观，效果明显。在全市城乡环境卫生整治32个乡镇月排名中，荣获第一名7次、第二名2次、第三名3次。（薛文瑞）

【安全生产稳定好转】 2016年，杨家庄乡加大对安全生产监督管理。年内累计对非煤矿山、冶金工贸、道路交通、特种设备、危化品和烟花爆竹、粉尘、职业病防治等方面进行大检查11次，共查出隐患126处，已整改124处，限期整改2处，整改率达97%。乡打击私挖滥采小分队实行24小时昼夜巡查制度，区、乡、村三级联动共强制取缔非法采矿点10处，查扣挖掘机械20余台次。（薛文瑞）

【精准扶贫落实到位】 2016年，杨家庄乡积极推进精准扶贫工作。全乡在档贫困人口302户671人，年初，脱贫23户57人。年末，高垴庄村、庙岭村、桐花树村3个贫困村整村脱贫，共涉及121户277人。其中享受产业扶贫政策（果树种植）的56户132人，种植果树224.55亩，养蜂1户2人，小杂粮种植补助99户。年内，新纳入社会兜底12人，享受提标16人；享受教育扶贫12人，涉及11户；扶贫移民搬迁提出申请10户，经验收审核，有8户符合申报条件，正在整理申报资料。（薛文瑞）

【环保工作成效明显】 2016年，杨家庄乡持续开展环保工作。年内，全乡范围内排查出燃煤锅炉5台，包括杨家庄中学、白家庄小学、小西庄小学、高垴庄小学、中嘉公司，全部进行拆除改造，实施清洁能源替代。山东铝业公司对原料堆场挡风抑尘网进行了修复，对皮带走廊进行封闭。清理未批先建项目8户，其中：查封5家，完善手续3家。清理黄标车8辆、淘汰老旧车13辆。（薛文瑞）

【大南庄村易地扶贫搬迁顺利进行】 大南庄村是一个贫困的小山村。占地面积1.86平方公里，建筑面积约1.5万平方米，耕地面积约580亩，退耕还林面积约170亩。全村在册农户103户，共226口人。其中建档立卡贫困户41户95人（包括脱贫户1户4人）。村里居住56户120人。2014年初向上级部门申请了异地扶贫搬迁项目，大南庄村与桃林沟村合作开发，大南庄村民集中搬迁。2015年年底两村签订了意向协议，两村合作模式由合作共赢转为两村合并。2016年4月双方商定了并村协议并公开征求村民意见与建议，协议中明确了大南庄村民合并后将享受与桃林沟村民一样的待遇，以及1:1.2置换楼房等一些优越的条件。2016年7月通过测绘公司对村民房屋面积的丈量，90%的村民同意并积极协助房屋的测量工作，历时一个多月。（薛文瑞）

【山西通宝鑫能物流有限公司LNG汽车物流园顺利完工】 山西通宝鑫能物流有限公司成立于2013年3月，位于阳泉市郊区杨家庄乡小西庄村207国道旁，注册资本900万元，拥有LNG重卡运输车辆150台，有员工120人。主要从事LNG重型卡车及配件销售、维修、道路货物运输、大型仓储物流配送服务等项目。跻身山西省货运企业质量信誉考核AAA企业、陕西重型汽车有限公司“百强服务商”、阳泉市道路运输行业重点企业。山西通宝鑫能智能仓储物流园项目分两期开工建设，项目一期为LNG汽车物流园，二期为智能仓储物流园，计划总投资达10亿元。其中，一期项目已于2013年3月在阳泉小西庄开工建设，共完成投资1.5亿元，于2016年建成投入使用。（薛文瑞）

【城镇化建设有序推进】 2016年，本乡积极对接阳泉市东工业园总体发展规划，重点构建以“一体两翼”为主体的乡村（社区）空间发展布局。“一体”就是构建南北村为核心的中心城区，包括黑土岩、白家庄、齐家岩和桐花树，突出人员集聚、美丽宜居、商贸服务，将其打造成全乡经济社会发展的核心区。“两翼”就是以市车管所项目建设为依托，将孙家沟、小西庄一带打造成为现代物流、汽车检测、二手车交易为一体的物流带，实现汽车贸易4S店集群发展；就是将高垴庄、杏树坡、大南庄、庙岭打造成集休闲旅游、农村新貌、户外拓展于一体的市民假日观光带，重点抓好南杨家庄村17.15万平方米、北杨家庄村18万平方米的采煤沉陷区治理项目，同时启动实施齐家岩环保搬迁项目、黑土岩棚户区改造项目以及小西庄城中村改造项目。其中，南杨家庄村采煤沉陷区治理搬迁安置住宅项目预计投资35387万元，占地总面积124亩，建筑面积17.15万平方米。北杨家庄村采煤沉陷区治理搬迁安置住宅项目预计投资3.6亿元。该项目规划占地面积18万平方米。黑土岩村棚户区改造住宅项目，计划总投资26400万元。（薛文瑞）

旧街乡

【概况】 旧街乡位于区境西南部，桃河上游，西、南与晋中市寿阳县交界，北与盂县为邻，素有“阳泉西大门”之称。全乡总面积89.4平方公里，辖17个行政村、36个自然村，山大沟深，地广人稀。全乡2016年年底总人口为6418人，石太线、307国道、太旧高速公路沿桃河两岸穿越乡境，西环高速公路贯穿保安河南北，交通便利。

乡境属中山砂页岩山区。境北的北水草山，海拔1495.6米，为全区最高点，桃河河谷海拔873米。保安河汇流于桃河。全乡年平均降水量540.2毫米，平均气温10.1℃，无霜期160天左右。全乡耕地面积13560.84亩（其中耕地面积7300.76亩、退耕还林6260.08亩），主要种植玉米、谷子等。山大坡多，发展林牧业条件优越，绿化面积37926亩，森林覆盖率30%以上。省、市、区多次授予本乡发展林业“先进单位”称号。全乡有水利设施85处，年蓄水量52万立方米，其中有大型水库3座，蓄水池33个，截潜流26个，骨干坝50处，拦沙坝600余条，低压供水管道148公里，可灌溉面积2000余亩，农业机械总动力3781千瓦，有阳泉市掌龙山养殖有限公司、佛洼禽业有限公司、阳泉市郊区保安沟绿色生态园、阳泉融昇园农业科技开发有限公司、山西天顺宝农业科技有限公司、阳泉市锦丰种植有限公司等农业企业。已建成佛洼、枣园、旧街、柳渠、阳窑、新店文明生态村6个。

境内矿产资源主要是煤炭，煤炭属于沁水煤田阳泉优质无烟煤，拥有井田面积15.5平方公里，保有地质储量1.9亿吨。铸造业历史悠久，技术雄厚，主要生产汽车配件、建筑机械配件、农机配件等。煤炭和铸造业的经济份额占到全乡企业总产值的90%以上，规模企业以上3个。其中煤炭及煤炭加工企业2个（保安煤矿、阳泉市旧街煤炭有限公司），铸造企业1个（阳泉市华远精铸有限公司）。

全乡所有行政村实现了自来水入户，有1500户安装了程控电话。公路硬化里程43公里，全部实现了“村村通”硬化路目标，8个村还实现了“户户通”。全乡有12个村，实现了活动场所全覆盖。乡卫生院有医务人员12人，床位20张，属一级乙等医院。18所中小学合并组建了九年一贯寄宿制学校——桃苑学校，全校有教职工69人，在校生730人（小学400人）。乡敬老院建筑面积2400平方米，床位50个。

2016年全乡乡镇企业总产值完成3.2501亿元，固定资产投入完成4.432亿元，税收完成1911.73万元。（胡永明）

【创新土地流转方式】 2016年，旧街乡创新土地流转方式，实行市民领养型、村集体返租倒包型、社会企业联租型、种植大户承包型和整村流转型五种土地流转模式，全乡共流转土地900余亩。（胡永明）

【全力打造乡全域旅游产业新格局】 2016年，按照建设“四个旧街”的整体思路，该乡全力打造乡全域旅游产业新格局，成功参与全区第三届乡村旅游推进会。在美食旧街建设方面，在南沟一帆实业组织开展“美食旧街”农家菜培训，全乡17个村57户农家乐经营者参加培训，极大地提高全乡农家乐服务品质；在花海旧街建设方面，组织去河北、北京延庆等地参观考察，准确把握现代休闲旅游的特点，注重因地制宜，走差异化、特色化发展的道路，确定了“两路四点”（即307沿线、保安路，测石、南沟、阳窑、枣园）的花海建设发展规划；在采摘旧街建设方面，举办了阳坡鲜杏采摘、虎峪玉露香梨采摘、保安树莓采摘、路家庄“阳泉日报小记者行”等活动，成效显著；在节日旧街建设方面，南沟第二届“槐花节”、龙泉沟“音乐啤酒节”活动的成功举办，为广大游客带来全新的旅游体验，提升了旧街乡的旅游知名度和美誉度。2016年共接待游客4万余人，销售农产品8万公斤，真正实现了社会效益和经济效益双丰收。（胡永明）

人 物

人物简介

王明厚

1973年10月出生，阳泉盂县人，大学本科学历，硕士学位。1991年9月至1995年7月，在太原重型机械学院管理工程系工业经济专业学习。1995年7月至1997年4月，任阳泉市协作办物资科科员。1997年4月至2001年10月，任阳泉市经济委员会技改科科员（其间：1998年5月至1999年5月，在山西春泉化工有限公司挂职副总经理；1999年5月至2001年10月，在阳泉市自来水公司挂职副经理）。2001年10月至2004年7月，任阳泉市经济贸易委员会企业监督科副科长（主持工作）、科长（其间：2001年3月至2003年12月，西安交通大学工商管理专业在职研究生学习，获工商管理硕士学位）。2004年7月至2004年10月，任阳泉市国有资产监督管理委员会企业领导人员管理科科长。2004年10月至2006年6月，任阳泉市经济技术开发区管委会规划建设部部长（全市公开选拔副县级领导干部）。2006年6月至2011年5月，任阳泉市城区区委常委、副区长（其间：中组部选派国家行政学院第十期青干班脱产学习）。2011年5月至2012年7月，任阳泉市城区区委副书记。2012年7月至2016年1月，任阳泉市政府秘书长、党组成员。2016年1月至2016年7月，任阳泉市政府秘书长、党组成员，市政府办公厅党组书记。2016年7月，任中共阳泉市郊区区委书记。

主持阳泉市郊区区委全面工作期间，他团结带领全区广大干部群众，深入贯彻落实中共十八大和十八届三中、四中、五中、六中全会精神，学习贯彻习近平总书记系列重要讲话精神，协调推进“四个全面”战略布局，认真落实省委“一个指引、两手硬”新要求和市委“四个定位”战略部署，紧紧围绕走好转型升级、新型城镇化建设、基层社会治理创新“三条路”和率先实现城乡统筹示范区的发展思路，牢记使命勇担当，真抓实干谋发展，全区经济社会各项事业取得了新进展、新成效。高度重视党的建设和队伍建设。圆满完成区四套班子换届及干部调整工作，进一步调动了干部的工作积极性。在全区各级基层党组织和广大党员中扎实开展“两学一做”学习教育、“百百千万”教育培训和“六上六进”活动。制订完善了《区委全会议事和决策制度》《区委常委会会议制度》《党建工作例会制度》等20项制度。全力促进经济逐步企稳回升。大力开展“百名干部进企业”服务活动和“项目建设大起底”活动，2016年开工项目72个，完工44个，完成投资66亿元。青岛昌盛日电、国新能源煤层气液化调峰和西上庄电厂等一批重点项目顺利推进。2016年，全区主要经济指标均呈现上升趋势。城镇化建设步伐进一步加快。强力推进阳大铁路、漾泉大道、宁波北路、平阳街、义井“两路”综合整治等工程拆迁扫障工作。荫营主城区道路改造、管网铺设、大型车辆分流等基础设施进一步完善。荫营江正大街被省住建厅命名为“城市保洁示范街”。全年二级以上优良天数247天，空气质量全市排名第一。不断提升社会事业发展水平。中小学校舍新改（扩建）工程稳步推进，普通高中标准化建设工程深入实施。李家庄乡卫生院荣获“全国群众最满意的卫生院”称号。脱贫攻坚精准发力，完成13个村1423人脱贫。“三资”管理和农民增收两项工作被评为全省先进县区。高度重视安全生产，严厉打击私挖滥采，引导群众依法有序反映诉求，被省综治委连续三年命名为“省级平安县区”称号。深入推进党风廉政建设。稳步推进监察体制改革试点工作，驰而不息狠刹“四风”，准确把握“四种形态”，不断加强乡镇廉政教育中心规范化建设，让违规违纪现象无处藏身。

武建功

1964 年 9 月出生，山西山阴人，1988 年 8 月参加工作，1993 年 12 月入党，大学本科毕业，文学学士，公共管理硕士。参加工作后先后任市人大常委会办公厅副主任科员，市人大常委会办公厅调研室副主任，市人大常委会调研室办公室主任，市人大常委会调研室副主任，市人大常委会调研室主任兼市人大副秘书长，市委副秘书长（兼）、市委政研室主任，市农业委员会主任、党组书记、市委农村工作领导组办公室主任等职，2016 年 8 月任郊区区委副书记、代区长，2016 年 8 月 22 日在区十八届人大一次会议上正式当选为区长。

在本区任职期间，团结带领全区广大干部群众，认真贯彻中共十八大和十八届三中、四中、五中、六中全会精神，深入学习贯彻习近平总书记系列重要讲话精神，按照省委“一个指引、两手硬”重大思路和市委“四个定位”战略部署，坚定不移推进供给侧结构性改革，坚定不移实施创新驱动战略，攻坚克难，奋勇拼搏，实现了下半年好于上半年的目标。2016 年，全区地区生产总值完成 82.6 亿元，增幅达 3%；公共财政预算收入完成 4.24 亿元，增速比市调整任务高出 2.1 个百分点；规模以上工业增加值完成 15.4 亿元，年末增幅达 2.2%。特别是继续拿出 1000 万元支持农业惠民，农村和城镇居民人均可支配收入分别达 12815 元和 23549 元，同比增长 5.7%、6.1%，在全市分别排名第二位和第一位。

当选阳泉市郊区区长后，他结合省、市重点工作和郊区实际，深入开展“项目建设大起底、园区建设大启动、重点工程大扫障、安全隐患大排查、环境卫生大整治”活动，迅速把政府工作重点聚集到了发展上来，在全区形成了“聚精会神搞建设，一心一意谋发展”的良好氛围。他针对全区缺乏项目平台、产业支撑脆弱的实际，坚持把园区建设作为主攻方向，在多方考察调研的基础上，积极启动了苇泊高新技术装备制造园建设，到 2016 年年底形成项目平台 600 余亩，为下一步全面建设荫营开发区打下了坚实基础。他全力抓好西上庄电厂、阳大铁路、生态新城四大畅通工程和义井“两路”环境综合整治等四大市级重点工程的拆迁扫障，坚持身先士卒、定期听取进展汇报，定期研究推进措施，切实推动了四大搬迁的有序实施，为四大市级重点工程的顺利推进打下了坚实基础。他多次利用节假日时间，带队北上南下外出招商，亲自与一些有意投资的企业集团老总面对面地对接洽谈，力促中美京哈医院山西医院、隆盛通镁合金汽车轮毂等项目顺利达成合作意向并签订相关协议。全年签订百万元以上经济技术合作项目 34 项，签约总金额 161.3 亿元。他始终坚持把改善民生摆在突出位置，切实做到了民生投入不减、惠民力度不降，尤其是将脱贫攻坚工作抓在手上、扛在肩上，有力推动了“五个一批”工程的落实，完成 13 村 1423 人的脱贫，超额完成了市下达的脱贫任务。与此同时，科技、教育、文化、卫生等各项事业全面进步，人民群众获得感、幸福感不断增强。

张三虎

1962 年 6 月出生，阳泉市郊区河底镇固庄村人，中共党员，九三学社社员，大专文化程度，高级工程师。1981 年 3 月至 1987 年 12 月任阳泉市郊区河底镇固庄村治保主任、民兵连长，1987 年 12 月至 1992 年 12 月任阳泉市郊区河底镇固庄村副主任，1992 年 12 月至 2004 年 4 月在外务工，其间于 2001 年 9 月至 2005 年 7 月取得大连理工大学无机非金属材料工程专业函授本科学历，2004 年 4 月至 2008 年 12 月任广鑫源耐火材料有限公司董事长，2008 年 12 月至 2014 年 11 月任阳泉市郊区河底镇固庄村村委主任，2014 年 11 月至 2016 年任阳泉市郊区河底镇固庄村党支部书记、村委主任。

在阳泉市郊区河底镇固庄村任职期间，把一个因煤矿关闭，外债累累、经济落后的固庄村建设成山西省新农村建设示范村、阳泉市廉政文化示范基地。特别是 2015 年他强化村务管理，创编了《固庄村村务管理执行汇编》，开展了“十二星文明户评选”，办起了《固庄周刊》，在全省创新了“六议两公开”工作法，在全国村官大讲堂中进行了交流，受到省、市，区领导的高度评价和各级媒体的深度报道，并在全省推广。他带领两委班子，加快转型发展，创办了耐火厂、食用菌基地、型煤厂等 5 个企业、村民就业率达 98%。建起了农民公园，新建了 5 栋 11 层设施配套、功能完善的村民住宅楼，免费为村民供应米面粮油，60 岁以上的村民每人每月可领取 800 元的养老金，实现了老有所养、病有所医，安居乐业。2015 年，全村人均收入达 12600 元。他还乐于助人，热心公益，先后在企业安置残疾人 150 余人，资助 30 多名残疾人子女圆了大学梦。

2012 年被中共阳泉市委，

市政府评为"新农村建设模范个人"；同年被阳泉市政府授予"村主任领头雁"称号、被阳泉市委、市政府评为"阳泉市农业农村工作先进个人"；2013年、2014年、2015年连续三年被阳泉市郊区人民政府评为"优秀干部"；2014年被阳泉市委、市政府评为"阳泉市劳动模范"、被国务院残疾人工作委员会评为"全国扶残助残先进个人"；2016年荣获"山西省五一劳动奖章"。

郑霄虎

1969年7月9日出生，阳泉市郊区人，中共党员，大学本科学历，国家二级心理咨询师，北方七省市精神卫生联盟常务委员，山西省心理测量与评估专业委员会委员，山西省心理卫生协会常务理事，山西省精神科医师协会会员，山西省精神疾病临床路径组成员，阳泉市医学心理专业委员会顾问，阳泉市精神疾病合理用药监督组成员，阳泉市精神卫生应急处置组成员，阳泉市精神疾病鉴定组成员，阳泉市重性精神疾病防治组成员。1988年至1991年在山西大同医专上学；1991年8月至2016年在阳泉市精神康宁医院工作，其间，2003年取得山西中医学院本科学历。

工作中，他积极总结探索经验，先后发表医学论文多篇，其中《职业中学和重点中学高中生生心理状况的对照研究》被评为市级优秀论文。同时，获阳泉市2009年科学技术协会二等奖、2010年阳泉市哲学社会科学研究优秀成果二等奖。

他爱岗敬业，2006年获阳泉市卫生系统"好医生"；2008年获阳泉市郊区"十佳青年岗位能手"；2007年、2009年、2010年、2011年、2012年度分别被评为阳泉市卫生系统先进个人。2016年被评聘为精神科主任医师。

人物表录

表2　　阳泉市郊区规模企业法人名表

单位名称	法定代表人（单位负责人）
山西煤炭运销集团保安煤业有限公司	赵卫民
山西省阳泉荫营煤矿	李树民
阳泉市燕龛煤炭有限责任公司	李志强
山西省阳泉固庄煤矿	安年春
阳泉市贤亨耐火材料有限责任公司	史有才
阳泉市千亨实业总公司	张振斌
山西煤炭运销集团旧街煤业有限公司	卢　泉
阳泉市泰耀工贸有限公司	王森茂
山西立博线缆有限公司	梁智博
阳泉市晋云耐火材料有限公司	杨云平
阳泉市益汇混凝土有限公司	哈全生
山西三来食品有限公司	王彦宝
山西煤炭运销集团鸿泰煤业有限公司	王兴俊
阳泉市广凯机械制造有限公司	韩志成
山西景安机电制造有限公司	刘根喜
阳泉华润燃气有限公司	石善博
阳泉市中嘉磨料磨具有限公司	章锡国
阳泉冀东水泥有限责任公司	刘　臣
阳泉金隅通达高温材料有限公司	冯运生
山西阳泉华岭耐火材料有限公司	史永记
阳泉田园乳业有限公司	李志强
阳泉市金土耐火材料有限责任公司	高喜怀
山西圣火炉料有限公司	史通昭
阳泉市瀑里炉料有限公司	石文海
阳泉天隆工程材料有限公司	胡培明

表 3　　阳泉市郊区副高级以上专业技术人员名表

姓　名	工作单位	技术职称
郑霄虎	义井镇卫生院	主任医师
张东红	规划设计室	高级工程师

荣誉榜

集体荣誉

省部级以上荣誉

山西省综治委授予阳泉市郊区“2015年度省级平安县区”

中共中央宣传部、中华人民共和国司法部授予阳泉市郊区“2011—2015年全国法制宣传先进县区（市、区）”荣誉称号

山西省授予阳泉裕盛园农产品开发公司产品研发小组“山西省工人先锋号”

市厅级荣誉

山西省农机局授予阳泉市郊区“2015年度全省农机安全生产目标责任考核优秀单位”

阳泉市人民政府授予阳泉市郊区“2015年度计生工作考核先进奖”

山西省地方志授予区地方志办公室“2016年度全省地方志系统先进集体”

山西省人力资源社会保障厅、共青团省委授予区职业高级中学“五四红旗团委”

个人荣誉

山西省五一劳动奖章

张三虎

附 录

文件 法规

重要文件、法规

表 4

2016 年中共阳泉市郊区委员会文件一览表

文 号	文 件 标 题	发文日期
阳郊发〔2016〕1 号	关于平坦镇桃林沟村与杨家庄乡大南庄村实施并村工作的批复	2016 年 1 月 11 日
阳郊发〔2016〕2 号	关于认真做好 2015 年度全区先进集体和劳动模范评选工作的通知	2016 年 1 月 26 日
阳郊发〔2016〕3 号	区委履行主体责任的情况报告	2016 年 1 月 29 日
阳郊发〔2016〕4 号	关于表彰 2015 年度先进集体和劳动模范的决定	2016 年 2 月 23 日
阳郊发〔2016〕5 号	关于制定国民经济和社会发展第十三个五年计划的建议	2016 年 2 月 24 日
阳郊发〔2016〕6 号	关于成立换届工作领导组的通知	2016 年 3 月 3 日
阳郊发〔2016〕7 号	关于成立区委统一战线工作领导小组的通知	2016 年 3 月 3 日
阳郊发〔2016〕8 号	关于印发《阳泉市郊区乡镇领导班子换届工作方案》的通知	2016 年 3 月 28 日
阳郊发〔2016〕9 号	关于转发《区人大常委会党组关于做好全区区乡两级人民代表大会换届选举工作实施意见》的通知	2016 年 4 月 12 日
阳郊发〔2016〕10 号	转发《政协阳泉市郊区委员会第九届委员会换届工作实施方案》的通知	2016 年 4 月 26 日
阳郊发〔2016〕11 号	关于调整区委换届工作领导组和区政协换届工作领导组的通知	2016 年 5 月 16 日
阳郊发〔2016〕12 号	关于印发《关于建立郊区巡察制度的意见》和《巡察工作实施办法》的通知	2016 年 5 月 27 日
阳郊发〔2016〕13 号	关于成立区委巡察工作领导小组的通知	2016 年 5 月 27 日
阳郊发〔2016〕14 号	印发《关于在全区各级党组织中开展“两学一做”学习教育的实施方案》的通知	2016 年 5 月 27 日
阳郊发〔2016〕15 号	关于表彰先进基层党组织、优秀共产党员、优秀党务工作者的决定	2016 年 6 月 28 日
阳郊发〔2016〕16 号	关于郊区纪委组成人员名额及候选人名额的报告	2016 年 6 月 30 日
阳郊发〔2016〕17 号	关于印发《阳泉市郊区环境保护工作职责规定》的通知	2016 年 7 月 20 日
阳郊发〔2016〕18 号	关于中国共产党阳泉市郊区第九次代表大会筹备情况的报告	2016 年 8 月 7 日
阳郊发〔2016〕19 号	关于确定阳泉市郊区出席中国共产党阳泉市第十二次代表大会候选人预备人选的情况报告	2016 年 8 月 8 日
阳郊发〔2016〕20 号	关于印发《关于进一步加强涉农惠民领域政策资金廉洁运行的指导意见》的通知	2016 年 11 月 24 日
阳郊发〔2016〕21 号	关于责令刘郁珍辞职问责的决定	2016 年 11 月 11 日
阳郊发〔2016〕22 号	关于成立阳泉市郊区深化监察体制改革试点工作小组的通知	2016 年 12 月 1 日
阳郊发〔2016〕23 号	关于对阳泉市郊区分管环保副区长樊志红同志处理决定的通知	2016 年 12 月 7 日

续表 4

文 号	文 件 标 题	发文日期
阳郊发〔2016〕24号	关于对阳泉市郊区环保局等单位环保工作相关责任人处理决定的通知	2016年12月9日
阳郊发〔2016〕25号	转发《中共阳泉市郊区人大常委会党组关于加强人大工作和建设的实施意见》的通知	2016年12月21日
阳郊发〔2016〕26号	关于调整区委法治建设领导小组组成人员和成立区普法依法治理领导小组的通知	2016年12月29日
阳郊办发〔2016〕1号	关于推行“三公开”工作制度的通知	2016年1月6日
阳郊办发〔2016〕2号	关于召开“三严三实”专题组织生活会的通知	2016年1月11日
阳郊办发〔2016〕3号	关于李晓霞同志晋升职级的申请	2016年1月6日
阳郊办发〔2016〕4号	关于引深“三严三实”专题教育集中开展领导干部不作为乱作为等损害群众利益问题专项整治工作方案	2016年1月10日
阳郊办发〔2016〕5号	关于成立平坦镇桃林沟村和杨家庄乡大南庄村并村工作领导组的通知	2016年1月12日
阳郊办发〔2016〕6号	关于学习贯彻落实中央扶贫开发工作会议精神的实施意见	2016年1月12日
阳郊办发〔2016〕7号	关于印发《阳泉市郊区开展“冬季行动”十场攻坚战役实施方案》的通知	2016年1月18日
阳郊办发〔2016〕8号	关于贯彻“冬季行动”精神推进“两个责任”落实的工作方案	2016年1月20日
阳郊办发〔2016〕9号	关于召开区委八届六次全体会议的通知	2016年1月29日
阳郊办发〔2016〕10号	关于2016年“两节”期间放假安排的通知	2016年2月1日
阳郊办发〔2016〕11号	关于南大东街、义平路环境统合整治实施方案	2016年2月2日
阳郊办发〔2016〕12号	关于召开2016年“情系家乡、亲情招商、共谋发展”“冬季行动”招商引资座谈会的通知	2016年2月3日
阳郊办发〔2016〕13号	关于印发《阳泉市郊区“冬季行动”任务分工》的通知	2016年2月16日
阳郊办发〔2016〕14号	关于推行‘党政同责、权责到人’工作管理模式实施方案（试行）	2016年3月3日
阳郊办发〔2016〕15号	关于开展“双百干部下基层，激情干事抓落实”活动的通知	2016年3月11日
阳郊办发〔2016〕16号	关于“双百干部下基层，激情干事抓落实”活动的考核方案	2016年3月11日
阳郊办发〔2016〕17号	关于扎实开展精准脱贫攻坚领导的通知	2016年3月14日
阳郊办发〔2016〕18号	关于成立阳泉市郊区脱贫攻坚领导组的通知	2016年3月14日
阳郊办发〔2016〕19号	关于印发《脱贫攻坚2016年行动计划》的通知	2016年3月14日
阳郊办发〔2016〕20号	关于印发《脱贫攻坚工作的考核办法》的通知	2016年3月14日
阳郊办发〔2016〕21号	关于成立郊区换届风气督导组的通知	2016年3月23日
阳郊办发〔2016〕22号	关于成立阳泉市郊区促进民营经济发展工作领导小组的通知	2016年4月16日
阳郊办发〔2016〕23号	关于印发《阳泉市郊区领导干部联系民营企业工作方案》的通知	2016年4月15日
阳郊办发〔2016〕24号	关于在全区党委办公室系统开展“双树双创”活动的实施方案的通知	2016年4月15日
阳郊办发〔2016〕25号	关于荫营镇召开第十届人民代表大会第一次会议的批复	2016年5月20日
阳郊办发〔2016〕26号	关于河底镇召开第十届人民代表大会第一次会议的批复	2016年5月20日
阳郊办发〔2016〕27号	关于平坦镇召开第六届人民代表大会第一次会议的批复	2016年5月20日
阳郊办发〔2016〕28号	关于义井镇召开第六届人民代表大会第一次会议的批复	2016年5月20日
阳郊办发〔2016〕29号	关于李家庄乡召开第十三届人民代表大会第一次会议的批复	2016年5月20日
阳郊办发〔2016〕30号	关于西南舁乡召开第十六届人民代表大会第一次会议的批复	2016年5月20日
阳郊办发〔2016〕31号	关于杨家庄乡召开第十二届人民代表大会第一次会议的批复	2016年5月20日
阳郊办发〔2016〕32号	关于旧街乡召开第十八届人民代表大会第一次会议的批复	2016年5月20日
阳郊办发〔2016〕33号	关于成立阳泉市郊区区委“两学一做”学习教育协调小组的通知	2016年4月25日
阳郊办发〔2016〕34号	关于转发《阳泉市郊区2016年“扫黄打非”行动方案》的通知	2016年6月7日
阳郊办发〔2016〕35号	关于区级领导包保重点工程项目的通知	2016年6月12日
阳郊办发〔2016〕36号	关于开展扶贫领域专项监督检查工作方案	2016年6月16日
阳郊办发〔2016〕37号	关于郊区治理矿产资源开发领域腐败问题工作方案	2016年6月16日
阳郊办发〔2016〕38号	关于成立“两学一做”学习教育督导组的通知	2016年6月16日

续表 4

文　号	文　件　标　题	发文日期
阳郊办发〔2016〕39 号	关于开展建党 95 周系列纪念活动的通知	2016 年 6 月 16 日
阳郊办发〔2016〕40 号	关于印发《推行党群部门职责清单制度的方案（试行）》的通知	2016 年 6 月 28 日
阳郊办发〔2016〕41 号	关于印发《阳泉市郊区开展“四季行动”实施方案》的通知	2016 年 6 月 21 日
阳郊办发〔2016〕42 号	关于学习贯彻《习近平总书记在庆祝中国共产党成立 95 周年大会上的讲话》的通知	2016 年 6 月 27 日
阳郊办发〔2016〕43 号	关于印发《在全区开展社会主义稳定隐患大排查大整治活动实施方案》的通知	2016 年 7 月 13 日
阳郊办发〔2016〕44 号	关于印发《全区安全隐患大排查大整治活动实施方案》通知	2016 年 7 月 13 日
阳郊办发〔2016〕45 号	关于在全区开展环境保护大检查的通知	2016 年 7 月 15 日
阳郊办发〔2016〕46 号	关于召开中国共产党阳泉市郊区第九次代表大会的通知	2016 年 8 月 8 日
阳郊办发〔2016〕47 号	关于印发《阳泉市郊区实施全面两孩政策相关部门任务分解方案》的通知	2016 年 8 月 8 日
阳郊办发〔2016〕48 号	关于认真学习贯彻《中国共产党问责条例》的实施意见	2016 年 8 月 17 日
阳郊办发〔2016〕49 号	关于成立阳泉市郊区环境保护工作领导小组的通知	2016 年 8 月 17 日
阳郊办发〔2016〕50 号	关于对市委巡察发现的有关问题进行自查和整改的方案	2016 年 8 月 30 日
阳郊办发〔2016〕51 号	关于印发《关于加强联动协作全面监督“四风”问题的分工方案》的通知	2016 年 8 月 30 日
阳郊办发〔2016〕52 号	关于成立西南舁乡西南舁村信访事项工作组的通知	2016 年 9 月 5 日
阳郊办发〔2016〕53 号	关于印发《进一步推进预算公开意见》的通知	2016 年 9 月 13 日
阳郊办发〔2016〕54 号	关于印发《阳泉市郊区百名干部入企服务工作方案》的通知	2016 年 9 月 14 日
阳郊办发〔2016〕55 号	关于印发《党委（党组）意识形态工作责任制实施方案》的通知	2016 年 9 月 19 日
阳郊办发〔2016〕56 号	关于建立意识形态领域形势分析研判机制的通知	2016 年 9 月 19 日
阳郊办发〔2016〕57 号	关于加强基层党建助推精准扶贫十条措施	2016 年 9 月 30 日
阳郊办发〔2016〕58 号	关于成立晋东文化会展中心建设领导组的通知	2016 年 9 月 26 日
阳郊办发〔2016〕59 号	关于转发《市委、市政府印发〈关于加强社会治安防控体系建设的实施意见〉的通知》的通知	2016 年 10 月 13 日
阳郊办发〔2016〕60 号	关于调整“全面深化改革”领导组等二十一个组织机构的通知	2016 年 10 月 17 日
阳郊办发〔2016〕61 号	关于成立妇联改建工作领导组的通知	2016 年 10 月 20 日
阳郊办发〔2016〕62 号	关于转发《山西省脱贫攻坚督查巡查工作办法》的通知	2016 年 10 月 28 日
阳郊办发〔2016〕63 号	关于组建易地搬迁工作的通知	2016 年 10 月 28 日
阳郊办发〔2016〕64 号	关于在“两学一做”学习教育中查摆解决党组织抓经济、抓发展存在突出问题的实施方案	2016 年 11 月 1 日
阳郊办发〔2016〕65 号	关于全面实行“13710”工作机制的通知	2016 年 11 月 1 日
阳郊办发〔2016〕66 号	关于成立河底镇五架山村发展稳定领导组的通知	2016 年 11 月 9 日
阳郊办发〔2016〕67 号	关于成立全区重点工作领导组的通知	2016 年 11 月 14 日
阳郊办发〔2016〕68 号	关于 2017 年新型农村合作医疗个人筹资有关事宜的通知	2016 年 11 月 15 日
阳郊办发〔2016〕69 号	关于印发《阳泉市郊区支持干部改革创新容错纠错实施方法（试行）》的通知	2016 年 11 月 15 日
阳郊办发〔2016〕70 号	关于成立阳泉市郊区环境保护问题整改工作领导组的通知	2016 年 11 月 15 日
阳郊办发〔2016〕71 号	关于转发区人民检察院《2015 年查办和预防职务犯罪年度报告》的通知	2016 年 11 月 15 日
阳郊办发〔2016〕72 号	关于转发区人民检察院《关于郊区财政局易地扶贫搬迁项目资金使用情况的预防调查》的通知	2016 年 11 月 16 日
阳郊办发〔2016〕73 号	关于转发《区人民检察院〈关于郊区农村基层组织工作人员职务犯罪情况的预防调查〉》的通知	2016 年 11 月 17 日
阳郊办发〔2016〕74 号	关于转发区人民检察院《检察建议书》的通知	2016 年 11 月 16 日
阳郊办发〔2016〕75 号	关于做好 2017 年度党报党刊发行工作进一步规范报刊发行秩序的通知	2016 年 11 月 30 日
阳郊办发〔2016〕76 号	转发《关于工商联（总商会）换届工作方案》的通知	2016 年 12 月 5 日

续表 4

文 号	文 件 标 题	发文日期
阳郊办发〔2016〕77 号	关于印发全区重点环保问题整改方案的通知	2016 年 12 月 7 日
阳郊办发〔2016〕78 号	关于认真谋划 2017 年工作的通知	2016 年 12 月 16 日
阳郊办发〔2016〕79 号	关于在全区开展向受灾和贫困群众“送温暖，献爱心”社会捐助活动的通知	2016 年 12 月 19 日
阳郊办发〔2016〕80 号	关于认真学习贯彻党的十八届六中全会和省市区党代会精神的通知	2016 年 12 月 19 日
阳郊办发〔2016〕81 号	关于印发《以党建带妇建抓组织促发展推进乡镇妇联组织区域建设实施意见》的通知	2016 年 12 月 22 日
阳郊办发〔2016〕82 号	关于贯彻晋办发电〔2016〕74 号文件精神做好 2017 年元旦春节期间有关工作的通知	2016 年 12 月 30 日
阳郊办函发〔2016〕1 号	关于开展区级领导班子成员 2015 年度工作满意度测评的通知	2016 年 1 月 14 日
阳郊办函发〔2016〕2 号	关于召开区政府 2016 年安委第一次全体（扩大）会议的通知	2016 年 1 月 26 日
阳郊办函发〔2016〕3 号	关于召开全区三级干部暨 2015 年度先进集体劳动模范表彰大会的通知	2016 年 2 月 23 日
阳郊办函发〔2016〕4 号	关于召开 2016 年度区委党务工作会议的通知	2016 年 3 月 4 日
阳郊办函发〔2016〕5 号	关于全面落实清明特险期森林防火包保责任制的通知	2016 年 3 月 31 日
阳郊办函发〔2016〕6 号	关于对“双百干部下基层、激情干事抓落实”活动进行考核验收的通知	2016 年 4 月 20 日
阳郊办函发〔2016〕7 号	关于进一步加强领导干部外出请假报备工作的通知	2016 年 5 月 13 日
阳郊办函发〔2016〕8 号	关于召开全区群团工作座谈会的通知	2016 年 5 月 30 日
阳郊办函发〔2016〕9 号	关于收看收听庆祝中国共产党成立 95 周年大会直播的通知	2016 年 6 月 30 日
阳郊办函发〔2016〕10 号	关于组织参观《准则》《条例》宣传漫画展的通知	2016 年 7 月 27 日
阳郊办函发〔2016〕11 号	关于召开换届风气专题民主生活会的通知	2016 年 7 月 27 日
阳郊办函发〔2016〕12 号	关于成立郊区换届风气监督领导组的通知	2016 年 8 月 9 日
阳郊办函发〔2016〕13 号	关于严肃纪律的规定（三）	2016 年 10 月 8 日
阳郊办函发〔2016〕14 号	关于认真做好 2017 年度《中办通讯》《秘书工作》及《保密工作》待征订工作的通知	2016 年 11 月 4 日
阳郊办函发〔2016〕15 号	关于召开省委省政府环境保护阳泉督查组下沉郊区工作安排会的通知	2016 年 12 月 2 日

表 5

2016 年阳泉市郊区人民政府文件一览表

文 号	文 件 标 题	发文日期
阳郊政发〔2016〕2 号	关于加快发展现代职业教育的实施意见	2016 年 1 月 6 日
阳郊政发〔2016〕21 号	关于印发《阳泉市郊区环境保护网格化管理工作实施方案（试行）》的通知	2016 年 6 月 6 日
阳郊政发〔2016〕25 号	关于落实省市政府取消一批行政审批事项的通知	2016 年 7 月 22 日
阳郊政发〔2016〕26 号	关于印发《阳泉市郊区实施标本兼治遏制重特大事故工作方案》的通知	2016 年 8 月 8 日
阳郊政发〔2016〕34 号	关于印发《阳泉市郊区国家资源型经济转型综合配套改革试验实施方案（2016—2020 年）》的通知	2016 年 10 月 28 日
阳郊政发〔2016〕43 号	关于印发《全民健身实施计划》的通知	2016 年 12 月 6 日
阳郊政发〔2016〕45 号	关于印发《我区妇女儿童发展“十三五”规划》的通知	2016 年 12 月 16 日
阳郊政办发〔2016〕39 号	关于印发《阳泉市郊区大气环境综合整治“百日行动”方案》的通知	2016 年 6 月 16 日
阳郊政办发〔2016〕4 号	关于成立区社会福利养老中心 PPP 项目建设领导组的通知	2016 年 1 月 4 日
阳郊政办发〔2016〕30 号	关于印发《贯彻落实社会救助暂行办法实施意见》的通知	2016 年 5 月 17 日
阳郊政办发〔2016〕71 号	关于印发《阳泉市郊区 2016 年中小学校及乡镇敬老院冬季取暖用炭供应办法》的通知	2016 年 10 月 12 日

续表 5

文　号	文 件 标 题	发文日期
阳郊政办发〔2016〕75 号	关于印发《进一步加强乡村医生队伍建设实施方案》的通知	2016 年 10 月 13 日
阳郊政办发〔2016〕97 号	关于调整阳泉市郊区人民医院管理委员会的通知	2016 年 11 月 22 日
阳郊政办发〔2016〕110 号	关于印发《阳泉市郊区乡村教师支持计划实施细则》的通知	2016 年 12 月 26 日

统计资料

表 6　　2016 年阳泉市郊区国民经济和社会发展主要指标统计表

分类	指　标　名　称	单 位	完成数
综合类	全区总人口	人	235752
	城镇人口	人	172405
	乡村人口	人	63347
	人口出生率	‰	8.34
	人口死亡率	‰	4.49
	人口自然增长率	‰	3.85
	男与女的比例（女为 100）	%	105.1
	城镇化率	%	73.13
	人口密度	人/平方千米	325.32
	社会从业人员	万人	11.43
	第一产业	万人	1.87
	第二产业	万人	4.6
	第三产业	万人	4.96
	非私营单位在岗职工人数	人	24110
	国有单位	人	13245
	集体单位	人	1517
	其他单位	人	9348
	非私营单位在岗职工平均工资	元	54993
	国有单位	元	59081
	集体单位	元	66830
	其他单位	元	47467
	全区生产总值	万元	826221
	第一产业	万元	21894
	第二产业	万元	467965
	第三产业	万元	336362
	人均全区生产总值	元	35114
	全社会固定资产投资	万元	960455
	第一产业	万元	72238
	第二产业	万元	469849
	第三产业	万元	418368
	房地产投资	万元	55705
	财政总收入	万元	71031
	公共财政预算收入	万元	42420
	公共财政预算支出	万元	119977
	城镇居民人均可支配收入	元	23549
	农村居民人均可支配收入	元	12815
	金融机构各项存款余额	万元	1777928
	城乡居民储蓄存款余额	万元	1247281
	金融机构各项贷款余额	万元	780478

续表 6

分类	指　标　名　称	单 位	完成数
第一产业	乡村人口	人	195587
	乡村劳动力	人	108879
	耕地面积	公顷	10282
	农作物总播种面积	公顷	5993
	农田灌溉面积	公顷	2464
	森林覆盖率	%	26.07
	农业机械总动力	千瓦	217318
	农村用电量	万千瓦时	40064
	农林牧渔业总产值	万元	42544
	农业	万元	17402
	林业	万元	3996
	牧业	万元	20217
	渔业	万元	19
	农林牧渔服务业	万元	950
	农林牧渔业中间消耗	万元	20178
	农用化肥施用量（实物量）	吨	2269
	农用塑料薄膜使用量	吨	87
	农用柴油使用量	吨	378
	农药使用量	吨	43
	粮食产量	吨	23026
	蔬菜产量	吨	27000
	水果产量	吨	7506
	肉类产量	吨	4065
	禽蛋产量	吨	11676
	奶类产量	吨	3873
	猪年末头数	头	31215
	牛年末头数	只	1021
	羊年末只数	只	17264
	家禽年末数	万元	88.97
第二产业	规模以上工业企业单位数	个	25
	工业总产值（现价）	万元	450288.9
	工业销售产值	万元	424158.7
	工业增加值	万元	153793.7
	资产总计	万元	1212219.9
	流动资产	万元	468484.4
	固定资产原值	万元	822072
	实收资本	万元	300693.2
	主营业务收入	万元	361647
	主营业务成本	万元	254727.4

续表 6

分类	指 标 名 称	单 位	完成数
第二产业	营业利润	万元	-674
	利润总额	万元	3461
	利税总额	万元	61544
	本年应付工资	万元	96180
	工业企业从业人员年平均数	人	12811
	原煤	万吨	719.6
	洗煤	万吨	92.2
	耐火材料制品	万吨	43.5
	水泥	万吨	207.5
	水泥孰料	万吨	147.2
	发电量	万千瓦时	5759.3
	乡镇企业单位数	个	1502
	乡镇企业从业人员	人	31348
	乡镇企业总产值	万元	271216
	乡镇企业营业收入	万元	346284
	社会消费品零售总额	万元	167472
	重点服务业营业收入	万元	596607

续表 6

分类	指 标 名 称	单 位	完成数
第三产业	公路线路里程	公里	900.964
	汽车拥有量	辆	2009
	邮电业务总量	万元	12774
	电话拥有量（含手机用户）	万部	14.67
	乡镇出口企业	个	11
	外贸进出口总额	万美元	820
	各类学校数	个	173
	小学在校生数	人	8903
	普通中学在校生数	人	7830
	职业中学在校生数	人	1211
	幼儿在园数	人	4450
	卫生机构数	个	230
	医院数	个	7
	医院床位数	张	978
	卫生技术人员	人	877
	医生数	人	420

说明：人口数部分为常住人口　　　　（王　娟）

图书在版编目（CIP）数据

阳泉市郊区年鉴.2017/阳泉市郊区地方志办公室编. -- 北京：方志出版社，2018.7

ISBN 978-7-5144-3142-1

Ⅰ. ①阳… Ⅱ.①阳…Ⅲ.①区（城市）—阳泉—2017—年鉴 Ⅳ.①Z522.54

中国版本图书馆CIP数据核子（2018）第166888号

阳泉市郊区年鉴（2017）

编　　者：阳泉市郊区地方志办公室

责任编辑：罗　滔

出 版 人：冀祥德

出 版 者：方志出版社

地址　北京市朝阳区潘家园东里9号（国家方志馆4层）

邮编　100021

网址　http://www.fzph.org

发　　行：方志出版社图书经销中心

电话（010）67110500

经　　销：各地新华书店

印　　刷：山西万佳印业有限公司

开　　本：889×1194　　1/16

印　　张：14

字　　数：486千字

版　　次：2018年7月第1版　　2018年7月第1次印刷

印　　数：0001～3000册

ISBN 978-7-5144-3142-1　　**定价**：120.00元